全国一级建造师执业资格考试红宝书

建设工程法规及相关知识

历年真题解析及预测

2025版

主　编　左红军
副主编　叶虎翼

机 械 工 业 出 版 社

本书以一级建造师考试大纲及教材为抓手，以现行法律法规、标准规范为依据，以历年真题为载体，在突出考点分布和答题技巧的同时，兼顾本科目知识体系框架的建立，并与各专业实务中的专业管理内容相呼应，提供法律依据及法理逻辑基础。

本书以章节为纲领，以考点为框架，通过一级建造师、二级建造师经典真题与考点的筛选、解析，使考生能够极为便利地抓住应试要点，并通过经典题目将考点激活，从而解决了死记硬背的问题，真正做到"三度"：

"广度"——考试范围的锁定。本书通过对考试大纲及命题考查范围的把控，确保覆盖90%以上的考点。

"深度"——考试要求的把握。本书通过对历年真题及命题考查要求的解析，确保内容的难易程度适宜，与考试要求契合。

"速度"——学习效率的提高。本书通过对历年真题及命题考查热点的筛选，确保重点突出60%的常考、必考内容，精准锁定30%的2025年考试要求掌握的内容，剔除10%的冷僻内容和老套过时的题目，做到有的放矢，提高学习效率。

本书适用于2025年参加全国一级建造师执业资格考试的考生，同时可作为二级建造师、监理工程师考试的重要参考资料。

图书在版编目（CIP）数据

建设工程法规及相关知识历年真题解析及预测：
2025版／左红军主编. -- 5版. -- 北京：机械工业出
版社，2025. 2. --（全国一级建造师执业资格考试红宝
书）. -- ISBN 978-7-111-77816-5

Ⅰ. D922. 297. 4

中国国家版本馆 CIP 数据核字第 20257CF900 号

机械工业出版社（北京市百万庄大街22号　邮政编码100037）
策划编辑：王春雨　　　　　责任编辑：王春雨　李含杨
责任校对：龚思文　李　婷　封面设计：马精明
责任印制：刘　媛
涿州市般润文化传播有限公司印刷
2025年3月第5版第1次印刷
184mm×260mm · 19.75印张 · 484千字
标准书号：ISBN 978-7-111-77816-5
定价：69.00元

电话服务　　　　　　　　　网络服务
客服电话：010-88361066　　机　工　官　网：www.cmpbook.com
　　　　　010-88379833　　机　工　官　博：weibo.com/cmp1952
　　　　　010-68326294　　金　书　网：www.golden-book.com
封底无防伪标均为盗版　机工教育服务网：www.cmpedu.com

本书编审委员会

主　　编　左红军

副 主 编　叶虎翼

编写人员　左红军　叶虎翼　唐　伟　黄　静　张　艳　郭哨峰
　　　　　马涵琪　单柏瑜　苏世意　罗　静　杨天野

前　言

——90 分须知

本书严格按照现行的法律、法规、部门规章和标准规范的要求，对历年真题进行了体系性的精解，从根源上解决了"知识繁杂难掌握、范围太大难锁定"的应试难题。

历年真题是实务考试科目命题的风向标，也是考生顺利通过一级建造师考试的生命线，在搭建框架、锁定题型、实操细节三部曲之后，对本书中的历年真题反复精练 3 遍，90 分（78 分及格，另外 12 分为保险分）就会指日可待。所以，历年真题解析是考生应试的必备宝典。

一、框架纲领

1）板块一——教材第六、七、八章（建设工程安全生产法律制度、建设工程质量法律制度、建设工程环境保护和历史文化遗产保护法律制度），属于专业管理内容，记忆性知识点较多，与施工现场管理联系紧密，且为专业实务、项目管理必考内容，在一级建造师考试中分值占比极高，本版块考试分值约为 48 分。

考生应当以项目建设参与各方、项目实施阶段全周期、施工现场全方位空间为线索，系统性地理解、记忆。

专业管理包括三大支柱：针对实体工程进行的质量管理，针对措施项目进行的安全管理，针对文明施工进行的现场管理，要求考生牢牢掌握。

2）板块二——教材第一、九、十章（建设工程基本法律知识、建设工程劳动保障法律制度、建设工程争议解决法律制度），属于法规专业内容，涉及整个工程建设及项目管理过程中的基础性法理、法规知识，专业性、理论性、逻辑性较强，比较抽象、难懂，分值占比大，本版块考试分值约为 45 分，属于"建设工程法规及相关知识"考试中的瓶颈内容，也是难点内容。

要求考生以日常生活及工程施工活动中的具体行为为载体，借助图形表格等工具，厘清法理逻辑关系，理解记忆，反复练习。

3）板块三——教材第四、五章（建设工程发承包法律制度、建设工程合同法律制度），属于项目管理通用管理知识，合同关系是工程建设各方之间最主要的关系，也是项目管理的基础依据之一。本版块内容较多，为施工现场管理实操应知应会内容，且为项目管理、专业实务考查内容，与《建设工程经济　历年真题解析及预测 2025 版》第三章也有联系，本版块考试分值约为 31 分。

考生应当以时间为轴线，以《建设工程施工合同（示范文本）》为载体，搭建发承包→合同订立→合同履行→合同终止的知识框架，以线带面地理解记忆，并注意，"建设工程法规及相关知识"着重考查合同管理的法律依据及法理逻辑，"建设工程项目管理与实务"着重考查合同管理的实际应用。考生应当有所侧重，同时互相联系。

4）板块四——教材第二、三章（建筑市场主体制度、建设工程许可法律制度），本板块内容较少，难度较小，考试分值占比不大，本版块考试分值为 6 分到 8 分，在锁定有关考点后，可考前临时突击回顾。

二、考试题型

1. 单项选择题 70 分

1）规则：4 个备选项中，只有 1 个最符合题意。

2）要求：在考场上，题干读 3 遍，细想 3 秒钟，看全备选项。

2. 多项选择题 60 分

1）程序规则：①至少有两个备选项是正确的→②至少有一个备选项是错误的→③错选，不得分→④少选，每个正确选项得 0.5 分。

2）依据规则①：如果用排除法已经排除三个备选项，剩下的两个备选项必须全选！

3）依据规则②：如果每个备选项均不能排除，说明该考点没有完全掌握到位，在考场上你应当怎么办？必须按照规则②执行！

4）依据规则③：如果已经选定了两个正确的备选项，第三个不能确定，在考场上你应当怎么办？必须按照规则③执行！

5）依据规则④：如果该考点是根本就没有复习到的极偏的专业知识，在考场上你应当怎么办？必须按照规则④执行！

上述一系列的怎么办，请考生参照历年真题解析中的应试技巧，不同章节有不同的选定方法，但总的原则是"胆大心细规则定，无法排除 AE 并，两个确定不选三，完全不知 C 上挺"。

三、考生注意事项

1. 背书肯定考不过

在应试学习过程中，只靠背书是肯定考不过的，切记：体系框架是基础、细节理解是前提、归纳总结是核心、重复记忆是辅助，特别是非专业考生，必须借助历年真题解析中的大量图表去理解每一个模块的知识体系。

2. 勾画教材考不过

从 2014 年开始通过勾画教材进行押题的神话已经成为"历史上的传说"，一级建造师考题的显著特点是以知识体系为基础的"海阔天空"，试题本身的难度并不大，但涉及的面太广。考生必须首先搭建起属于自己的知识体系框架，然后通过真题的反复演练，在知识体系框架中填充题型。

3. 只听不练难通过

听课不是考试过关的唯一条件，但听一个好老师的讲课对搭建体系框架和突破体系难点会有很大帮助，特别是非专业考生。听完课后要配合历年真题进行精练，反复校正答题模板，形成题型定式。

4. 先实务课后公共课，统一部署、区别对待

"赢在格局，输在细节"。"格局"是指一级建造师执业资格考试的四科应统一部署，整个知识体系化，主次分明、分而治之、穿插迂回、各个击破。"细节"是指日常的时间安排及投入，每个板块知识点最终聚焦为一个个考点，一道道真题，日积月累，滴水穿石。

在历年真题总结归纳的基础上，区别对待不同的知识体系：例如"合同管理""工程经济"侧重的是合同价款的全过程管理，"项目管理"侧重的是合同管理的理论和工具，"相关法规"侧重的是法定程序和法律依据，"管理与实务"侧重的是综合运用和实操。

实务是历年考试的重中之重，也是是否能够通过一级建造师考试的关键所在，同时建筑实务这科又融合了三门公共课的主要知识体系，这就需要以实务为龙头形成体系框架，在此基础上跟进公共课的选择题，从而达到"实务带动公共课，公共课助攻实务"的目的。

5. 三遍成活

综上所述的绝大部分内容在本书中都有体现，因此要求考生对本书的内容做到"三遍成活"：

第一遍：重体系框架、重知识理解，本书通篇内容都要练习。

第二遍：重细节填充、重归纳辨析，对书中考点、难点、重点要反复练习，归纳总结，举一反三。

第三遍：重查漏补缺、重错题难题，在考前最好的复习资料就是错题，错题是查漏补缺的重点。

四、超值服务

扫描下面二维码加入微信群可以获得：

（1）一对一伴学顾问。

（2）2025 全章节高频考点习题精讲课。

（3）2025 全章节高频考点习题精讲课配套讲义（电子版）。

（4）2025 一建全阶段备考白皮书（电子版）。

（5）红宝书备考交流群：群内定期更新不同备考阶段精品资料、课程、指导。

本书在编写过程中得到了业内多位专家的启发和帮助，在此深表感谢！由于时间和水平有限，书中难免有疏漏和不当之处，敬请广大读者批评指正。

编　者

目　　录

第一章　建设工程基本法律知识

第一节　建设工程法律基础

考点一：法律部门和法律体系
考点二：法的形式和效力层级

一、历年真题及解析

1.【2023年真题】下列法律文件中，属于我国法的形式的是（　　）。

A. 宗教法
B. 判例
C. 国际条约
D. 人民法院的判决书

【解析】　我国法的形式是制定法形式，具体包括：宪法、法律、行政法规、地方性法规、自治条例和单行条例、部门规章、地方政府规章、国际条约。

习惯法、宗教法、判例不是法的形式，故选项A、B、D错误。

2.【2024年真题】关于法的效力层级的说法，正确的有（　　）。

A. 宪法具有最高的法律效力
B. 法的制定主体、程序、时间、适用范围影响法的效力层级
C. 地方性法规的效力高于政府规章的效力
D. 行政法规的法律地位和法律效力高于地方性法规和部门规章
E. 某一机关制定的自治条例和单行条例，新的规定与旧的规定不一致的，适用新的规定

【解析】　地方性法规的效力，高于本级和下级地方政府规章，故选项C错误。

3.【2023年真题】关于法的效力层级的说法，正确的是（　　）。

A. 行政法规的效力高于地方性法规和部门规章
B. 地方性法规与地方政府规章之间具有同等效力
C. 省、自治区人民政府制定的规章与设区的市、自治州人民政府规定的规章之间具有同等效力
D. 部门规章效力高于地方政府规章

【解析】　根据《中华人民共和国立法法》第九十九条的规定，行政法规的法律效力，高于地方性法规和部门规章，故选项A正确。

根据《中华人民共和国立法法》第一百条的规定，地方性法规的效力，高于本级和下级地方政府规章，故选项B错误。

省、自治区人民政府制定的规章的效力，高于本行政区域内的设区的市、自治州人民政府制定的规章，故选项 C 错误。

根据《中华人民共和国立法法》第一百零二条的规定，部门规章之间、部门规章与地方政府规章之间具有同等效力，在各自的权限范围内施行，故选项 D 错误。

4. 【2021 年真题】根据授权制定的法规与法律规定不一致，不能确定如何适用时，由（　　）裁决。

A. 全国人民代表大会　　　　　　　B. 全国人民代表大会常务委员会

C. 国务院　　　　　　　　　　　　D. 国务院相关部门

【解析】　根据《中华人民共和国立法法》第一百零六条的规定，根据授权制定的法规与法律规定不一致，不能确定如何适用时，由全国人民代表大会常务委员会裁决。

5. 【2022 年真题】从法的形式来看，《必须招标的工程项目规定》属于（　　）。

A. 法律　　　　　　　　　　　　　B. 行政法规

C. 部门规章　　　　　　　　　　　D. 地方政府规章

【解析】　见下表：

法的渊源		名称特征	制定机关
宪法		宪法	全国人民代表大会
法律（狭义）		+法（《民法典》）	基本法→全国人民代表大会
			非基本法（一般法）→全国人民代表大会常务委员会
行政法规		+条例	国务院
地方法规	省级	地名+条例	地方人民代表大会及其常务委员会
	市级		
	自治区、州、县（单行条例，自治条例）		
部门规章		+细则、规定、办法	各部委
地方政府规章	省政府规章	地名+细则、规定、办法	地方人民政府
	市政府规章		

《必须招标的工程项目规定》中带有"规定"后缀，且没有地名的，属于部门规章。

6. 【2020 年真题】中国特色社会主义法律体系以宪法为统帅，以宪法相关法、民法商法等多个法律部门的法律为主干，由（　　）等多个层次的法律规范构成。

A. 宪法、法律、部门规章　　　　　B. 刑法、民法、经济法

C. 法律、行政法规、地方性法规　　D. 宪法、刑法、民法

【解析】　中国特色社会主义法律体系以宪法为统帅，以宪法相关法、民法商法等多个法律部门的法律为主干，由法律、行政法规、地方性法规等多个层次的法律规范构成。

7. 【2020 年真题】根据《中华人民共和国立法法》，地方性法规、规章之间不一致时，由有关机关依照规定的权限做出裁决，关于裁决权限的说法，正确的是（　　）。

A. 同一机关制定的新的一般规定与旧的特别规定不一致时，由制定机关的上级机关裁决

B. 地方性法规与部门规章之间对同一事项的规定不一致，不能确定如何适用时，应当提请全国人民代表大会常务委员会裁决

C. 部门规章与地方政府规章之间对同一事项的规定不一致时，由部门规章的制定机关进行裁决

D. 根据授权制定的法规与法律规定不一致，不能确定如何适用时，由全国人民代表大会常务委员会裁决

【解析】　根据《中华人民共和国立法法》第一百零六条的规定，地方性法规、规章之间不一致时，由有关机关依照下列规定的权限做出裁决：

① 同一机关制定的新的一般规定与旧的特别规定不一致时，由制定机关裁决，故选项 A 错误。

② 地方性法规与部门规章之间对同一事项的规定不一致，不能确定如何适用时，由国务院提出意见，国务院认为应当适用地方性法规的，应当决定在该地方适用地方性法规的规定；认为应当适用部门规章的，应当提请全国人民代表大会常务委员会裁决，故选项 B 错误。

③ 部门规章之间、部门规章与地方政府规章之间对同一事项的规定不一致时，由国务院裁决，根据授权制定的法规与法律规定不一致，不能确定如何适用时，由全国人民代表大会常务委员会裁决，故选项 C 错误、选项 D 正确。

8.【2017 年真题】在同一法律体系中，根据一定的标准和原则制定的同类法律规范的总称是（　　）。

A. 法律形式　　　　B. 法律部门　　　　C. 法律规章　　　　D. 法律制度

【解析】　部门法是指一个国家根据一定的最新原则和标准划分的本国同类规范性法律文件（也可以称同类法律规范）的总称，各部门法组成一个国家的法律体系，部门法也称法律部门。

9.【2018 年真题】关于法的效力层级的说法中，正确的是（　　）。

A. 当一般规定与特别规定不一致时，优先适用一般规定

B. 地方性法规的效力高于本级地方政府规章

C. 特殊情况下，法律、法规可以违背宪法

D. 行政法规的法律地位仅次于宪法

【解析】　根据《中华人民共和国立法法》第一百零三条的规定，同一机关制定的法律、行政法规、地方性法规、自治条例和单行条例、规章，特别规定与一般规定不一致的，适用特别规定；新的规定与旧的规定不一致的，适用新的规定，故选项 A 错误。

根据《中华人民共和国立法法》第九十八条的规定，宪法具有最高的法律效力，一切法律、行政法规、地方性法规、自治条例和单行条例、规章都不得同宪法相抵触，故选项 C 错误。

根据《中华人民共和国立法法》第九十九条的规定，法律的效力高于行政法规、地方性法规、规章。行政法规的效力高于地方性法规、规章，故选项 D 错误。

10.【2017 年真题】关于上位法与下位法法律效力的说法中，正确的是（　　）。

A.《招标投标法实施条例》高于《招标公告发布暂行办法》

B.《建设工程质量管理条例》高于《建筑法》

C.《建筑业企业资质管理规定》高于《外商投资建筑业企业管理规定》

D.《建设工程勘察设计管理条例》高于《城市房地产开发经营管理条例》

【解析】《招标投标法实施条例》为行政法规，《招标公告发布暂行办法》为部门规章，行政法规的效力高于地方性法规、规章，故选项 A 正确。

《建设工程质量管理条例》为行政法规，《建筑法》为法律，行政法规的效力低于法律，故选项 B 错误。

《建筑业企业资质管理规定》《外商投资建筑业企业管理规定》都为部门规章，部门规章之间、部门规章与地方政府规章之间具有同等效力，在各自的权限范围内施行，故选项 C 错误。

《建设工程勘察设计管理条例》《城市房地产开发经营管理条例》都为行政法规，具有同等法律效力，在各自的权限范围内施行，故选项 D 错误。

11.【2016 年真题】关于地方性法规批准和备案的说法中，正确的是（　　）。

A. 设区的市的地方性法规应当报省级人大常委会备案

B. 自治州的单行条例报送备案时，应当说明做出变通的情况

C. 省级人大常委会的地方性法规应报全国人大常委会批准

D. 自治县的单行条例由自治州人大常委会报送全国人大常委会和国务院备案

【解析】 根据《中华人民共和国立法法》第一百零九条的规定，设区的市的地方性法规应当由省、自治区的人民代表大会常务委员会报全国人民代表大会常务委员会和国务院备案，故选项 A 错误。

省、自治区、直辖市的人民代表大会及其常务委员会制定的地方性法规，报全国人民代表大会常务委员会和国务院备案，故选项 C 错误。

自治县的单行条例应由省、自治区、直辖市的人民代表大会常务委员会报全国人民代表大会常务委员会和国务院备案，故选项 D 错误。

12.【2016 年真题】根据《中华人民共和国立法法》，下列事项中必须由法律制定的是（　　）。

A. 税率的确定　　　　　　　　B. 环境保护

C. 历史文化保护　　　　　　　D. 增加施工许可证的申请条件

【解析】 依照《中华人民共和国立法法》第十一条的规定，下列事项只能制定法律：①国家主权的事项；②各级人民代表大会、人民政府、人民法院和人民检察院的产生、组织和职权；③民族区域自治制度、特别行政区制度、基层群众自治制度；④犯罪和刑罚；⑤对公民政治权利的剥夺、限制人身自由的强制措施和处罚；⑥税种的设立、税率的确定和税收征收管理等税收基本制度；⑦对非国有财产的征收、征用；⑧民事基本制度；⑨基本经济制度以及财政、海关、金融和外贸的基本制度；⑩诉讼和仲裁制度；⑪必须由全国人民代表大会及其常务委员会制定法律的其他事项。

13.【2015 年真题】下列法规中，属于部门规章的是（　　）。

A.《建设工程质量管理条例》　　　B.《北京市建筑市场管理条例》

C.《重庆市建设工程造价管理规定》　D.《招标公告发布暂行办法》

【解析】《建设工程质量管理条例》属于行政法规，故选项 A 错误；《北京市建筑市场管理条例》属于地方性法规，故选项 B 错误；《重庆市建设工程造价管理规定》属于地方政府规章，故选项 C 错误。

14.【2014年真题】签署并公布由全国人大和全国人大常委会通过的法律的是（　　）。

A. 人大主席团　　　　　　　　　B. 国务院总理

C. 最高人民法院院长　　　　　　D. 国家主席

【解析】　根据《中华人民共和国立法法》第八十八条的规定，省、自治区、直辖市的人民代表大会制定的地方性法规由大会主席团发布公告予以公布，故选项A错误。

根据《中华人民共和国立法法》第二十八条、第四十七条的规定，全国人民代表大会和全国人民代表大会常务委员会通过的法律由国家主席签署主席令予以公布，故选项D正确。

根据《中华人民共和国立法法》第七十七条的规定，行政法规由国务院总理签署国务院令予以公布，故选项B错误。

最高人民法院院长签署《最高人民法院司法解释》，故选项C错误。

15.【2014年真题】关于地方性法规、自治条例、单行条例制定的说法中，正确的是（　　）。

A. 省、自治区、直辖市的人民代表大会制定的地方性法规由其常务委员会发布公告予以公布

B. 省、自治区、直辖市的人民代表大会常务委员会制定的地方性法规由人大主席团批准后予以公告

C. 较大市的人民代表大会及其常务委员会制定的地方性法规由其常务委员会直接公布

D. 自治条例和单行条例报经批准后，分别由自治区、自治州、自治县的人大常委会予以公布

【解析】　根据《中华人民共和国立法法》第八十八条的规定，省、自治区、直辖市的人民代表大会制定的地方性法规由大会主席团发布公告予以公布，省、自治区、直辖市的人民代表大会常务委员会制定的地方性法规由常务委员会发布公告予以公布，故选项A、B错误。

设区的市、自治州的人民代表大会及其常务委员会制定的地方性法规报经批准后，由设区的市、自治州的人民代表大会常务委员会发布公告予以公布，故选项C错误。

自治条例和单行条例报经批准后，分别由自治区、自治州、自治县的人民代表大会常务委员会发布公告予以公布，故选项D正确。

16.【2011年真题】《安全生产许可证条例》的直接上位法立法依据是（　　）。

A. 安全生产法　　　　　　　　　B. 宪法

C. 建筑法　　　　　　　　　　　D. 建设工程安全生产管理条例

【解析】　《安全生产许可证条例》为安全生产方面的行政法规，因此其直接上位法为安全生产方面的法律，故选项A正确。

17.【2011年真题】根据《中华人民共和国立法法》，（　　）之间对同一事项的规定不一致，由国务院裁决。

A. 地方性法规与地方政府规章

B. 部门规章

C. 部门规章与地方性法规

D. 同一机关制定的旧的一般规定与新的特别规定

E. 地方政府规章与部门规章

【解析】　根据《中华人民共和国立法法》第一百条的规定，地方性法规的效力高于本级和下级地方政府规章，故选项 A 错误。

根据《中华人民共和国立法法》第一百零六条的规定，地方性法规与部门规章之间对同一事项的规定不一致，不能确定如何适用时，由国务院提出意见，国务院认为应当适用地方性法规的，应当决定在该地方适用地方性法规的规定；认为应当适用部门规章的，应当提请全国人民代表大会常务委员会裁决，故选项 C 错误。

同一机关制定的旧的一般规定与新的特别规定不一致时，由制定机关裁决，故选项 D 错误。

部门规章之间、部门规章与地方政府规章之间对同一事项的规定不一致时，由国务院裁决，故选项 B、E 正确。

18.【2019 年真题】在工程建设活动中，施工企业与建设单位形成的是（　　）。

A. 刑事法律关系　　　　　　　　　　B. 民事商事法律关系

C. 社会法律关系　　　　　　　　　　D. 行政法律关系

【解析】　在工程建设活动中，施工企业和建设单位之间最主要的关系是平等主体之间的合同关系，这是一种民事商事法律关系，故选项 B 正确。

19.【2018 年真题】关于建设活动中的民事商事法律关系的说法中正确的是（　　）。

A. 建设活动中的民事商事法律关系不是平等主体之间的关系

B. 建设活动中的民事商事关系主要是非财产关系

C. 惩罚性责任是建设活动中的民事商事关系的主要责任形式

D. 在建设活动中，建设单位与施工企业之间的合同关系属于民事商事法律关系

【解析】　民商法调整平等主体之间的财产关系和人身关系，故选项 A 错误。建设工程涉及的民事商事关系主要是财产关系，仅涉及少量的人身关系，故选项 B 错误。建设工程涉及的民事商事关系调整对象具有财产性和平等性，表现在民事商事责任以财产补偿为主要内容，故选项 C 错误。建设活动的主体之间的民事商事关系最主要的就是合同关系，故选项 D 正确。

二、参考答案

题号	1	2	3	4	5	6	7	8	9	10
答案	C	ABDE	A	B	C	C	D	B	B	A
题号	11	12	13	14	15	16	17	18	19	
答案	B	A	D	D	D	A	BE	B	D	

三、2025 年考点预测

考点一：法律部门和法律体系

（1）法律体系的构成及法律部门的概念

（2）各部门法的内容

考点二：法的形式和效力层级

（1）法的备案及批准

（2）法的效力层级及冲突

第二节　建设工程物权制度

考点一：物权的设立、变动、消灭和保护
考点二：所有权
考点三：用益物权
考点四：担保物权
考点五：占有

一、历年真题及解析

1.【2020年真题】关于所有权的说法，正确的有（　　）。

A. 所有权人对自己的不动产，依法享有占有、使用、收益和处分的权利

B. 法律规定专属于国家所有的不动产和动产，任何个人不能取得所有权

C. 收益权是所有权内容的核心

D. 所有权的行使，不得损害他人合法权益

E. 所有权人有权在自己的动产上设立用益物权和担保物权

【解析】　根据《民法典》第二百四十条的规定，所有权人对自己的不动产和动产，依法享有占有、使用、收益和处分的权利，故选项A正确。

根据《民法典》第二百四十二条的规定，法律规定专属于国家所有的不动产和动产，任何个人不能取得所有权，故选项B正确。

处分权是所有权内容的核心，故选项C错误。

所有权的行使，不得损害他人合法权益，故选项D正确。

根据《民法典》第二百四十一条的规定，所有权人有权在自己的不动产或者动产上设立用益物权和担保物权，故选项E正确。

注意：选项A、E本身表述没有问题，在考试时认为这两个选项表述不完整而不选，从应试角度来说是提倡的。

2.【2024年真题】关于所有权权能的说法，正确的有（　　）。

A. 占有权可以根据所有权人的意志和利益分离出去，由非所有权人享有

B. 所有权是物权中最重要也最完全的一种权利，在法律上不受限制

C. 财产所有权的权能包括占有权、使用权、收益权和处分权

D. 使用权只能由所有权人享有

E. 处分权是所有权人最基本的权利，是所有权内容的核心

【解析】　所有权是物权中最重要也最完全的一种权利，在法律上受一定限制，故选项B错误。

所有人在法律上享有当然的使用权，另外，使用权也可依法律的规定或当事人的意思移转给非所有人享有，故选项D错误。

3.【2016年真题】在工程建设中，建设单位对在建工程的权利是（　　）。

A. 债权　　　　　　　　　　　　B. 担保物权

C. 所有权　　　　　　　　　　　　　　　　D. 用益物权

【解析】　建设单位对建筑工程依法享有占有、使用、收益、处分的权利，因此建设单位对在建工程的权利为物权中最基本的权利"所有权"。

4.【2023年真题】关于建设用地使用权流转的说法，正确的是（　　）。

A. 建设用地使用权的流转方式不包括出资、赠与或者抵押

B. 建设用地使用权流转时，当事人应当采取书面形式订立合同

C. 流转后的使用期限不能由当事人约定

D. 建设用地使用权流转时，附着于该土地上的构筑物不随之处分

【解析】　根据《民法典》第三百五十三条的规定，建设用地使用权人有权将建设用地使用权转让、互换、出资、赠与或者抵押，但法律另有规定的除外，故选项A错误（流转包括出资、赠与、抵押）。

根据《民法典》第三百五十四条的规定，建设用地使用权人将建设用地使用权转让、互换、出资、赠与或者抵押，当事人应当采取书面形式订立相应的合同。使用期限由当事人约定，但不得超过建设用地使用权的剩余期限，故选项B正确、选项C错误。

根据《民法典》第三百五十六条的规定，附着于该土地上的建筑物、构筑物及其附属设施一并处分，故选项D错误。

5.【2021年真题】关于地役权的说法，正确的是（　　）。

A. 设立地役权的目的是利用他人的不动产，以提高自己不动产的效益

B. 地役权按照行政主管部门的决定设立

C. 地役权自登记时设立

D. 地役权不得和宅基地使用权设立在同一土地上

【解析】　地役权，是指为使用自己不动产的便利或提高其效益而按照合同约定利用他人不动产的权利，故选项A正确。

地役权是按照当事人的约定设立的用益物权，故选项B错误。

地役权自地役权合同生效时设立，故选项C错误。

地役权可以和宅基地使用权设立在同一土地上，故选项D错误。

6.【2020年真题】关于建设用地使用权设立空间的说法，正确的是（　　）。

A. 建设用地使用权只能在土地的地表设立

B. 建设用地使用权可以在土地的地表、地上或者地下分别设立

C. 建设用地使用权在土地的地表和地下设立的，应当共同设立

D. 建设用地使用权在土地的地上设立后，权利人自动获得该土地地下的使用权

【解析】　根据《民法典》第三百四十五条的规定，建设用地使用权可以在土地的地表、地上或者地下分别设立，故选项B正确。

7.【2024年真题】关于居住权的说法，正确的是（　　）。

A. 当事人应当采用书面形式订立居住权合同

B. 居住权自居住权合同生效时设立

C. 居住权可以继承

D. 居住权人有权出租设立居住权的住宅

【解析】　根据《民法典》第三百六十七条的规定，设立居住权，当事人应当采用书面

形式订立居住权合同，故选项 A 正确。

根据《民法典》第三百六十八条的规定，设立居住权的，应当向登记机构申请居住权登记。居住权自登记时设立，故选项 B 错误。

根据《民法典》第三百六十九条的规定，居住权不得转让、继承。设立居住权的住宅不得出租，但是当事人另有约定的除外，故选项 C、D 错误。

8.【2020 年真题】关于地役权的说法，正确的是（   ）。

A. 地役权人有权按照合同约定，利用他人的不动产，以提高自己不动产的效益

B. 地役权自登记时设立

C. 地役权属于担保物权

D. 供役地上的建设用地使用权部分转让时，转让部分涉及地役权的，地役权对受让人不具有约束力

【解析】 根据《民法典》第三百七十二条的规定，地役权人有权按照合同约定，利用他人的不动产，以提高自己不动产的效益，故选项 A 正确。

根据《民法典》第三百七十四条的规定，地役权自地役权合同生效时设立。当事人要求登记的，可以向登记机构申请地役权登记；未经登记，不得对抗善意第三人，故选项 B 错误。

地役权属于用益物权，故选项 C 错误。

供役地以及供役地上的土地承包经营权、建设用地使用权部分转让时，转让部分涉及地役权的，地役权对受让人具有约束力，故选项 D 错误。

9.【2018 年真题】甲、乙两单位相邻，甲需经过乙的厂区道路出入，甲乙之间约定甲向乙支付一定的费用。该约定中甲享有的权利是（   ）。

A. 土地承包经营权　　　　　　　　B. 地役权

C. 土地使用权　　　　　　　　　　D. 土地所有权

【解析】 地役权，即按照合同约定，利用他人的不动产，以提高自己的不动产的效益的权利。他人的不动产为供役地，自己的不动产为需役地，故选项 B 正确。

10.【2017 年真题】关于地役权，下列表述正确的是（   ）。

A. 当事人应当采用书面形式订立地役权合同

B. 地役权合同应包括解决争议的方法

C. 地役权自地役权合同签订时设立

D. 地役权自地役权合同生效时设立

E. 未经登记，不得对抗善意第三人

【解析】 根据《民法典》第三百七十三条的规定，设立地役权，当事人应当采取书面形式订立地役权合同。地役权合同一般包括下列条款：①当事人的姓名或者名称和住所；②供役地和需役地的位置；③利用目的和方法；④利用期限；⑤费用及其支付方式；⑥解决争议的方法，故选项 A、B 正确。

根据《民法典》第三百七十四条的规定，地役权自地役权合同生效时设立。当事人要求登记的，可以向登记机构申请地役权登记；未经登记，不得对抗善意第三人，故选项 C 错误，选项 D、E 正确。

11.【2015 年真题】关于建设用地使用权流转、续期和消灭的说法中，正确的是（   ）。

A. 建设用地使用权流转时附着于该土地上的建筑物、构筑物及附属设施应一并处分

B. 建设用地使用权流转时使用期限的约定不得超过50年

C. 建设用地使用权期间届满的，自动续期

D. 建设用地使用权消灭的，建设用地使用权人应当及时办理注销登记

【解析】 根据《民法典》第二编第十二章建设用地使用权的有关规定，建设用地使用权转让、互换、出资或者赠与的，附着于该土地上的建筑物、构筑物及其附属设施一并处分，故选项A正确。

建设用地使用权转让、互换、出资、赠与或者抵押的，当事人应当采取书面形式订立相应的合同。使用期限由当事人约定，但不得超过建设用地使用权的剩余期限，故选项B错误。

住宅建设用地使用权期间届满的，自动续期。非住宅建设用地使用权期间届满后的续期，依照法律规定办理，故选项C错误。

建设用地使用权消灭的，出让人应当及时办理注销登记。登记机构应当收回建设用地使用权证书，故选项D错误。

12.【2022年真题】下列权利中，属于用益物权的有（   ）。

A. 土地承包经营权   B. 租赁权

C. 建设用地使用权   D. 地役权

E. 居住权

【解析】 根据《民法典》第三百二十三条的规定，用益物权是权利人对他人所有的不动产或者动产，依法享有占有、使用和收益的权利。用益物权包括土地承包经营权、建设用地使用权、居住权、宅基地使用权和地役权，故选项A、C、D、E正确。

13.【2012年真题】国有建设用地使用者依法对土地享有的权利不包括（   ）。

A. 占有权   B. 使用权

C. 收益权   D. 所有权

【解析】 根据《民法典》第三百四十四条的规定，建设用地使用权人依法对国家所有的土地享有占有、使用和收益的权利，有权利用该土地建造建筑物、构筑物及其附属设施。国有建设用地的所有权人是国家，建设用地使用权人没有土地所有权。

14.【2021年真题】当事人之间订立有关设立、变更、转让和消灭不动产物权的合同，除法律另有规定或者合同另有约定外，关于合同效力的说法，正确的有（   ）。

A. 自合同成立时生效

B. 自办理物权登记时生效

C. 未办理物权登记的，不影响合同效力

D. 未办理物权登记的，合同效力待定

E. 合同生效，并发生物权效力

【解析】 当事人之间订立有关设立、变更、转让和消灭不动产物权的合同，除法律另有规定或者合同另有约定外，自合同成立时生效；未办理物权登记的，不影响合同效力。不动产物权的设立、变更、转让和消灭，依照法律规定应当登记的，自记载于不动产登记簿时发生效力。

15.【2019年真题】关于不动产物权的说法，正确的是（   ）。

A. 依法属于国家所有的自然资源，所有权可以不登记

B. 不动产物权的转让未经登记不得对抗善意第三人

C. 不动产物权的转让在合同成立时发生效力

D. 未办理物权登记的，不动产物权转让合同无效

【解析】　根据《民法典》第二百零九条的规定，依法属于国家所有的自然资源，所有权可以不登记，故选项 A 正确。

不动产物权的设立、变更、转让和消灭，经依法登记，发生效力；未经登记，不发生效力（登记要件主义），故选项 B、C 错误。

不动产物权未经登记，不发生物权效力，但不影响不动产物权转让合同的效力，故选项 D 错误。

16.【2018 年真题】甲将其房屋卖给乙，并就房屋买卖订立合同，未进行房屋产权变更登记，房屋也未实际交付。关于该买卖合同效力和房屋所有权的说法，正确的是（　　）。

A. 买卖合同有效，房屋所有权不发生变动

B. 买卖合同无效，房屋所有权不发生变动

C. 买卖合同有效，房屋所有权归乙所有，不能对抗善意第三人

D. 买卖合同效力待定，房屋所有权不发生变动

【解析】　根据《民法典》第二百零九条的规定，不动产物权的设立、变更、转让和消灭，经依法登记，发生效力；未经登记，不发生效力，但法律另有规定的除外。

根据《民法典》第二百一十五条的规定，当事人之间订立有关设立、变更、转让和消灭不动产物权的合同，除法律另有规定或合同另有约定外，自合同成立时生效；未办理物权登记的，不影响合同效力。

因此，合同当事人依法订立合同，合同生效；但未办理登记，不动产物权不发生转移，故选项 A 正确。

17.【2015 年真题】关于物权保护的说法中，正确的是（　　）。

A. 物权受到侵害的，权利人不能通过和解方式解决

B. 侵害物权造成权利人损害的，权利人既可以请求损害赔偿，也可请求承担其他民事责任

C. 侵害物权的，承担民事责任后，不再承担行政责任

D. 物权的归属、内容发生争议的，利害关系人应当请求返还原物

【解析】　根据《民法典》第二百三十三条的规定，物权受到侵害的，权利人可以通过和解、调解、仲裁、诉讼等途径解决，故选项 A 错误。

根据《民法典》第二百三十九条的规定，本章规定的物权保护方式，可以单独适用，也可以根据权利被侵害的情形合并适用。侵害物权，除承担民事责任外，违反行政管理规定的，依法承担行政责任；构成犯罪的，依法追究刑事责任，故选项 B 正确、选项 C 错误。

根据《民法典》第二百三十四条的规定，因物权的归属、内容发生争议的，利害关系人可以请求确认权利，故选项 D 错误。

18.【2023 年真题】下列物权中，自合同生效时设立的是（　　）。

A. 地役权　　　　　　　　B. 建设用地使用权

C. 居住权　　　　　　　　D. 机动车使用权

【解析】　根据《民法典》第三百七十四条的规定，地役权自地役权合同生效时设立。当事人要求登记的，可以向登记机构申请地役权登记；未经登记，不得对抗善意第三人，故选项 A 正确。

注意：根据《民法典》第三百六十八条的规定，设立居住权的，应当向登记机构申请居住权登记。居住权自登记时设立，故选项 C 错误。

19.【2012 年真题】根据《民法典》，当事人之间订立有关设立、变更、转让和消灭不动产物权的合同，除法律另有规定或合同另有约定外，该合同效力为（　　）。

A. 合同自办理物权登记时生效　　　　B. 未办理物权登记合同无效

C. 合同生效当然发生物权效力　　　　D. 合同自成立时生效

E. 未办理物权登记不影响合同效力

【解析】　根据《民法典》第二百一十五条的规定，当事人之间订立有关设立、变更、转让和消灭不动产物权的合同，除法律另有规定或合同另有约定外，自合同成立时生效；未办理物权登记的，不影响合同效力，故选项 D、E 正确。

20.【2010 年真题】根据《民法典》，下列各项财产作为抵押物时，抵押权自登记时设立的是（　　）。

A. 正在建造的船舶、航空器　　　　B. 交通运输工具

C. 生产设备、原材料　　　　　　　D. 正在建造的建筑物

【解析】　根据《民法典》第四百零二条的规定，以本法第三百九十五条第一款第一项至第三项规定的财产或者第五项规定的正在建造的建筑物抵押的，应当办理抵押登记。抵押权自登记时设立，故选项 D 正确。

根据《民法典》第四百零三条的规定，以动产抵押的，抵押权自抵押合同生效时设立，故选项 A、B、C 错误。

21.【2020 年真题】关于担保合同的说法，正确的是（　　）。

A. 保证合同的双方当事人是保证人与债权人

B. 第三人为债务人向债权人提供担保时，不得要求债务人提供反担保

C. 主合同的效力不影响担保合同的效力

D. 担保合同被确认无效后，担保人不承担民事责任

【解析】　根据《民法典》第六百八十一条的规定，本法所称保证，是指保证人和债权人约定，当债务人不履行债务时，保证人按照约定履行债务或者承担责任的行为，故选项 A 正确。

第三人为债务人向债权人提供担保时，可以要求债务人提供反担保。反担保适用本法担保的规定，故选项 B 错误。

担保合同是主合同的从合同，主合同无效，担保合同无效。担保合同另有约定的，按照约定。担保合同被确认无效后，债务人、担保人、债权人有过错的，应当根据其过错各自承担相应的民事责任，故选项 C、D 错误。

22.【2021 年真题】根据《民法典》，下列财产可以抵押的是（　　）。

A. 学校的教学楼　　　　　　　　　B. 生产设备

C. 依法被查封的建筑物　　　　　　D. 土地所有权

【解析】　根据《民法典》第三百九十五条的规定，债务人或者第三人有权处分的下列财产可以抵押：①建筑物和其他土地附着物；②建设用地使用权；③海域使用权；④生产设

备、原材料、半成品、产品；⑤正在建造的建筑物、船舶、航空器；⑥交通运输工具；⑦法律、行政法规未禁止抵押的其他财产。

23.【2021 年真题】债务人或者第三人有权处分的下列权利中可以质押的是（　　）。

A. 建设用地使用权　　　　　　　　B. 支票

C. 债券　　　　　　　　　　　　　D. 可以转让的专利权中的财产权

E. 现有的以及将有的应收账款

【解析】　见下表：

担保方式	特征
质押	1）分为动产质押和权利质押 2）可以质押的权利： ① 有权利凭证的有价证券：汇票、支票、本票、债券、存款单、仓单、提单（出质要交付） ② 无权利凭证的：依法可以转让的股份、股票（出质要登记） ③ 无权利凭证的：依法可以转让的商标专用权、专利权、著作权中的财产权（出质要登记） ④ 依法可以质押的其他权利

选项 A 为不动产，不动产只能抵押不能质押。

24.【2020 年真题】关于质权的说法，正确的有（　　）。

A. 质权包括动产质权和权利质权

B. 权利质权自权利凭证交付质权人时设立

C. 质权人无权收取质押财产的孳息

D. 动产质权自出质人交付质权财产时设立

E. 质权人负有妥善保管质押财产的义务

【解析】　根据《民法典》，质权分为动产质权和权利质权，故选项 A 正确。

根据《民法典》第四百四十一条的规定，以汇票、支票、本票、债券、存款单、仓单、提单出质的，当事人应当订立书面合同。质权自权利凭证交付质权人时设立；没有权利凭证的，质权自有关部门办理出质登记时设立。但根据《民法典》第四百四十三条的规定，以基金份额、股权出质的，质权自办理出质登记时设立，故选项 B 错误。

根据《民法典》第四百三十条的规定，质权人有权收取质押财产的孳息，但合同另有约定的除外，故选项 C 错误。

根据《民法典》第四百二十九条的规定，动产质权自出质人交付质押财产时设立，故选项 D 正确。

根据《民法典》第四百三十二条的规定，质权人负有妥善保管质押财产的义务；因保管不善致使质押财产毁损、灭失的，应当承担赔偿责任，故选项 E 正确。

25.【2018 年真题】关于可用于抵押和质押的资产的说法，正确的有（　　）。

A. 不动产既可用于抵押，也可用于质押

B. 动产既可用于抵押，也可用于质押

C. 动产既可用于抵押，但不可用于质押

D. 不动产可用于抵押，但不可用于质押

E. 动产既可用于质押，但不可用于抵押

【解析】　不动产可以用于抵押，不可以用于质押，故选项 A 错误；动产既可以用于抵押，也可以用于质押，故选项 C、E 均错。

26.【2017 年真题】下列物权种类中，属于担保物权的是（　　　）。

A. 抵押权　　　　　　　　　　　　B. 使用权

C. 收益权　　　　　　　　　　　　D. 地役权

【解析】　担保物权包括抵押权、质权和留置权。

27.【2017 年真题】根据《民法典》，债务人不履行债务，债权人有留置权的是（　　　）。

A. 施工合同　　　　　　　　　　　B. 买卖合同

C. 运输合同　　　　　　　　　　　D. 租赁合同

【解析】　根据《民法典》的有关规定，因保管合同、运输合同、加工承揽合同发生的债权，债务人不履行债务的，债权人有留置权。

28.【2016 年真题】根据《民法典》，下列各项财产抵押的，抵押权自登记时设立的有（　　　）。

A. 交通运输工具　　　　　　　　　B. 建筑物

C. 生产设备、原材料　　　　　　　D. 正在建造的船舶

E. 建设用地使用权

【解析】　根据《民法典》第四百零二条的规定，当事人以下列财产抵押的，应当办理抵押登记，抵押权自登记时设立：①建筑物和其他土地附着物；②建设用地使用权；③以招标、拍卖、公开协商等方式取得的荒地等土地承包经营权；④正在建造的建筑物。

29.【2014 年真题】根据《物权法》，不能设定权利质权的是（　　　）。

A. 专利中的财产权　　　　　　　　B. 应收账款债权

C. 可以转让的股权　　　　　　　　D. 房屋所有权

【解析】　根据《民法典》第四百四十条的规定，债务人或者第三人有权处分的下列权利可以出质：①汇票、支票、本票；②债券、存款单；③仓单、提单；④可以转让的基金份额、股权；⑤可以转让的注册商标专用权、专利权、著作权等知识产权中的财产权；⑥应收账款；⑦法律、行政法规规定可以出质的其他财产权利。

30.【2011 年真题】施工企业购买材料设备后交付承运人运输，未按约定给付承运费用时，承运人有权扣留足以清偿其所欠运费的货物，承运人行使的是（　　　）。

A. 抵押权　　　　　　　　　　　　B. 质权

C. 留置权　　　　　　　　　　　　D. 所有权

【解析】　《民法典》规定，因保管合同、运输合同、加工承揽合同发生的债权，债务人不履行债务的，债权人有留置权。

31.【2011 年真题】施工企业以自有的房产作抵押，向银行借款 100 万元，后来施工企业无力还贷，经诉讼后其抵押房产被拍卖，拍得的价款为 150 万元，贷款的利息及违约金为 20 万元，实现抵押权的费用为 10 万元，则拍卖后应返还施工企业的款项为（　　　）万元。

A. 10　　　　　　B. 20　　　　　　C. 30　　　　　　D. 50

【解析】　根据《民法典》的有关规定，抵押担保的范围包括主债权及利息、违约金、损害赔偿金和实现抵押权的费用，即 100+20+10＝130（万元），所以拍卖后应返还施工企业

的款项为 20 万。

32.【2011 年真题】 根据有关担保的法律规定，属于不得抵押的财产有（　　）。

A. 土地所有权　　　　　　　　B. 农村集体宅基地土地使用权

C. 学校游泳馆产权　　　　　　D. 荒地承包经营权

E. 被扣押的房屋

【解析】　根据《民法典》第三百九十九条的规定，下列财产不得抵押：

① 土地所有权；

② 耕地、宅基地、自留地、自留山等集体所有的土地使用权，但是法律规定可以抵押的除外；

③ 学校、幼儿园、医院等以公益为目的的事业单位、社会团体的教育设施、医疗卫生设施和其他社会公益设施；

④ 所有权、使用权不明或者有争议的财产；

⑤ 依法被查封、扣押、监管的财产；

⑥ 依法不得抵押的其他财产。

抵押人依法承包并经发包方同意抵押的荒山、荒沟、荒丘、荒滩等荒地的土地使用权可以抵押，故选项 D 可以抵押。

33.【2024 年真题】 关于占有的说法，正确的是（　　）。

A. 在施工过程中，施工企业对施工场地的占有属于自主占有

B. 在施工过程中，建设单位对施工场地的占有属于他主占有

C. 在施工过程中，施工企业对施工场地的占有属于恶意占有

D. 占有的不动产或者动产被侵占的，占有人有权请求返还原物

【解析】　在施工过程中，施工企业对施工场地的占有属于有权占有、他主占有，故选项 A、C 错误（恶意占有是无权占有的一种）。

建设单位对施工场地的占有属于有权占有、自主占有，故选项 B 错误。

根据《民法典》第四百六十一条的规定，占有的不动产或者动产毁损、灭失，该不动产或者动产的权利人请求赔偿的，占有人应当将因毁损、灭失取得的保险金、赔偿金或者补偿金等返还给权利人；权利人的损害未得到足够弥补的，恶意占有人还应当赔偿损失，故选项 D 正确。

二、参考答案

题号	1	2	3	4	5	6	7	8	9	10
答案	ABDE	ACE	C	B	A	A	A	A	B	ABDE
题号	11	12	13	14	15	16	17	18	19	20
答案	A	ACDE	D	AC	A	A	B	A	DE	D
题号	21	22	23	24	25	26	27	28	29	30
答案	A	B	BCDE	ADE	BD	A	C	BE	D	C
题号	31	32	33							
答案	B	ABCE	D							

三、2025年考点预测

考点一：物权的设立、变动、消灭和保护
（1）物权设立及变动的要素
（2）不动产登记制度及预告登记制度
考点二：用益物权
（1）建设用地使用权的特征、设立及变更
（2）地役权的设立及特征
（3）土地承包经营权
（4）居住权
考点三：担保物权
（1）抵押法律关系、抵押物及抵押权的设立、特征
（2）质押的设立及特征
考点四：占有
占有的概念、分类及保护

第三节　建设工程知识产权制度

考点一：著作权制度
考点二：专利权制度
考点三：商标权制度
考点四：其他知识产权制度

一、历年真题及解析

1.【2019年真题】下列授予专利权的条件中，属于共性条件的是（　　）。
A. 创造性　　　　B. 实用性　　　　C. 新颖性　　　　D. 艺术性
【解析】　根据《专利法》第二十二条的规定，授予专利权的发明和实用新型，应当具备新颖性、创造性和实用性。授予专利权的外观设计，除了新颖性，还要求具有富有美感和适用于工业应用两个条件。因此，共性条件是新颖性。

2.【2024年真题】关于专利权的说法，正确的是（　　）。
A. 授予专利权的外观设计，应当具备新颖性、创造性和实用性
B.《专利法》规定的发明创造是指发明、实用新型和外观设计
C. 发明专利权的期限自专利权授予之日起计算
D. 外观设计专利权的期限为10年
【解析】　授予专利权的发明和实用新型，应当具备新颖性、创造性和实用性。除了新颖性，外观设计还应当具备富有美感和适于工业应用两个条件，故选项A错误。
发明创造是指发明、实用新型和外观设计，故选项B正确。
发明专利权的期限自申请日起计算，故选项C错误。

外观设计专利权的期限为 15 年，故选项 D 错误。

3.【2020 年真题】关于专利权期限的说法，正确的是（　　）。

A. 外观设计专利权的期限为 15 年

B. 发明专利权和实用新型专利权的期限为 20 年

C. 专利申请文件是邮寄的，以国务院专利行政主管部门收到之日为申请日

D. 专利权的有效期自授予之日起计算

【解析】　根据《专利法》第四十二条的规定，发明专利权的期限为 20 年，实用新型专利权的期限为 10 年，外观设计专利权的期限为 15 年，均自申请之日起计算，故选项 A 正确。

4.【2018 年真题】李某研发了一种混凝土添加剂，向国家专利局提出实用新型专利申请，2010 年 5 月 12 日国家专利局收到李某的专利申请文件，经过审查，2013 年 8 月 16 日国家专利局授予李某专利权。该专利权届满的期限是（　　）。

A. 2033 年 8 月 16 日
B. 2030 年 5 月 12 日
C. 2023 年 8 月 16 日
D. 2020 年 5 月 12 日

【解析】　根据《专利法》第二十八条的规定，国务院专利行政主管部门收到专利申请文件之日为申请日，如果申请文件是邮寄的，以寄出的邮戳日为申请日。

根据第四十二条的规定，发明专利权的期限为 20 年，实用新型专利权的期限为 10 年，外观设计专利权的期限为 15 年，均自申请日起计算。因此，该专利权自申请之日（收到申请文件之日）2010 年 5 月 12 日起 10 年后专利权期限届满，故选项 D 正确。

5.【2017 年真题】某设计院指派本院工程师张某建设单位设计住宅楼，设计合同中没有约定设计图著作权的归属，该设计图的著作权属于（　　）。

A. 张某
B. 设计院
C. 建设单位
D. 建设单位和设计院共同所有

【解析】　一般情况下，勘察设计文件都是勘察设计单位接受建设单位委托创作的委托作品。根据《著作权法》第十九条的规定，受委托创作的作品，著作权的归属由委托人和受托人通过合同约定。合同未作明确约定或者没有订立合同的，著作权属于受托人。

同时，该设计图在单位内部又属于职务作品，根据《著作权法》第十八条的规定，有下列情形之一的职务作品，作者享有署名权，著作权的其他权利由法人或者其他组织享有，法人或者其他组织可以给予作者奖励：①主要是利用法人或者其他组织的物质技术条件创作，并由法人或者其他组织承担责任的工程设计图、产品设计图、地图、计算机软件等职务作品；②法律、行政法规规定或者合同约定著作权由法人或者其他组织享有的职务作品。因此，该设计图纸的著作权属于设计单位，作者享有署名权，故选项 B 正确。

6.【2021 年真题】关于商标的说法，正确的是（　　）。

A. 商标专用权的内容包括财产权和商标设计者的人身权

B. 商标专用权的保护对象包括未经核准注册的商标

C. 注册商标的有效期自提出申请之日起计算

D. 商标专用权包括使用权和禁止权两个方面

【解析】　商标专用权的内容只包括财产权，故选项 A 错误。

商标专用权的保护对象是经过国家商标管理机关核准注册的商标，未经核准注册的商标

不受商标法保护，故选项 B 错误。

注册商标的有效期为 10 年，自核准注册之日起计算，故选项 C 错误。

商标专用权包括使用权和禁止权两个方面，故选项 D 正确。使用权是商标注册人对其注册商标充分支配和完全使用的权利，权利人也有权将商标使用权转让给他人或通过合同许可他人使用其注册商标。禁止权是商标注册人禁止他人未经其许可而使用注册商标的权利。

7. 【2016 年真题】关于商标专用权的说法，正确的有（　　　）。

A. 商标专用权是指商标所有人对注册商标所享有的具体权利

B. 商标专用权的内容只包括财产权

C. 商标专用权包括使用权和禁止权两个方面

D. 未经核准注册的商标不受商标法保护

E. 商标设计者的人身权由专利权法保护

【解析】　商标专用权是指由法律授予商标权人在指定商品或服务上使用其注册商标的排他性权利，故选项 A 正确。

同其他知识产权不同，商标专用权的内容只包括财产权，商标设计者的人身权受著作权法保护，故选项 B 正确、选项 E 错误。

商标专用权包括使用权和禁止权两个方面，故选项 C 正确。

经商标局核准注册的商标为注册商标，包括商品商标、服务商标和集体商标、证明商标；商标注册人享有商标专用权，受法律保护，未经核准注册不受法律保护，故选项 D 正确。

8. 【2016 年真题】某施工企业准备将一项发明创造申请专利，导致该发明的创造新颖性丧失的情形是（　　　）。

A. 申请日前 5 个月被他人泄密的

B. 申请日前 3 个月在学术论文中发表的

C. 申请日当日在规定的技术会议上首次发表的

D. 申请日前 3 个月在中国政府承认的国际展览会首次展出的

【解析】　根据《专利法》第二十四条的规定，申请专利的发明创造在申请日前 6 个月内，有下列情形之一的，不丧失新颖性：

① 在中国政府主办或者承认的国际展览会上首次展出的；

② 在规定的学术会议或者技术会议上首次发表的；

③ 他人未经申请人同意而泄露其内容的。

没有在学术论文中发表的情形，故应选 B。

9. 【2021 年真题】关于计算机软件著作权的说法，正确的是（　　　）。

A. 自然人的软件著作权保护期为自然人终生

B. 如无相反证据证明，在软件上署名的自然人、法人或者其他组织为开发者

C. 接受他人委托开发的软件，其著作权由委托人享有

D. 法人的软件著作权，保护期为 30 年

【解析】　根据《计算机软件保护条例》的有关规定，自然人的软件著作权，保护期为自然人终生及其死亡后 50 年，截止于自然人死亡后第 50 年的 12 月 31 日，故选项 A 错误。

软件著作权属于软件开发者，《计算机软件保护条例》另有规定的除外。如无相反证明，在软件上署名的自然人、法人或者其他组织为开发者，故选项 B 正确。

接受他人委托开发的软件，其著作权的归属由委托人与受托人签订书面合同约定；无书面合同或者合同未作明确约定的，其著作权由受托人享有，故选项 C 错误。

法人或者其他组织的软件著作权保护期为 50 年，故选项 D 错误。

10.【2015 年真题】关于计算机软件著作权的说法中，正确的有（　　）。

A. 自然人的软件著作权保护期为自然人终生

B. 软件著作权属于软件开发者

C. 两个以上法人合作开发的软件，其著作权的归属由合作各方书面合同约定

D. 开发的软件是从事本职工作的自然结果的，单位必须对开发软件的自然人进行奖励

E. 软件著作权也有合理使用的规定

【解析】　根据《计算机软件保护条例》的规定，自然人的软件著作权，保护期为自然人终生及其死亡后 50 年，故选项 A 错误。

软件著作权属于软件开发者，本条例另有规定的除外。如无相反证明，在软件上署名的自然人、法人或者其他组织为开发者，故选项 B 正确。

两个以上的自然人、法人或者其他组织合作开发的软件，其著作权的归属由合作开发者签订书面合同约定，故选项 C 正确。

有下列情形之一的，该软件著作权由该法人或者其他组织享有，该法人或者其他组织可以对开发软件的自然人进行奖励：

① 针对本职工作中明确指定的开发目标所开发的软件；

② 开发的软件是从事本职工作活动所预见的结果或者自然的结果；

③ 主要使用了法人或者其他组织的资金、专用设备、未公开的专门信息等物质技术条件所开发并由法人或者其他组织承担责任的软件，因此选项 D 错误。

软件著作权的合理使用，为了学习和研究软件内涵的设计思想和原理而使用软件的，可以不经软件著作人的许可，不用支付报酬，故选项 E 正确。

11.【2023 年真题】以下哪项属于专利法保护的对象（　　）。

A. 施工单位的技术方案　　　　　B. 设计院设计的图纸

C. 施工单位的管理制度　　　　　D. 项目经理的工作报告

【解析】　专利权保护的客体是发明专利，包括发明、实用新型、外观设计，其中施工单位技术方案属于发明，选项 B、C、D 属于自然人或者单位组织创作的作品，为著作权保护的客体。

12.【2015 年真题】关于注册商标有效期的说法，正确的是（　　）。

A. 10 年，自申请之日起计算　　　B. 10 年，自核准注册之日起计算

C. 20 年，自申请之日起计算　　　D. 20 年，自核准注册之日起计算

【解析】　注册商标有效期为 10 年，自核准注册之日起计算。

13.【2023 年真题】下列知识产权的客体中，属于著作权法保护对象的有（　　）。

A. 注册商标　　　　　　　　　　B. 外观设计专利

C. 建筑作品　　　　　　　　　　D. 工程设计图

E. 计算机软件

【解析】　著作权指作者及其他著作权人依法对文学、艺术和科学作品所享有的专有权，保护的客体为文字作品、建筑作品（以建筑物、构筑物形式表现的有审美意义的作品）、图形作品、计算机软件，故选项C、D、E正确。

A选项属于商标权，B选项属于专利权。

14.【2014年真题】根据《著作权法》，著作权是（　　）。

A. 随作品的发表而自动产生　　　　B. 随作品的创作完成而自动产生

C. 在作品上加注版权后自动产生　　D. 在作品以一定的物质形态固定后产生

【解析】　《著作权法》第二条规定，中国公民、法人或者其他组织的作品，不论是否发表，依照本法享有著作权。著作权自作品完成创作之日起产生，并受著作权法的保护，故选项B正确。

15.【2013年真题】根据《专利法》，对产品的形状、架构或者其结合所提出的适于实用的新的技术方案称为（　　）。

A. 发明　　　　　　　　　　　　B. 实用新型

C. 外观设计　　　　　　　　　　D. 设计方案

【解析】　实用新型是指对产品的形状、架构或者其结合所提出的适于实用的新的技术方案。

16.【2018年真题】在建设工程知识产权侵权的民事责任中，确定赔偿损失数额，首选的方法是（　　）。

A. 参照该知识产权许可使用费的数额合理确定

B. 由人民法院确定给予一定数额的赔偿

C. 按照权利人因被侵权所受到的实际损失确定

D. 按照侵权人因侵权所获得的利益确定

【解析】　根据《专利法》第七十一条的规定，侵犯专利权的赔偿数额按照：①权利人因被侵权所受到的实际损失确定；②实际损失难以确定的，可以按照侵权人因侵权所获得的利益确定；③权利人的损失或者侵权人获得的利益难以确定的，参照该专利许可使用费的倍数合理确定；④权利人的损失、侵权人获得的利益和专利许可使用费均难以确定的，人民法院可以根据专利权的类型、侵权行为的性质和情节等因素，确定给予3万元以上500万元以下的赔偿。赔偿数额还应当包括权利人为制止侵权行为所支付的合理开支，故选项C正确。

17.【2023年真题】下列关于注册商标转让的说法，正确的是（　　）。

A. 转让注册商标的，由转让人向商标局提出申请

B. 商标专用权人不得将商标与企业分离而单独转让

C. 转让注册商标的，商标注册人对其在同一种商品上注册的近似的商标应当一并转让

D. 注册商标的转让是指商标专用人许可他人使用其注册商标的行为

【解析】　注册商标的转让是指商标专用人将其所有的注册商标依法转移给他人所有并由其专用的法律行为，注意是"专用"，而不是"许可使用"，故选项D错误（注册商标的使用许可是指商标注册人通过签订商标使用许可合同，许可他人使用其注册商标的法律行为，注意两个概念要区分）。

转让注册商标的，转让人和受让人应当共同向商标局提出申请，故选项A错误。

商标专用权人可以将商标连同企业或者商誉同时转让，也可以将商标单独转让，故选项 B 错误。

转让注册商标的，商标注册人对其在同一种商品上注册的近似的商标，或者在类似商品上注册的相同或者近似的商标，应当一并转让，故选项 C 正确。

18.【2024 年真题】关于侵犯商业秘密的说法，正确的是（　　　）。

A. 第三人明知商业秘密权利人的前员工以盗窃手段获取权利人商业秘密仍获取该商业秘密的，不构成侵犯商业秘密

B. 经营者违反保密义务，披露其所掌握的商业秘密属于侵犯商业秘密

C. 受到损害的商业秘密权利人的赔偿数额，应当按照侵权人因侵权所获得的利益确定

D. 在侵犯商业秘密案件的民事审判程序中，商业秘密权利人就对方侵权承担全部举证责任

【解析】　经营者不得实施下列侵犯商业秘密的行为：①以盗窃、贿赂、欺诈、胁迫、电子侵入或者其他不正当手段获取权利人的商业秘密；②披露、使用或者允许他人使用以前项手段获取的权利人的商业秘密；③违反保密义务或者违反权利人有关保守商业秘密的要求，披露、使用或者允许他人使用其所掌握的商业秘密；④教唆、引诱、帮助他人违反保密义务或者违反权利人有关保守商业秘密的要求，获取、披露、使用或者允许他人使用权利人的商业秘密。故选项 B 正确。

第三人明知或者应知商业秘密权利人的员工、前员工或者其他单位、个人实施上述所列违法行为，仍获取、披露、使用或者允许他人使用该商业秘密的，视为侵犯商业秘密，故选项 A 错误。

侵犯商业秘密，给商业秘密权利人造成损害的，应当依法承担民事责任，受到损害的商业秘密权利人的赔偿数额，按照其因被侵权所受到的实际损失确定；实际损失难以计算的，按照侵权人因侵权所获得的利益确定，故选项 C 错误。

在侵犯商业秘密的民事审判程序中，商业秘密权利人提供初步证据，证明其已经对所主张的商业秘密采取保密措施，且合理表明商业秘密被侵犯。涉嫌侵权人应当证明权利人所主张的商业秘密不属于法律规定的商业秘密，故选项 D 错误。

二、参考答案

题号	1	2	3	4	5	6	7	8	9	10
答案	C	B	A	D	B	D	ABCD	B	B	BCE
题号	11	12	13	14	15	16	17	18		
答案	A	B	CDE	B	B	C	C	B		

三、2025 年考点预测

考点一：著作权制度

（1）职务作品、委托作品著作权人

（2）著作权保护期限

考点二：专利权制度

专利权保护期限

考点三：商标权制度

（1）商标权的转让及使用

（2）商标权的保护期限

考点四：其他知识产权制度

（1）商业秘密侵权及法律责任

（2）举证责任

第四节　建设工程侵权责任制度

考点一：侵权责任主体和损害赔偿

考点二：产品责任

考点三：建筑物和物件损害责任

一、历年真题及解析

1.【2024 年真题】关于产品责任的说法，正确的是（　　）。

A. 因产品存在缺陷造成他人损害的，被侵权人仅可向产品的销售者请求赔偿

B. 因运输者的过错使产品存在缺陷，造成他人损害的，被侵权人应当向产品的运输者请求赔偿

C. 明知产品存在缺陷仍然生产、销售，造成他人死亡的，被侵权人有权请求相应的惩罚性赔偿

D. 产品投入流通后发现存在缺陷造成他人损害的，生产者、销售者不承担责任

【解析】　根据《民法典》第一千二百零三条的规定，因产品存在缺陷造成他人损害的，被侵权人可以向产品的生产者请求赔偿，也可以向产品的销售者请求赔偿，故选项 A 错误。

根据《民法典》第一千二百零四条的规定，因运输者、仓储者等第三人的过错使产品存在缺陷，造成他人损害的，产品的生产者、销售者赔偿后，有权向第三人追偿，故选项 B 错误。

根据《民法典》第一千二百零七条的规定，明知产品存在缺陷仍然生产、销售，或者没有依据前条规定采取有效补救措施，造成他人死亡或者健康严重损害的，被侵权人有权请求相应的惩罚性赔偿，故选项 C 正确。

根据《民法典》第一千二百零六条的规定，产品投入流通后发现存在缺陷的，生产者、销售者应当及时采取停止销售、警示、召回等补救措施；未及时采取补救措施或者补救措施不力造成损害扩大的，对扩大的损害也应当承担侵权责任。依据前款规定采取召回措施的，生产者、销售者应当负担被侵权人因此支出的必要费用，故选项 D 错误。

2.【2024 年真题】从建筑物上坠落的物品造成他人损害，经调查难以确定具体侵权人，除能够证明自己不是侵权人的外，补偿主体为（　　）。

A. 建筑物全体业主　　　　　　　　B. 物业服务企业

C. 可能加害的建筑物使用人　　　　D. 居民委员会

【解析】 根据《民法典》第一千二百五十四条的规定，从建筑物中抛掷物品或者从建筑物上坠落的物品造成他人损害的，由侵权人依法承担侵权责任；经调查难以确定具体侵权人的，除能够证明自己不是侵权人的外，由可能加害的建筑物使用人给予补偿。

二、参考答案

题号	1	2							
答案	C	C							

三、2025 年考点预测

考点一：侵权责任主体和损害赔偿

（1）侵权责任归责原则

（2）侵权损害赔偿责任

（3）侵权责任免责事由

考点二：产品责任

产品侵权责任承担者

考点三：建筑物和物件损害责任

（1）建筑物、构筑物倒塌的侵权责任

（2）建筑物、构筑物或者其他设施脱落、坠落致害责任

（3）不明抛掷物、坠落物致害责任

第五节 建设工程税收制度

考点一：企业所得税
考点二：企业增值税
考点三：环境保护税
考点四：其他相关税种

一、历年真题及解析

1.【2019 年真题】根据《企业所得税法》属于企业所得税不征税收入的是（　　）。

A. 依法收取并纳入财政管理的政府性基金

B. 特许权使用费收入

C. 接受捐赠收入

D. 财政拨款

E. 股息红利等权益性投资收益

【解析】 根据《企业所得税法》第七条的规定，收入总额中的下列收入为不征税收入：①财政拨款；②依法收取并纳入财政管理的行政事业性收费、政府性基金；③国务院规定的其他不征税收入。故选项 A、D 正确。

2. 【2022年真题】根据《企业所得税法》，企业下列收入中应当缴纳企业所得税的有（　　）。

A. 租金收入
B. 接受捐赠收入
C. 股息、红利等权益性投资收益
D. 特许权使用费收入
E. 财政拨款

【解析】 见下表：

应纳税所得额		
收入总额-各项扣除-不征税收入-免税收入-允许弥补的以前年度的亏损		
收入	各项扣除	不征税收入
① 销售货物收入 ② 提供劳务收入 ③ 利息收入 ④ 租金收入 ⑤ 特许权使用费收入 ⑥ 股息、红利等权益性投资收益 ⑦ 转让财产收入 ⑧ 接受捐赠收入 ⑨ 其他收入	① 成本 ② 费用 ③ 税金 ④ 损失 ⑤ 其他支出	① 财政拨款 ② 依法收取并纳入财政管理的行政事业性收费、政府性基金 ③ 国务院规定的其他不征税收入

3. 【2018年真题】根据《企业所得税法》下列纳税人中，属于企业所得税纳税人的是（　　）。

A. 私营企业
B. 个体工商户
C. 个人独资企业
D. 合伙企业

【解析】 根据《企业所得税法》的有关规定，在中华人民共和国境内，企业和其他取得收入的组织（以下统称企业）为企业所得税的纳税人，依照本法的规定缴纳企业所得税。个人独资企业、合伙企业不适用本法。个体工商户缴纳个人所得税，故选项A正确。

4. 【2024年真题】计算增值税应纳税额时，下列项目的进项税额不得从销项税额中抵扣的是（　　）。

A. 自境外单位购进无形资产，从税务机关或者扣缴义务人取得的代扣代缴税款的完税凭证上注明的增值税额
B. 从海关取得的海关进口增值税专用缴款书上注明的增值税额
C. 从销售方取得的增值税专用发票上注明的增值税额
D. 非正常损失的在产品、产成品所耗用的购进货物（不包括固有资产）、劳务和交通运输服务

【解析】 根据《增值税暂行条例》第十条的规定，下列项目的进项税额不得从销项税额中抵扣：①用于简易计税方法计税项目、免征增值税项目、集体福利或者个人消费的购进货物、劳务、服务、无形资产和不动产；②非正常损失的购进货物，以及相关的劳务和交通运输服务；③非正常损失的在产品、产成品所耗用的购进货物（不包括固定资产）、劳务和交通运输服务。故选项D正确。

5. 【2020年真题】关于增值税应纳税额计算的说法，正确的是（　　）。

A. 纳税人兼营不同税率的项目，应当分别核算不同税率项目的销售额，未分别核算销售额的，从低适用税率

B. 小规模纳税人发生应税销售行为，实行按照销售额和征收率计算应纳税额的简易办法，可以抵扣进项税额

C. 纳税人销售货物、劳务、服务、无形资产、不动产，应纳税额为当期销项税额抵扣当期进项税额后的余额

D. 当期销项税额小于当期进项税额不足抵扣时，其不足部分不再结转下期继续抵扣

【解析】 根据《增值税暂行条例》第三条的规定，纳税人兼营不同税率的项目，应当分别核算不同税率项目的销售额；未分别核算销售额的，从高适用税率，故选项 A 错误。

根据《增值税暂行条例》第十一条的规定，小规模纳税人发生应税销售行为，实行按照销售额和征收率计算应纳税额的简易办法，并不得抵扣进项税额。（应纳税额计算公式：应纳税额＝销售额×征收率）小规模纳税人的标准由国务院财政、税务主管部门规定，故选项 B 错误。

除《增值税暂行条例》第十一条规定外，纳税人销售货物、劳务、服务、无形资产、不动产（以下统称应税销售行为），应纳税额为当期销项税额抵扣当期进项税额后的余额。（应纳税额计算公式：应纳税额＝当期销项税额－当期进项税额）当期销项税额小于当期进项税额不足抵扣时，其不足部分可以结转下期继续抵扣，故选项 C 正确、选项 D 错误。

6.【2023 年真题】关于建筑工程总承包单位为房屋建筑地基基础，主体结构提供工程服务缴纳增值税，说法正确的有（ ）。

A. 建设单位自行采购全部或部分钢材的适用简易计税方法计税

B. 适用一般计税法计税的项目预征率为 3%

C. 适用简易计税法计税的项目预征率为 2%

D. 提供建筑服务取得预收款，应当收到预收款时，以取得的预收款扣除支付的分包款后的余额预缴增值税

E. 按照现行规定无须在建筑服务产生地预缴增值税的项目，收到预收款时在机构所在地预缴增值税

【解析】 根据《关于建筑服务等营改增试点政策的通知》的有关规定，建筑工程总承包单位为房屋建筑的地基与基础、主体结构提供工程服务，建设单位自行采购全部或部分钢材、混凝土、砌体材料、预制构件的适用简易计税方法计税，故选项 A 正确。

纳税人提供建筑服务取得预收款，应在收到预收款时，以取得的预收款扣除支付的分包款后的余额，按规定的预征率预缴增值税。适用一般计税方法计税的项目预征率为 2%，适用简易计税法计税的项目预征率为 3%。故选项 B、C 错误，选项 D 正确。

按照现行规定无须在建筑服务发生地预缴增值税的项目，纳税人收到预收款时在机构所在地预缴增值税，故选项 E 正确。

7.【2018 年真题】关于增值税应纳税额计算的说法中，正确的有（ ）。

A. 纳税人兼营不同税率的项目，未分别核算销售额的，从低适用税率

B. 当期销项税额小于当期进项税额不足抵扣时，其不足部分可以结转下期继续抵扣

C. 应税销售行为的购买方为消费者个人的，可以开具增值税专用发票

D. 当期销项税额抵扣当期进项税额后的余额是应纳税额

E. 应纳销售行为适用于免税规定的，不得开具增值税专用发票

【解析】　根据《中华人民共和国增值税暂行条例》第三条的规定，纳税人兼营不同税率的项目，应当分别核算不同税率项目的销售额；未分别核算销售额的，从高适用税率，故选项 A 错误。

根据《中华人民共和国增值税暂行条例》第二十一条的规定，属于下列情形之一的，不得开具增值税专用发票：

① 应税销售行为的购买方为消费者个人的；

② 发生应税销售行为适用免税规定的。

故选项 C 错误、选项 E 正确。

8.【2019 年真题】根据《环境保护税法》环境保护税的计税依据有（　　　）。

A. 排放量　　　　　　　　　　　B. 个数

C. 污染当量数　　　　　　　　　D. 超标分贝数

E. 立方米数

【解析】　根据《环境保护税法》第七条的规定，应税污染物的计税依据，按照下列方法确定：①应税大气污染物按照污染物排放量折合的污染当量数确定；②应税水污染物按照污染物排放量折合的污染当量数确定；③应税固体废物按照固体废物的排放量确定；④应税噪声按照超过国家规定标准的分贝数确定。

9.【2021 年真题】关于城市维护建设税的说法正确的是（　　　）。

A. 城市维护建设税分别与增值税、消费税同时缴纳

B. 缴纳增值税、所得税的单位和个人为城市维护建设税的纳税人

C. 城市维护建设税以纳税人实际缴纳的增值税、所得税税额为计税依据

D. 城市维护建设税实行单一税率

【解析】　见下表：

城市维护建设税	
纳税人	凡缴纳消费税、增值税的单位和个人，都是城市维护建设税的纳税义务人
计税基数及税率	（1）城市维护建设税以纳税人实际缴纳的消费税、增值税为计税依据，分别与消费税、增值税同时缴纳 （2）城市维护建设税税率如下，纳税人所在地在市区的，税率为7%；纳税人所在地在县城、镇的，税率为5%；纳税人所在地不在市区、县城或镇的，税率为1%

10.【2020 年真题】关于城市维护建设税的说法，正确的是（　　　）。

A. 凡缴纳消费税、增值税的单位，都是城市维护建设税的纳税义务人

B. 城市维护建设税，以纳税人应当缴纳的消费税、增值税税额为计税依据

C. 城市维护建设税，与消费税、增值税分别缴纳

D. 城市维护建设税税率统一为 5%

【解析】　根据《城市维护建设税法》第一条的规定，在中华人民共和国境内缴纳增值税、消费税的单位和个人，为城市维护建设税的纳税人，故选项 A 正确。

根据《城市维护建设税法》第二条的规定，城市维护建设税以纳税人依法实际缴纳的增值税、消费税税额为计税依据，故选项 B 错误。

根据《城市维护建设税法》第七条的规定，城市维护建设税的纳税义务发生时间与增

值税、消费税的纳税义务发生时间一致，分别与增值税、消费税同时缴纳，故选项 C 错误。

根据《城市维护建设税法》第四条的规定，城市维护建设税税率如下：纳税人所在地在市区的，税率为 7%；纳税人所在地在县城、镇的，税率为 5%；纳税人所在地不在市区、县城或者镇的，税率为 1%，故选项 D 错误。

11.【2022 年真题】下列关于城镇土地使用税的说法正确的是（　　）。

A. 以纳税人实际占用的土地面积为计税依据，依照规定税额计算征收

B. 经济发达地区城镇土地使用税的适用税额标准可以适当提高，但须报经国税总局批准

C. 城镇土地使用税按月计算、一次性缴纳

D. 市政街道、广场、绿化地带等公共用地的城镇土地使用税减半缴纳

【解析】 城镇土地使用税以纳税人实际占用的土地面积为计税依据，依照规定税额计算征收，故选项 A 正确；经济发达地区城镇土地使用税的适用税额标准可以适当提高，但须报经财政部批准，故选项 B 错误；城镇土地使用税按年计算、分期缴纳，故选项 C 错误；市政街道、广场、绿化地带等公共用地等免缴城镇土地使用税，故选项 D 错误。

12.【2021 年真题】根据《房产税暂行条例》，关于房产税的说法，正确的有（　　）。

A. 房产税在城市、县城、建制镇和工矿区征收

B. 房产税由产权所有人缴纳

C. 房产税依照房产原值一次减除 10%~30% 后的余值计算缴纳

D. 个人所有非营业用的房产免纳房产税

E. 房产税依照房产租金收入计算缴纳的，税率为 1.2%

【解析】 见下表：

房产税	
纳税人	① 房产税由产权所有人缴纳，产权属于全民所有的，由经营管理的单位缴纳 ② 产权出典的，由承典人缴纳 ③ 产权所有人、承典人不在房产所在地的，或者产权未确定及租典纠纷未解决的，由房产代管人或者使用人缴纳
计税依据及税率	① 房产税依照房产原值一次减除 10%~30% 后的余值计算缴纳。房产税的税率，依照房产余值计算缴纳的，税率为 1.2% ② 房产出租的，以房产租金收入为房产税的计税依据。依照房产租金收入计算缴纳的，税率为 12%
免税情形	下列房产免纳房产税： ① 国家机关、人民团体、军队自用的房产 ② 由国家财政部门拨付事业经费的单位自用的房产 ③ 宗教寺庙、公园、名胜古迹自用的房产 ④ 个人所有非营业用的房产 ⑤ 经财政部批准免税的其他房产 除《房产税暂行条例》规定外，纳税人纳税确有困难的，可由省、自治区、直辖市人民政府确定，定期减征或者免征房产税

13.【2020 年真题】下列车船中，属于免征车船税范围的有（　　）。

A. 悬挂应急救援专用号牌的国家综合性消防救援专用船舶

B. 警用车船

C. 渣土运输车辆

D. 排气量为 2000 毫升以下的乘用车

E. 政府机关所有的乘用车

【解析】　根据《车船税法》第三条的规定，下列车船免征车船税：①捕捞、养殖渔船；②军队、武装警察部队专用的车船；③警用车船；④悬挂应急救援专用号牌的国家综合性消防救援车辆和国家综合性消防救援专用船舶；⑤依照法律规定应当予以免税的外国驻华使领馆、国际组织驻华代表机构及其有关人员的车船。

14.【2024 年真题】关于契税的说法，正确的是（　　）。

A. 契税的具体税率，由省、自治区、直辖市人民政府决定

B. 以偿还债务方式转移土地、房屋权属的，免征契税

C. 房屋互换的，契税的计税依据为所互换的房屋价格的差额

D. 婚姻关系存续期间夫妻之间变更房屋权属的，征收契税

【解析】　根据《契税法》第三条的规定，契税税率为 3%～5%；契税的具体适用税率，由省、自治区、直辖市人民政府在前述规定的税率幅度内提出，报同级人民代表大会常务委员会决定，并报全国人民代表大会常务委员会和国务院备案，故选项 A 错误。

根据《契税法》第二条的规定，以作价投资（入股）、偿还债务、划转、奖励等方式转移土地、房屋权属的，应当依照规定征收契税，故选项 B 错误。

根据《契税法》第四条的规定，契税的计税依据包括土地使用权互换、房屋互换，为所互换的土地使用权、房屋价格的差额，故选项 C 正确。

根据《契税法》第六条的规定，婚姻关系存续期间夫妻之间变更土地、房屋权属，免征契税，故选项 D 错误。

15.【2022 年真题】根据《中华人民共和国契税法》，下列情形中应当依法缴纳契税的有（　　）。

A. 土地使用权转让

B. 土地使用权出让

C. 房屋买卖、赠与、互换

D. 以作价投资、偿还债务、划转、奖励等方式转移土地

E. 土地经营权的转移

【解析】　根据《中华人民共和国契税法》的规定，在中华人民共和国境内转移土地、房屋权属，承受的单位和个人为契税的纳税人，应当依照本法规定缴纳契税。本法所称转移土地、房屋权属，是指下列行为：

① 土地使用权出让；

② 土地使用权转让，包括出售、赠与、互换；

③ 房屋买卖、赠与、互换。

其中土地使用权转让，不包括土地承包经营权和土地经营权的转移。以作价投资入股、偿还债务、划转、奖励等方式转移土地、房屋权属的，应当依照本法规定征收契税。

注意选项 A，原则上没有问题，但是土地使用权转让，不包括土地承包经营权和土地经

营权的转移，有这种特殊情况，多选题谨慎原则不选。

二、参考答案

题号	1	2	3	4	5	6	7	8	9	10
答案	AD	ABCD	A	D	C	ADE	BDE	ACD	A	A
题号	11	12	13	14	15					
答案	A	ABCD	AB	C	BCD					

三、2025 年考点预测

考点一：企业所得税
（1）企业所得税纳税规则及税率
（2）企业所得税的减免
考点二：企业增值税
（1）视同销售行为
（2）进项税抵扣及不得抵扣情形
（3）纳税期限
考点三：环境保护税
（1）环保税的特征
（2）环保税的减免
考点四：其他相关税种
契税、印花税的纳税主体、税率及减免

第六节 建设工程行政法律制度

考点一：行政法的特征和基本原则
考点二：行政许可
考点三：行政处罚
考点四：行政强制

一、历年真题及解析

1.【2022 年真题】下列责任承担方式中属于行政处罚的是（ ）。
A. 记大过
B. 责令停止施工
C. 排除妨碍
D. 消除危险
【解析】见下表：

行政责任	行政处分	警告、记过、记大过、降级、撤职、开除
	行政处罚	警告、责令限期改正、没收违法所得、罚款、限制开展经营活动，责令停止施工、降低资质等级、吊销资质证书、吊销执业资格证书或其他许可证、行政拘留

选项 A 为行政处分，选项 C、D 属于民事责任的侵权责任。

2. 【2024 年真题】尚未制定法律、行政法规的，国务院部门规定的违反行政管理秩序的行为，可以设定的行政处罚是（　　）。

A. 行政拘留
B. 责令停产停业
C. 警告
D. 没收违法所得

【解析】　根据《行政处罚法》第十三条的规定，尚未制定法律、行政法规的，国务院部门规章对违反行政管理秩序的行为，可以设定警告、通报批评或者一定数额罚款的行政处罚。

3. 【2014 年真题】下列法律责任中，属于行政处罚的有（　　）。

A. 降低资质等级
B. 罚金
C. 记过
D. 没收财产
E. 罚款

【解析】　在建设工程领域常见的行政处罚主要有：警告、罚款、没收违法所得、责令期限改正、责令停业整顿、取消一定期限内参加依法必须进行招标的项目的投标资格、责令停止施工、降低资质等级、吊销资质证书、吊销营业执照、责令停止执业、吊销执业资格证书或其他许可证等，故选项 A、E 正确；罚金、没收财产属于刑罚中的附加刑，故选项 B、D 错误；记过属于行政处分，故选项 C 错误。

4. 【2012 年真题】行政责任的承担方式包括行政处罚和（　　）。

A. 行政复议
B. 行政处分
C. 行政赔偿
D. 行政许可

【解析】　行政责任是指违反有关行政管理的法律法规规定，但尚未构成犯罪的行为，依法应承担的行政法律后果，包括行政处罚和行政处分。

5. 【2023 年真题】关于行政许可的说法，正确的是（　　）。

A. 行政机关有权主动做出行政许可
B. 行政许可是一种要式行政行为
C. 行政许可是一种单纯的赋权性行政行为
D. 直接关系人身健康、生命财产安全等的特定活动，不得设定行政许可

【解析】　行政许可只能由行政机关做出，且只能依申请而发生，不能主动做出，故选项 A 错误。

要式行政行为是指法律、法规规定必须具备某种方式或形式才能产生法律效力的行政行为，行政许可应遵循法定程序，并以正规的文书等形式做出批准或认可，属于要式行政行为，故选项 B 正确（超纲）。

行政许可往往赋予申请人一定权利而产生收益，但是一般也附加一定的条件或义务，故选项 C 错误。

直接关系人身健康、生命财产安全等的特定活动，可以设定行政许可，故选项 D 错误。

6. 【2020 年真题】根据《行政强制法》，法律没有规定行政机关强制执行的，做出行政决定的行政机关应当申请强制执行的机关是（　　）。

A. 人民法院
B. 人民政府
C. 公安机关
D. 监察机关

【解析】　根据《行政强制法》第五十三条的规定，当事人在法定期限内不申请行政复议或者提起行政诉讼，又不履行行政决定的，没有行政强制执行权的行政机关可以自期限届满之日起 3 个月内，依照本章规定申请人民法院强制执行。

7.【2020 年真题】关于行政许可设定权限的说法，正确的有（　　）。

A. 省、自治区、直辖市人民政府规章不得设定行政许可

B. 部门规章可以设定临时性行政许可

C. 地方性法规一般情况不得设定行政许可

D. 国务院可以采用发布决定的方式设定行政许可

E. 地方性法规不得设定企业或者其他组织的设立登记及其前置性行政许可

【解析】　根据《行政许可法》第十五条的规定，本法第十二条所列事项，尚未制定法律、行政法规的，地方性法规可以设定行政许可；尚未制定法律、行政法规和地方性法规的，因行政管理的需要，确需立即实施行政许可的，省、自治区、直辖市人民政府规章可以设定临时性的行政许可，故选项 A、C 错误。

根据《行政许可法》第十七条的规定，除本法第十四条、第十五条规定的外，其他规范性文件一律不得设定行政许可，故选项 B 错误。

根据《行政许可法》第十四条的规定，本法第十二条所列事项，法律可以设定行政许可。尚未制定法律的，行政法规可以设定行政许可。必要时，国务院可以采用发布决定的方式设定行政许可，故选项 D 正确。

地方性法规和省、自治区、直辖市人民政府规章，不得设定应当由国家统一确定的公民、法人或者其他组织的资格、资质的行政许可；不得设定企业或者其他组织的设立登记及其前置性行政许可，故选项 E 正确。

8.【2019 年真题】下列事项中可以设定行政许可的是（　　）。

A. 有限自然资源开发利用，需要赋予特定权利的

B. 企业或者其他组织的设立需要确定主体资格的

C. 市场竞争机制能够有效调节的

D. 行业组织，能够自律管理的

E. 行政机关采用事后监督等其他行政管理方式能够解决的

【解析】　根据《行政许可法》第十二条的规定，下列事项可以设定行政许可：①直接涉及国家安全、公共安全、经济宏观调控、生态环境保护以及直接关系人身健康、生命财产安全等特定活动，需要按照法定条件予以批准的事项；②有限自然资源开发利用、公共资源配置以及直接关系公共利益的特定行业的市场准入等，需要赋予特定权利的事项；③提供公众服务并且直接关系公共利益的职业、行业，需要确定具备特殊信誉、特殊条件或者特殊技能等资格、资质的事项；④直接关系公共安全、人身健康、生命财产安全的重要设备、设施、产品、物品，需要按照技术标准、技术规范，通过检验、检测、检疫等方式进行审定的事项；⑤企业或者其他组织的设立等，需要确定主体资格的事项；⑥法律、行政法规规定可以设定行政许可的其他事项，故选项 A、B 正确。

根据《行政许可法》第十三条的规定，本法第十二条所列事项，通过下列方式能够予以规范的，可以不设行政许可：①公民、法人或者其他组织能够自主决定的；②市场竞争机制能够有效调节的；③行业组织或者中介机构能够自律管理的；④行政机关采用事后监督等

其他行政管理方式能够解决的，故选项 C、D、E 错误。

9.【2024 年真题】关于行政强制的说法，正确的有（　　）。

A. 排除妨碍、恢复原状属于行政强制措施

B. 行政强制包括行政强制措施和行政强制执行

C. 尚未制定法律、行政法规，且属于地方性事务的，地方性法规可以设定扣押财物的行政强制措施

D. 尚未制定法律，且属于国务院行政管理职权事项的，行政法规可以设定限制公民人身自由的行政强制措施

E. 法律、法规以外的其他规范性文件不得设定行政强制措施

【解析】　排除妨碍、恢复原状属于行政强制执行，故选项 A 错误。

行政强制包括强制措施和强制执行，故选项 B 正确。

尚未制定法律、行政法规，且属于地方性事务的，地方性法规可以设定查封场所、设施或财物和扣押财物的行政强制措施，故选项 C 正确。

行政法规可以设定除限制人身自由、冻结账户、存款以外的行政强制措施，故选项 D 错误。

法律、法规以外的其他规范性文件不得设定行政强制措施，故选项 E 正确。

10.【2022 年真题】行政强制执行的方式包括（　　）。

A. 冻结存款　　　　　　　　　　B. 扣押财物

C. 加处罚款或者滞纳金　　　　　D. 排除妨碍、恢复原状

E. 限制公民自由

【解析】　行政强制执行的方式：①加处罚款或者滞纳金；②划拨存款、汇款；③拍卖或者依法处理查封、扣押的场所、设施或者财物；④排除妨碍、恢复原状；⑤代履行；⑥其他强制执行方式。

扣押财物、查封场所、冻结存款、限制公民自由属于行政强制措施的种类。

11.【2019 年真题】关于行政机关实施行政强制执行的说法，正确的是（　　）。

A. 执行标的灭失的，中止执行

B. 执行可能造成难以弥补损失的，终结执行

C. 一律不得在夜间或者法定节假日实施行政强制执行

D. 执行完毕后，据以执行的行政决定被撤销的，应当恢复原状或者退还财物

【解析】　本题超纲。根据《行政强制法》第三十九条的规定，有下列情形之一的，中止执行：①当事人履行行政决定确有困难或者暂无履行能力的；②第三人对执行标的主张权利，确有理由的；③执行可能造成难以弥补的损失，且中止执行不损害公共利益的；④行政机关认为需要中止执行的其他情形，故选项 A 错误（执行标的灭失，执行终结）。

根据《行政强制法》第四十条的规定，有下列情形之一的，终结执行：①公民死亡，无遗产可供执行，又无义务承受人的；②法人或者其他组织终止，无财产可供执行，又无义务承受人的；③执行标的灭失的；④据以执行的行政决定被撤销的；⑤行政机关认为需要终结执行的其他情形，故选项 B 错误（执行可能造成难以弥补损失的，可以中止执行）。

根据《行政强制法》第四十三条的规定，行政机关不得在夜间或者法定节假日实施行政强制执行。但是，情况紧急的除外，故选项 C 错误。

根据《行政强制法》第四十一条的规定，在执行中或者执行完毕后，据以执行的行政决定被撤销、变更，或者执行错误的，应当恢复原状或者退还财物；不能恢复原状或者退还财物的，依法给予赔偿，故选项 D 正确。

二、参考答案

题号	1	2	3	4	5	6	7	8	9	10
答案	B	C	AE	B	B	A	DE	AB	BCE	CD
题号	11									
答案	D									

三、2025 年考点预测

考点一：行政法的特征和基本原则

行政法的基本原则

考点二：行政许可

（1）行政许可的设立权限

（2）行政许可机关

（3）行政许可的处理及程序

考点三：行政处罚

（1）行政处罚设立权限及实施机关

（2）行政处罚的管辖、时效及适用

考点四：行政强制

（1）行政强制措施与行政强制执行的区分

（2）行政强制措施的设立权限

（3）行政强制执行的程序

第七节　建设工程刑事法律制度

考点一：刑法的特征和基本原则

考点二：犯罪概念和犯罪构成

考点三：刑罚种类和刑罚裁量

考点四：建设工程常见犯罪行为及罪名

一、历年真题及解析

1. 【2024 年真题】关于刑罚的说法，正确的是（　　）。

A. 拘役是刑罚主刑的一种　　　　　B. 罚款是刑罚附加

C. 附加刑不得独立适用　　　　　　D. 没收资产是刑罚主刑的一种

【解析】　罚金是附加刑，而不是"罚款"，故选项 B 错误；附加刑可以独立适用，故选项 C 错误；没收资产是刑罚附加刑的一种，故选项 D 错误。

2.【2020 年真题】刑罚中附加刑种类有（　　）。

A. 罚款
B. 管制
C. 拘役
D. 剥夺政治权利
E. 没收财产

【解析】　根据《刑法》第三十四条的规定，附加刑的种类如下：①罚金；②剥夺政治权利；③没收财产。故选项 D、E 正确。

罚款属于行政处罚，故选项 A 错误；管制、拘役属于刑罚主刑，故选项 B、C 错误。

3.【2024 年真题】某施工企业在施工中偷工减料，降低工程质量标准，造成重大安全事故，该施工企业的行为构成（　　）。

A. 重大劳动安全事故罪
B. 强令违章冒险作业罪
C. 重大责任事故罪
D. 工程重大安全事故罪

【解析】　根据《刑法》第一百三十七条的规定，建设单位、设计单位、施工单位、工程监理单位违反国家规定，降低工程质量标准，造成重大安全事故的，对直接责任人员，处 5 年以下有期徒刑或者拘役，并处罚金；后果特别严重的，处 5 年以上 10 年以下有期徒刑，并处罚金。这属于工程重大安全事故罪，故选项 D 正确。

4.【2021 年真题】关于工程重大安全事故罪的说法，正确的有（　　）。

A. 该犯罪是单位犯罪
B. 该犯罪的客观方面表现为违反国家规定，降低工程质量标准，造成重大安全事故
C. 该犯罪的犯罪主体包括勘察单位
D. 该犯罪的法定最高刑期为 20 年
E. 该犯罪应当对直接责任人员处罚金

【解析】　建设单位、设计单位、施工单位、工程监理单位违反国家规定，不包括勘察单位，故选项 C 错误；造成重大安全事故的，对直接责任人员处 5 年以下有期徒刑或者拘役，并处罚金；后果特别严重的，处 5 年以上 10 年以下有期徒刑，并处罚金，故最高犯罪的法定最高刑期为 10 年，故选项 D 错误。

5.【2019 年真题】关于建设工程刑事责任的说法，正确的是（　　）。

A. 刑事责任是法律责任中最严重的一种，不包括没收财产
B. 造成直接经济损失 50 万，应当追究刑事责任
C. 强令他人违章冒险作业，造成重大伤亡事故的应当承担刑事责任
D. 投标人相互串通投标报价，损害招标人利益的，应当单处罚金

【解析】　根据《刑法》第三十四条的规定，附加刑的种类如下：①罚金；②剥夺政治权利；③没收财产，故选项 A 错误。

根据《最高人民法院、最高人民检察院关于办理危害生产安全刑事案件适用法律若干问题的解释》第六条的规定，实施刑法第一百三十二条、第一百三十四条第一款、第一百三十五条、第一百三十五条之一、第一百三十六条、第一百三十九条规定的行为，因而发生安全事故，具有下列情形之一的，应当认定为"造成严重后果"或者"发生重大伤亡事故或者造成其他严重后果"，对相关责任人员，处 3 年以下有期徒刑或者拘役：

① 造成死亡 1 人以上，或者重伤 3 人以上的；

② 造成直接经济损失 100 万元以上的；

③ 其他造成严重后果或者重大安全事故的情形。

故选项 B 错误。

根据《刑法》第一百三十四条的规定，强令他人违章冒险作业，因而发生重大伤亡事故或者造成其他严重后果的，处 5 年以下有期徒刑或者拘役；情节特别恶劣的，处 5 年以上有期徒刑，故选项 C 正确。

根据《刑法》第二百二十三条的规定，投标人相互串通投标报价，损害招标人或者其他投标人利益，情节严重的，处 3 年以下有期徒刑或者拘役，并处或者单处罚金，故选项 D 错误。

6.【2016 年真题】在施工过程中，某施工企业的安全生产条件不符合国家规定，致使多人重伤、死亡，该施工企业的行为构成（　　）。

A. 重大责任事故罪

B. 强令违章冒险作业罪

C. 重大劳动安全事故罪

D. 工程重大安全事故罪

【解析】　重大劳动安全事故罪：《刑法》第一百三十五条规定，安全生产设施或者安全生产条件不符合国家规定，因而发生重大伤亡事故或者造成其他严重后果的，对直接负责的主管人员和其他直接责任人员，处 3 年以下有期徒刑或者拘役情节特别恶劣的，处 3 年以上 7 年以下有期徒刑，选项 C 正确。

7.【2015 年真题】某开发商在一大型商场项目的开发建设中，违反国家规定，擅自降低工程质量标准，因而造成重大安全事故。该事故的直接责任人员应当承担的刑事责任是（　　）。

A. 重大责任事故罪

B. 工程重大安全事故罪

C. 重大劳动安全事故罪

D. 危害公共安全罪

【解析】　工程重大安全事故罪：《刑法》第一百三十七条规定，建设单位、设计单位、施工单位、工程监理单位违反国家规定，降低工程质量标准，造成重大安全事故的，对直接责任人员处 5 年以下有期徒刑或者拘役，并处罚金；后果特别严重的，处 5 年以上 10 年以下有期徒刑，并处罚金，故选项 B 正确。

8.【2012 年真题】关于刑事责任的说法，错误的是（　　）。

A. 拘役是刑罚主刑的一种

B. 罚款是刑罚附加刑的一种

C. 主刑和附加刑既可以合并适用、也可以独立适用

D. 死刑缓期 2 年执行是死刑的一种

【解析】　"罚款"为行政处罚，刑事责任应为"罚金"，故选 B。

二、参考答案

题号	1	2	3	4	5	6	7	8		
答案	A	DE	D	ABE	C	C	B	B		

三、2025 年考点预测

考点一：刑法的特征和基本原则

考点二：犯罪概念和犯罪构成

考点三：刑罚种类和刑罚裁量

（1）刑罚的种类

（2）累犯的情形

（3）自首、坦白、立功的情形及区分

（4）缓刑、假释、减刑的情形及区分

考点四：建设工程常见犯罪行为及罪名

（1）工程重大安全事故罪、重大责任事故罪的四要件及刑罚

（2）重大劳动安全事故罪的犯罪构成及刑罚

（3）虚开发票罪的情形

第二章　建筑市场主体制度

第一节　建筑市场主体的一般规定

考点一：自然人、法人和非法人组织
考点二：建设工程委托代理

一、历年真题及解析

1.【2020 年真题】某施工企业是法人，关于该施工企业应当具备条件的说法，正确的是（　　）。

A. 该施工企业能够自然产生

B. 该施工企业能够独立承担民事责任

C. 该施工企业的法定代表人是法人

D. 该施工企业不必有自己的住所、财产

【解析】　根据《民法典》第五十七条的规定，法人是具有民事权利能力和民事行为能力，依法独立享有民事权利和承担民事义务的组织，故选项 B 正确。

根据《民法典》第五十八条的规定，法人应当依法成立。法人应当有自己的名称、组织机构、住所、财产或者经费，故选项 A、D 错误。

依照法律或者法人章程的规定，代表法人从事民事活动的负责人，为法人的法定代表人，故选项 C 错误。

2.【2019 年真题】法人进行民事活动的物质基础是（　　）。

A. 有自己的名称　　　　　　　　B. 有自己的组织机构

C. 有必要的财产或经费　　　　　D. 有自己的住所

【解析】　在法人应当具备的条件中，有必要的财产或经费是法人进行民事活动的物质基础，故选项 C 正确。

3.【2023 年真题】关于法人分类，正确的有（　　）。

A. 某基层群众自治组织属于非营利法人

B. 法人分为营利法人、非营利法人、特别法人

C. 某基金会属于非营利法人

D. 某设计院有限公司属于事业单位法人

E. 某县人民政府属于机关法人

【解析】　某基层群众自治组织属于特别法人，故选项 A 错误。

某设计院有限公司属于营利法人，故选项 D 错误。

4. 【2018 年真题】下列法人中，属于特别法人的是（　　）。

A. 基金会法人　　　　　　　　　　　B. 事业单位法人

C. 社会团体法人　　　　　　　　　　D. 机关法人

【解析】 《民法典》第八十七条规定，为公益目的或者其他非营利目的成立，不向出资人、设立人或者会员分配所取得利润的法人，为非营利法人。非营利法人包括事业单位、社会团体、基金会、社会服务机构等，故选项 A、B、C 错误。

《民法典》第九十六条规定，本节规定的机关法人、农村集体经济组织法人、城镇农村的合作经济组织法人、基层群众性自治组织法人，为特别法人，故选项 D 正确。

5. 【2016 年真题】关于法人的说法中，正确的是（　　）。

A. 法人分为企业法人和行政法人

B. 营利法人的成立日期为营业执照签发日期

C. 有独立经费的机关法人从批准之日取得法人资格

D. 具有法人条件的事业单位经批准登记取得法人资格

【解析】 根据《民法典》的有关规定，法人可以分为营利法人、非营利法人和特别法人，故选项 A 错误。

有独立经费的机关和承担行政职能的法定机构从成立之日起，具有机关法人资格，可以从事为履行职能所需要的民事活动，故选项 C 错误。

具备法人条件，为适应经济社会发展需要，提供公益服务设立的事业单位，经依法登记成立，取得事业单位法人资格；依法不需要办理法人登记的，从成立之日起，具有事业单位法人资格，故选项 D 错误。

6. 【2011 年真题】法人应当具备的条件有（　　）。

A. 依法成立　　　　　　　　　　　　B. 有自己的场所

C. 有必要的财产或者经费　　　　　　D. 有自己的名称、组织机构

E. 能够独立承担无限民事责任

【解析】 根据《民法典》的有关规定，法人应当依法成立。法人应当有自己的名称、组织机构、住所、财产或者经费，故选项 A、B、C、D 正确。

法人以其全部财产独立承担民事责任，故选项 E 错误。

7. 【2014 年真题】关于法人的说法中，正确的是（　　）。

A. 法人以其登记注册地为住所

B. 营利法人自取得营业执照时取得法人资格

C. 非营利法人是指行政法人和事业法人

D. 建设单位可以是没有法人资格的其他组织

【解析】 法人以它的主要办事机构所在地为住所，故选项 A 错误。

营利法人依法经工商行政管理机关核准登记后取得法人资格，故选项 B 错误。

非营利法人包括事业单位、社会团体、基金会、社会服务机构等，不仅仅只是行政法人和事业法人，故选项 C 错误。

建设单位可以是没有法人资格的其他组织，故选项 D 正确。

8. 【2021 年真题】关于施工企业项目经理部的说法正确的是（　　）。

A. 项目经理部不具有独立法人资格

B. 项目经理部是施工企业的下属子公司

C. 项目经理部是常设机构

D. 项目经理部能够独立承担民事责任

【解析】　项目经理部不具备法人资格，而是施工企业根据建设工程施工项目而组建的非常设的下属机构。故选项 A 正确，选项 B、C 错误。

由于项目经理部不具备独立的法人资格，无法独立承担民事责任，故 D 选项错误。

9.【2015 年真题】关于项目经理部及其行为法律后果的说法中，正确的有（　　）。

A. 其行为的法律后果由项目经理承担

B. 不具备法人资格

C. 是施工企业为完成某项工程建设任务而设立的组织

D. 其行为的法律后果由项目经理部承担

E. 其行为的法律后果由企业法人承担

【解析】　项目经理部为施工企业设置的非常设管理机构，不具备法人资格，无法独立承担民事责任，其行为的法律后果应由施工企业承担，故选项 A、D 错误，选项 B、C、E 正确。

10.【2024 年真题】关于代理法律特征的说法，正确的是（　　）。

A. 代理行为不能导致法律权利义务关系的变化

B. 代理人实施代理行为时没有独立进行意思表示的权利

C. 代理行为的法律后果由代理人与被代理人共同承担

D. 代理人必须在代理权限范围内实施代理

【解析】　代理人为被代理人实施的是能够产生、变更或消灭法律上的权利义务关系的行为，故选项 A 错误。

代理人实施代理行为时有独立进行意思表示的权利，故选项 B 错误。

代理行为的法律后果归属于被代理人，故选项 C 错误。

代理人必须在代理权限范围内实施代理行为，故选项 D 正确。

11.【2023 年真题】关于民事法律行为委托代理的说法，正确的是（　　）。

A. 委托代理授权应当采用书面形式

B. 委托代理授权不明的，代理人应当承担全部法律责任

C. 同一代理事项的委托代理人可以为数人

D. 代理人知道代理事项违法仍然实施代理行为的，应当承担全部法律责任

【解析】　委托代理，可以用书面形式，也可以用口头形式，故选项 A 错误。

委托书授权不明的，被代理人应当向第三人承担民事责任，代理人负连带责任，故选项 B 错误。

数人为同一代理事项的代理人的，应当共同行使代理权，故选项 C 正确。

代理人知道或者应当知道代理事项违法仍然实施代理行为，或者被代理人知道或者应当知道代理人的代理行为违法未作反对表示的，被代理人和代理人应当承担连带责任，故选项 D 错误。

12.【2020 年真题】关于代理的说法，正确的是（　　）。

A. 代理人实施代理行为时有独立进行意思表示的权利

B. 代理人知道代理事项违法仍然实施代理行为，其代理行为后果由被代理人承担

C. 代理人完全履行职责造成被代理人损害的，代理人对该代理行为承担民事责任

D. 代理人可以对被代理人的任何民事法律行为进行代理

【解析】　根据《民法典》第一百六十一条的规定，依照法律规定，当事人约定或者民事法律行为的性质，应当由本人亲自实施的民事法律行为，不得代理，故选项 D 错误。

根据《民法典》第一百六十四条的规定，代理人不履行或者不完全履行职责，造成被代理人损害的，应当承担民事责任。完全履职造成被代理人损害的，代理人不承担民事责任，故选项 C 错误。

代理人在实施代理行为时有独立进行意思表示的权利，故选项 A 正确。

根据《民法典》第一百六十七条的规定，代理人知道或者应当知道代理事项违法仍然实施代理行为，或者被代理人知道或者应当知道代理人的代理行为违法未作反对表示的，被代理人和代理人应当承担连带责任，故选项 B 错误。

13. 【2020 年真题】建设工程代理法律关系中，存在两个法律关系，分别是（　　）。

A. 代理人与被代理人之间的委托关系，被代理人与相对人之间的合同关系

B. 代理人与被代理人之间的合作关系，代理人与相对人之间的合同关系

C. 代理人与被代理人之间的委托关系，代理人与相对人之间的转委托关系

D. 代理人与被代理人之间的合作关系，被代理人与相对人之间的转委托关系

【解析】　建设工程代理法律关系中，存在两个法律关系，分别是代理人与被代理人之间的委托关系，被代理人与相对人之间的合同关系，故选项 A 正确。

14. 【2013 年真题】根据《民法典》，关于代理的说法，正确的是（　　）。

A. 代理人在授权范围内实施代理行为的法律后果由被代理人承担

B. 代理人可以超越代理权实施代理行为

C. 被代理人对代理人的一切行为承担民事责任

D. 代理是代理人以自己的名义实施民事法律行为

【解析】　根据《民法典》第一百六十二条的规定，代理人在代理权限内，以被代理人的名义实施民事法律行为。对被代理人发生效力。因此选项 B、D 错误，选项 A 正确。

被代理人仅对代理人"以被代理人名义实施的具有法律意义的民事法律行为"承担民事责任，代理人自身的行为或授权范围外的行为，被代理人不承担民事责任，故选项 C 错误。

15. 【2019 年真题】关于建设工程代理的说法，正确的是（　　）。

A. 建设工程合同诉讼只能委托律师代理

B. 建设工程中的代理主要是法定代理

C. 建设工程承包活动应当由本人实施，不得代理

D. 建设工程中为了被代理人的利益，代理人可以直接委托他人代理

【解析】　根据《民事诉讼法》第六十一条的规定，下列人员可以被委托为诉讼代理人：①律师、基层法律服务工作者；②当事人的近亲属或者工作人员；③当事人所在社区、单位以及有关社会团体推荐的公民，故选项 A 错误。

建设工程中的代理主要是委托代理关系，故选项 B 错误。

根据《民法典》第一百六十一条的规定，依照法律规定或者按照双方当事人约定，应

当由本人实施民事法律行为，不得代理。建设工程承包活动属于法律规定的不得代理的情形，故选项 C 正确。

根据《民法典》第一百六十九条的规定，委托代理人为被代理人的利益需要转托他人代理的，应当事先取得被代理人的同意，事先没有取得被代理人同意的，应当在事后及时告诉被代理人，如果被代理人不同意，由代理人对自己所转托的人的行为负民事责任，但在紧急情况下，为了保护被代理人的利益而转托他人代理的除外。建设工程中在非紧急情况下为了被代理人的利益，代理人委托他人代理的，仍然应当事先取得被代理人同意，故选项 D 错误。

16.【2017 年真题】关于代理的说法中，正确的是（　　）。
A. 作为被代理人的法人终止，委托代理终止
B. 代理涉及被代理人和代理人两方当事人
C. 民事法律行为的委托代理必须采用书面形式
D. 代理人明知被委托代理的事项违法仍进行代理的，代理人承担全部民事责任
【解析】　代理关系涉及的不止两方当事人，还涉及第三人，故选项 B 错误。

民事法律行为的委托代理既可以采取书面形式，也可以采取口头形式，故选项 C 错误。

代理人知道被委托代理的事项违法仍然进行代理活动的，或者被代理人知道代理人的代理行为违法不表示反对的，由被代理人和代理人负连带责任，故选项 D 错误。

根据《民法典》第一百七十三条的规定，有下列情形之一的，委托代理终止：①代理期间届满或者代理事务完成；②被代理人取消委托或者代理人辞去委托；③代理人或被代理人死亡；④代理人丧失民事行为能力；⑤作为被代理人或者代理人的法人终止，故选项 A 正确。

17.【2012 年真题】根据代理权获得的方式不同，代理可分为（　　）。
A. 诉讼代理　　　　　　　　　　B. 隐名代理
C. 委托代理　　　　　　　　　　D. 居间代理
E. 法定代理
【解析】　根据《民法典》第一百六十三条的规定，代理包括委托代理和法定代理。委托代理人按照被代理人的委托行使代理权。法定代理人依照法律的规定行使代理权，故选项 C、E 正确。

18.【2011 年真题】某施工单位法定代表人授权市场合约部经理赵某参加某工程招标活动，这个行为属于（　　）。
A. 法定代理　　　　　　　　　　B. 委托代理
C. 指定代理　　　　　　　　　　D. 表见代理
【解析】　"市场合约部经理赵某参加某工程招标活动"是经某施工单位法定代表人授权，按照被代理人（某施工单位法定代表人）的委托行使代理权的代理行为，所以选委托代理。

19.【2010 年真题】根据《民法典》，施工单位的项目经理属于施工单位的（　　）。
A. 委托代理人　　　　　　　　　B. 法定代理人
C. 指定代理人　　　　　　　　　D. 职务代理人
【解析】　项目经理为企业法人授权委托的管理者，因此属于施工单位的委托代理人，故选项 A 正确。

20.【2019年真题】关于表见代理的说法，正确的是（ ）。

A. 表见代理属于无权代理，对本人不发生法律效力

B. 表见代理中，由行为人和本人承担连带责任

C. 表见代理对本人产生有权代理的效力

D. 第三人明知行为人无代理权仍与之实施民事法律行为，属于表见代理

【解析】 根据《民法典》第一百七十二条的规定，行为人没有代理权、超越代理权或者代理权终止后，仍然实施代理行为，相对人有理由相信行为人有代理权的，代理行为有效，即对本人发生法律效力，由本人承担相应的法律责任，故选项A、B错误，选项C正确。

构成表见代理的主观要件中，须第三人（相对人）为善意。第三人明知行为人无代理权仍与之实施民事法律行为的，则第三人为恶意，不构成表见代理，故选项D错误。

21.【2018年真题】关于委托代理的说法中，正确的是（ ）。

A. 委托代理授权必须采用书面形式

B. 数人为同一事项的代理人，若无特别约定，应当分别行使代理权

C. 代理人明知代理事项违法仍然实施代理行为，应与被代理人承担连带责任

D. 被代理人明知代理人的代理行为违法未做反对表示，应由被代理人单独承担责任

【解析】 委托代理授权可以采用书面形式，也可以采取口头形式，故选项A错误。

数人为同一代理事项的代理人的，应当共同行使代理权，但是当事人另有约定的除外，故选项B错误。

代理人知道被委托代理的事项违法仍然进行代理活动的，或者被代理人知道代理人的代理行为违法不表示反对的，被代理人和代理人负连带责任，故选项C正确、选项D错误。

22.【2021年真题】代理人知道或者应当知道代理事项违法，仍然实施代理行为，关于违法代理责任承担的说法，正确的是（ ）。

A. 仅由被代理人承担责任

B. 仅由代理人承担责任

C. 由被代理人和代理人按过错承担按份责任

D. 由被代理人和代理人承担连带责任

【解析】 根据《民法典》第一百六十七条的规定，代理人知道被委托代理的事项违法仍然进行代理活动的，或者被代理人知道代理人的代理行为违法不表示反对的，被代理人和代理人负连带责任。

23.【2016年真题】关于不当或违法代理行为应承担法律责任的说法中，正确的有（ ）。

A. 第三人明知代理人超越代理权与其实施民事行为的，第三人承担主要责任

B. 代理人不履行职责，应当承担民事责任

C. 被代理人知道代理人行为违法而不反对的，代理人承担主要责任

D. 表见代理的民事责任由被代理人承担

E. 委托书授权不明的，责任由被代理人承担

【解析】 根据《民法典》第一百七十二条、第一百六十七条的规定，第三人知道行为人没有代理权、超越代理权或者代理权已终止还与行为人实施民事行为给他人造成损害的，

第三人和行为人按各自过错承担责任，故选项 A 错误。

代理人知道被委托代理的事项违法仍然进行代理活动的，或者被代理人知道代理人的代理行为违法不表示反对的，被代理人和代理人负连带责任，故选项 C 错误。

委托书授权不明的，被代理人应当向第三人承担民事责任，代理人负连带责任，故选项 E 错误。

代理人不履行或者不完全履行职责，造成被代理人损害的，应当承担民事责任，故选项 B 正确。

表见代理的民事责任由被代理人承担，故选项 D 正确。

24.【2022 年真题】王某受乙公司委托与甲公司办理结算，后王某离职，乙公司未及时告知甲公司，王某又和甲公司签署了一份结算文件，关于该结算文件的说法正确的是（　　）。

A. 对乙无效　　　　　　　　　　B. 其后果由乙公司承担

C. 其后果由王某承担　　　　　　D. 对甲公司无效

【解析】　根据《民法典》的规定，行为人王某无权代理，善意相对人甲公司（乙公司未告知甲公司，甲公司不知情）有理由相信行为人有代理权的（王某之前受乙公司委托），代理行为有效。王某办理结算的行为构成表见代理，后果及责任由乙公司承担。

二、参考答案

题号	1	2	3	4	5	6	7	8	9	10
答案	B	C	BCE	D	B	ABCD	D	A	BCE	D
题号	11	12	13	14	15	16	17	18	19	20
答案	C	A	A	A	C	A	CE	B	A	C
题号	21	22	23	24						
答案	C	D	BD	B						

三、2025 年考点预测

考点一：自然人、法人和非法人组织

法人的设立及分类

考点二：建设工程委托代理

（1）委托代理的设立及终止

（2）无权代理、表见代理的后果及区别

第二节　建筑业企业资质制度

考点一：建筑业企业资质条件和等级

考点二：建筑业企业资质的申请、许可、延续和变更

考点三：违法行为的法律责任

一、历年真题及解析

1.【2021 年真题】根据《建筑业企业资质管理规定》，建筑业企业资质序列包括（   ）。

A. 施工总承包资质
B. 专业承包资质
C. 工程总承包资质
D. 专业分包资质
E. 施工劳务资质

【解析】 根据《建设工程企业资质管理制度改革方案》的规定，建筑业企业资质分为综合资质、施工总承包资质、专业承包资质和专业作业资质。

2.【2019 年真题】关于建筑业企业资质证书的申请和延续的说法，正确的有（   ）。

A. 企业首次申请或增项申请资质，应当申请最低等级资质
B. 申请人以书面形式承诺符合审批条件的，行政审批机关根据申请人的承诺直接做出行政批准决定
C. 建筑业企业只能申请一项建筑业企业资质
D. 建筑业企业资质证书有效期届满前 6 个月，企业应向原资质许可机关提出延续申请
E. 企业按规定提出延续申请后，资质许可机关未在资质证书有效期届满前做出是否准予延续决定的，视为准予延续

【解析】 根据《建筑业企业资质管理规定》第八条，企业可以申请一项或多项建筑业企业资质。企业首次申请或增项申请资质，应当申请最低等级资质，故选项 A 正确，C 错误。

根据《建筑业企业资质管理规定》第十八条，建筑业企业资质证书有效期届满，企业继续从事建筑施工活动的，应当于资质证书有效期届满 3 个月前，向原资质许可机关提出延续申请。资质许可机关应当在建筑业企业资质证书有效期届满前做出是否准予延续的决定；逾期未做出决定的，视为准予延续，故选项 D 错误、选项 E 正确。

根据《关于开展建筑业企业资质告知承诺审批试点的通知》的规定，本方案所指告知承诺审批，是指对提出资质行政审批申请的申请人，由行政审批机关一次性告知其审批条件，申请人以书面形式承诺符合审批条件，行政审批机关根据申请人承诺直接做出行政审批决定的制度，故选项 B 正确。

3.【2018 年真题】关于建筑业企业资质法定条件的说法中，正确的有（   ）。

A. 有符合规定的净资产
B. 必须自行拥有一定数量的大中型机械设备
C. 企业净资产以企业申请资质前三年总资产的平均值为准考核
D. 除各类别最低等级资质外，取消关于注册建造师等人员的指标考核
E. 有符合规定的，已完成工程业绩

【解析】 施工单位必须使用与其从事施工活动相适应的技术装备，而许多大中型机械设备都可以采用租赁或融资租赁的方式取得。因此，目前的企业资质标准对技术装备的要求并不多，故选项 B 错误。

根据住建部《关于调整建筑业企业资质标准中净资产指标考核有关问题的通知》的规

定，企业净资产以企业申请资质前一年度或当期合法的财务报表中净资产指标为准考核，故选项 C 错误、选项 A 正确。

根据住建部《关于简化建筑业企业资质标准部分指标的通知》的规定，除各类别最低等级资质外，取消关于注册建造师、中级以上职称人员、持有岗位证书的现场管理人员、技术工人的指标考核，故故选项 D 正确。

根据住建部 2016 年颁发的《关于简化建筑业企业资质标准部分指标的通知》中"调整建筑工程施工总承包一级及以下资质的建筑面积考核指标"的规定中可知，故选项 E 正确。

4.【2023 年真题】关于建筑业企业资质标准中净资产的说法，正确的有（　　）。

A. 净资产是属于企业所有并由股东自由支配的资产

B. 企业净资产是指企业的资产总额减去负债以后的净额

C. 净资产即所有者权益

D. 净资产应当大于注册资本

E. 企业申请资质时，净资产以前一年度或者当期合法的财务报表中净资产指标为准

【解析】　净资产是属于企业所有并自由支配的资产，而不是股东自由支配，故选项 A 错误。净资产可能大于也可能小于注册资本，故选项 D 错误。

5.【2017 年真题】可以撤销建筑业企业资质的情形是（　　）。

A. 企业取得资质后不再符合相应资质条件的

B. 企业取得资质后发生重大安全事故的

C. 资质许可机关违反法定程序准予资质许可的

D. 资质证书有效期到期后未及时办理续期手续的

【解析】　根据《建筑业企业资质管理规定》第二十九条，有下列情形之一的，资质许可机关应当撤销建筑业企业资质：

① 资质许可机关工作人员滥用职权、玩忽职守准予资质许可的；

② 超越法定职权准予资质许可的；

③ 违反法定程序准予资质许可的；

④ 对不符合资质标准条件的申请企业准予资质许可的；

⑤ 依法可以撤销资质许可的其他情形。

故选项 C 正确；选项 A 是撤回的情形，选项 B 是吊销的情形，选项 D 是注销的情形。

6.【2016 年真题】关于施工企业资质证书的申请、延续和变更的说法中，正确的是（　　）。

A. 企业首次申请资质应当申请最低等级资质但增项申请资质不必受此限制

B. 施工企业发生合并需承继原建筑业企业资质的，不必重新核定建筑业企业资质等级

C. 被撤回建筑业企业资质的企业，可以在资质被撤回后 6 个月内，向资质许可机关提出核定低于原等级同类别资质的申请

D. 资质许可机关逾期未做出资质准予延续决定的，视为准予延续

【解析】　根据《建筑业企业资质管理规定》，企业首次申请或增项申请资质，应当申请最低等级资质，故选项 A 错误。

施工企业发生合并需承继原建筑业企业资质的应重新核定，故选项 B 错误。

被撤回建筑业企业资质证书的企业，可以在资质被撤回后3个月内，向资质许可机关提出核定低于原等级同类别资质的申请，故选项C错误。

7.【2023年真题】关于建筑业企业资质证书变更的说法，正确的是（　　）。

A. 建筑业企业应当在资质证书变更后将变更结果报国务院住房城乡建设主管部门备案

B. 建筑业企业资质证书遗失补办，申请人应当按照资质许可机关要求在企业官网发信息

C. 在建筑业企业资质有效期内，法定代表人变更的，应当办理资质证书变更手续

D. 企业发生合并，需承继原建筑业企业资质的，可以直接承继原企业资质

【解析】　根据《建筑业企业资质管理规定》第二十条的规定，由国务院建设主管部门颁发的建筑业企业资质证书，涉及企业名称变更的，应当向企业工商注册所在地省、自治区、直辖市人民政府建设主管部门提出变更申请，省、自治区、直辖市人民政府建设主管部门应当自受理申请之日起2日内将有关变更证明材料报国务院建设主管部门，由国务院建设主管部门在2日内办理变更手续。

前款规定以外的资质证书变更手续，由企业工商注册所在地的省、自治区、直辖市人民政府建设主管部门或者设区的市人民政府建设主管部门负责办理，故选项A错误。

建筑业企业资质证书遗失补办，由申请人告知资质许可机关，由资质许可机关在官网发布信息，故选项B错误。

根据《建筑业企业资质管理规定》第十九条的规定，企业在建筑业企业资质证书有效期内名称、地址、注册资本、法定代表人等发生变更的，应当在工商部门办理变更手续后1个月内办理资质证书变更手续，故选项C正确。

根据《建筑业企业资质管理规定》第二十一条的规定，企业发生合并、分立、重组以及改制等事项，需承继原建筑业企业资质的，应当申请重新核定建筑业企业资质等级，故选项D错误。

8.【2016年真题】根据《建筑业企业资质管理规定》，由省级人民政府住房城乡建设主管部门办理的施工企业资质证书的变更结果，应当报国务院住房城乡建设主管部门备案，变更结果备案的时限标准为资质证书变更后（　　）日内。

A. 15　　　　　　　B. 5　　　　　　　C. 10　　　　　　　D. 20

【解析】　变更结果应当在资质证书变更后15日内，报国务院住房城乡建设主管部门备案。

9.【2024年真题】企业申请建筑业企业资质升级，资质许可机关不予批准其建筑业企业资质升级申请的情形有（　　）。

A. 超越本企业资质等承揽工程　　　　B. 未依法纳税

C. 未依法履行工程质量保修义务　　　D. 未取得施工许可证擅自施工

E. 未按照规定缴纳社会保障资金

【解析】　根据《建筑业企业资质管理规定》第二十三条，在申请之日起前一年至资质许可决定做出前，有下列情形之一的，资质许可机关不予批准其建筑业企业资质升级申请和增项申请：

①超越本企业资质等级或以其他企业的名义承揽工程，或允许其他企业或个人以本企业的名义承揽工程的；

②与建设单位或企业之间相互串通投标，或以行贿等不正当手段谋取中标的；

③未取得施工许可证擅自施工的；

④将承包的工程转包或违法分包的；

⑤违反国家工程建设强制性标准施工的；

⑥恶意拖欠分包企业工程款或者劳务人员工资的；

⑦隐报或谎报、拖延报告工程质量安全事故，破坏事故现场、阻碍对事故调查的；

⑧按照国家法律、法规和标准规定需要持证上岗的现场管理人员和技术工种作业人员未取得证书上岗的；

⑨未依法履行工程质量保修义务或拖延履行保修义务的；

⑩伪造、变造、倒卖、出租、出借或者以其他形式非法转让建筑业企业资质证书的；

⑪发生过较大以上质量安全事故或者发生过两起以上一般质量安全事故的；

⑫其他违反法律、法规的行为。

故选项 A、C、D 正确。

10.【2014 年真题】关于施工企业资质序列的说法中，正确的是（   ）。

A. 专业承包企业可以将所承接的专业工程再次分包给其他专业承包企业

B. 专业承包企业可以将所承接的劳务作业依法分包给劳务分包企业

C. 劳务分包企业只能承接施工总承包企业分包的劳务作业

D. 劳务分包企业可以承接施工总承包企业或专业承包企业或其他劳务分包企业分包的劳务作业

【解析】 除专业承包企业可以将其承包工程中的劳务作业发包给劳务分包企业外，专业分包工程承包人和劳务作业承包人都必须自行完成所承包的任务。劳务分包企业，可以承接施工总承包企业和专业承包企业分包的劳务作业，故选项 B 正确。

11.【2011 年真题】因企业分立而新设立的建筑业企业，其资质等级应按（   ）。

A. 原企业的资质等级确定

B. 降低一级原企业的资质等级确定

C. 最低资质等级核定

D. 实际达到的资质条件核定

【解析】 根据《建筑业企业资质管理规定》第二十一条，企业发生合并、分立、重组以及改制等事项，需承继原建筑业企业资质的，应当申请重新核定建筑业企业资质等级。

12.【2015 年真题】关于禁止无资质或超资质承揽工程的说法中，正确的是（   ）。

A. 施工总承包单位可以将房屋建筑工程的钢结构工程分包给其他单位

B. 总承包单位可以将建设工程分包给包工头

C. 联合体承包中，可以以高资质等级的承包方为联合体承包方的业务许可范围

D. 劳务分包单位可以将其承包的劳务再分包

【解析】 根据《房屋建筑和市政基础设施工程施工分包管理办法》的有关规定，分包工程承包人必须具有相应的资质，并在其资质等级许可的范围内承揽业务。严禁个人承揽分包工程业务，故选项 B 错误。

劳务分包单位不得将其承包的劳务再分包，故选项 D 错误。

《建筑法》规定，两个以上不同资质等级的单位实行联合共同承包的，应当按照资质等

级低的单位的业务许可范围承揽工程，故选项 C 错误。

13.【2015 年真题】包工头张某借用某施工企业的资质与甲公司签订一建设工程施工合同。施工结束后，工程竣工验收质量合格，张某要求按照合同约定支付工程款遭到对方拒绝，遂诉至法院。关于该案处理的说法，正确的是（　　）。

A. 合同无效，不应支付工程款

B. 合同无效，应参照合同约定支付工程款

C. 合同有效，应按照合同约定支付工程款

D. 合同有效，应参照合同约定支付工程款

【解析】　甲公司与无资质的实际施工人张某签订的是无效合同，根据《最高人民法院关于审理建设工程施工合同纠纷案件适用法律问题的解释》第二条的规定，建设工程施工合同无效，但建设工程经竣工验收合格，承包人请求参照合同约定支付工程价款的，应予支持，故选项 B 正确。

14.【2013 年真题】关于无资质的实际施工人利益受到侵害时处理的说法中，正确的是（　　）。

A. 无资质承包主体签订的劳务分包合同无效，其合同权益不受法律保护

B. 实际施工人不能向没有合同关系的建设工程项目的发包方主张权利

C. 实际施工人以发包人为被告主张权利时，则与转包人、违法分包人无关

D. 建设工程项目发包人只在欠付工程价款的范围内对实际施工人承担责任

【解析】　根据《最高人民法院关于审理建设工程施工合同纠纷案件适用法律问题的解释》第二十四条的规定，实际施工人以转包人、违法分包人为被告起诉时，人民法院应当依法受理，实际施工人以发包人为被告主张权利时，人民法院应当追加转包人或者违法分包人为本案第三人，发包人只在欠付工程款的范围内对实际施工人承担责任。

15.【2012 年真题】借用其他施工企业的（　　）投标的行为，属于以其他企业名义承揽工程。

A. 营业执照　　　　　　　　　B. 技术方案

C. 施工设备　　　　　　　　　D. 施工业绩

【解析】　借用其他施工企业资质证书、安全生产许可证、营业执照投标或承揽工程的行为，属于以其他企业名义承揽工程。

16.【2024 年真题】根据《建筑法》，以欺骗手段取得建筑业企业资质证书的，应当承担的法律责任是（　　）。

A. 注销资质证书　　　　　　　B. 罚金

C. 行政拘留　　　　　　　　　D. 吊销资质证书

【解析】《建筑法》规定，以欺骗手段取得资质证书的，吊销资质证书，处以罚款；构成犯罪的，依法追究刑事责任。

17.【2016 年真题】根据《建筑工程施工转包违法分包等违法行为认定查处管理办法（试行）》，施工企业有转包、违法分包违法行为，应承担的法律责任有（　　）。

A. 给予警告，限期整改

B. 责令改正，没收违法所得

C. 并处工程合同价款一定比例的罚款

D. 责令停业整顿，降低资质等级

E. 情节严重的，吊销资质证书

【解析】　依据《建筑法》第六十七条和《建设工程质量管理条例》第六十二条的规定，对认定有转包、违法分包违法行为的施工单位，责令其改正没收违法所得，并处工程合同价款0.5%以上1%以下的罚款可以责令停业整顿，降低资质等级；情节严重的，吊销资质证书。

18.【2014年真题】关于施工企业承揽工程的说法中，正确的是（　　）。

A. 施工企业可以允许其他企业使用自己的资质证书和营业执照

B. 施工企业应当拒绝其他企业转让资质证书

C. 施工企业在施工现场所设项目管理机构的项目负责人可以不是本单位人员

D. 施工企业由于不具备相应资质等级只能以其他企业名义承揽工程

【解析】　根据《建筑法》第二十六条的规定，禁止建筑施工企业超越本企业资质等级许可的业务范围或者以任何形式用其他建筑施工企业的名义承揽工程。禁止建筑施工企业以任何形式允许其他单位或者个人使用本企业的资质证书、营业执照，以本企业的名义承揽工程。

19.【2012年真题】关于承包单位将承包的工程转包或违法分包的，正确的行政处罚有（　　）。

A. 责令改正，没收违法所得

B. 对施工企业处工程合同价款0.5%以上1%以下的罚款

C. 追究刑事责任

D. 责令停业整顿，降低资质等级

E. 情节严重的，吊销资质证书

【解析】　《建设工程质量管理条例》规定，承包单位将承包的工程转包或者违法分包的，责令改正，没收违法所得；对施工单位处工程合同价款0.5%以上1%以下的罚款；可以责令停业整顿，降低资质等级；情节严重的，吊销资质证书。

20.【2011年真题】资质许可机关的上级机关，根据利害关系人的请求或者依据职权，可以撤销建筑业企业资质的情形是（　　）。

A. 企业未取得施工许可证擅自施工的

B. 资质许可机关超越法定职权做出准予建筑业企业资质许可的

C. 企业将承包工程转包或违法分包的

D. 企业发生过较大生产安全事故或者发生过两起以上一般生产安全事故的

【解析】　未取得施工许可证擅自开工的，责令停工，限期整改，对建设单位处以罚款，故选项A错误。

选项C、D都属于可以吊销企业资质证书的情形，选项B正确。

二、参考答案

题号	1	2	3	4	5	6	7	8	9	10
答案	AB	ABE	ADE	BCE	C	D	C	A	ACD	B
题号	11	12	13	14	15	16	17	18	19	20
答案	D	A	B	D	A	D	BCDE	B	ABDE	B

三、2025年考点预测

考点一：建筑业企业资质条件和等级

建筑业企业资质类别、等级

考点二：建筑业企业资质的申请、许可、延续和变更

（1）建筑业企业资质申请的法定条件

（2）建筑业企业资质变更、延续的有关规定

考点三：违法行为的法律责任

建筑业企业资质撤销、撤回、注销、吊销的情形

第三节　建造师注册执业制度

考点一：建造师考试

考点二：建造师注册和受聘

考点三：建造师执业范围

考点四：建造师基本权利和义务

一、历年真题及解析

1.【2021年真题】根据《注册建造师管理规定》，一级建造师申请初始注册应当具备的条件是（　　）。

A. 聘用单位3年内未发生重大质量和安全事故

B. 未受过刑事处罚

C. 年龄不超过65周岁

D. 承诺参加继续教育

【解析】申请初始注册时应当具备以下条件：

① 经考核认定或考试合格取得资格证书；

② 受聘于一个相关单位；

③ 达到继续教育要求，故选项D错误；

④ 没有《注册建造师管理规定》中规定不予注册的情形。

根据《注册建造师管理规定》，申请人有下列情形之一的，不予注册：

① 不具有完全民事行为能力的；

② 申请在两个或者两个以上单位注册的；

③ 未达到注册建造师继续教育要求的；

④ 受到刑事处罚，刑事处罚尚未执行完毕的；

⑤ 因执业活动受到刑事处罚，自刑事处罚执行完毕之日起至申请注册之日止不满5年的；

⑥ 因前项规定以外的原因受到刑事处罚，自处罚决定之日起至申请注册之日止不满3年的，故选项B错误；

⑦ 被吊销注册证书，自处罚决定之日起至申请注册之日止不满 2 年的；

⑧ 在申请注册之日前 3 年内担任项目经理期间，所负责项目发生过重大质量和安全事故的，故选项 A 错误；

⑨ 申请人的聘用单位不符合注册单位要求的；

⑩ 年龄超过 65 周岁的，故选项 C 正确；

法律、法规规定不予注册的其他情形。

2. 【2019 年真题】关于建造师不予注册的说法，正确的是（　　）。

A. 因执业活动之外的原因受到刑事处罚，自刑事处罚执行完毕之日起至申请注册之日不满 5 年的

B. 被吊销注册证书，自处罚决定之日起至申请注册之日止不满 3 年的

C. 年龄超过 60 周岁的

D. 申请在 2 个或者 2 个以上单位注册的

【解析】　根据《注册建造师管理规定》第十五条，申请人有下列情形之一的，不予注册：

① 不具有完全民事行为能力的；

② 申请在两个或者两个以上单位注册的；

③ 未达到注册建造师继续教育要求的；

④ 受到刑事处罚，刑事处罚尚未执行完毕的；

⑤ 因执业活动受到刑事处罚，自刑事处罚执行完毕之日起至申请注册之日止不满 5 年的；

⑥ 因前项规定以外的原因受到刑事处罚，自处罚决定之日起至申请注册之日止不满 3 年的；

⑦ 被吊销注册证书，自处罚决定之日起至申请注册之日止不满 2 年的；

⑧ 在申请注册之日前 3 年内担任项目经理期间，所负责项目发生过重大质量和安全事故的；

⑨ 申请人的聘用单位不符合注册单位要求的；

⑩ 年龄超过 65 周岁的；

⑪ 法律、法规规定不予注册的其他情形。

选项 A 应为"因执业活动的原因受到刑事处罚"；选项 B 应为"被吊销注册证书，自处罚决定之日起至申请注册之日止不满 2 年的"；选项 C 应为"年龄超过 65 周岁"的；选项 D 正确。

3. 【2015 年真题】根据《注册建造师管理规定》，下列情形中，不予注册的有（　　）。

A. 钱某取得资格证书 3 年后申请注册

B. 赵某因工伤丧失了民事行为能力

C. 孙某与原单位解除劳动关系后申请变更注册

D. 周某申请在两个单位分别注册

E. 李某已满 60 岁但仍担任单位的咨询顾问

【解析】　原理同第 2 题。

4. 【2024 年真题】关于申请建造师初始注册的说法，正确的是（　　）。

A. 应当通过聘用单位提出申请

B. 初始注册的条件与建造师资格考试的条件相同

C. 取得证书的人员可以受聘于2个相关单位

D. 建造师初始注册通过备案完成

【解析】　根据《注册建造师管理规定》，取得一级建造师资格证书并受聘于一个建设工程勘察、设计、施工、监理、招标代理、造价咨询等单位的人员，应当通过聘用单位提出注册申请，并可以向单位工商注册所在地的省、自治区、直辖市人民政府住房城乡建设主管部门提交申请材料，故选项A正确。

注册条件和考试条件不一致，故选项B错误；取得证书的人员不得同时受聘于2个及以上相关单位，故选项C错误；建造师注册通过提出申请，有关部门审核审批完成，故选项D错误。

5.【2023年真题】关于一级建造师注册的说法，正确的有（　　）。

A. 取得一级建造师资格证书的人员，可以自行提出注册申请

B. 取得一级建造师资格证书的人员可以受聘于招标代理机构，提出注册申请

C. 自一级建造师资格证书签发之日起超过3年的，不得申请注册

D. 注册建造师的聘用单位可以根据工程施工需要扣押建造师的注册证书

E. 未取得注册证书的，不得以注册建造师的名义从事相关活动

【解析】　取得一级建造师资格证书的人员，应当通过聘用单位提出注册申请，故选项A错误。

初始注册者，可自资格证书签发之日起3年内提出申请，逾期未申请者，须符合本专业继续教育的要求后方可申请初始注册，故选项C错误。

注册建造师注册证书和执业印章由本人保管，任何单位（发证机关除外）和个人不得扣押注册建造师注册证书或执业印章，故选项D错误。

6.【2010年真题】根据《注册建造师管理规定》，负责核发《中华人民共和国一级建造师注册证书》的机构是（　　）。

A. 省、自治区、直辖市人民政府建设主管部门

B. 国务院建设主管部门

C. 中国建筑业协会建造师分会

D. 国务院发展和改革委员会

【解析】　根据《注册建造师管理规定》第七条，符合条件的，由国务院建设主管部门核发《中华人民共和国一级建造师注册证书》，并核定执业印章编号。

7.【2010年真题】对全国注册建造师的注册、执业活动实施统一监督管理的机构是（　　）。

A. 国务院建设主管部门
B. 省、自治区、直辖市人民政府
C. 建设行业协会
D. 人事部或其授权机构

【解析】　根据《注册建造师管理规定》第四条，国务院建设主管部门对全国注册建造师的注册、执业活动实施统一监督管理；国务院铁路、交通、水利、信息产业、民航等有关部门按照国务院规定的职责分工，对全国有关专业工程注册建造师的执业活动实施监督管理。

8.【2020年真题】关于一级建造师执业范围的说法，正确的是（　　）。

A. 只能担任大型工程施工项目负责人

B. 可以同时担任两个建设工程施工项目负责人

C. 担任施工项目负责人期间一律不得更换

D. 可以在建设监理企业从事管理活动

【解析】　根据《注册建造师执业管理办法（试行）》第五条的规定，一级注册建造师可担任大、中、小型工程施工项目负责人，故选项A错误。

注册建造师不得同时担任两个及以上建设工程施工项目负责人。发生下列情形之一的除外：

① 同一工程相邻分段发包或分期施工的；

② 合同约定的工程验收合格的；

③ 因非承包方原因致使工程项目停工超过120天（含），经建设单位同意的。

故选项B错误。

根据《注册建造师执业管理办法（试行）》第十条的规定，注册建造师担任施工项目负责人期间原则上不得更换。如发生下列情形之一的，应当办理书面交接手续后更换施工项目负责人：

① 发包方与注册建造师受聘企业已解除承包合同的；

② 发包方同意更换项目负责人的；

③ 因不可抗力等特殊情况必须更换项目负责人的。

故选项C错误。

注册建造师可以受聘在施工单位、勘察、设计、监理、招标代理、造价咨询等单位执业，故选项D正确。

9.【2018年真题】根据《注册建造师执业管理办法（试行）》，注册建造师不得担任两个及以上建设工程施工项目负责人的情形是（　　）。

A. 同一工程相邻分段发包的

B. 合同约定的工程验收合格的

C. 因非承包方原因致使工程项目停工超过120天（含），经建设单位同意的

D. 合同约定的工程提交竣工验收报告的

【解析】　根据《注册建造师执业管理办法（试行）》第九条的规定，注册建造师不得同时担任两个及以上建设工程施工项目负责人，发生下列情形之一的除外：

① 同一工程相邻分段发包或分期施工的；

② 合同约定的工程验收合格的；

③ 因非承包方原因致使工程项目停工超过120天（含），经建设单位同意的。

故选项D正确。

10.【2018年真题】甲为某事业单位的技术人员，取得一级建造师资格证书后，正确的做法是（　　）。

A. 甲不辞职，即可受聘并注册于一个施工企业

B. 甲辞职后，可以受聘并注册于一个勘察企业

C. 甲不辞职，即可受聘并注册于一个设计企业

D. 甲辞职后，只能受聘并注册于一个施工企业

【解析】　取得资格证书的人员应当受聘于一个具有建设工程勘察、设计、施工、监理、招标代理、造价咨询等一项或者多项资质的单位，经注册后方可从事相应的执业活动。故选项 B 正确。

11.【2017 年真题】注册建造师担任施工项目负责人，在其承建的工程项目竣工验收手续办结前，可以变更注册至另一个企业的情形是（　　）。

A. 同一工程分期施工　　　　　　　B. 发包方同意更换项目负责人

C. 承包方同意更换项目负责人　　　D. 停工超过 120 天承包方认为需要调整的

【解析】　根据《注册建造师执业管理办法（试行）》第十条的规定，注册建造师担任施工项目负责人期间原则上不得更换。如发生下列情形之一的，应当办理书面交接手续后更换施工项目负责人：

① 发包方与注册建造师受聘企业已解除承包合同的；

② 发包方同意更换项目负责人的；

③ 因不可抗力等特殊情况必须更换项目负责人的。

故选项 B 正确。

12.【2014 年真题】关于一级建造师执业范围的说法中，正确的是（　　）。

A. 注册建造师不得同时担任两个以上建设工程项目负责人，所有项目均为小型工程施工项目的除外

B. 注册建造师担任施工项目负责人，在其承建的建设工程项目竣工验收或移交项目手续办结前，经受聘企业同意的，可以再变更注册至另一家企业

C. 注册建造师担任施工项目负责人期间，若发包方与注册建造师受聘企业已解除承包合同的，可以更换施工项目负责人

D. 工程所在地省级建设主管部门和有关部门可以根据本地的实际情况设置跨地区承揽工程项目执业准入条件

【解析】　注册建造师不得同时担任两个及以上建设工程施工项目负责人，发生下列情形之一的除外：①同一工程相邻分段发包或分期施工的；②合同约定的工程验收合格的；③因非承包方原因致使工程项目停工超过 120 天（含），经建设单位同意的。故选项 A 错误。

注册建造师担任施工项目负责人期间原则上不得更换。如发生下列情形之一的，应当办理书面交接手续后更换施工项目负责人：①发包方与注册建造师受聘企业已解除承包合同的；②发包方同意更换项目负责人的；③因不可抗力等特殊情况必须更换项目负责人的。故选项 B 错误、选项 C 正确。

工程所在地各级建设主管部门和有关部门不得增设或者变相设置跨地区承揽工程项目执业准入条件，故选项 D 错误。

13.【2011 年真题】某市政工程由于政府部门规划调整，导致该工程停工达 1 年之久，施工企业拟让该工程的项目经理甲担任其他市政工程的项目经理，根据有关规定，关于甲任职的说法，正确的是（　　）。

A. 甲不能同时担任该两个项目的项目经理

B. 经建设单位同意，甲可以同时担任该两个项目的项目经理

C. 经施工单位同意，甲可以同时担任该两个项目的项目经理

D. 经建设主管部门同意，甲可以同时担任该两个项目的项目经理

【解析】 注册建造师不得同时担任两个及以上建设工程施工项目负责人，发生下列情形之一的除外：①同一工程相邻分段发包或分期施工的；②合同约定的工程验收合格的；③因非承包方原因致使工程项目停工超过120天（含），经建设单位同意的，故选项B正确。

14.【2019年真题】关于注册建造师的权利和义务的说法，正确的是（　　）。

A. 修改注册建造师已签字并加盖执业印章的工程施工管理文件，只能由注册建造师本人修改

B. 注册建造师享有保管和使用本人注册证书、执业印章的权利

C. 注册建造师可以超出聘用单位业务范围从事执业活动

D. 高校教师可以以注册建造师的名义执业

【解析】 根据《注册建造师管理规定》，修改注册建造师签章的工程施工管理文件，应当征得所在企业同意后，由注册建造师本人进行修改，注册建造师本人不能进行修改的，应当由企业指定同等资格条件的注册建造师修改，并由其签字并加盖执业印章，故选项A错误。

注册建造师应当在规定的范围内从事执业活动，故选项C错误。

取得资格证书的人员应当受聘于一个具有建设工程勘察、设计、施工、监理、招标代理、造价咨询等一项或者多项资质的单位，经注册后方可从事相应的执业活动，故选项D错误。

15.【2024年真题】关于建造师基本权利和义务的说法，正确的是（　　）。

A. 接受继续教育是其权利而非义务

B. 在本人执业活动中形成的文件上签字是其义务而非权利

C. 本人的注册证书应当交由聘用单位保管

D. 协助注册管理机关完成相关工作是其义务

【解析】 接受继续教育既是权利也是义务，故选项A错误。

在本人执业活动中形成的文件上签字是权利而非义务，故选项B错误。

本人的注册证书应当由建造师本人保管和使用，故选项C错误。

16.【2013年真题】注册建造师依法享有的权利包括（　　）。

A. 获得相应劳动报酬

B. 保管和使用本人注册证书、执业印章

C. 接受继续教育

D. 在本人执业活动中形成的文件签字并加盖执业印章

E. 保守在执业中知悉的国家秘密和他人的商业、技术等秘密

【解析】 选项E是建造师的基本义务。根据《注册建造师管理规定》，注册建造师享有下列权利：①使用注册建造师名称；②在规定范围内从事执业活动；③在本人执业活动中形成的文件上签字并加盖执业印章；④保管和使用本人注册证书、执业印章；⑤对本人执业活动进行解释和辩护；⑥接受继续教育；⑦获得相应的劳动报酬；⑧对侵犯本人权利的行为进行申述，故选项A、B、C、D正确。

17.【2020年真题】根据《住房城乡建设部办公厅等关于开展工程建设领域专业技术人员职业资格"挂证"等违法违规行为专项整治的通知》，下列关于"挂证"的说法，正确的

有（　　）。
    A. 人力资源服务机构可以提供建造师租借信息服务
    B. 人力资源服务机构因工作需要扣押建造师注册证书属于"挂证"
    C. 建造师注册证书不可以租借使用
    D. 建造师注册单位与实际工作单位不一致的属于"挂证"
    E. 违规使用"挂证"人员的单位，将被予以通报，记入不良行为记录，并列入建筑市场主体"黑名单"

【解析】　根据《住房城乡建设部办公厅等关于开展工程建设领域专业技术人员职业资格"挂证"等违法违规行为专项整治的通知》第一条的规定，对工程建设领域勘察设计注册工程师、注册建筑师、建造师、监理工程师、造价工程师等专业技术人员及相关单位、人力资源服务机构进行全面排查，严肃查处持证人注册单位与实际工作单位不符、买卖租借（专业）资格（注册）证书等"挂证"违法违规行为，以及提供虚假就业信息、以职业介绍为名提供"挂证"信息服务等违法违规行为，故选项 A 错误，选项 C、D 正确。

人力资源服务机构因工作需要扣押建造师注册证书属于要查处的违法违规行为，但这本身不属于"挂证"行为，故选项 B 错误。

根据《住房城乡建设部办公厅等关于开展工程建设领域专业技术人员职业资格"挂证"等违法违规行为专项整治的通知》第三条第二款的规定，对违规的专业技术人员撤销其注册许可，自撤销注册之日起 3 年内不得再次申请注册，记入不良行为记录并列入建筑市场主体"黑名单"，向社会公布；对违规使用"挂证"人员的单位予以通报，记入不良行为记录，并列入建筑市场主体"黑名单"，向社会公布，故选项 E 正确。

18. 【2024 年真题】根据《注册建造师管理规定》，注册建造师在执业活动中有违法行为，县级以上地方人民政府住房城乡建设主管部门有权做出的行政处罚决定有（　　）。
    A. 警告   B. 责令赔偿损失
    C. 行政拘留   D. 责令改正
    E. 没收违法所得

【解析】　根据《注册建造师管理规定》，注册建造师在执业活动中有下列行为之一的，由县级以上地方人民政府住房城乡建设主管部门或者其他有关部门给予警告，责令改正，没有违法所得的，处以 1 万元以下的罚款；有违法所得的，处以违法所得 3 倍以下且不超过 3 万元的罚款：
    ① 不履行注册建造师义务；
    ② 在执业过程中，索贿、受贿或者谋取合同约定费用外的其他利益；
    ③ 在执业过程中实施商业贿赂；
    ④ 签署有虚假记载等不合格的文件；
    ⑤ 允许他人以自己的名义从事执业活动；
    ⑥ 同时在 2 个或者 2 个以上单位受聘或者执业；
    ⑦ 涂改、倒卖、出租、出借或以其他形式非法转让资格证书、注册证书和执业印章；
    ⑧ 超出执业范围和聘用单位业务范围内从事执业活动；
    ⑨ 法律、法规、规章禁止的其他行为。

19. 【2017 年真题】施工企业为建造师提供虚假申报材料申请注册的，可能承担的行政责任是（　　　）。

 A. 取消投标资格   B. 降低资质等级

 C. 责令限期改正   D. 吊销企业资质证书

【解析】　聘用单位为申请人提供虚假注册材料的，由县级以上地方人民政府建设主管部门或者其他有关部门给予警告，责令限期改正；逾期未改正的，可处以1万元以上3万元以下的罚款，故选项C正确。

20.【2013年真题】根据《建设工程质量管理条例》，注册建造师因过错造成重大质量事故，情节特别恶劣的，其将受到的行政处罚为（　　　）。

 A. 终身不予注册

 B. 吊销执业资格证书，5年内不予注册

 C. 责令停止执业3年

 D. 责令停止执业1年

【解析】　《建设工程质量管理条例》规定，违反本条例规定，注册建筑师、注册结构工程师、监理工程师等注册执业人员因过错造成质量事故的，责令停止执业1年；造成重大质量事故的，吊销执业资格证书，5年以内不予注册；情节特别恶劣的，终身不予注册。

二、参考答案

题号	1	2	3	4	5	6	7	8	9	10
答案	C	D	BD	A	BE	B	A	D	D	B
题号	11	12	13	14	15	16	17	18	19	20
答案	B	C	B	B	D	ABCD	CDE	ADE	C	A

三、2025年考点预测

考点一：建造师考试

考点二：建造师注册和受聘

（1）建造师申请注册的条件

（2）不予注册的情形

考点三：建造师执业范围

（1）建造师受聘单位及执业单位

（2）同时担任两个及两个以上项目负责人、施工期间更换项目负责人的情形

考点四：建造师基本权利和义务

第四节　建筑市场主体信用体系建设

考点一：建筑市场各方主体信用信息分类

考点二：建筑市场各方主体信用信息公开和应用

考点三：建筑市场各方主体不良行为记录认定标准

一、历年真题及解析

1.【2013年真题】不良行为记录是指建筑市场各方主体在工程建设工程中违反有关工程建设的法律、法规、规定或强制性标准和执业行业规范，经（　　）级以上建设行政主管部门或者其委托的执法监督机构查实和行政处罚所形成的记录。

A. 乡（镇）　　　　　B. 县　　　　　C. 市　　　　　D. 省

【解析】　根据《建筑市场诚信行为信息管理办法》的规定，不良行为记录是指建筑市场各方主体在工程建设过程中违反有关工程建设的法律、法规、规章或强制性标准和执业行为规范，经县级以上建设行政主管部门或其委托的执法监督机构查实和行政处罚形成的不良行为记录。

2.【2024年真题】下列不良行为记录中，属于施工企业资质不良行为的有（　　）。

A. 未取得资质证书承揽工程的

B. 以欺骗手段取得资质证书承揽工程的

C. 以他人名义投标或者以其他方式弄虚作假，骗取中标的

D. 不按照与中标人订立的合同履行义务，情节严重的

E. 将承包的工程转包或者违法分包的

【解析】　资质不良行为认定标准：①未取得资质证书承揽工程的，或超越本单位资质等级承揽工程的；②以欺骗手段取得资质证书承揽工程的；③允许其他单位或个人以本单位名义承揽工程的；④未在规定期限内办理资质变更手续的；⑤涂改、伪造、出借、转让建筑业企业资质证书的；⑥按照国家规定需要持证上岗的技术工种的作业人员未经培训、考核，未取得证书上岗，情节严重的。

选项C、D、E属于承揽不良。

3.【2021年真题】下列情形中，属于建筑市场施工企业资质不良行为的是（　　）。

A. 未在规定期限内办理资质变更手续的

B. 个人借用其他施工企业资质投标的

C. 将承包的工程分包给不具有相应资质的单位的

D. 转让安全生产许可证的

【解析】　选项B、C属于承揽业务不良，选项D属于工程安全不良。

4.【2023年真题】下列行为中，属于工程质量不良行为的是（　　）。

A. 使用国家明令淘汰、禁止使用的危及施工安全的工艺、设备、材料的

B. 在尚未竣工的建筑物内设置员工集体宿舍的

C. 对建筑安全事故隐患不采取措施予以消除的

D. 未对涉及结构安全的试块取样检测的

【解析】　工程质量不良行为认定标准：①在施工中偷工减料的，使用不合格建筑材料、建筑构配件和设备的，或者有不按照工程设计图纸或施工技术标准施工的其他行为的；②未按照节能设计进行施工的；③未对建筑材料、建筑构配件、设备和商品混凝土进行检测，或未对涉及结构安全的试块、试件以及有关材料取样检测的；④工程竣工验收后，不向建设单位出具质量保修书的，或质量保修的内容、期限违反规定的；⑤不履行保修义务或者拖延履

行保修义务的。

选项 A、B、C 属于安全不良行为。

5. **【2019 年真题】**下列行为中，属于建设工程施工企业承揽业务不良的是（　　）。

A. 将承包的工程转包或违法分包

B. 拖欠工程款

C. 允许其他单位或个人以本单位名义承揽工程

D. 对建筑安全事故隐患不采取措施予以消除

【解析】　根据《全国建筑市场各方主体不良行为记录认定标准》的有关规定，施工单位承揽业务不良行为认定标准：①利用向发包单位及工作人员行贿、提供回扣或者给予其他好处等不正当手段承揽业务的；②相互串通投标或与招标人串通投标的，以向招标人或评标委员会成员行贿的手段谋取中标的；③以他人名义投标或以其他方式弄虚作假，骗取中标的；④不按照与招标人订立的合同履行义务，情节严重的；⑤将承包的工程转包或违法分包的。

6. **【2018 年真题】**根据《全国建筑市场各方主体不良行为记录认定标准》，下列施工企业的行为中，属于工程安全不良行为认定标准的是（　　）。

A. 未对涉及结构安全的试块、试件以及有关材料取样检测的

B. 在施工中偷工减料的

C. 使用未经验收的施工起重机械和整体提升脚手架、模板等自升式架设设施的

D. 拖延履行保修义务的

【解析】　根据《全国建筑市场各方主体不良行为记录认定标准》，选项 A、B、D 属于质量不良。

7. **【2017 年真题】**根据《全国建筑市场各方主体不良行为记录认定标准》，关于施工企业不良行为记录的说法，正确的是（　　）。

A. 超越本单位资质承揽工程的行为属于承揽业务不良行为

B. 工程竣工验收后，不向建设单位出具质量保证书的行为属于工程安全不良行为

C. 委托不具有相应资质的单位承担施工现场拆卸施工起重机械的行为属于资质不良行为

D. 将承包的工程转包或违法分包的行为属于承揽业务不良行为

【解析】　根据《全国建筑市场各方主体不良行为记录认定标准》选项 A 属于资质不良；选项 B 属于质量不良；选项 C 属于安全不良。

8. **【2015 年真题】**根据《全国建筑市场各方主体不良行为记录认定标准》，属于施工单位不良行为的有（　　）。

A. 未履行注册建造师职责造成环境事故的

B. 以欺骗手段取得资质证书承揽工程的

C. 未在规定期限内办理资质变更手续的

D. 不按照与招标人订立的合同履行义务，情节严重的

E. 对建筑安全事故隐患不采取措施予以消除的

【解析】　根据《全国建筑市场各方主体不良行为记录认定标准》，施工单位的不良行为记录认定标准分为如下五大类：①资质不良行为认定标准；②承揽业务不良行为认定标准；

③工程质量不良行为认定标准；④工程安全不良行为认定标准；⑤拖欠工程款或者工人工资不良行为认定标准。选项 A 未涵盖在内，因此错误，其中选项 B、C 属于资质不良，选项 D 属于承揽业务不良，选项 E 属于安全不良。

9. 【2021年真题】关于建筑市场各方主体信用信息公开期限的说法，正确的是（　　）。

A. 建筑市场各方主体的基本信息永久公开

B. 建筑市场各方主体的优良信用信息公布期限一般为 6 个月

C. 招标投标违法行为记录公告期限为 1 年

D. 不良信用信息公开期限一般为 6 个月至 3 年并不得低于相关行政处罚期限

【解析】 见下表：

建筑市场诚信行为的公布		
原则	不得危及国家安全、公共安全、经济安全和社会稳定，不得泄露国家秘密、商业秘密和个人隐私	
公布期限	基本信息	长期公开
	不良信用信息	一般为 6 个月至 3 年，并不得低于相关行政处罚的期限，具体的公布期限由不良信用信息的认定部门确定
	优良信用信息	一般为 3 年
	招投标违法信息	行政处理决定做出之日起 20 个工作日内对外进行记录公告。违法行为记录公告期限为 6 个月。依法限制招标投标当事人资质（资格）等方面的行政处理决定，所认定的限制期限长于 6 个月的，公告期限从其决定

10. 【2019年真题】关于建筑市场诚信行为公布的说法，正确的是（　　）。

A. 针对不良行为的整改结果不需要公示

B. 应当将整改结果列于相应不良记录后，供有关部门和社会公众查询

C. 对于警告、罚款和责令整改的行政处理，都应当给予公告

D. 对于拒绝不整改，或者整改不力的单位，信息发布部门可以延长其整改期限

【解析】 根据《建筑市场诚信行为信息管理办法》第十一条的规定，省、自治区和直辖市建设行政主管部门负责审查整改结果，对整改确有实效的，由企业提出申请，经批准，可缩短其不良行为记录信息公布期限，但公布期限最短不得少于 3 个月，同时将整改结果列于相应不良行为记录后，供有关部门和社会公众查询；对于拒不整改或整改不力的单位，信息发布部门可延长其不良行为记录信息公布期限，故选项 B 正确，选项 A、D 错误。

根据《招标投标违法行为记录公告暂行办法》第七条的规定，对招标投标违法行为所做出的以下行政处理决定应给予公告：①警告；②罚款；③没收违法所得；④暂停或者取消招标代理资格；⑤取消在一定时期内参加依法必须进行招标的项目的投标资格；⑥取消担任评标委员会成员的资格；⑦暂停项目执行或追回已拨付资金；⑧暂停安排国家建设资金；⑨暂停建设项目的审查批准；⑩行政主管部门依法做出的其他行政处理决定。无"责令整改"的行政处理，故选项 C 错误。

11. 【2018年真题】建筑市场不良行为信息公布期限一般为（　　）。

A. 3个月   B. 6个月至3年

C. 3个月至6个月   D. 6个月至1年

【解析】 根据《建筑市场信用管理暂行办法》第十条的规定，建筑市场各方主体的信用信息公开期限为：

① 基本信息长期公开；

② 优良信用信息公开期限一般为3年；

③ 不良信用信息公开期限一般为6个月至3年，并不得低于相关行政处罚期限。具体公开期限由不良信用信息的认定部门确定，故选项B正确。

12.【2017年真题】根据《招标投标违法行为记录公告暂行办法》，关于建筑市场诚信行为公告的说法，正确的是（ ）。

A. 招标投标违法行为记录公告在任何情况下都不得公开涉及国家秘密、商业秘密和个人隐私的记录

B. 对于取消担任评标委员会成员资格的行政处理决定应当给予公告

C. 被公告的招标投标当事人认为公告记录与行政处理决定的相关内容不符的，可向公告部门提出书面更正申请，公告部门应在接到申请后停止公告

D. 行政处理决定在被行政复议或行政诉讼期间，公告部门应暂停对违法行为记录的公告

【解析】 根据《招标投标违法行为记录公告暂行办法》的有关规定，招标投标违法行为记录公告不得公开涉及国家秘密、商业秘密和个人隐私的记录，但是，经权利人同意公开或者行政机关认为不公开可能对公共利益造成重大影响的涉及商业秘密、个人隐私的违法行为记录，可以公开，故选项A错误。

公告部门在做出答复前不停止对违法行为记录的公告，故选项C错误。

行政处理决定在被行政复议或行政诉讼期间，公告部门依法不停止对违法行为记录的公告，故选项D错误；根据《招标投标违法行为记录公告暂行办法》第七条的规定，参见10题解析，故选项B正确。

13.【2023年真题】根据《招标投标违法行为记录公告暂行办法》，关于招标投标违法行为记录公告的说法正确的是（ ）。

A. 依法限制投标人投标资质的行政处理决定公告期限为6个月

B. 对招标投标违法行为做出警告行政处理决定不必公告

C. 对招标投标违法行为做出的暂停建设项目审查批准的行政处理决定应当予以公告

D. 被公告的当事人认为公告记录与行政处理决定的相关内容不符的，公告部门应当立即停止对违法行为记录的公告

【解析】 根据《招标投标违法行为记录公告暂行办法》的规定，依法限制招标投标当事人资质（资格）等方面的行政处理决定，所认定的限制期限长于6个月的，公告期限从其决定，故选项A错误。

警告行政处理决定应给予公告，故选项B错误。

被公告的当事人认为公告记录与行政处理决定的相关内容不符的，可向公告部门提出书面更正申请，并提供相关证据。公告部门接到书面申请后，应在5个工作日内进行核对，公告部门在做出答复前不停止对违法行为记录的公告，故选项D错误。

14.【2016年真题】关于建筑市场行为公布的说法中，正确的是（　　）。

A. 行政处理决定在被行政复议或者行政诉讼期间，公告部门应当停止对违法行为记录的公告

B. 招标投标违法行为记录公告涉及国家秘密、商业秘密和个人隐私的记录一律不得公开

C. 原行政处理决定被依法变更或撤销的，公告部门应当及时对公告记录予以变更或撤销，无须在公告平台上予以声明

D. 企业整改经审核确实有效的，可以缩短其不良行为记录信息公布期限，但公布期限最短不得少于3个月

【解析】　根据《建筑市场诚信行为信息管理办法》的规定，行政处理决定在被行政复议或行政诉讼期间，公告部门依法不停止对违法行为记录的公告，但行政处理决定被依法停止执行的除外，故选项A错误。

行政处罚决定经行政复议、行政诉讼以及行政执法监督被变更或被撤销，应及时变更或删除该不良记录，并在相应诚信信息平台上予以公布，同时应依法妥善处理相关事宜，故选项C错误。

省、自治区和直辖市建设行政主管部门负责审查整改结果，对整改确有实效的，由企业提出申请，经批准可缩短其不良行为记录信息公布期限，但公布期限最短不得少于3个月，故选项D正确。

根据《招标投标违法行为记录公告暂行办法》的有关规定，招标投标违法行为记录公告不得公开涉及国家秘密、商业秘密和个人隐私的记录，但是，经权利人同意公开或者行政机关认为不公开可能对公共利益造成重大影响的涉及商业秘密、个人隐私的违法行为记录，可以公开，故选项B错误。

15.【2015年真题】根据《建筑市场诚信行为信息管理办法》，建筑市场诚信行为公告可修正或变更的情形有（　　）。

A. 行政处罚决定在被行政复议期间的

B. 行政处罚决定被依法停止执行的

C. 行政处罚决定经行政诉讼被撤销的

D. 行政处罚决定经行政复议被撤销的

E. 行政处罚决定因行政执法监督被变更的

【解析】　行政处罚决定在被行政复议或行政诉讼期间，公告部门依法不停止对违法行为记录的公告，但行政处罚决定被依法停止执行的除外，因此选项A错误。

行政处罚决定经行政复议、行政诉讼以及行政执法监督被变更或被撤销，应及时变更或删除该不良记录，并在相应诚信信息平台上予以公布，同时应依法妥善处理相关事宜，故选项B、C、D、E正确。

16.【2015年真题】根据《建筑市场诚信行为信息管理办法》，良好行为记录信息的公布期限一般为（　　）。

A. 6个月　　　　　　　　　　　　B. 1年

C. 2年　　　　　　　　　　　　　D. 3年

【解析】　良好行为记录信息的公布期限一般为3年。

17. 【2014年真题】关于建筑市场诚信行为公布的说法中，正确的是（   ）。

A. 不良行为记录应当在当地发布，社会影响恶劣的，还应当在全国发布

B. 信用信息包括基本信息、优良信用信息、不良信用信息，三种信息都应当公布

C. 省、自治区和直辖市建设行政主管部门负责审查整改结果，对整改确有实效的，可取消不良行为记录信息的公布

D. 不良行为记录在地方的公布期限应当长于全国公布期限

【解析】 《建筑市场诚信行为信息管理办法》规定，属于《全国建筑市场主体不良行为记录认定标准》范围的不良行为记录除在当地发布外，还将由住房和城乡建设部统一在全国公布，公布期限与地方确定的公布期限相同，故选项A、D错误。

省、自治区和直辖市建设行政主管部门负责审查整改结果，对整改确有实效的，由企业提出申请，经批准可缩短其不良行为记录信息公布期限，但公布期限最短不得少于3个月，故选项C错误。

根据《建筑市场信用管理暂行办法》第四条的规定，信用信息由基本信息、优良信用信息、不良信用信息构成。根据第十条的规定，建筑市场各方主体的信用信息公开期限为：①基本信息长期公开；②优良信用信息公开期限一般为3年；③不良信用信息公开期限一般为6个月至3年，并不得低于相关行政处罚期限。具体公开期限由不良信用信息的认定部门确定，故选项B正确。

18. 【2024年真题】企业未按照要求提供企业信用档案信息的，县级以上地方人民政府住房城乡建设主管部门有权做出的行政处罚决定是（   ）。

A. 没收违法所得　　　　　　　　　B. 责令赔偿损失

C. 责令限期改正　　　　　　　　　D. 罚金

【解析】 根据《建筑业企业资质管理规定》，企业未按照本规定要求提供企业信用档案信息的，由县级以上地方人民政府住房城乡建设主管部门或者其他有关部门给予警告，责令限期改正；逾期未改正的，可处以1000元以上1万元以下的罚款。

19. 【2023年真题】关于建筑市场信用评价内容的说法，正确的是（   ）。

A. 省级住房城乡建设主管部门制定本区域内的建筑市场信用评价标准

B. 不得设置歧视外地建筑市场各方主体的评价指标

C. 建筑市场信用评价是指对不良信用信息的评价

D. 不得对外地建筑市场各方主体设置信用壁垒

E. 建设单位应当对承包单位的履约行为设置评价指标

【解析】 省级住房城乡建设主管部门应当按照公开、公平、公正的原则，制定建筑市场信用评价标准，不得设置歧视外地建筑市场各方主体的评价指标，不得对外地建筑市场各方主体设置信用壁垒，故选项A、B、D正确。

鼓励设置建设单位对承包单位履约行为的评价指标，故选项E错误。

建筑市场信用评价包括企业综合实力、基础信息、优良信用信息及不良信用信息等内容，故选项C错误。

20. 【2023年真题】根据《建筑市场信用管理暂行办法》建筑市场各方主体存在的下列情形中，应当被列入建筑市场主体"黑名单"的有（   ）。

A. 利用虚假材料取得企业资质的

B. 出借资质，受到行政处罚的

C. 发生工程质量安全事故的

D. 因转包受到行政处罚的

E. 经人民法院判决认定为拖欠工程款，且拒不履行生效法律文书确定的义务的

【解析】 发生重大及以上工程质量安全事故，或1年内累计发生2次及以上较大工程质量安全事故，或发生性质恶劣、危害性严重、社会影响大的较大工程质量安全事故，受到行政处罚的应当被列入建筑市场"黑名单"，故选项C错误。

二、参考答案

题号	1	2	3	4	5	6	7	8	9	10
答案	B	AB	A	D	A	C	D	BCDE	D	B
题号	11	12	13	14	15	16	17	18	19	20
答案	B	B	C	D	BCDE	D	B	C	ABD	ABDE

三、2025年考点预测

考点一：建筑市场各方主体信用信息分类

建筑市场各方主体信用信息分类

考点二：建筑市场各方主体信用信息公开和应用

（1）建筑市场各方主体信用信息公开期限

（2）公告信息的变更

（3）信息的应用

考点三：建筑市场各方主体不良行为记录认定标准

（1）施工企业不良行为记录的种类及认定标准

（2）列入建筑市场主体"黑名单"及联合惩戒名单的情形

第五节　营商环境制度

考点一：营商环境优化

考点二：中小企业款项支付保障

一、历年真题及解析

1.【2024年真题】根据《保障中小企业款项支付条例》，机关、事业单位从中小企业采购货物、工程、服务，应当自（　　）之日起30日内支付款项。

A. 货物、工程、服务交付　　　　　B. 采购合同生效

C. 保修期满　　　　　　　　　　　D. 双方确认结算金额

【解析】 根据《保障中小企业款项支付条例》第八条的规定，机关、事业单位从中小企业采购货物、工程、服务，应当自货物、工程、服务交付之日起30日内支付款项；合同

另有约定的，付款期限最长不得超过 60 日。

2. 【2023 年真题】根据《关于清理规范工程建设领域保证金的通知》，工程建设项目中可以设立的保证金有（　　）。

A. 投标保证金　　　　　　　　　B. 履约保证金

C. 工程质量保证金　　　　　　　D. 信用保证金

E. 农民工工资保证金

【解析】　根据《关于清理规范工程建设领域保证金的通知》（国办发〔2016〕49 号）的规定，对建筑业企业在工程建设中需缴纳的保证金，除依法依规设立的投标保证金、履约保证金、工程质量保证金、农民工工资保证金外，其他保证金一律取消。

二、参考答案

题号	1	2							
答案	A	ABCE							

三、2025 年考点预测

考点一：营商环境优化

净化市场环境、优化政务服务的有关规定

考点二：中小企业款项支付保障

（1）中小企业款项支付期限

（2）防范账款拖欠的有关规定

第三章　建设工程许可法律制度

第一节　建设工程规划许可

考点一：规划许可证的申请
考点二：规划条件的变更

一、历年真题及解析

1. **【2019年真题】**关于建设工程竣工规划验收的说法，正确的是（　　）。

A. 建设工程竣工后，施工企业应当向城乡规划主管部门提出竣工规划验收申请

B. 竣工规划验收合格的，由城乡规划主管部门出具规划认可文件或核发建设工程规划验收合格证

C. 报送有关竣工验收材料必须在竣工后1年完成

D. 未在规定时间内向城乡规划主管部门报告竣工验收材料的，责令限期补报，并处罚款

【解析】 建设工程竣工后，建设单位应当依法向城乡规划主管部门提出竣工规划验收申请，故选项A错误。

根据《城乡规划法》第六十七条的规定，建设单位未在竣工验收后6个月内向城乡规划主管部门报送有关竣工验收资料的，由所在地城市、县人民政府城乡规划主管部门责令限期补报；逾期不报的，处1万元以上5万元以下罚款，故选项C、D错误（逾期不报才罚款）。

2. **【2024年真题】**关于乡村建设规划许可证的说法，正确的是（　　）。

A. 在村庄规划区内进行公益事业建设，申请乡村建设规划许可证的可以是个人

B. 在村庄规划区内进行乡镇企业建设，不必申请乡村建设规划许可证

C. 在乡规划区内使用原有宅基地进行农村村民住宅建设的，统一由城市、县人民政府核发乡村建设规划许可证

D. 在乡规划区内占用农用地进行乡村公共设施建设，直接核发乡村建设规划许可证

【解析】 在乡、村庄规划区内进行乡镇企业、乡村公共设施和公益事业建设的，建设单位或者个人应当向乡、镇人民政府提出申请，由乡、镇人民政府报城市、县人民政府城乡规划主管部门核发乡村建设规划许可证，故选项A正确、选项B错误。

在乡、村庄规划区内使用原有宅基地进行农村村民住宅建设的规划管理办法，由省、自治区、直辖市制定，故选项C错误。

在乡、村庄规划区内进行乡镇企业、乡村公共设施和公益事业建设以及农村村民住宅建设，不得占用农用地；确需占用农用地的，应当依照《土地管理法》有关规定办理农用地转用审批手续后，由城市、县人民政府城乡规划主管部门核发乡村建设规划许可证，故选项D错误。

3.【2018年真题】关于规划许可证的说法中正确的是（　　）。
A. 在乡村规划区内进行公益事业建设无须办理规划许可
B. 出让土地的建设用地规划许可证由县级人民政府审批
C. 以划拨方式取得土地后应当办理用地规划许可
D. 建设工程规划类许可证可以向省级人民政府确定的镇人民政府申请办理
【解析】　根据《城乡规划法》的有关规定：

在乡、村庄规划区内进行乡镇企业、乡村公共设施和公益事业建设的，建设单位或者个人应当向乡、镇人民政府提出申请，由乡、镇人民政府报城市、县人民政府城乡规划主管部门核发乡村建设规划许可证，故选项A错误。

以出让方式取得国有土地使用权的建设项目，在签订国有土地使用权出让合同后，建设单位应当持建设项目的批准、核准、备案文件和国有土地使用权出让合同，向城市、县人民政府城乡规划主管部门领取建设用地规划许可证，故选项B错误。

以划拨方式取得土地的，建设单位在取得建设用地规划许可证后，方可向县级以上地方人民政府土地主管部门申请用地，经县级以上人民政府审批后，由土地主管部门划拨土地，故选项C错误。

在城市、镇规划区内进行建筑物、构筑物、道路管线和其他工程建设的，建设单位或者个人应当向城市、县人民政府城乡规划主管部门或者省、自治区、直辖市人民政府确定的镇人民政府申请办理建设工程规划类许可证，故选项D正确。

4.【2024年真题】根据《城乡规划法》，关于规划条件的说法，正确的有（　　）。
A. 变更规划条件必须向城市、县人民政府城乡规划主管部门提出申请
B. 规划条件的变更内容不符合控制性详细规划的，城乡规划主管部门不得批准
C. 县级以上地方人民政府城乡规划主管部门对建设工程是否符合规划条件予以核实
D. 经城乡规划主管部门核实不符合规划条件的，建设单位不得组织竣工验收
E. 建设单位应当参照规划条件进行建设
【解析】　建设单位应当按照规划条件进行建设，故选项E错误。

二、参考答案

题号	1	2	3	4						
答案	B	A	D	ABCD						

三、2025年考点预测

考点一：规划许可证的申请
（1）城乡规划许可的种类
（2）工程规划许可的核发部门

（3）临时设施许可

考点二：规划条件的变更

规划变更及验收规定

第二节　建设工程施工许可

考点一：施工许可证和开工报告的适用范围

考点二：施工许可证的申请

考点三：延期开工、核验和重新办理批准

一、历年真题及解析

1.【2023年真题】根据《优化营商环境条例》，关于工程建设项目审批事项行政许可的说法，正确的是（　　）。

A. 通过事中事后监管能够解决的事项，一律不得设立行政许可

B. 可以以年检、年报的形式设定或者实施行政许可

C. 对相关管理事项尚未制定法律、行政法规的，地方不得就该事项设定行政许可

D. 已经取消的行政许可，可以转由行业协会组织实施

【解析】　根据《优化营商环境条例》第三十九条的规定，国家严格控制新设行政许可。新设行政许可应当按照行政许可法和国务院的规定严格设定标准，并进行合法性、必要性和合理性审查论证。

对通过事中事后监管或者市场机制能够解决以及行政许可法和国务院规定不得设立行政许可的事项，一律不得设立行政许可，严禁以备案、登记、注册、目录、规划、年检、年报、监制、认定、认证、审定以及其他任何形式变相设定或者实施行政许可，故选项A正确、选项B错误。

法律、行政法规和国务院决定对相关管理事项已做出规定，但未采取行政许可管理方式的，地方不得就该事项设定行政许可。对相关管理事项尚未制定法律、行政法规的，地方可以依法就该事项设定行政许可，故选项C错误。

根据《优化营商环境条例》第四十条的规定，国家大力精简已有行政许可，对已取消的行政许可，行政机关不得继续实施或者变相实施，不得转由行业协会商会或者其他组织实施，故选项D错误。

2.【2021年真题】根据《建筑工程施工许可管理办法》，下列需要办理施工许可证的建设工程有（　　）。

A. 工程投资额为20万元的建筑工程

B. 按照国务院规定的权限和程序批准开工报告的建筑工程

C. 建筑面积为500m^{2}的建筑工程

D. 抢险救灾及其他临时性房屋建筑

E. 依法通过竞争性谈判确定供应商的建筑面积为1000m^{2}的政府采购工程建设项目

【解析】 见下表：

施工许可证	各类房屋建筑及其附属设施的建造、装修装饰和与其配套的线路、管道、设备的安装，以及城镇市政基础设施工程的施工（房建建安工程+市政）	工程所在地县级以上建设行政主管部门
开工报告	国务院规定的权限和程序批准开工报告的建筑工程，不再领取施工许可证	
不需要办理开工许可证	① 工程投资额在 30 万元以下或建筑面积在 300m² 以下的建筑工程 ② 抢险救灾及其他临时性房屋建筑和农民自建低层住宅的建筑活动 ③ 有开工报告的建筑工程 ④ 军用房屋	

另外，根据《住房城乡建设部办公厅关于工程总承包项目和政府采购工程建设项目办理施工许可手续有关事项的通知》的规定，对依法通过竞争性谈判或单一来源方式确定供应商的政府采购工程建设项目，应严格执行《建筑法》《建筑工程施工许可管理办法》等规定，对符合申请条件的，应当颁发施工许可证，故选项 E 正确。

3.【2020 年真题】根据《建筑工程施工许可管理办法》，下列建设工程开工前建设单位应当申请领取施工许可证的是（　　）。

A. 投资额为 25 万元的公共厕所

B. 建筑面积为 325m² 的公园管理用房

C. 建筑面积为 600m² 的地铁施工临时办公室

D. 农民自建低层住宅

【解析】 根据《建筑工程施工许可管理办法》第二条的规定，工程投资额在 30 万元以下或者建筑面积在 300m² 以下的建筑工程，可以不申请办理施工许可证。省、自治区、直辖市人民政府住房城乡建设主管部门可以根据当地的实际情况，对限额进行调整，并报国务院住房城乡建设主管部门备案。按照国务院规定的权限和程序批准开工报告的建筑工程，不再领取施工许可证。故选项 A 错误、选项 B 正确。

根据《建筑法》第八十三条的规定，抢险救灾及其他临时性房屋建筑和农民自建低层住宅的建筑活动，不适用本法，即无须办理申领施工许可证的手续。故选项 C、D 错误。

4.【2024 年真题】属于申领施工许可证的条件是（　　）。

A. 已向建设单位缴纳履约保证　　　　B. 现场具备施工条件

C. 在中标候选人公示期内　　　　　　D. 建设资金已落实

【解析】《建筑法》在 2019 年 4 月 23 日修订后，将原来的"建设资金已经落实"条件放宽至"有满足施工需要的资金安排"。《建筑工程施工许可管理办法》进一步采取承诺制，将该规定明确为建设单位应当提供建设资金已经落实承诺书，故选项 A、D 错误。

施工场地已经基本具备施工条件，需要征收房屋的，其进度符合施工要求，故选项 B 正确。

建设单位应当依法通过招标或直接发包的方式确定具备相应资质的施工企业，并签订建设工程承包合同，故选项 C 错误。

5.【2023年真题】建设单位申请领取施工许可证，应当具备的条件有（　　）。

A. 已经办理该建筑工程用地批准手续

B. 已经委托监理

C. 需要征收房屋的其进度符合施工要求

D. 已经确定建筑施工企业

E. 有保证工程质量和安全的具体措施

【解析】　根据《建筑法》的规定，申请领取施工许可证，应当具备下列条件：

① 已经办理该建筑工程用地批准手续；

② 依法应当办理建设工程规划许可证的，已经取得建设工程规划许可证；

③ 需要拆迁的，其拆迁进度符合施工要求；

④ 已经确定建筑施工企业；

⑤ 有满足施工需要的资金安排、施工图纸及技术资料；

⑥ 有保证质量和安全的具体措施。

注意选项 C，根据《建筑法》的规定应当为"拆迁进度符合施工要求"，但是根据《建筑工程施工许可管理办法》的规定为"需要征收房屋的，进度符合施工要求"，故选项 C 可选。

6.【2022年真题】根据《建筑工程施工许可管理办法》，申请领取施工许可证应当具备的条件有（　　）。

A. 已经在工程所在地设立分支机构

B. 建设资金已经到位

C. 施工图设计文件已经按规定审查合格

D. 有保证工程质量和安全的具体措施

E. 在城市、镇规划区的建筑工程，已经取得建设工程规划许可证

【解析】　根据《建筑工程施工许可管理办法》的规定，建设单位申请领取施工许可证应当具备下列条件，并提交相应的证明文件：①依法应当办理用地批准手续的，已经办理该建筑工程用地批准手续；②依法应当办理建设工程规划许可证的，已经取得建设工程规划许可证；③施工场地已经基本具备施工条件，需要征收房屋的，其进度符合施工要求；④已经确定施工企业；⑤有满足施工需要的资金安排、施工图纸及技术资料，建设单位应当提供建设资金已经落实承诺书，施工图设计文件已按规定审查合格；⑥有保证工程质量和安全的具体措施。

选项 A 无此规定，故错误；有满足施工需要的资金安排，建设单位提供资金已经落实的承诺书，而不是"已经到位"，故选项 B 错误（多选题谨慎原则，最好不要选）。

7.【2022年真题】申领施工许可证的条件中，"已经确定施工企业"是指（　　）。

A. 已经签订建设工程承包合同

B. 已经完成招标工作，并确定中标人

C. 建设工程承包合同已提交相关部门备案

D. 施工企业已经缴纳履约保证金

【解析】　已确定施工企业是指建设单位依法通过招标方式或直接发包的方式确定施工企业，并签订建设工程承包合同。

8.【2020年真题】根据《建筑工程施工许可管理办法》，保证工程质量和安全的具体措施有（　　）。

A. 施工企业编制的施工组织设计中有根据建筑工程特点制定的相应质量、安全技术措施

B. 专业性较强的工程项目编制了专项质量、安全施工组织设计

C. 有审查合格的施工图设计文件

D. 施工场地拆迁进度符合施工要求

E. 按照规定办理了工程质量，安全监督手续

【解析】　根据《建筑工程施工许可管理办法》第四条的规定，有保证工程质量和安全的具体措施是指施工企业编制的施工组织设计中有根据建筑工程特点制定的相应质量、安全技术措施。建立工程质量安全责任制并落实到人。专业性较强的工程项目编制了专项质量、安全施工组织设计，并按照规定办理了工程质量、安全监督手续。

9.【2019年真题】关于施工许可证与已确定的施工企业安全生产许可证之间关系的说法，正确的是（　　）。

A. 施工许可证以安全生产许可证的取得为条件

B. 施工许可证与安全生产许可证无关

C. 安全生产许可证以施工许可证取得为前提

D. 因吊销安全生产许可证，更换施工企业的，施工许可证应当重新申请领取

E. 施工许可证与安全生产许可证的持证主体相同

【解析】　根据《建筑法》的相关规定，建设单位在申领施工许可证应具备的条件中有：已经确定施工企业，而依法承包的施工企业必然已取得安全生产许可证，故选项A正确，选项B、E错误。

施工企业取得安全生产许可证须满足《安全生产许可证条例》《建筑施工企业安全生产许可证管理规定》中的要求及规定，与建设单位是否取得施工许可证无关，故选项C错误。

"因吊销安全生产许可证，更换施工企业的"，表明不再具备组织施工的条件，应当收回施工许可证，待具备相关条件后，由建设单位重新申请领取，故选项D正确。

10.【2014年真题】关于申请领取施工许可证的说法中，正确的有（　　）。

A. 应当委托监理的工程已委托监理后才能申请领取施工许可证

B. 领取施工许可证是确定建筑施工企业的前提条件

C. 法律、行政法规和省、自治区、直辖市人民政府规章可以规定申请施工许可证的其他条件

D. 在申请领取施工许可证之前需要建设单位提供建设资金已落实承诺书

E. 在城市、镇规划区的建筑工程，需要同时取得建设用地规划许可证和建设工程规划许可证后，才能申请办理施工许可

【解析】　根据《建筑法》《建筑工程施工许可证管理办法》的有关规定，"应当委托监理的工程已委托监理"不是建设单位申请领取施工许可证的条件，故选项A错误。

选项 B 正确的说法是已经确定施工企业是申领施工许可证的前提条件。

只有全国人大及其常委会制定的法律和国务院制定的行政法规，才有权增加施工许可证新的申领条件，其他如部门规章、地方性法规、地方规章等都不得规定增加施工许可证的申领条件，故选项 C 错误。

11.【2012 年真题】建设单位申请施工许可证时，向发证机关提供的施工图纸及技术资料应当满足（　　）。

A. 施工需要并通过监理单位审查

B. 施工需要并按规定通过了审查

C. 编制招标文件的要求

D. 工程竣工验收备案的要求

【解析】　根据《建筑工程施工许可管理办法》的规定，建设单位申请施工许可证时，向发证机关提供的施工图纸及技术资料应当满足施工需要并按规定通过了审查，故选项 B 正确。

12.【2024 年真题】关于建筑工程中止施工的说法，正确的是（　　）。

A. 中止施工满 1 年的工程恢复施工前，建设单位应当报发证机关核验施工许可证

B. 在建的建筑工程因故中止施工的，建设单位应当自中止施工之日起 3 个月内，向发证机关报告

C. 施工企业应当按照规定做好建筑工程的维护管理工作

D. 建筑工程恢复施工时，应当经发证机关批准

【解析】　中止施工满 1 年的工程恢复施工前，建设单位应当报发证机关核验施工许可证，故选项 A 正确、选项 D 错误。

建设单位应当自中止施工之日起 1 个月内，向发证机关报告，故选项 B 错误。

建设单位应当并按照规定做好建筑工程的维护管理工作，故选项 C 错误。

13.【2021 年真题】根据《建筑法》，关于施工许可证期限的说法，正确的是（　　）。

A. 应当自领取施工许可证之日起 2 个月内开工

B. 既不开工又不申请延期或者超过延期时限的，施工许可证自行废止

C. 可以延期，但只能延期一次

D. 延期以两次为限，每次不超过 2 个月

【解析】　根据《建筑法》的规定，建设单位应当自领取施工许可证之日起 3 个月内开工。因故不能按期开工的，应当向发证机关申请延期；延期以两次为限，每次不超过 3 个月。既不开工又不申请延期或者超过延期时限的，施工许可证自行废止。见下表：

内容	开工报告	施工许可证
申请单位	建设单位	
开工期限	批准后 6 个月	领证后 3 个月
延期	不能延期	可延期 2 次，每次 3 个月
失效/重新办理或申请	批准后 6 个月内没有开工	① 领证后 9 个月（3+3×2）没有开工 ② 停工超过 1 年，经核验不具备组织施工条件，收回施工许可证，重新申领

（续）

内容	开工报告	施工许可证
停工	要报告	① 停工 1 个月内向发证机关报告 ② 建设单位做好建设工程维护管理工作
复工	也要报告，无须核验	① 停工<1 年，报告后复工 ② 停工>1 年，报告后核验复工

14. 【2019 年真题】关于核验施工许可证的说法，正确的是（　　）。

A. 中止施工经核验符合条件期间，由建设单位做好建设工程的维护管理工作

B. 在建的建筑工程因故中止施工的，施工企业应当自中止之日起 3 个月内报发证机关核验

C. 中止施工满 6 个月的，在建筑工程恢复施工前，应当报发证机关核验施工许可证

D. 经核验不符合条件的，不允许其恢复施工，待条件具备后再申请核验

【解析】　根据《建筑法》第十条的规定，在建的建筑工程因故中止施工的，建设单位应当自中止施工之日起 1 个月内，向发证机关报告，并按照规定做好建筑工程的维护管理工作。建筑工程恢复施工时，应当向发证机关报告；中止施工满 1 年的工程恢复施工前，建设单位应当报发证机关核验施工许可证，故选项 A 正确，选项 B、C 错误。

经核验不符合条件的，应当收回施工许可证，不允许其恢复施工，待条件具备后由建设单位重新申领施工许可证，故选项 D 错误。

15. 【2018 年真题】2018 年 1 月 15 日，某建设单位为其工程领取了施工许可证，因未能按期开工，建设单位于 2018 年 3 月 10 日、5 月 10 日两次向发证机关报告了工程准备的进展情况，直到 2018 年 7 月 1 日开工建设。关于该工程施工许可证的说法，正确的有（　　）。

A. 该工程施工许可证自行废止

B. 延期开工未超过 6 个月，施工许可证继续有效

C. 应当在 2018 年 4 月 15 日前申请延期

D. 不能按时开工，应当在 1 个月内报告

E. 2018 年 7 月 1 日开工之前，需要重新申领施工许可证

【解析】　根据《建筑工程施工许可管理办法》第八条的规定，建设单位应当自领取施工许可证之日起 3 个月内开工。因故不能按期开工的，应当向发证机关申请延期；延期以两次为限，每次不超过 3 个月，既不开工又不申请延期或者超过延期时限的，施工许可证自行废止，本题中，因 5 月 10 日超过延期时限，故施工许可证自行废止，选项 A、C 正确，选项 B 错误（3 月 10 日、5 月 10 日报告了工程准备的紧张情况，但没有申请延期）。

施工许可证废止后，重新开工建设之前应当重新申领施工许可证，故选项 E 正确。

在建的建筑工程因故中止施工的建设单位应当自中止施工之日起 1 个月内，向发证机关报告，并按照规定做好建筑工程的维护管理工作，选项 D 错误。

16. 【2016 年真题】关于施工许可制度和开工报告制度的说法中，正确的有（　　）。

A. 实行开工报告批准制度的工程，必须符合国务院的有关规定

B. 建设单位领取施工许可证后因故不能按期开工的，最多可延期 6 个月

C. 建设工程因故中止施工满 1 年的，恢复施工前应报发证机关核验施工许可证

D. 实行开工报告批准制度的工程，因故不能按期开工超过 6 个月的工程，应当重新办理开工报告审批手续

E. 实行开工报告批准制度的工程，其开工报告主要反映的是施工企业应具备的开工条件

【解析】　实行开工报告批准制度的工程，其开工报告主要反映的是建设单位应具备的开工条件，故选项 E 错误。

实行开工报告批准制度的工程，须按照国务院规定的权限和程序批准进行申请和审批，故选项 A 正确。

根据《建筑法》，建设单位应当自领取施工许可证之日起 3 个月内开工。因故不能按期开工的，应当向发证机关申请延期；延期以两次为限，每次不超过 3 个月，因此最长延期为 6 个月，故选项 B 正确。

《建筑法》规定，在建的建筑工程因故中止施工的，建设单位应当自中止施工之日起 1 个月内，向发证机关报告，并按照规定做好建筑工程的维护管理工作。建筑工程恢复施工时，应当向发证机关报告；中止施工满 1 年的工程恢复施工前，建设单位应当报发证机关核验施工许可证，故选项 C 正确。

按照国务院有关规定批准开工报告的建筑工程，因故不能按期开工或者中止施工的，应当及时向批准机关报告情况。因故不能按期开工超过 6 个月的，应当重新办理开工报告的批准手续，故选项 D 正确。

17.【2015 年真题】某建设单位于 2014 年 2 月 1 日领取施工许可证，由于某种原因工程未能按期开工，该建设单位按照《建筑法》规定向发证机关申请延期，该工程最迟应当在（　　）开工。

A. 2014 年 3 月 1 日　　　　　　　　　　B. 2014 年 5 月 1 日

C. 2014 年 8 月 1 日　　　　　　　　　　D. 2014 年 11 月 1 日

【解析】　根据《建筑工程施工许可管理办法》的有关规定，可知选项 D 正确。

二、参考答案

题号	1	2	3	4	5	6	7	8	9	10
答案	A	CE	B	B	ACDE	CDE	A	ABE	AD	DE

题号	11	12	13	14	15	16	17
答案	B	A	B	A	ACE	ABCD	D

三、2025 年考点预测

考点一：施工许可证和开工报告的适用范围

（1）开工报告的适用范围

（2）无须申领施工许可证的情形

考点二：施工许可证的申请

施工许可证申请条件

考点三：延期开工、核验和重新办理批准

施工许可证延期、停工的情形及核验、重新办理

第四章 建设工程发承包法律制度

第一节 建设工程发承包的一般规定

考点一：建设工程总承包
考点二：建设工程共同承包
考点三：建设工程分包

一、历年真题及解析

1.【2023 年真题】下列情形中，属于建设单位违法发包的有（　　）。

A. 建设单位将工程发包给个人的

B. 建设单位将工程发包给不具有相应资质的单位的

C. 依法应当招标未招标的

D. 建设单位将一个单位工程的施工分解成若干部分发包给不同的专业承包单位的

E. 建设单位将建筑工程的设计、采购、施工一并发包给一个工程总承包单位

【解析】 根据《建筑工程施工发包与承包违法行为认定查处管理办法》（建市规〔2019〕1 号）的规定，存在下列情形之一的，属于违法发包：

① 建设单位将工程发包给个人的；

② 建设单位将工程发包给不具有相应资质的单位的；

③ 依法应当招标未招标或未按照法定招标程序发包的；

④ 建设单位设置不合理的招标投标条件，限制排斥潜在投标人或者投标人的；

⑤ 建设单位将一个单位工程的施工分解成若干部分发包给不同的施工总承包或专业承包单位的。

选项 E 为合法发包。

2.【2023 年真题】下列单位中，可以担任政府投资项目工程总承包单位的是（　　）。

A. 该项目的代建单位

B. 该项目的项目管理单位

C. 该项目的造价咨询单位

D. 初步设计文件公开的该项目的设计文件编制单位

【解析】 政府投资项目的项目建议书、可行性研究报告、初步设计文件编制单位及其评估单位，一般不得成为该项目的工程总承包单位。政府投资项目招标人公开已经完成的项目建议书、可行性研究报告、初步设计文件的，上述单位可以参与该工程总承包项目的投

标，经依法评标、定标，成为工程总承包单位，故选项 D 正确。

3.【2021 年真题】关于工程总承包责任承担的说法，正确的是（　　）。

A. 分包单位应当向建设单位承担全部责任

B. 工程总承包单位工程总承包项目经理依法对建设工程质量承担终身责任

C. 工程总承包单位可以与分包单位订立合同，将保修责任转移至分包单位

D. 分包单位不服从工程总承包单位管理导致生产安全事故的，可以免除工程总承包单位的安全责任

【解析】　建筑工程总承包单位按照总承包合同的约定对建设单位负责；分包单位按照分包合同的约定对总承包单位负责。总承包单位和分包单位就分包工程对建设单位承担连带责任，故选项 A 错误。

工程总承包单位、工程总承包项目经理依法承担质量终身责任，故选项 B 正确。

工程保修书由建设单位与工程总承包单位签署保修期内工程总承包单位应当根据法律法规规定以及合同约定承担保修责任，工程总承包单位不得以其与分包单位之间保修责任划分而拒绝履行保修责任，故选项 C 错误。

分包单位应当服从工程总承包单位的安全生产管理，分包单位不服从管理导致生产安全事故的由分包单位承担主要责任，分包不免除工程总承包单位的安全责任，故选项 D 错误。

4.【2020 年真题】关于工程总承包项目管理的说法，正确的是（　　）。

A. 建设单位不可以自行对工程总承包项目进行管理

B. 项目的可行性研究单位不得作为项目管理单位

C. 项目的工程设计、施工或者监理单位不得作为项目管理单位

D. 项目管理单位不得与工程总承包单位具有利害关系

【解析】　建设单位根据自身资源和能力，可以自行对工程总承包项目进行管理，也可以委托项目管理单位，依照合同对工程总承包项目进行管理，故选项 A 错误。

项目管理单位可以是本项目的可行性研究、方案设计或者初步设计单位，也可以是其他工程设计、施工或者监理等单位，但项目管理单位不得与工程总承包企业具有利害关系，故选项 B、C 错误，选项 D 正确。

5.【2020 年真题】李某借甲公司资质承揽乙公司装修工程，因偷工减料不符合规定的质量标准，所造成的损失（　　）承担赔偿责任。

A. 仅甲公司　　　　　　　　　　B. 仅乙公司

C. 由甲公司和李某共同　　　　　D. 仅李某

【解析】　根据《建筑法》第六十六条的规定，建筑施工企业转让、出借资质证书或者以其他方式允许他人以本企业的名义承揽工程的，责令改正，没收违法所得，并处罚款，可以责令停业整顿，降低资质等级；情节严重的，吊销资质证书。对因该项承揽工程不符合规定的质量标准造成的损失，建筑施工企业与使用本企业名义的单位或者个人承担连带赔偿责任。

6.【2014 年真题】关于总承包单位与分包单位对建设工程承担质量责任的说法中，正确的有（　　）。

A. 分包单位按照分包合同的约定对其分包工程的质量向总承包单位及建设单位负责

B. 分包单位对分包工程的质量负责，总承包单位未尽到相应监管义务的，承担相应的补充责任

C. 建设工程实行总承包的，总承包单位应当对全部建设工程质量负责

D. 当分包工程发生质量责任或者违约责任，建设单位可以向总承包单位或分包单位请求赔偿，总承包单位或分包单位赔偿后，有权就不属于自己责任的赔偿向另一方追偿

E. 当分包工程发生质量责任或者违约责任，建设单位应当向总承包单位请求赔偿，总承包单位赔偿后，有权要求分包单位赔偿

【解析】　分包单位按照分包合同的约定对其分包工程的质量向总承包单位负责，按照法律规定向建设单位承担连带责任，故选项 A 错误。

分包单位对分包工程的质量负责，总承包单位未尽到相应监管义务的，承担连带责任，故选项 B 错误。

当分包工程发生质量责任或者违约责任，建设单位可以向总承包单位或分包单位请求赔偿；总承包单位或分包单位赔偿后，有权就不属于自己责任的赔偿向另一方追偿，故选项 E 错误。

7.【2011 年真题】某施工合同中约定设备由施工企业自行采购。施工期间，建设单位要求施工企业购买某品牌设备，理由是该品牌设备的生产商与建设单位有长期合作关系。关于本案中施工企业的行为，正确的是（　　）。

A. 施工企业应同意建设单位自行采购

B. 设计单位提出此要求，施工企业必须接受

C. 建设单位以书面形式提出要求，施工企业就必须接受

D. 施工企业可拒绝建设单位的要求

【解析】　《建筑法》规定，按照合同约定，建筑材料、建筑构配件和设备由工程承包单位采购的，发包单位不得指定承包单位购入用于工程的建筑材料、建筑构配件和设备或者指定生产厂、供应商。

8.【2024 年真题】下列行为中，属于违法分包的是（　　）。

A. 专业承包单位未派项目负责人、技术负责人、质量管理负责人、安全管理负责人等主要管理人员的

B. 专业作业承包人承包的范围是承包单位承包的全部工程，专业作业承包人计取的是除上缴给承包单位的"管理费"之外的全部工程价款的

C. 专业作业的发包单位不是该工程承包单位的

D. 专业作业承包人除计取劳务作业费用外，还计取主要建筑材料款和大中型施工机械设备、主要周转材料费用的

【解析】　存在下列情形之一的，属于违法分包：①承包单位将其承包的工程分包给个人的；②施工总承包单位或专业承包单位将工程分包给不具备相应资质单位的；③施工总承包单位将施工总承包合同范围内工程主体结构的施工分包给其他单位的，钢结构工程除外；④专业分包单位将其承包的专业工程中非劳务作业部分再分包的；⑤专业作业承包人将其承包的劳务再分包的；⑥专业作业承包人除计取劳务作业费用外，还计取主要建筑材料款和大中型施工机械设备、主要周转材料费用的。

故选项 D 属于违法分包；选项 A、B、C 属于转包。

9.【2022 年真题】下列属于转包的（　　）。

A. 企业相互借用资质　　　　　　　　　　B. 母公司承接工程后交由子公司施工

C. 施工总承包将主体结构部分分包　　　　D. 没有资质借用资质承揽工程

【解析】见下表：

转包	将承包的全部工程转给或肢解后以分包名义全部转给其他单位（包括母公司承接建筑工程后将所承接工程交由具有独立法人资格的子公司施工的情形）或个人施工的 专业作业承包人承包的范围是承包单位承包的全部工程，专业作业承包人计取的是除上缴给承包单位"管理费"之外的全部工程价款的 联合体一方不进行施工也未对施工活动进行组织管理的，并且向联合体其他方收取管理费或者其他类似费用的
挂靠	① 没有资质的单位或个人借用其他施工单位的资质承揽工程的 ② 有资质的施工单位相互借用资质承揽工程的，包括资质等级低的借用资质等级高的，资质等级高的借用资质等级低的，相同资质等级相互借用的

企业相互借用资质、没有资质借用资质承揽工程属于挂靠，故选项 A、D 错误；施工总承包将主体结构部分分包属于违法分包，故选项 C 错误。

10.【2021 年真题】关于建设工程分包的说法，正确的是（　　）。

A. 专业承包单位可以将其承包工程中的劳务作业发包给劳务分包单位

B. 总承包单位应当接受建设单位推荐的分包单位

C. 总承包单位可以将工程分包给符合条件的个人

D. 总承包单位将其承包的工程分包给他人时，应当提前 3 日通知建设单位

【解析】劳务作业分包，是指施工总承包企业或者专业承包企业将其承包工程中的劳务作业发包给劳务分包企业完成的活动，故选项 A 正确。

建设单位不得直接指定分包工程承包人。对于建设单位推荐的分包单位，总承包单位有权做出拒绝或者采用的选择，故选项 B 错误。

严禁个人承揽分包工程业务，故选项 C 错误。

建筑工程总承包单位可以将承包工程中的部分工程发包给具有相应资质条件的分包单位；但是除总承包合同中约定的分包外，必须经建设单位认可，故选项 D 错误。

11.【2020 年真题】下列情形中，不属于违法分包的是（　　）。

A. 施工总承包单位将建设工程分包给不具备相应资质条件的单位的

B. 专业承包单位将其承包工程中的劳务作业发包给劳务分包单位的

C. 施工总承包合同中未有约定，又未经建设单位认可，施工总承包单位将其承包的部分建设工程交由其他单位完成的

D. 施工总承包单位将建设工程主体结构的施工分包给其他单位的

【解析】根据《建设工程质量管理条例》第七十八条的规定，本条例所称违法分包，是指下列行为：①总承包单位将建设工程分包给不具备相应资质条件的单位的；②建设工程总承包合同中未有约定，又未经建设单位认可，承包单位将其承包的部分建设工程交由其他单位完成的；③施工总承包单位将建设工程主体结构的施工分包给其他单位的；④分包单位

将其承包的建设工程再分包的。故选项 A、C、D 为违法分包，选项 B 为合法的分包。

12.【2019年真题】施工企业征得建设单位同意后，将部分非主体工程分包给具有相应资质条件的分包单位。关于该工程分包行为的说法，正确的是（　　）。

A. 分包合同因指定分包而无效

B. 分包单位应当按照分包合同的约定，对施工企业负责

C. 建设单位必须另行为分包工程办理施工许可证

D. 施工企业必须将分包合同报上级主管部门批准备案

【解析】　根据《建筑法》第二十九条的规定，建筑工程总承包单位按照总承包合同的约定对建设单位负责；分包单位按照分包合同的约定对总承包单位负责。总承包单位和分包单位就分包工程对建设单位承担连带责任，故选项 B 正确。

"施工企业征得建设单位同意后，将部分非主体工程分包给具有相应资质条件的分包单位"是合法分包，故选项 A 错误。

选项 C、D，相关法律法规中无此规定，故错误。

13.【2018年真题】据《建设工程质量管理条例》，下列情形中，属于违法分包的是（　　）。

A. 施工企业将其承包的全部工程转给其他单位施工的

B. 分包单位将其承包的建设工程再分包给具有相应资质条件的施工企业的

C. 总承包单位将工程分包给具备相应资质条件的单位的

D. 施工总承包单位不履行管理义务，只向实际施工企业收取费用，主要建筑材料、构配件及工程设备的采购由其他单位实施的

【解析】　根据《建筑工程施工转包违法分包等违法行为认定查处管理办法（试行)》的规定，存在下列情形之一的，属于违法分包：

① 施工单位将工程分包给个人的；

② 施工单位将工程分包给不具备相应资质或安全生产许可的单位的；

③ 施工合同中没有约定，又未经建设单位认可，施工单位将其承包的部分工程交由其他单位施工的；

④ 施工总承包单位将房屋建筑工程的主体结构的施工分包给其他单位的，钢结构工程除外；

⑤ 专业分包单位将其承包的专业工程中非劳务作业部分再分包的；

⑥ 劳务分包单位将其承包的劳务再分包的；

⑦ 劳务分包单位除计取劳务作业费用外，还计取主要建筑材料款、周转材料款和大中型施工机械设备费用的；

⑧ 法律法规规定的其他违法分包行为。

选项 A、D 属于转包的情形，选项 C 属于合法分包。

14.【2016年真题】施工总承包单位分包工程应当经过建设单位认可，符合法律规定的认可方式有（　　）。

A. 总承包合同中约定分包的内容

B. 建设单位指定分包人

C. 总承包合同没有约定分包内容的，事先征得建设单位同意

D. 劳务分包合同由建设单位确认

E. 总承包单位在建设单位推荐的分包人中选择

【解析】 根据《建筑法》第二十九条的规定，建筑工程总承包单位可以将承包工程中的部分工程发包给具有相应资质条件的分包单位；但是，除总承包合同中约定的分包外，必须经建设单位认可，故选项 A、C 正确。

建设单位不得直接指定分包工程承包人，故选项 B 错误。

劳务分包合同无须建设单位确认，故选项 D 错误。

对于建设单位推荐的分包单位，总承包单位有权做出拒绝或者采用的选择，故选项 E 错误。

15.【2023 年真题】下列情形中，属于违法分包的是（　　　）。

A. 施工总承包单位将施工总承包合同中的幕墙工程分包给具有相应资质单位的

B. 施工总承包单位将施工总承包合同中的钢结构工程分包给具有相应资质单位的

C. 专业分包单位将其承包的专业工程中的劳务作业部分分包的

D. 专业作业承包人除计取劳务作业费用外，还计取主要建筑材料款和大中型施工机械设备、主要周转材料费用的

【解析】 存在下列情形之一的，属于违法分包：

① 承包单位将其承包的工程分包给个人的；

② 施工总承包单位或专业承包单位将工程分包给不具备相应资质单位的；

③ 施工总承包单位将施工总承包合同范围内工程主体结构的施工分包给其他单位的，钢结构工程除外；

④ 专业分包单位将其承包的专业工程中非劳务作业部分再分包的；

⑤ 专业作业承包人将其承包的劳务再分包的；

⑥ 专业作业承包人除计取劳务作业费用外，还计取主要建筑材料款和大中型施工机械设备、主要周转材料费用的。

故选项 D 正确，选项 A、B、C 属于合法分包。

16.【2013 年真题】根据《建筑法》，关于建筑工程分包的说法，正确的有（　　　）。

A. 建筑工程的分包单位必须在其资质等级许可的业务范围内承揽工程

B. 资质等级较低的分包单位可以超越一个等级承接分包工程

C. 建设单位指定的分包单位，总承包单位必须采用

D. 严禁个人承揽分包工程业务

E. 劳务作业分包可不经建设单位认可

【解析】 根据《建筑法》第二十六条的规定，承包建筑工程的单位应当持有依法取得的资质证书，并在其资质等级许可的业务范围内承揽工程。禁止建筑施工企业超越本企业资质等级许可的业务范围或者以任何形式用其他建筑施工企业的名义承揽工程。故选项 A 正确、选项 B 错误。

建设单位不得指定分包单位，故选项 C 错误。

根据《房屋建筑和市政基础设施工程分包管理办法》的进一步规定，严禁个人承揽分包工程业务，故选项 D 正确。

劳务作业分包不需要经建设单位认可，故选项 E 正确。

17.【2013 年真题】根据《建设工程质量管理条例》，下列分包情形中，不属于违法分

包的是（   ）。

　A. 施工总承包合同中未有约定，承包单位又未经建设单位认可，就将其全部劳务作业
　　交由劳务单位完成

　B. 总承包单位将工程分包给不具备相应资质条件的单位

　C. 施工总承包单位将工程主体结构的施工分包给其他单位

　D. 分包单位将其承包的专业工程进行专业分包

【解析】　由于法律、行政法规当中没明文规定劳务分包必须经建设单位同意，可以推定为不需要建设单位同意，故选项 A 正确。

二、参考答案

题号	1	2	3	4	5	6	7	8	9	10
答案	ABCD	D	B	D	C	CD	D	D	B	A
题号	11	12	13	14	15	16	17			
答案	B	B	B	AC	D	ADE	A			

三、2025 年考点预测

考点一：建设工程总承包

（1）工程总承包项目的发包

（2）工程总承包项目承接主体资质要求

（3）工程总承包项目项目负责人的要求

考点二：建设工程共同承包

考点三：建设工程分包

（1）合法分包及违法分包的认定

（2）违法分包、转包、挂靠的区分

第二节　建设工程招标投标制度

考点一：建设工程法定招标的范围、招标方式和交易场所

考点二：建设工程招标

考点三：建设工程投标

考点四：建设工程开标、评标和中标

考点五：招标投标异议、投诉处理

一、历年真题及解析

1.【2024 年真题】关于招标方式的说法，正确的是（   ）。

A. 邀请招标必须向 5 个以上潜在投标人发出邀请

B. 公开招标是招标人以招标公告的方式邀请不特定的法人或者其他组织投标

C. 邀请招标是招标人以投标邀请书的方式邀请不特定的法人或者其他组织投标

D. 省、自治区、直辖市人民政府确定的地方重点项目，均可以进行邀请招标

【解析】　邀请招标应当向3个以上潜在投标人发出邀请，故选项A错误。

公开招标是招标人以招标公告的方式邀请不特定的法人或者其他组织投标，故选项B正确。

邀请招标是招标人以投标邀请书的方式邀请特定的法人或者其他组织投标，故选项C错误（错在"不特定"，应为"特定"）。

国务院发展计划部门确定的国家重点项目和省、自治区、直辖市人民政府确定的地方重点项目，应当依法公开招标，故选项D错误。

2.【2022年真题】关于招标方式的说法，正确的有（　　）。

A. 国有资金占控股或者主导地位的依法必须进行招标的项目，应当公开招标

B. 邀请招标是指招标人以招标公告的方式邀请特定的法人或者其他组织投标

C. 邀请招标是指招标人以投标邀请书的方式邀请不特定的法人或者其他组织投标

D. 招标方式包括公开招标、邀请招标和议标

E. 国务院发展改革部门确定的国家重点项目和省、自治区、直辖市人民政府确定的地方重点项目不适宜公开招标的，经批准可以进行邀请招标

【解析】　邀请招标，是指招标人以投标邀请书的方式邀请特定的法人或者其他组织投标，故选项B、C错误。

《招标投标法》规定，招标分为公开招标和邀请招标，故选项D错误。

3.【2020年真题】根据《招标投标法实施条例》，国有资金占控股或者主导地位的依法必须进行招标的项目，可以邀请招标的有（　　）。

A. 技术复杂，只有少量潜在投标人可供选择的项目

B. 国务院发展改革部门确定的国家重点项目

C. 受自然环境限制，只有少量潜在投标人可供选择的项目

D. 采用公开招标方式的费用占项目合同金额的比例过大的项目

E. 省、自治区、直辖市人民政府确定的地方重点项目

【解析】　根据《招标投标法实施条例》第八条的规定，国有资金占控股或者主导地位的依法必须进行招标的项目，应当公开招标；但有下列情形之一的，可以邀请招标：①技术复杂、有特殊要求或者受自然环境限制，只有少量潜在投标人可供选择；②采用公开招标方式的费用占项目合同金额的比例过大。有前款第二项所列情形，属于本条例第七条规定的项目，由项目审批、核准部门在审批、核准项目时做出认定；其他项目由招标人申请有关行政监督部门做出认定，故选项A、C、D正确。

4.【2020年真题】根据《招标投标法实施条例》，属于工程建设项目的有（　　）。

A. 构筑物的拆除　　　　　　　　　　B. 建筑物的室内展品移动陈列柜

C. 建筑物的扩建　　　　　　　　　　D. 建筑物减隔振装置的安装

E. 工程所需要的监理服务

【解析】　根据《招标投标法实施条例》第二条的规定，招标投标法第三条所称工程建设项目，是指工程以及与工程建设有关的货物、服务。前款所称工程，是指建设工程，包括建筑物和构筑物的新建、改建、扩建及其相关的装修、拆除、修缮等。所称与工程建设有关

的货物，是指构成工程不可分割的组成部分，且为实现工程基本功能所必需的设备、材料等；所称与工程建设有关的服务，是指为完成工程所需的勘察、设计、监理等服务，故选项A、C、D、E正确。注意：根据《建设工程抗震管理条例》的规定，建筑物减隔震装置的施工属于主体结构施工，应由总承包单位自行完成。

5.【2015年真题】关于工程建设项目是否必须招标的说法中，正确的是（　　）。

A. 使用国有企业事业单位自有资金的工程建设项目必须进行招标

B. 施工单项合同估算价为人民币100万元，但项目总投资额为人民币2000万元的工程建设项目必须进行招标

C. 利用扶贫资金实行以工代赈、需要使用农民工的建设工程项目可以不进行招标

D. 需要采用专利或者专有技术的建设工程项目可以不进行招标

【解析】 根据《必须招标的工程项目规定》，全部或者部分使用国有资金投资或者国家融资的项目包括：①使用预算资金200万元人民币以上，并且该资金占投资额10%以上的项目；②使用国有企业事业单位资金，并且该资金占控股或者主导地位的项目。故使用国有企业事业单位自有资金的工程建设项目还须满足上述条件才必须招标，故选项A错误。

本规定第二条至第四条规定范围内的项目，其勘察、设计、施工、监理以及与工程建设有关的重要设备、材料等的采购达到下列标准之一的，必须招标：①施工单项合同估算价在400万元人民币以上；②重要设备、材料等货物的采购，单项合同估算价在200万元人民币以上；③勘察、设计、监理等服务的采购，单项合同估算价在100万元人民币以上，故选项B错误。

根据《招标投标法》规定，涉及国家安全、国家秘密、抢险救灾或者属于利用扶贫资金实行以工代赈、需要使用农民工等特殊情况，不适宜进行招标的项目，按照国家有关规定可以不进行招标，故选项C正确。

根据《招标投标法实施条例》的规定，除《招标投标法》第六十六条规定的可以不进行招标的特殊情况外，有下列情形之一的，可以不进行招标：①需要采用不可替代的专利或者专有技术；②采购人依法能够自行建设、生产或者提供；③已通过招标方式选定的特许经营项目投资人依法能够自行建设、生产或者提供；④需要向原中标人采购工程、货物或者服务，否则将影响施工或者功能配套要求；⑤国家规定的其他特殊情形。选项D中没有"不可替代"的条件，故选项D错误。

6.【2023年真题】国有资金占控股地位的依法必须进行招标的下列项目中，可以邀请招标的是（　　）。

A. 工期紧张的

B. 采用公开招标方式所需时间过长的

C. 采购时无法精确拟定技术规格的

D. 技术复杂的，只有少量潜在投标人可供选择的

【解析】 根据《招标投标法实施条例》第八条的规定，国有资金占控股或者主导地位的依法必须进行招标的项目，应当公开招标，但有下列情形之一的，可以邀请招标：

① 技术复杂、有特殊要求或者受自然环境限制，只有少量潜在投标人可供选择；

② 采用公开招标方式的费用占项目合同金额的比例过大。

7.【2009年真题】下面关于项目招标的说法错误的是（　　）。

A. 施工单项合同估算价在400万元人民币以上的项目必须招标

B. 个人投资的项目不需要招标

C. 施工主要技术采用专利的项目可以招标

D. 涉及公众安全的项目必须招标

E. 符合工程招标范围，重要材料采购单项合同估算价在 200 万元人民币以上的项目必须招标

【解析】 满足《招标投标法》规定的依法必须招标项目的条件，施工单项合同估算价在 400 万元人民币以上的项目才必须招标，故选项 A 错误。

根据《招标投标法》的规定，个人投资的项目如果关系到公众利益，公共安全的，也必须招标，故选项 B 错误。

涉及公众安全的项目如果同时涉及国家安全、国家秘密、抢险救灾或者属于利用扶贫资金实行以工代赈、需要使用农民工等特殊情况，不适宜进行招标的项目，按照国家有关规定可以不进行招标，故选项 D 错误。

8.【2006 年真题】属于必须招标范围的建设项目，其施工单项合同估算价在（　　）以上的，必须招标。

A. 3000 万元　　　　　　　　　　　B. 1000 万元

C. 200 万元　　　　　　　　　　　D. 400 万元

【解析】 根据《必须招标的工程项目规定》，本规定第二条至第四条规定范围内的项目，其勘察、设计、施工、监理以及与工程建设有关的重要设备、材料等的采购达到下列标准之一的，必须招标：①施工单项合同估算价在 400 万元人民币以上；②重要设备、材料等货物的采购，单项合同估算价在 200 万元人民币以上；③勘察、设计、监理等服务的采购，单项合同估算价在 100 万元人民币以上。

9.【2024 年真题】关于建设工程开标的说法，正确的是（　　）。

A. 开标应当在招标文件确定的提交投标文件截止时间之后公开进行

B. 开标由招标人主持，邀请投标人推选的代表参加

C. 开标地点应当为招标文件中预先确定的地点

D. 开标过程可以根据需要进行记录

【解析】 开标应当在招标文件确定的提交投标文件截止时间的同一时间公开进行，故选项 A 错误。

开标由招标人主持，邀请所有投标人参加，故选项 B 错误。

开标应当在招标文件预先确定的地点举行，故选项 C 正确。

开标过程应当记录，并存档备查，故选项 D 错误。

10.【2020 年真题】依法必须进行招标的项目，自招标文件发出之日起至投标人提交投标文件截止之日止，最短不得少于（　　）日。

A. 15　　　　　　　　　　　　　B. 20

C. 25　　　　　　　　　　　　　D. 30

【解析】 根据《招标投标法》第二十四条的规定，招标人应当确定投标人编制投标文件所需要的合理时间，但是，依法必须进行招标的项目，自招标文件开始发出之日起至投标人提交投标文件截止之日止，最短不得少于 20 日。

11.【2024 年真题】关于招标投标异议及其处理的说法，正确的有（　　）。

A. 投标人认为招标投标活动不符合规定的，有权向招标人提出异议

B. 投标人对招标文件有异议的，应当在投标截止时间 10 日前提出

C. 潜在投标人对资格预审文件有异议的，应当在提交资格预审申请文件截止时间 3 日前提出

D. 对评标结果的异议做出答复前，招标人应当暂停招标投标活动

E. 投标人对开标有异议的，招标人应当在评标完成后做出答复

【解析】 潜在投标人对资格预审文件有异议的，应当在提交资格预审申请文件截止时间 2 日前提出，故选项 C 错误。

投标人对开标有异议的，应当在开标现场提出，招标人现场答复，故选项 E 错误。

12.【2024 年真题】关于招标投标投诉处理的说法，正确的是（　　）。

A. 投标人对开标有异议的，应当自知道或者应当知道之日起 15 日内向有关行政监督部门投诉

B. 行政监督部门应当自收到投诉之日起 5 个工作日内决定是否受理投诉

C. 投诉人以非法手段取得证明材料进行投诉的，行政监督部门应当予以驳回

D. 行政监督部门应当自受理投诉之日起 20 个工作日内做出书面处理决定

【解析】 根据《招标投标法实施条例》第六十条的规定，投标人或者其他利害关系人认为招标投标活动不符合法律、行政法规规定的，可以自知道或者应当知道之日起 10 日内向有关行政监督部门投诉，故选项 A 错误。

根据《招标投标法实施条例》第六十一条的规定，行政监督部门应当自收到投诉之日起 3 个工作日内决定是否受理投诉，并自受理投诉之日起 30 个工作日内做出书面处理决定，故选项 B、D 错误。

投诉人捏造事实、伪造材料或非法手段取得证明材料投诉的，行政监督部门应当予以驳回，故选项 C 正确。

13.【2021 年真题】关于对招标文件异议的说法，正确的是（　　）。

A. 招标人做出答复前，应当暂停招标投标活动

B. 应当在投标截止时间 15 日前提出

C. 招标人应当自收到异议之日起 5 日内做出答复

D. 应当直接向有关行政监督部门投诉

【解析】 见下表：

异议处理及投诉相关规定		
投诉方式	投诉事项	异议时间
先异议后投诉 （招标人有澄清 解释的权利）	① 资格预审文件 ② 招标文件 ③ 开标 ④ 评标结果	① 提交资格申请文件截止日前 2 日，招标人 3 日内答复 ② 投标截止日前 10 日，招标人 3 日内答复 ③ 开标当场，招标人当场答复 ④ 公示期间招标人 3 日内答复
备注	招标人做出答复前，应当暂停招标投标活动	

（续）

异议处理及投诉相关规定		
投诉方式	投诉事项	异议时间
直接投诉	招标活动违反法律法规规定（串标等）	知道或应当知道10日内投诉，行政监督部门应当自收到投诉之日起3个工作日内决定是否受理投诉，并自受理投诉之日起30个工作日内做出书面处理决定

14.【2021年真题】关于招标项目标底的说法，正确的是（　　）。

A. 一个招标项目可以有多个标底

B. 招标人可以自行决定是否编制标底

C. 接受委托编制标底的中介机构可以为该项目的投标人提供咨询

D. 标底是最低投标限价

【解析】　一个招标项目只能有一个标底，故选项A错误。

招标人可以自行决定是否编制标底，故选项B正确。

接受委托编制标底的中介机构不得参加受托编制标底项目的投标，也不得为该项目的投标人编制投标文件或者提供咨询，故选项C错误。

标底不等于最低投标限价，故选项D错误。

15.【2020年真题】关于依法必须进行招标的项目公示中标候选人的说法，正确的是（　　）。

A. 投标人或者其他利害关系人对评标结果有异议的，应当在中标候选人公示期间提出

B. 招标人应当自收到评标报告之日起5日内公示中标候选人

C. 公示期不得少于5日

D. 招标人应当自收到异议之日起3日内做出答复，做出答复前，招标投标活动继续进行

【解析】　根据《招标投标法实施条例》第五十四条的规定，依法必须进行招标的项目，招标人应当自收到评标报告之日起3日内公示中标候选人，公示期不得少于3日，故选项B、C错误。投标人或者其他利害关系人对依法必须进行招标的项目的评标结果有异议的，应当在中标候选人公示期间提出，故选项A正确。

招标人应当自收到异议之日起3日内做出答复；做出答复前，应当暂停招标投标活动，故选项D错误。

16.【2023年真题】招标人的下列行为中，属于以不合理条件限制、排斥潜在投标人或者投标人的是（　　）。

A. 组织投标人踏勘现场　　　　　　B. 要求提供类似业绩

C. 指定特定的专利　　　　　　　　D. 对投标人进行资格预审

【解析】　根据《招标投标法实施条例》第三十二条的规定，招标人不得以不合理的条件限制、排斥潜在投标人或者投标人。招标人有下列行为之一的，属于以不合理条件限制、排斥潜在投标人或者投标人：

① 就同一招标项目向潜在投标人或者投标人提供有差别的项目信息；

② 设定的资格、技术、商务条件与招标项目的具体特点和实际需要不相适应或者与合

同履行无关；

③依法必须进行招标的项目以特定行政区域或者特定行业的业绩、奖项作为加分条件或者中标条件；

④对潜在投标人或者投标人采取不同的资格审查或者评标标准；

⑤限定或者指定特定的专利、商标、品牌、原产地或者供应商；

⑥依法必须进行招标的项目非法限定潜在投标人或者投标人的所有制形式或者组织形式；

⑦以其他不合理条件限制、排斥潜在投标人或者投标人。

选项 A、B、D 属于合法要求。

17.【2019 年真题】招标人的下列行为中，属于以不合理条件限制、排斥潜在投标人或者投标人的有（　　　）。

A. 就同一招标项目向潜在投标人或者投标人提供有差别的项目信息

B. 对潜在投标人或者投标人采取不同的资格审查或者评标标准

C. 限定或者指定特定的专利、商标、品牌、原产地或者供应商

D. 依法必须进行招标的项目，限定潜在投标人或者投标人的所有制形式或组织形式

E. 根据招标项目的具体特点，设定资格、技术、商务条件

【解析】　根据《招标投标法》第三十二条的规定，招标人不得以不合理的条件限制、排斥潜在投标人或者投标人。招标人有下列行为之一的，属于以不合理条件限制、排斥潜在投标人或者投标人：①就同一招标项目向潜在投标人或者投标人提供有差别的项目信息；②设定的资格、技术、商务条件与招标项目的具体特点和实际需要不相适应或者与合同履行无关；③依法必须进行招标的项目以特定行政区域或者特定行业的业绩、奖项作为加分条件或者中标条件；④对潜在投标人或者投标人采取不同的资格审查或者评标标准；⑤限定或者指定特定的专利、商标、品牌、原产地或者供应商；⑥依法必须进行招标的项目非法限定潜在投标人或者投标人的所有制形式或者组织形式；⑦以其他不合理条件限制、排斥潜在投标人或者投标人。

选项 E 为合法的要求。

18.【2019 年真题】关于开标的说法，正确的是（　　　）。

A. 投标文件经确定无误后，由招标监管部门人员当众拆封

B. 开标时只能由投标人或其推选的代表检查投标文件的密封情况

C. 开标过程应当及时向社会公布

D. 开标地点应当为招标文件中预先确定的地点

【解析】　根据《招标投标法》第三十四条的规定，开标应当在招标文件确定的提交投标文件截止时间的同一时间公开进行；开标地点应当为招标文件中预先确定的地点，故选项 D 正确。

根据《招标投标法》第三十六条的规定，开标时，由投标人或者其推选的代表检查投标文件的密封情况，也可以由招标人委托的公证机构检查并公证，故选项 B 错误。

经确认无误后，由工作人员当众拆封，宣读投标人名称、投标价格和投标文件的其他主要内容，故选项 A 错误。

招标人在招标文件要求提交投标文件的截止时间前收到的所有投标文件，开标时都应当众予以拆封、宣读。开标过程应当记录，并存档备查，故选项 C 错误。

19.【**2019 年真题**】关于投标文件的送达和接收的说法，正确的是（　　）。

A. 投标文件逾期送达的，可以推迟开标

B. 未按招标文件要求密封的投标文件，招标人不得拒收

C. 招标人签收投标文件后，特殊情况下经批准可以在开标前开启投标文件

D. 招标文件可以在法定拒收情形外另行规定投标文件的拒收情形

【解析】　根据《招标投标法》第二十八条的规定，投标人应当在招标文件要求提交投标文件的截止时间前，将投标文件送达投标地点，故选项 A 错误。

根据《招标投标法实施条例》第三十六条的规定，未通过资格预审的申请人提交的投标文件，以及逾期送达或者不按照招标文件要求密封的投标文件，招标人应当拒收，故选项 B 错误。

招标人收到投标文件后，应当签收保存，不得开启，开标时，由投标人或者其推选的代表检查投标文件的密封情况，也可以由招标人委托的公证机构检查并公证，故选项 C 错误。

20.【**2018 年真题**】关于中标和签订合同的说法中，正确的是（　　）。

A. 招标人应当授权评标委员会直接确定中标人

B. 招标人与中标人签订合同的标的、价款、质量等主要条款应当与招标文件一致，但履行期限可以另行协商确定

C. 确定中标人的权利属于招标人

D. 中标人应当自中标通知书送达之日起 30 日内，按照招标文件与投标人订立书面合同

【解析】　根据《招标投标法》的规定，招标人根据评标委员会提出的书面评标报告和推荐的中标候选人确定中标人，招标人也可以授权评标委员会直接确定中标人，故选项 A 错误。

《招标投标法实施条例》规定，招标人和中标人应当依照招标投标法和本条例的规定签订书面合同，合同的标的、价款、质量、履行期限等主要条款应当与招标文件和中标人的投标文件的内容一致。因此履行期限不可以另行协商，故选项 B 错误。

招标人和中标人应当自中标通知书发出之日起 30 日内，按照招标文件和中标人的投标文件订立书面合同，故选项 D 错误。

21.【**2018 年真题**】关于招标文件的说法中，正确的是（　　）。

A. 招标文件的要求不得高于法律规定

B. 潜在投标人对招标文件有异议的，招标人做出答复前，招标投标活动继续进行

C. 招标文件中载明的投标有效期从提交投标资格预审文件之日起算

D. 招标人修改已发出的招标文件，应当以书面形式通知所有招标文件收受人

【解析】　招标文件的要求可以高于法律规定，故选项 A 错误；招标人做出答复前应当暂停招标投标活动，故选项 B 错误；投标有效期从提交投标文件的截止之日起算，故选项 C 错误。

22.【**2018 年真题**】关于投标人资格审查的说法中，正确的有（　　）。

A. 资格审查分为资格预审、资格中审和资格后审

B. 资格预审结束后，评标委员会应当及时向资格预审申请人发出资格预审结果通知书

C. 招标人采用资格预审的应当发布资格预审公告

D. 国有资金占控股或主导地位的依法必须招标的项目，招标人应当组建资格审查委员会

E. 资格后审在开标后由招标人按照招标文件的标准和方法对投标人资格进行审查

【解析】　根据《招标投标法实施条例》的有关规定，资格审查分为资格预审和资格后审，故选项 A 错误。

资格预审结束后，招标人应当及时向资格预审申请人发出资格预审结果通知书，故选项 B 错误。

招标人采用资格后审办法对投标人进行资格审查的，应当在开标后由评标委员会按照招标文件规定的标准和方法对投标人的资格进行审查，故选项 E 错误。

23. 【2017 年真题】关于评标规则的说法中，正确的是（　　）。

A. 评标委员会成员的名单可在开标前予以公布

B. 投标文件未经投标单位盖章和单位负责人签字的，评标委员会应当否决其投标

C. 招标项目的标底应当在中标结果确定前公布

D. 评标委员会确定的中标候选人至少 3 个，并标明顺序

【解析】　根据《招标投标法》的有关规定，评标委员会成员的名单在中标结果确定前应当保密，故选项 A 错误。

招标项目设有标底的，招标人应当在开标时公布，故选项 C 错误。

评标完成后，评标委员会应当向招标人提交书面评标报告和中标候选人名单，中标候选人应当不超过 3 个，并标明排序，故选项 D 错误。

24. 【2016 年真题】关于评标的说法中，正确的是（　　）。

A. 评标委员会认为所有投标都不符合招标文件要求的，可以否决所有投标

B. 招标项目设有标底的，可以以投标报价是否接近标底作为中标条件

C. 评标委员会成员拒绝在评标报告上签字的视为不同意评标结果

D. 投标文件中有含义不明确内容的，评标委员会可以口头要求投标人做出必要澄清、说明

【解析】　根据《招标投标法》的有关规定，评标委员会认为所有投标都不符合招标文件要求的，可以否决所有投标，故选项 A 正确。

根据《招标投标法实施条例》的有关规定，招标项目设有标底的，标底只能作为评标参考，不得以投标报价是否接近标底作为中标条件，故选项 B 错误。

评标委员会成员拒绝在评标报告上签字又不书面说明其不同意见和理由的，视为同意评标结果，故选项 C 错误。

投标文件中有含义不明确的内容、明显文字或者计算错误，评标委员会认为需要投标人做出必要澄清、说明的，应当书面通知该投标人；投标人的澄清、说明应当采用书面形式，并不得超出投标文件的范围或者改变投标文件的实质性内容，故选项 D 错误。

25. 【2016 年真题】关于招标文件的说法中，正确的是（　　）。

A. 招标人可以在招标文件中设定最高投标限价和最低投标限价

B. 潜在招标人对招标文件有异议的，应当在投标截止时间 15 日前提出

C. 招标人应当在招标文件中载明投标有效期，投标有效期从提交投标文件的截止之日算起

D. 招标人对已经发出的招标文件进行必要的澄清的，应当在投标截止时间至少10日之前，通知所有获取招标文件的潜在投标人

【解析】 根据《招标投标法实施条例》的有关规定，招标人可设定最高投标限价，不得设定最低投标限价，故选项A错误。

潜在投标人或者其他利害关系人对招标文件有异议的，应当在投标截止时间10日前提出，故选项B错误。

招标人对已发出的招标文件进行必要的澄清或者修改的，应当在招标文件要求提交投标文件截止时间至少15日前，以书面形式通知所有招标文件收受人，故选项D错误。

26.【2015年真题】根据《招标投标法》和相关法律法规，下列评标委员会的做法中，正确的有（ ）。

A. 以所有投标都不符合招标文件的要求为由，否决所有投标

B. 拒绝招标人在评标时提出新的评标要求

C. 按照招标人的要求倾向特定投标人

D. 在评标报告中注明评标委员会成员对评标结果的不同意见

E. 以投标报价超过标底上下浮动范围为由否决投标

【解析】 根据《招标投标法实施条例》的有关规定，评标委员会不得向招标人征询确定中标人的意向，或者接受任何单位或者个人明示或者暗示提出的倾向，或者排斥特定投标人的要求，故选项C错误。

标底只能作为评标的参考，不得以投标报价是否接近标底作为中标条件，也不得以投标报价超过标底上下浮动范围作为否决投标的条件，故选项E错误。

27.【2015年真题】某高速公路项目进行招标，开标后允许（ ）。

A. 评标委员会要求投标人以书面形式澄清含义不明确的内容

B. 投标人再增加优惠条件

C. 投标人撤销投标文件

D. 招标人更改招标文件中说明的评标定标办法

【解析】 根据《招标投标法实施条例》的有关规定，投标人的澄清、说明应当采用书面形式，并不得超出投标文件的范围或者改变投标文件的实质性内容。故选项A正确，选项B、C、D的内容均不允许。

28.【2013年真题】根据《工程建设项目施工招标投标办法》，下列情形按废标处理的有（ ）。

A. 投标人未按照招标文件要求提交投标保证金

B. 投标文件逾期送达或者未送达指定地点

C. 投标文件未按招标文件要求密封

D. 投标文件无单位盖章并无单位负责人签字

E. 联合体投标未附联合体各方共同投标协议

【解析】 根据《工程建设项目施工招标投标办法》第五十条的规定，有下列情形之一的，评标委员会应当否决其投标：①投标文件未经投标单位盖章和单位负责人签字；②投标联合体没有提交共同投标协议；③投标人不符合国家或者招标文件规定的资格条件；④同一投标人提交两个以上不同的投标文件或者投标报价，但招标文件要求提交备选投标的除外；

⑤投标报价低于成本或者高于招标文件设定的最高投标限价；⑥投标文件没有对招标文件的实质性要求和条件做出响应；⑦投标人有串通投标、弄虚作假、行贿等违法行为。选项 A 属于未对招标文件的实质性要求和条件做出响应；选项 B、C 属于应当拒收的情形。

29.【2009 年真题】在《评标委员会和评标方法暂行规定》中，对评标委员会组成的要求包括（　　）。

A. 评标委员会由 5 人以上的单数组成
B. 评标委员会的成员必须是既懂经济又懂法律的专家
C. 评标委员会的专家与所有投标人均没有利害关系
D. 评标专家在相关领域工作满 8 年且具有高级职称或同等专业水平
E. 评标委员会的成员能够认真、公正、廉洁地履行职责

【解析】　根据《评标委员会和评标方法暂行规定》第九条，评标委员会由招标人或其委托的招标代理机构熟悉相关业务的代表，以及有关技术、经济等方面的专家组成，成员人数为 5 人以上单数，其中技术、经济等方面的专家不得少于成员总数的三分之二。故选项 A 正确、选项 B 错误。

根据《评标委员会和评标方法暂行规定》第十一条，评标专家应符合下列条件：①从事相关专业领域工作满 8 年并具有高级职称或者同等专业水平；②熟悉有关招标投标的法律法规，并具有与招标项目相关的实践经验；③能够认真、公正、诚实、廉洁地履行职责。故选项 D、E 正确。

根据《评标委员会和评标方法暂行规定》第十二条，有下列情形之一的，不得担任评标委员会成员：①投标人或者投标人主要负责人的近亲属；②项目主管部门或者行政监督部门的人员；③与投标人有经济利益关系，可能影响对投标公正评审的；④曾因在招标、评标以及其他与招标投标有关活动中从事违法行为而受过行政处罚或刑事处罚的。评标委员会成员有前款规定情形之一的，应当主动提出回避。故选项 C 正确。

30.【2009 年真题】某项目 2008 年 3 月 1 日确定了中标人，2008 年 3 月 8 日发出了中标通知书，2008 年 3 月 12 日中标人收到了中标通知书，则签订合同的日期应该不迟于（　　）。

A. 2008 年 3 月 26 日　　　　　　　　　B. 2008 年 3 月 31 日
C. 2008 年 4 月 7 日　　　　　　　　　　D. 2008 年 4 月 11 日

【解析】　根据《招标投标法》第四十六条第一款的有关规定，招标人和中标人应当自中标通知书发出之日起 30 日内，按照招标文件和中标人的投标文件订立书面合同。招标人和中标人不得再行订立背离合同实质性内容的其他协议。

31.【2009 年真题】某工程项目标底是 900 万元人民币，投标时甲承包商根据自己企业定额算得成本是 800 万元人民币。刚刚竣工的相同施工项目的实际成本是 700 万元人民币。则甲承包商投标时的合理报价最低应为（　　）。

A. 700 万元　　　　　　　　　　　　　　B. 800 万元
C. 900 万元　　　　　　　　　　　　　　D. 1000 万元

【解析】《招标投标法》第三十三条规定，投标人不得以低于成本的报价竞标。所谓"成本"应指投标人的个别成本，该成本一般应根据投标人的企业定额测定。

32.【2009 年真题】某建设项目递交投标文件的截止时间为 2008 年 3 月 1 日上午 9 点，某投标人由于交通拥堵于 2008 年 3 月 1 日上午 9 点 5 分将投标文件送达，开标当时的正确

做法是（　　）。

    A. 招标人不予受理，该投标文件作为无效标书处理

    B. 经招标办审查批准后，该投标有效，可以进入开标程序

    C. 经其他全部投标人过半数同意，该投标可以进入开标程序

    D. 由评标办委员会按废标处理

【解析】《招标投标法》规定，投标人应当在招标文件要求提交投标文件的截止时间前，将投标文件送达投标地点。在招标文件要求提交投标文件的截止时间后送达的投标文件，招标人应当拒收。

33. 【2007 年真题】某建设项目招标，采用经评审的最低投标价法评标，经评审的投标价格最低的投标人报价 1020 万元，评标价 1010 万元，评标结束后，该投标人向招标人表示，可以再降低报价，报 1000 万元，与此对应的评标价为 990 万元，则双方订立的合同价应为（　　）

    A. 1020 万元   B. 1010 万元   C. 1000 万元   D. 990 万元

【解析】《招标投标法》第四十六条规定。招标人和中标人应当按照招标文件和中标人的投标文件订立书面合同。合同价以投标报价为准。

最低评标价法是指评审过程中以该标书的报价为基础，将报价之外需要评定的要素按预先规定的折算办法换算为货币价值，最终构成评标价格，评标价最低的投标书为最优。评标价既不是投标价也不是中标价。

34. 【2007 年真题】某建设项目招标，评标委员会由二名招标人代表和三名技术、经济等方面的专家组成，这一组成不符合《招标投标法》的规定，则下列关于评标委员会重新组成的做法中，正确的有（　　）。

    A. 减少一名招标人代表，专家不再增加

    B. 减少一名招标人代表，再从专家库中抽取一名专家

    C. 不减少招标人代表，再从专家库中抽取一名专家

    D. 不减少招标人代表，再从专家库中抽取两名专家

    E. 不减少招标人代表，再从专家库中抽取三名专家

【解析】《招标投标法》规定，依法必须进行招标的项目，其评标委员会由招标人代表和有关技术、经济等方面的专家组成，成员人数为 5 人以上单数，其中技术、经济等方面的专家不得少于成员总数的三分之二。

选项 A，减少一人总人数为 4 人，不正确。

选项 B，总人数为 5 人，技术、经济等方面的专家大于成员总数的三分之二，正确。

选项 C，总人数为 6 人，不是单数，不正确。

选项 D，总人数为 7 人，技术、经济等方面的专家大于成员总数的三分之二，正确。

选项 E，总人数为 8 人，不是单数，不正确。

35. 【2023 年真题】根据《招标投标法实施条例》，属于两个单位不得参加同一标段投标的是（　　）。

    A. 丙公司及其控股子公司

    B. 甲公司和其上游供应商

    C. 乙公司下属两家相互无控股管理关系的子公司

D. 注册地址在同一园区的丁、戊两公司

【解析】　根据《招标投标法实施条例》第三十四条的规定，与招标人存在利害关系可能影响招标公正性的法人、其他组织或者个人，不得参加投标。

单位负责人为同一人或者存在控股、管理关系的不同单位，不得参加同一标段投标或者未划分标段的同一招标项目投标。违反以上规定的，相关投标均无效，故选项 A 正确（存在着控股关系），选项 C 错误（不存在着控股关系，且单位负责人没有明确为同一人，也没有明确存在管理关系）。

36.【2021 年真题】关于投标的说法，正确的是（　　　）。

A. 投标人不再具备资格预审文件、招标文件规定的资格条件的，其投标无效

B. 单位负责人为同一人的不同单位，可以参加同一标段的投标

C. 存在控股关系的不同单位，可以参加未划分标段的同一招标项目的投标

D. 投标人发生合并、分立的，其投标无效

【解析】　根据《招标投标法实施条例》第三十四条的规定，投标人不再具备资格预审文件、招标文件规定的资格条件或者其投标影响招标公正性的，其投标无效，故选项 A 正确。

单位负责人为同一人或者存在控股、管理关系的不同单位，不得参加同一标段投标或者未划分标段的同一招标项目投标，故选项 B、C 错误。

根据该条例第三十八条的规定，投标人发生合并、分立、破产等重大变化的，应当及时书面告知招标人。投标人不再具备资格预审文件、招标文件规定的资格条件或者其投标影响招标公正性的，其投标无效，故选项 D 错误。

37.【2021 年真题】关于投标文件的说法，正确的有（　　　）。

A. 对未通过资格预审的申请人提交的投标文件，招标人应当签收保存，不得开启

B. 投标人在招标文件要求提交投标文件的截止时间前，可以补充、修改或者撤回已提交的投标文件，并书面通知招标人

C. 在招标文件要求提交投标文件的截止时间后送达的投标文件，招标人应当拒收

D. 投标人提交的投标文件中的投标报价可以低于工程成本

E. 投标文件应当对招标文件提出的实质性要求与条件做出响应

【解析】　未通过资格预审的申请人提交的投标文件，以及逾期送达或者不按照招标文件要求密封的投标文件，招标人应当拒收，故选项 A 错误。

投标人在招标文件要求提交投标文件的截止时间前，可以补充、修改或者撤回已提交的投标文件，并书面通知招标人，故选项 B 正确。

在招标文件要求提交投标文件的截止时间后送达的投标文件，招标人应当拒收，故选项 C 正确。

投标报价不得低于工程成本，不得高于最高投标限价，故选项 D 错误。

投标文件应当对招标文件提出的实质性要求和条件做出响应，故选项 E 正确。

38.【2019 年真题】根据《招标投标法实施条例》关于投标保证金的说法，正确的有（　　　）。

A. 投标保证金有效期应当与投标有效期一致

B. 投标保证金不得超过招标项目估算价的 2%

C. 两阶段招标中要求提交投标保证金的，应当在第一阶段提出

D. 招标人应当在中标通知书发出后，5日内退还中标人的投标保证金

E. 未中标的投标人的投标保证金及银行同期存款利息，招标人最迟应当在书面合同签订后5日内退还

【解析】　根据《招标投标法实施条例》第二十六条的规定，招标人在招标文件中要求投标人提交投标保证金的，投标保证金不得超过招标项目估算价的2%。投标保证金有效期应当与投标有效期一致，故选项A、B正确。

根据《招标投标法实施条例》第三十条的规定，对技术复杂或者无法精确拟定技术规格的项目，招标人可以分两阶段进行招标。第一阶段，投标人按照招标公告或者投标邀请书的要求提交不带报价的技术建议，招标人根据投标人提交的技术建议确定技术标准和要求，编制招标文件。第二阶段，招标人向在第一阶段提交技术建议的投标人提供招标文件，投标人按照招标文件的要求提交包括最终技术方案和投标报价的投标文件。招标人要求投标人提交投标保证金的，应当在第二阶段提出，故选项C错误。

根据《招标投标法实施条例》第五十七条的规定，招标人最迟应当在书面合同签订后5日内向中标人和未中标的投标人退还投标保证金及银行同期存款利息，故选项D错误、选项E正确。

39.【2012年真题】下列情形中，投标人已提交的投标保证金不予返还的是（　　）。

A. 在提交投标文件截止日后撤回投标文件的

B. 提交投标文件后，在投标截止日前表示放弃投标的

C. 开标后被要求对其投标文件进行澄清的

D. 评标期间招标人通知延长投标有效期，投标人拒绝延长的

【解析】　根据《招标投标法实施条例》的有关规定，投标截止后投标人撤销投标文件的，招标人可以不退还投标保证金，故选项A正确。

《招标投标法》规定，投标截止日前，投标人可以补充、修改、撤回已提交的标书，故选项B错误。

《招标投标法》规定，投标文件中有含义不明确的内容、明显文字或者计算错误，评标委员会认为需要投标人做出必要澄清、说明的，应当书面通知该投标人，故选项C错误。

《工程建设项目招标投标办法》规定，评标期间招标人通知延长投标有效期，投标人同意延长的，不得要求或被允许修改其投标文件的实质性内容，但应当相应延长其投标保证金的有效期；投标人拒绝延长的，其投标失效，但是投标人有权收回其投标保证金。故选项D错误。

40.【2011年真题】关于投标有效期的说法，正确的是（　　）。

A. 投标有效期延长通知送达投标人时，该投标人的投标保证金期限随之延长

B. 投标人同意延长投标有效期的，不得修改投标文件的实质性内容

C. 投标有效期内，投标文件对投标人和招标人具有合同约束力

D. 投标有效期内撤回投标文件，投标保证金应予退还

【解析】　《工程建设项目招标投标办法》规定，评标期间招标人通知延长投标有效期，投标人同意延长的，不得要求或被允许修改其投标文件的实质性内容，但应当相应延长其投标保证金的有效期；投标人拒绝延长的，其投标失效，但是投标人有权收回其投标保证金。故选项A错误、选项B正确。

选项 C，还处于投标阶段，并未签订合同，不存在合同约束力，所以错误。

根据《招标投标法实施条例》的有关规定，投标截止后投标人撤销投标文件的，招标人可以不退还投标保证金。投标有效期的起点为投标截止日期，因此可以不退还，故选项 D 错误。

41.【2022 年真题】下列情形中，视为投标人相互串通投标的有（　　）。

A. 不同投标人的投标文件由同一单位或者个人编制

B. 属于同一集团的投标人按照该组织要求协同投标

C. 不同投标人的投标保证金从同一金融机构转出

D. 不同投标人的投标文件载明的项目管理成员为同一人

E. 不同投标人的投标文件异常一致或者投标报价呈规律性差异

【解析】　见下表：

禁止串标的规定			
投标人之间		招标人和投标人之间	
串标（有联合统一行动，直接影响中标结果）	视同串标（有不正常情况，涉嫌串标）	串标（有串通行为，谋求特定人中标）	排斥潜在投标人（排斥特定条件的人）
① 投标人之间协商投标报价等投标文件的实质性内容 ② 投标人之间约定中标人 ③ 投标人之间约定部分投标人放弃投标或者中标 ④ 属于同一集团、协会、商会等组织成员的投标人按照该组织要求协同投标 ⑤ 投标人之间为谋取中标或者排斥特定投标人而采取的其他联合行动	① 不同投标人的投标文件由同一单位或者个人编制 ② 不同投标人委托同一单位或者个人办理投标事宜 ③ 不同投标人的投标文件载明的项目管理成员为同一人 ④ 不同投标人的投标文件异常一致或者投标报价呈规律性差异 ⑤ 不同投标人的投标文件相互混装 ⑥ 不同投标人的投标保证金从同一单位或者个人的账户转出	① 招标人在开标前开启投标文件并将有关信息泄露给其他投标人 ② 招标人直接或者间接向投标人泄露标底、评标委员会成员等信息 ③ 招标人明示或者暗示投标人压低或者抬高投标报价 ④ 招标人授意投标人撤换、修改投标文件 ⑤ 招标人明示或者暗示投标人为特定投标人中标提供方便 ⑥ 招标人与投标人为谋求特定投标人中标而采取的其他串通行为	① 同一招标项目提供有差别的项目信息 ② 设定与招标项目不相干的条件 ③ 以特定行政区域或者特定行业的业绩、奖项作为加分条件或者中标条件 ④ 采取不同的资格审查或者评标标准 ⑤ 限定或者指定特定的专利、商标、品牌、原产地或者供应商 ⑥ 非法限定潜在投标人或者投标人的所有制形式或者组织形式 ⑦ 其他

选项 B 为投标人之间相互串标的情形，故错误；特别注意选项 C，"不同投标人的投标保证金从同一单位或者个人的账户转出"视为串通投标，而不是"不同投标人的投标保证金从同一金融机构转出"。

42.【2017 年真题】根据《招标投标法实施条例》，下列投标人的行为中属于弄虚作假行为的有（　　）。

A. 使用伪造、编造的许可证件

B. 投标人之间协商投标报价

C. 不同投标人的投标文件相互混装

D. 投标人之间约定部分投标人放弃中标

E. 提供虚假的财务状况

【解析】　选项 B、D 是属于投标人相互串通投标的情形；选项 C 是视为投标人相互串通投标的情形。

43.【2017 年真题】根据《招标投标法实施条例》，下列情形，属于不同投标人之间相互串通投标情形的是（　　）。

A. 约定部分投标人放弃投标或者中标

B. 投标文件相互混装

C. 投标文件载明的项目经理为同一人

D. 委托同一单位或个人办理投标事宜

【解析】　根据《招标投标法实施条例》第三十九条的规定，有下列情形之一的，属于投标人相互串通投标：

① 投标人之间协商投标报价等投标文件的实质性内容；

② 投标人之间约定中标人；

③ 投标人之间约定部分投标人放弃投标或者中标；

④ 属于同一集团、协会、商会等组织成员的投标人按照该组织要求协同投标；

⑤ 投标人之间为谋取中标或者排斥特定投标人而采取的其他联合行动。

选项 B、C、D 都是视为串标的情形。

44.【2023 年真题】关于联合体投标的说法，正确的是（　　）。

A. 由同一专业的单位组成的联合体，按照资质等级较低的单位确定资质等级

B. 招标人可以要求投标人必须组成联合体共同投标

C. 联合体中标的，联合体各方按照联合体协议就中标项目分别向招标人承担责任

D. 联合体各方可以在同一招标项目中以自己名义再进行单独投标

【解析】　由同一专业的单位组成的联合体，按照资质等级较低的单位确定资质等级，故选项 A 正确。

招标人不得强制投标人组成联合体共同投标，不得限制投标人之间的竞争，故选项 B 错误。

联合体中标的，联合体各方应当共同与招标人签订合同，就中标项目向招标人承担连带责任，故选项 C 错误。

联合体各方在同一招标项目中以自己名义单独投标或者参加其他联合体投标的，相关投标均无效，故选项 D 错误。

45.【2021 年真题】关于联合体投标的说法，正确的是（　　）。

A. 其中至少有一方应当具备承担招标项目的相应能力

B. 由同一专业的单位组成的联合体，按照资质等级较高的单位确定资质等级

C. 联合体中标的，联合体各方应当共同与招标人订立合同，就中标项目向招标人承担按份责任

D. 两个以上法人或者其他组织可以组成一个联合体，以一个投标人的身份共同投标

【解析】　见下表：

投标人组建联合体（定资协签共签连，公告不改不重投）
① 定义：一种特殊的投标组织形式，由两个及以上法人或其他组织组建一个非法人的联合体，以共同名义投标，一般适用于大型或结构复杂的项目
② 资质：联合体各方均应当具备承担招标项目的相应能力和资格条件，由同一专业的单位组成的联合体，按照资质等级较低的单位确定资质等级
③ 协议：联合体投标必须提交联合体投标协议，否则废标
④ 共签连：联合体中标的，联合体各方应当共同与招标人签订合同，就中标项目向招标人承担连带责任
⑤ 公告：招标人应当在资格预审公告、招标公告或者投标邀请书中载明是否接受联合体投标
⑥ 不改：联合体应当在提交资格预审申请文件前组成，资格预审后联合体增减、更换成员的，其投标无效
⑦ 不重投：联合体各方在同一招标项目中以自己名义单独投标或者参加其他联合体投标的，相关投标均无效

46.【2017 年真题】关于联合体共同承包的说法中，正确的是（　　）。

A. 联合体中标的，联合体各方就中标项目向招标人承担连带责任

B. 联合共同承包适应范围为大型且结构复杂的建筑工程

C. 两个以上不同资质等级的单位实行联合体共同承包的，应当按照资质等级高的单位的业务许可范围承揽工程

D. 联合体中标的，联合体各方应分别与招标人签订合同

【解析】 联合共同承包，一般适用于大型或技术复杂的建设工程项目，故选项 B 错误。

根据《招标投标法》第三十条的规定，由同一专业的单位组成的联合体，按照资质等级较低的单位确定资质等级，故选项 C 错误。

联合体各方应当签订共同投标协议，明确约定各方拟承担的工作和责任，并将共同投标协议连同投标文件一并提交招标人，故选项 D 错误。

联合体中标的，联合体各方应当共同与招标人签订合同，就中标项目向招标人承担连带责任，故选项 A 正确。

47.【2018 年真题】关于在招标投标，履约保证金的说法中，正确的是（　　）。

A. 招标文件中不得要求中标人提交履约保证金

B. 履约保证金是为了保证中标人按照合同约定履行义务，完成中标项目而设立的

C. 履约保证金的金额没有法律规定的限制，招标人可要求中标人提交任意金额的履约保证金

D. 不鼓励施工企业以银行保函形式向建设单位提供履约担保

【解析】 招标文件中可以要求中标人提交履约保证金，故选项 A 错误。

《招标投标法实施条例》规定，履约保证金不得超过中标合同金额的 10%，故选项 C 错误。

《国务院办公厅关于促进建筑业持续健康发展的意见》还规定，引导承包企业以银行保函或担保公司保函的形式，向建设单位提供履约担保，故选项 D 错误。

48.【2023 年真题】根据《招标投标法实施条例》，下面情形中，评标委员会应当否决（　　）。

A. 招标文件未经投标单位盖章和单位负责人签字的

B. 投标联合体没有提交共同投标协议的

C. 投标文件有明显的计算错误的

D. 投标报价低于成本的

E. 投标文件有含义不明确的内容

【解析】　根据《招标投标法实施条例》，有下列情形之一的，评标委员会应当否决其投标：

① 投标文件未经投标单位盖章和单位负责人签字；

② 投标联合体没有提交共同投标协议；

③ 投标人不符合国家或者招标文件规定的资格条件；

④ 同一投标人提交两个以上不同的投标文件或者投标报价，但招标文件要求提交备选投标的除外；

⑤ 投标报价低于成本或者高于招标文件设定的最高投标限价；

⑥ 投标文件没有对招标文件的实质性要求和条件做出响应；

⑦ 投标人有串通投标、弄虚作假、行贿等违法行为。

选项 C、E 属于细微偏差，评标委员会应当书面要求投标人澄清、说明。

49.【2018 年真题】导致中标无效的情形有（　　　）。

A. 依法必须进行招标项目的招标人向他人泄露标底，影响中标结果的

B. 投标人向招标人展示工程业绩、企业实力，谋取中标的

C. 投标截止日期以前投标人撤回已提交的招标文件进行修改的

D. 招标人要求投标人提交投标保证金的

E. 依法必须进行招标的项目在所有投标被评标委员会否决后自行确定中标人的

【解析】　"投标人向招标人展示工程业绩、企业实力，谋取中标的"是合法行为，故选项 B 错误。

《招标投标法》规定，投标截止日前，投标人可以补充、修改、撤回已提交的标书，故选项 C 错误。

招标人可以要求投标人提交投标保证金，故选项 D 错误。

"依法必须进行招标项目的招标人向他人泄露标底，影响中标结果的"属于招标人与投标人相互串标的违法行为，中标无效，故选项 A 正确。

依法必须进行招标的项目在所有投标被评标委员会否决后，招标人应当重新招标，原投标文件无效，故选项 E 正确。

50.【2017 年真题】关于确定中标人的说法中，正确的是（　　　）。

A. 招标人不得授权评标委员会直接确定中标人

B. 排名第一的中标候选人放弃中标的，招标人必须重新招标

C. 确定中标人选前，招标人可以就投标价格与投标人进行谈判

D. 国有资金占控股地位的依法必须进行招标的项目，招标人应当确定排名第一的中标候选人为中标人

【解析】　根据《招标投标法》的有关规定，招标人根据评标委员会提出的书面评标报告和推荐的中标候选人确定中标人，招标人也可以授权评标委员会直接确定中标人，故选项 A 错误。

排名第一的中标候选人放弃中标、因不可抗力不能履行合同、不按照招标文件要求提交履约保证金，或者被查实存在影响中标结果的违法行为等情形，不符合中标条件的，招标人

可以按照评标委员会提出的中标候选人名单排序依次确定其他中标候选人为中标人，也可以重新招标，故选项 B 错误。

在确定中标人前，招标人不得与投标人就投标价格、投标方案等实质性内容进行谈判，故选项 C 错误。

根据《招标投标法实施条例》的规定，国有资金占控股或者主导地位的依法必须进行招标的项目，招标人应当确定排名第一的中标候选人为中标人，故选项 D 正确。

51. 【2015 年真题】依法必须招标的建设项目，招标人应当自确定中标人之日起（　　）日内，向有关行政监督部门提交招标投标情况的书面报告。

A. 15
B. 20
C. 30
D. 60

【解析】 依法必须招标的建设项目，招标人应当自确定中标人之日起 15 日内，向有关行政监督部门提交招标投标情况的书面报告。

52. 【2014 年真题】根据《招标投标法实施条例》，国有资金占控股地位的依法必须进行招标的项目，关于如何确定中标人的说法，正确的是（　　）。

A. 招标人可以确定任何一名中标候选人为中标人
B. 招标人可以授权评标委员会直接确定中标人
C. 排名第一的中标候选人放弃中标，必须重新招标
D. 排名第一的中标候选人被查实不符合条件的，应当重新招标

【解析】 根据《招标投标法实施条例》，国有资金占控股地位的依法必须进行招标的项目，招标人应当确定排名第一的中标候选人为中标人，排名第一的中标候选人放弃中标、因不可抗力不能履行合同、不按照招标文件要求提交履约保证金，或者被查实存在影响中标结果的违法行为等情形，不符合中标条件的，招标人可按照评标委员会提出的中标候选人名单排序依次确定其他中标候选人为中标人，也可以重新招标，故选项 A、C、D 错误。

招标人根据评标委员会提出的书面评标报告和推荐的中标候选人确定中标人，招标人也可以授权评标委员会直接确定中标人，故选项 B 正确。

53. 【2013 年真题】根据《招标投标法实施条例》，国有资金占控股或主导地位的依法必须进行招标的项目，关于确定中标人的说法，正确的是（　　）。

A. 评标委员会应当确定投标价格最低的投标人为中标人
B. 评标委员会应当以最接近标底价格的投标人确定为中标人
C. 招标人应该确定排名第一的中标候选人为中标人
D. 招标人可以从评标委员会推荐的前三名中标候选人确定为中标人

【解析】 依法必须进行招标的项目，招标人应当确定排名第一的中标候选人为中标人。

54. 【2007 年真题】某必须招标的建设项目，共有三家单位投标，其中一家未按招标文件要求提交投标保证金，则关于对投标的处理是否重新发包，下列说法中，正确的是（　　）。

A. 评标委员会可以否决全部投标，招标人员应当重新招标
B. 评标委员会可以否决全部投标，招标人可以直接发包
C. 评标委员会必须否决全部投标，招标人应当重新招标
D. 评标委员会必须否决全部投标，招标人可以直接发包

【解析】 "其中一家未按招标文件要求提交投标保证金"则其投标无效，导致投标人少于三家，评标委员会可以否决全部投标，招标人员应当重新招标。

二、参考答案

题号	1	2	3	4	5	6	7	8	9	10
答案	B	AE	ACD	ACDE	C	D	ABD	D	C	B
题号	11	12	13	14	15	16	17	18	19	20
答案	ABD	C	A	B	A	C	ABCD	D	D	C
题号	21	22	23	24	25	26	27	28	29	30
答案	D	CD	B	A	C	ABD	A	ADE	ACDE	C
题号	31	32	33	34	35	36	37	38	39	40
答案	B	A	A	BD	A	A	BCE	ABE	A	B
题号	41	42	43	44	45	46	47	48	49	50
答案	ADE	AE	A	A	D	A	B	ABD	AE	D
题号	51	52	53	54						
答案	A	B	C	A						

三、2025年考点预测

考点一：建设工程法定招标的范围、招标方式和交易场所

法定招标范围、招标方式

考点二：建设工程招标

（1）招标文件的编制规定

（2）招标文件的修改、澄清、发售规定

（3）禁止限制、排斥潜在投标人或投标人的规定

（4）招标人终止招标的规定

考点三：建设工程投标

（1）投标人投标的期限及形式规定

（2）联合体投标的规定

（3）资格审查的规定

考点四：建设工程开标、评标和中标

（1）开标的时间、组织、程序

（2）评标委员会组建、组成规定

（3）评标委员会成员评标的规定

（4）细微偏差和重大偏差的情形

（5）应予废标的情形

（6）中标人的确定、通知、签订合同的规定

考点五：招标投标异议、投诉处理

（1）禁止串标、视同串标的规定

（2）招投标异议、投诉、处理的规定

第三节　非招标采购制度

考点一：竞争性谈判
考点二：询价
考点三：单一来源采购
考点四：框架协议采购

一、历年真题及解析

1.【2024年真题】关于单一来源采购的说法，正确的有（　　）。

A. 采用单一来源采购方式公示期不得少于3个工作日

B. 单一来源采购方式适用于工程采购

C. 拟采用单一来源采购方式的，在报批之前，应当在省级以上财政部门指定媒体上公示，并将公示情况一并报财政部门

D. 对采用单一来源采购方式公示有异议的，可以在公示期间内将书面意见反馈给采购人、采购代理机构，并同时抄送相关财政部门

E. 采购人收到公示异议后应当组织补充论证，论证后认为异议成立的，应当采用其他采购方式

【解析】　单一来源采购是指采购人从某一特定供应商处采购货物、工程和服务的采购方式，故选项B正确。

属于《政府采购法》规定的情形，拟采用单一来源方式采购的，采购人、采购代理机构在报财政部门批准之前，应当在省级以上财政部门指定媒体公示，并将公示情况一并报财政部门，故选项C正确。

公示期不得少于5个工作日，故选项A错误。

任何供应商、单位或者个人对公示有异议的，可以在公示期内将书面意见反馈给采购人，采购代理机构，并同时抄送相关财政部门，故选项D正确。

采购人、采购代理机构应当在公示期满后5个工作日内，组织补充论证，认为异议成立的，应当依法采取其他采购方式，故选项E错误（错在"收到异议后"，应为"公示期满后5个工作日内"）。

2.【2024年真题】关于框架协议采购的说法，正确的是（　　）。

A. 框架协议采购可以确定1名或者多名入围供应商

B. 开放式框架协议采购是框架协议采购的主要形式

C. 框架协议采购需求在框架协议有效期内可以变动

D. 封闭式框架协议入围供应商可以随时退出框架协议

【解析】　框架协议采购可以确定1名或多名入围供应商，故选项A正确。

封闭式框架协议采购是框架协议采购的主要形式，故选项B错误。

集中采购机构或者主管预算单位应当确定框架协议采购需求。框架协议采购需求在框架

协议有效期内不得变动，故选项 C 错误。

封闭式框架协议入围供应商无正当理由，不得主动放弃入围资格或者退出框架协议。开放式框架协议入围供应商可以随时申请退出框架协议，故选项 D 错误。

二、参考答案

题号	1	2							
答案	BCD	A							

三、2025 年考点预测

考点一：竞争性谈判
（1）竞争性谈判的适用范围
（2）竞争性谈判的程序
考点二：询价
询价适用范围
考点三：单一来源采购
单一来源采购适用范围
考点四：框架协议采购
（1）框架协议适用范围、分类
（2）最高限制单价

第五章　建设工程合同法律制度

第一节　合同的基本规定

考点一：合同的订立

考点二：合同的效力

考点三：合同的履行

考点四：违约责任

一、历年真题及解析

1. 【2022年真题】关于合同形式的说法正确的是（　　）。

A. 书面形式合同仅指合同书

B. 未依法采用书面形式的合同，合同有可能成立

C. 根据当事人行为推定合同成立为口头合同

D. 以电子数据、电子邮件等方式订立合同视为口头形式

【解析】　根据《民法典》的规定，合同书、信件、电报、电传、传真等可以有形地表现所载内容的形式都属于书面形式，故选项A、D错误。

法律、行政法规规定或者当事人约定合同应当采用书面形式订立，当事人未采用书面形式但是一方已经履行主要义务，对方接受时，该合同成立，故选项B正确。

其他形式合同，是指可以根据当事人的行为或者特定情形推定合同的成立，也可以称之为默示合同，故选项C错误。

2. 【2021年真题】关于合同分类的说法，正确的是（　　）。

A. 建设工程合同属于非典型合同

B. 施工企业与商业银行的借款合同属于单务合同

C. 建筑材料的买卖合同属于实践合同

D. 建筑机械设备的租赁合同属于诺成合同

【解析】　建设工程合同为有名合同（又称典型合同），故选项A错误。

自然人之间的借款合同是实践合同、单务合同，而金融机构的借款合同是诺成合同、双务合同，其中双务合同是指当事人双方互负对待给付义务的合同，即双方当事人互享债权、互负债务，一方的合同权利正好是对方的合同义务，彼此形成对价关系，故选项B错误。

买卖合同、租赁合同属于诺成合同（又称不要物合同），是指当事人双方意思表示一致就可以成立的合同，故选项C错误、选项D正确。

3.【2023年真题】根据《民法典》，下列关于合同分类的说法正确的有（　　）。

A. 建筑材料买卖合同是单务合同

B. 建设工程合同是典型合同

C. 建筑起重机械租赁合同是实践合同

D. 建设工程监理合同是要式合同

E. 建设工程咨询服务合同是无偿合同

【解析】　根据《民法典》的规定，建筑材料买卖合同是双务合同，故选项A错误。

租赁合同当事人意思表示一致合同成立，不以租赁物的实际交付为生效要件，为诺成合同而不是实践合同，故选项C错误。

根据《民法典》第七百九十六条的规定，建设工程实行监理的，发包人应当与监理人采用书面形式订立委托监理合同。发包人与监理人的权利和义务以及法律责任，应当依照本编委托合同以及其他有关法律、行政法规的规定，故选项D正确。

建设工程咨询服务合同是有偿合同，故选项E错误。

4.【2014年真题】除双方当事人意思表示一致以外，尚需交付标的物才能成立的合同，成为（　　）。

A. 要式合同　　　　B. 实践合同　　　　C. 有偿合同　　　　D. 双务合同

【解析】　要式合同，是指根据法律规定必须采取特定形式的合同；实践合同（又称要物合同），是指除当事人双方意思表示一致外，尚需交付标的物才能成立的合同；有偿合同，是指一方通过履行合同义务而给另一方某种利益，对方要得到该利益必须支付相应代价的合同，如建设工程合同等；双务合同，是指当事人双方互负对待给付义务的合同，即双方当事人互享债权、互负债务，一方的合同权利正好是对方的合同义务，彼此形成对价关系。

5.【2012年真题】要式合同是指（　　）的合同。

A. 法律上已经确定了一定的名称和规则

B. 当事人双方互相承担义务

C. 根据法律规定必须采用特定形式

D. 当事人双方意思表示一致即告成立

【解析】　要式合同，是指根据法律规定必须采取特定形式的合同。选项A为有名合同，选项B为双务合同，选项D为诺成合同。

6.【2009年真题】根据不同的分类标准，建设工程施工合同属于（　　）。

A. 有名合同，双务合同，有偿合同　　　　B. 有名合同，单务合同，要式合同

C. 无名合同，单务合同，要式合同　　　　D. 有名合同，单务合同，要式合同

【解析】　双务合同是当事人之间互相承担义务，或者说，当事人均承担义务的合同，建设工程施工合同属于双务合同。

有偿合同，是当事人一方享有合同规定的权益，须向另一方付出相应代价的合同，建设工程施工合同属于有偿合同。

有名合同，又称典型合同，是法律对某类合同赋予专门名称，并设定专门规范的合同，建设工程施工合同在《民法典》第十八章做了专门规定，属于有名合同。

7.【2020年真题】甲公司向乙公司购买了一批钢材，甲公司和乙公司约定采用合同书的方式订立合同，由于施工进度紧张，在甲公司的催促之下，甲公司和乙公司在未签字盖章

之前，乙公司将钢材送到了甲公司的项目现场，甲公司接收并投入工程使用。甲公司和乙公司之间买卖合同的状态是（　　）。

A. 无效
B. 成立
C. 条件成立时生效
D. 可撤销

【解析】　根据《民法典》第四百九十条的规定，法律、行政法规或者当事人约定合同应当采用书面形式订立，当事人未采用书面形式但是一方已经履行主要义务，对方接受时，该合同成立，故选项 B 正确。

8.【2019 年真题】某施工企业向某建筑材料供应商发出购买建筑材料的要约。该建筑材料供应商在承诺有效期内对该要约做出了完全同意的答复，则该买卖合同成立的时间为（　　）。

A. 建筑材料供应商的答复文件到达施工企业时
B. 施工企业发出订购建筑材料的要约时
C. 建筑材料供应商发出答复文件时
D. 施工企业订购建筑材料的要约到达建筑材料供应商时

【解析】　根据《民法典》第四百八十三条的规定，承诺通知到达要约人时生效，承诺生效时合同成立，故选项 A 正确。

9.【2017 年真题】2017 年 3 月 1 日，甲施工企业向乙钢材商发出采购单购买一批钢材，要求乙在 3 月 5 日前承诺。3 月 1 日，乙收到甲的采购单，3 月 2 日，甲再次发函至乙取消本次采购。乙 3 月 4 日回复了甲 3 月 1 日的采购单，无视了甲 3 月 2 日的发函，下列说法中正确的是（　　）。

A. 甲 3 月 2 日的行为属于要约邀请
B. 乙 3 月 4 日的行为属于新要约
C. 甲的要约已经撤销
D. 甲乙之间买卖合同成立

【解析】　依据《民法典》第四百七十六条的规定，要约可以撤销，但撤销要约的通知应当在受要约人发出承诺通知之前到达受要约人。有下列情形之一的，要约不得撤销：

① 要约人确定了承诺期限或者以其他形式明示要约不可撤销；

② 受要约人有理由认为要约是不可撤销的，并已经为履行合同作了准备工作。

题中甲 3 月 1 日发出的要约不得撤销，乙 3 月 4 日发出了承诺，故甲乙之间买卖合同成立。

10.【2022 年真题】甲公司根据乙公司的材料价格清单通过邮政快递寄出采购单，后通过电子邮件通知乙公司取消订单，如果甲公司发出的取消通知先于采购清单到达，那么该取消通知从法律上称为（　　）。

A. 要约撤销
B. 要约撤回
C. 承诺撤回
D. 承诺撤销

【解析】　根据《民法典》第四百七十五、四百七十六条的规定，甲公司根据乙公司的材料价格清单通过邮政快递寄出采购单为要约，甲公司取消订单的电子邮件先于或者与邮政快递的采购单同时到达乙公司的，为要约撤回。

11.【2023 年真题】下列各项属于要约的是（　　）。

A. 招标文件
B. 投标文件
C. 拍卖公告
D. 商业广告

【解析】　在建设工程招标投标活动中，投标文件是要约，应受自己做出的与他人订立合同的意思表示的约束，故选项 B 正确。

选项 A、C、D 都为要约邀请。

12.【2007 年真题】甲建筑公司收到了某水泥厂寄发的价目表但无其他内容。甲按标明价格提出订购 1000 吨某型号水泥，并附上主要合同条款，却被告知因原材料价格上涨，原来的价格不再适用，要采用提价后的新价格，则下列说法正确的是（　　）。

A. 水泥厂的价目表属于要约邀请　　　　　B. 甲建筑公司的订购表示属于要约

C. 水泥厂的价目表属于要约　　　　　　　D. 水泥厂新报价属于承诺

E. 水泥厂新报价属于新要约

【解析】　根据《民法典》第四百七十三条的规定，要约邀请是希望他人向自己发出要约的意思表示。寄送的价目表、拍卖公告、招标公告、招股说明书、商业广告等为要约邀请。商业广告的内容符合要约规定的，视为要约，故选项 A 正确、选项 C 错误。

根据《民法典》第四百七十二条的规定，要约是希望和他人订立合同的意思表示，该意思表示应当符合下列规定：①内容具体确定；②表明经受要约人承诺，要约人即受该意思表示约束，故选项 B 正确。要约邀请和要约的区别在于内容是否具体明确，订立合同的条件是否充分。

根据《民法典》第四百七十九、四百八十八条的规定，承诺是受要约人同意要约的意思表示，承诺的内容应当与要约的内容一致。受要约人对要约的内容做出实质性变更的，为新要约，故选项 D 错误、选项 E 正确。

13.【2006 年真题】下列关于以招标投标方式订立施工合同的说法中，正确的是（　　）。

A. 提交投标文件是承诺　　　　　　　　　B. 发放招标文件是要约

C. 签订书面合同是承诺　　　　　　　　　D. 发放中标通知书是承诺

【解析】　在建设工程招标投标活动中，招标文件是要约邀请，对招标人不具有法律约束力；投标文件是要约，应受自己做出的与他人订立合同的意思表示的约束；发出中标通知书是承诺，故选项 A、B、C 错误，选项 D 正确。

14.【2023 年真题】根据《民法典》，下列关于意思表示生效的说法，正确的有（　　）。

A. 无相对人的意思表示，表示完成时生效

B. 以对话方式做出的意思表示，到达相对人时生效

C. 以非对话方式做出的采用数据电文形式的意思表示，相对人未指定特定系统的，该数据电文进入系统时生效

D. 以非对话方式做出的意思表示，相对人知道其内容时生效

E. 以公告方式做出的意思表示，公告发布时生效

【解析】　本题部分超纲，根据《民法典》第一百三十七条的规定，以对话方式做出的意思表示，相对人知道其内容时生效，故选项 B 错误。

以非对话方式做出的意思表示，到达相对人时生效，故选项 D 错误。

以非对话方式做出的采用数据电文形式的意思表示，相对人指定特定系统接收数据电文的，该数据电文进入该特定系统时生效；未指定特定系统的，相对人知道或者应当知道该数据电文进入其系统时生效。当事人对采用数据电文形式的意思表示的生效时间另有约定的，

按照其约定，故选项 C 错误。

根据《民法典》第一百三十八条的规定，无相对人的意思表示，表示完成时生效，法律另有规定的，依照其规定，故选项 A 正确。

根据《民法典》第一百三十九条的规定，以公告方式做出的意思表示，公告发布时生效，故选项 E 正确。

15.【2018 年真题】某工程施工中某水泥厂为施工企业供应水泥延迟交货 1 周，延迟交货导致施工企业每天损失 0.4 万元，第一天晚上施工企业为减少损失，采取紧急措施共花费 1 万元，使剩余 6 天共损失 0.7 万元。则水泥厂因违约应向施工企业赔偿的损失为（　　）。

A. 1.1 万元　　　　　　B. 1.7 万元　　　　　　C. 2.1 万元　　　　　　D. 2.8 万元

【解析】　根据《民法典》第五百九十一条的规定，当事人一方违约后，对方应当采取适当措施防止损失的扩大；没有采取适当措施致使损失扩大的，不得就扩大的损失要求赔偿；当事人因防止损失扩大而支出的合理费用，由违约方承担。本题中，水泥厂因违约应向施工企业赔偿的损失为：0.4+1+0.7＝2.1（万元）。

16.【2016 年真题】甲施工企业与乙公司订立钢材加工合同，后因供电局无故断电，乙公司无法按时完成生产任务致使交货延迟，给甲施工企业造成了损失。关于该案责任承担的说法，正确的是（　　）。

A. 供电局向甲施工企业承担责任

B. 供电局与乙公司向甲施工企业承担连带责任

C. 乙公司可以要求供电局向甲施工企业承担责任

D. 乙公司向甲施工企业承担责任

【解析】　由于合同关系是仅在特定人之间发生的法律关系，因此只有合同关系当事人之间才能相互提出请求。订立合同的当事人为甲公司和乙公司，本题的情形应由乙公司向甲施工企业承担责任。

17.【2015 年真题】根据《民法典》，发包人应当承担赔偿损失责任的情形有（　　）。

A. 未及时检查隐蔽工程造成的损失

B. 偷工减料造成的损失

C. 验收违法行为造成的损失

D. 中途变更承包工作要求造成的损失

E. 提供图纸或者技术要求不合理且怠于答复造成的损失

【解析】　选项 B，偷工减料造成的损失应由承包人承担，而非发包人；选项 A、C、D、E 都是发包人没有完成合同约定的义务导致的违约情形，因此由发包人承担违约责任。

18.【2015 年真题】甲施工企业与乙水泥厂签订水泥供应合同，在约定的履行日期届满时，水泥厂未能按时供应水泥。由于甲施工企业没有采取适当措施寻找货源，致使损失扩大。对于扩大的损失应该由（　　）。

A. 乙水泥厂承担　　　　　　　　　　　　B. 双方连带责任

C. 双方按比例承担　　　　　　　　　　　D. 甲施工企业承担

【解析】　根据《民法典》第五百九十一条的规定，当事人一方违约后，对方应当采取适当措施防止损失的扩大；没有采取适当措施致使损失扩大的，不得就扩大的损失要求赔偿。

19.【2021年真题】某施工企业规定项目经理有权订立300万元以下的采购合同，该施工企业项目经理与不了解该规定的混凝土供应商订立了500万元的混凝土采购合同的货款由（　　）。

A. 施工企业承担　　　　　　　　　　　　B. 项目经理承担

C. 项目经理部承担　　　　　　　　　　　D. 混凝土供应商承担

【解析】 据题干可知，项目经理有权订立限额采购合同，但其超越代理权实施代理行为相对人不知情为善意，存在使善意相对人供应商误以为项目经理有代理权的事实和理由，且施工单位存在未及时告知和通知的过失，该合同应构成表见代理。根据《民法典》的规定，行为人没有代理权、超越代理权或者代理权终止后仍然实施代理行为，相对人有理由相信行为人有代理权的，代理行为有效，其合同义务及责任由施工企业承担。

20.【2024年真题】根据《民法典》，下列合同中，属于可撤销合同的是（　　）。

A. 违背公序良俗的合同

B. 行为人与相对人以虚假的意思表示订立的合同

C. 行为人与相对人恶意串通，损害他人合法权益订立的合同

D. 第三人以胁迫手段，使对方在违背真实意思的情况下订立的合同

【解析】 根据《民法典》第一百四十七条至一百五十一条的规定，下列民事法律行为，当事人一方有权请求人民法院或者仲裁机构变更或者撤销：

① 基于重大误解实施的；

② 一方利用对方处于危困状态、缺乏判断能力等情形，致使民事法律行为成立时显失公平的；

③ 一方以欺诈、胁迫的手段或者乘人之危，使对方在违背真实意思的情况下实施的，受损害方有权请求人民法院或者仲裁机构变更或者撤销。

故选项D正确；选项A、B、C为无效合同。

21.【2017年真题】下列施工合同中，属于可撤销合同的有（　　）。

A. 施工合同订立时，工程款支付条款显失公平

B. 另行签订的与备案中标合同的实质性内容不一致

C. 承包人对合同的价款有重大误解的

D. 发包人胁迫承包人签订的

E. 承包人将部分工程违法分包的

【解析】《民法典》规定，下列民事法律行为，当事人一方有权请求人民法院或者仲裁机构变更或者撤销：

① 基于重大误解实施的；

② 一方利用对方处于危困状态、缺乏判断能力等情形，致使民事法律行为成立时显失公平的；

③ 一方以欺诈、胁迫的手段或者乘人之危，使对方在违背真实意思的情况下实施的，受损害方有权请求人民法院或者仲裁机构变更或者撤销。

22.【2016年真题】甲公司以国产设备为样品，谎称进口设备，与乙施工企业订立设备买卖合同后，乙施工企业知悉实情。关于该合同争议处理的说法，正确的有（　　）。

A. 若买卖合同被撤销后，有关争议解决条款也随之无效

B. 乙施工企业有权自主决定是否行使撤销权

C. 乙施工企业有权自合同订立之日起 1 年内主张撤销该合同

D. 该买卖合同被法院撤销后，则该合同自始没有法律约束力

E. 乙施工企业有权自知道设备为国产之日起 1 年内主张撤销该合同

【解析】 根据《民法典》第五百零七条的规定，合同不生效、无效、被撤销或者终止的，不影响合同中有关解决争议方法的条款的效力，故选项 A 错误。

行使撤销权应当在知道或者应当知道撤销事由之日起 1 年内行使，并应当向人民法院或者仲裁机构申请，故选项 C 错误。

23.【2012 年真题】合同内容约定不明确，不能达成补充协议，按照交易习惯不能解决时，根据我国《民法典》的规定，正确的说法有（   ）。

A. 质量要求不明确，可按照国家标准、行业标准履行

B. 履行期限不明确，债务人可以随时履行，但应当给对方必要的准备时间

C. 价款不明确的，可按照合同签订时履行地的市场价格履行

D. 履行地点不明确，给付货币的，在给付货币一方所在地履行

E. 履行费用负担不明确的，由债权人承担

【解析】 根据《民法典》第五百一十条的规定，合同生效后，当事人就质量、价款或者报酬、履行地点等内容没有约定或者约定不明确的，可以协议补充；不能达成补充协议的，按照合同有关条款或者交易习惯确定。

根据《民法典》第五百一十一条的规定，当事人就有关合同内容约定不明确，依照本法第五百一十条的规定仍不能确定的，适用下列规定：

① 质量要求不明确的，按照国家标准、行业标准履行；没有国家标准、行业标准的，按照通常标准或者符合合同目的的特定标准履行，故选项 A 正确。

② 价款或者报酬不明确的，按照订立合同时履行地的市场价格履行；依法应当执行政府定价或者政府指导价的，按照规定履行，故选项 C 正确。

③ 履行地点不明确，给付货币的，在接受货币一方所在地履行；交付不动产的，在不动产所在地履行；其他标的，在履行义务一方所在地履行，故选项 D 错误。

④ 履行期限不明确的，债务人可以随时履行，债权人也可以随时要求履行，但应当给对方必要的准备时间，故选项 B 正确。

⑤ 履行方式不明确的，按照有利于实现合同目的的方式履行。

⑥ 履行费用的负担不明确的，由履行义务一方负担，故选项 E 错误。

24.【2024 年真题】下列情形中，导致施工合同权利终止的有（   ）。

A. 发包人被处以罚款

B. 施工合同已经履行

C. 施工合同因故解除

D. 承包人通知发包人将部分工程款交付给第三人

E. 施工过程中承包人与发包人合并

【解析】 根据《民法典》第五百五十七条的规定，有下列情形之一的，债权债务终止：①债务已经履行；②债务相互抵消；③债务人依法将标的物提存；④债权人免除债务；⑤债权债务同归于一人；⑥法律规定或者当事人约定终止的其他情形。

故选项 B、E 正确（分别对应"债务已经履行""债权债务同归于一人"）；合同解除的，该合同的权利义务关系终止，故选项 C 正确。

25.【2024 年真题】下列情形中，对方当事人可以行使施工合同法定解除权的是（　　）。

A. 承包人将建设工程转包的

B. 发包人迟延支付工程款的

C. 承包人采购不合格材料，监理人拒绝该材料进场的

D. 在保修期内，承包人未能在合理期限对工程缺陷进行修复的

【解析】 根据《民法典》第八百零六条的规定，承包人将建设工程转包、违法分包的，发包人可以解除合同，故选项 A 正确。

选项 B、C、D 都属于迟延履行或瑕疵履行（违约），但没有经催告后仍不履行，也没有致使合同目的不能实现，没有明确表示或以行动表示不履行，故错误。

26.【2023 年真题】关于建设工程合同违约责任中赔偿损失的说法，正确的是（　　）。

A. 赔偿损失是指合同违约方完全不履行合同义务给对方造成的损失

B. 赔偿损失以违约方有过错为前提

C. 损失赔偿额不包括合同履行后可以获得的利益

D. 赔偿损失是强制违约方给非违约方所受损失的一种补偿

【解析】 赔偿损失是指合同违约方因不履行或不完全履行合同义务而给对方造成的损失，依法或依据合同约定赔偿对方所蒙受损失的一种违约责任形式，并不完全以违约方不履行合同义务为前提，不完全履行合同给对方造成的损失也应该赔偿损失，故选项 A 错误。

承担赔偿损失责任的构成要件是：①具有违约行为；②造成损失后果；③违约行为与财产等损失之间有因果关系；④违约人有过错，或者虽无过错，但法律规定应当赔偿，故选项 B 错误。

根据《民法典》第五百八十四条的规定，当事人一方不履行合同义务或者履行合同义务不符合约定，造成对方损失的，损失赔偿额应当相当于因违约所造成的损失，包括合同履行后可以获得的利益；但是，不得超过违约一方订立合同时预见到或者应当预见到的因违约可能造成的损失，故选项 C 错误。

27.【2019 年真题】关于违约金的说法，正确的有（　　）。

A. 支付违约金是一种民事责任的承担方式

B. 约定的违约金低于造成的损失时，当事人可以请求人民法院或者仲裁机构予以增加

C. 违约方支付违约金后，非违约方有权要求其继续履行

D. 当事人既约定违约金又约定定金的，一方违约时对方可以同时适用违约金条款和定金条款

E. 约定的违约金过分高于造成的损失的，当事人可以请求人民法院或者仲裁机构予以减少

【解析】 根据《民法典》第五百八十五条的规定，当事人可以约定一方违约时应当根据违约情况向对方支付一定数额的违约金，也可以约定因违约产生的损失赔偿额的计算方

法。约定的违约金低于造成的损失的，当事人可以请求人民法院或者仲裁机构予以增加；约定的违约金过分高于造成的损失的，当事人可以请求人民法院或者仲裁机构予以适当减少。当事人就迟延履行约定违约金的，违约方支付违约金后，还应当履行债务，故选项 B、E 正确。

根据《民法典》第五百八十八条的规定，当事人既约定违约金，又约定定金的，一方违约时，对方可以选择适用违约金或者定金条款，故选项 D 错误。

继续履行可以与违约金、定金、赔偿损失并用，故选项 C 正确。

支付违约金是一种典型的民事责任的承担方式，故选项 A 正确。

28.【2019 年真题】建设工程施工合同中，违约责任的主要承担方式有（   ）。

A. 返还财产
B. 修理
C. 赔偿损失
D. 继续履行
E. 消除危险

【解析】 根据《民法典》第五百七十七条的规定，当事人一方不履行合同义务或者履行合同义务不符合约定的，应当承担继续履行、采取补救措施或者赔偿损失等违约责任，故选项 B、C、D 正确。

选项 A、E 是侵权或合同无效应承担的责任。

29.【2023 年真题】甲施工企业与乙材料供应商订立了总货款为 200 万元的买卖合同，约定甲向乙给付定金 50 万元作为合同履行的担保，同时约定任何一方违约均应当向对方支付违约金 40 万元，甲因资金困难，经乙同意后，实际向乙支付定金 30 万元后乙不能履行合同义务，甲能够获得人民法院支持的最高金额是（   ）。

A. 70 万元
B. 40 万元
C. 60 万元
D. 100 万元

【解析】 根据《民法典》第五百八十八条的规定，当事人既约定违约金，又约定定金的，一方违约时，对方可以选择适用违约金或者定金条款。收受定金的一方乙不履行合同，甲可以请求乙双倍返还定金：30（实际支付的定金）×2＝60（万元），也可以请求按照合同约定支付违约金，同时返还已经支付的定金：40＋30＝70（万元）。

30.【2013 年真题】下列责任形式中，当事人承担违约责任的形式有（   ）。

A. 赔礼道歉
B. 支付违约金
C. 赔偿损失
D. 采取补救措施
E. 罚金

【解析】 选项 A 是承担民事侵权责任的方式；选项 E 是承担刑事责任的方式。根据《民法典》的有关规定，合同当事人违反合同义务，承担违约责任的种类主要有继续履行、采取补救措施、赔偿损失、支付违约金或定金等，故选项 B、C、D 正确。

31.【2009 年真题】在施工合同履行过程中，当事人一方可以免除违约责任的情形是（   ）。

A. 因为建设单位拖延提供图纸，导致建筑公司未能按合同约定时间开工

B. 因为建筑公司自有设备损坏，导致工期拖延

C. 因为发生洪灾，建筑公司无法在合同约定的工期内竣工

D. 因为三通一平工期拖延，建设单位不能在合同约定的时间内提供施工场地

【解析】　根据《民法典》第五百九十条的规定，当事人一方因不可抗力不能履行合同的，根据不可抗力的影响，部分或者全部免除责任，但法律另有规定的除外。当事人迟延履行后发生不可抗力的，不能免除责任。洪灾是不可抗力，属于违约责任的免责情形，故选项 C 正确。

32.【2007 年真题】关于违约金条款的适用，下列说法正确的有（　　　）。

A. 约定的违约金低于造成的损失的，当事人可以请求人民法院或者仲裁机构予以增加

B. 违约方支付迟延履行违约金后，另一方仍有权要求其继续履行

C. 当事人既约定违约金，又约定定金的，一方违约时，对方可以选择适用违约金条款或定金条款

D. 当事人既约定违约金，又约定定金的，一方违约时，对方可以同时适用违约金条款及定金条款

E. 约定的违约金高于造成的损失的，当事人可以请求人民法院或者仲裁机构按实际损失金额调减

【解析】　根据《民法典》第五百八十五条的规定，当事人可以约定一方违约时应当根据违约情况向对方支付一定数额的违约金，也可以约定因违约产生的损失赔偿额的计算方法。约定的违约金低于造成的损失的，当事人可以请求人民法院或者仲裁机构予以增加，故选项 A 正确；约定的违约金过分高于造成的损失的，当事人可以请求人民法院或者仲裁机构予以适当减少，故选项 E 错误（缺少"过分"）。

当事人就迟延履行约定违约金的，违约方支付违约金后，还应当履行债务，故选项 B 正确。

根据《民法典》第五百八十八条的规定，当事人既约定违约金，又约定定金的，一方违约时，对方可以选择适用违约金或者定金条款，故选项 C 正确、选项 D 错误。

33.【2021 年真题】根据《民法典》，关于定金的说法，正确的是（　　　）。

A. 定金合同自订立之日起生效

B. 当事人既约定违约金，又约定定金的，非违约方只能选择适用定金条款

C. 实际交付的定金数额多于或者少于约定数额的，视为未约定定金

D. 约定的定金数额超过主合同标的额 20% 的超过部分不产生定金的效力

【解析】　根据《民法典》第五百八十六条至五百八十八的规定，定金合同从实际交付定金之日起生效，故选项 A 错误。

当事人既约定违约金，又约定定金的，对方可以选择适用违约金或者定金条款，故选项 B 错误。

实际交付的定金数额多于或者少于约定数额的视为变更约定的定金数额，故选项 C 错误。

定金的数额由当事人约定，但不得超过主合同标的额的 20%，超过部分不产生定金的效力，故选项 D 正确。

34.【2024 年真题】甲施工企业向乙水泥厂采购水泥，合同约定总价款 300 万元，甲按约定向乙支付了定金 70 万元。后因乙供应的水泥不符合强制性国家标准导致该合同解除，甲可以要求乙返还的最高金额为（　　　）。

A. 130 万元　　　　　　B. 140 万元　　　　　　C. 120 万元　　　　　　D. 70 万元

【解析】　定金中起法律效力的部分为 300×20%＝60（万元），收受定金的乙违约致使合

同目的不能实现，甲可以主张的部分：赔偿双倍定金，返还超出定金法律效力部分，即 60×2+10=130（万元）。

二、参考答案

题号	1	2	3	4	5	6	7	8	9	10
答案	B	D	BD	B	C	A	B	A	D	B
题号	11	12	13	14	15	16	17	18	19	20
答案	B	ABE	D	AE	C	D	ACDE	D	A	D
题号	21	22	23	24	25	26	27	28	29	30
答案	ACD	BDE	ABC	BCE	A	D	ABCE	BCD	A	BCD
题号	31	32	33	34						
答案	C	ABC	D	A						

三、2025 年考点预测

考点一：合同的订立

（1）要约邀请、要约、承诺的有关规定

（2）缔约过失责任

考点二：合同的效力

（1）合同无效、可撤销、待定的情形

（2）撤销权行使期限

考点三：合同的履行

合同履行抗辩

考点四：违约责任

（1）违约责任的种类

（2）违约责任的适用

第二节　建设工程施工合同的规定

考点一：施工合同的效力

考点二：建设工程工期、质量和价款

考点三：施工合同的变更

考点四：施工合同的权利义务终止

一、历年真题及解析

1.【2023 年真题】下列义务中，属于建设工程施工合同中承包人义务的是（　　）。

A. 及时检查隐蔽工程

B. 不得转包和违法分包工程

C. 及时验收工程

D. 及时提供原材料设备

【解析】　建设工程施工合同中承包人义务：①不得转包和违法分包工程；②自行完成建设工程主体结构施工；③接受发包人有关检查；④交付竣工验收合格的建设工程；⑤建设工程质量不符合约定的无偿修理。

选项A、C、D属于发包人的义务。

2.【2021年真题】当事人对建设工程开工日期有争议的，关于人民法院对开工日期认定的说法，正确的有（　　　）。

A. 开工日期为发包人或者监理人发出的开工通知载明的开工日期

B. 因承包人原因导致开工时间推迟的，以开工条件具备的时间为开工日期

C. 开工通知发出后，尚不具备开工条件的，以开工条件具备的时间为开工日期

D. 开工通知发出前，承包人经发包人同意已经实际进场施工的，以实际进场施工时间为开工日期

E. 发包人或者监理人未发出开工通知，亦无相关证据证明实际开工日期的，以施工许可证载明的时间为开工日期

【解析】　根据《最高人民法院关于审理建设工程施工合同纠纷案件适用法律问题的解释（一）》第八条的规定，开工日期为发包人或者监理人发出的开工通知载明的开工日期，故选项A正确。

因承包人原因导致开工时间推迟的，以开工通知载明的时间为开工日期，故选项B错误。

开工通知发出后，尚不具备开工条件的，以开工条件具备的时间为开工日期，故选项C正确。

承包人经发包人同意已经实际进场施工的，以实际进场施工时间为开工日期，故选项D正确。

发包人或者监理人未发出开工通知，亦无相关证据证明实际开工日期的，应当综合考虑开工报告、合同、施工许可证、竣工验收报告或者竣工验收备案表等载明的时间，并结合是否具备开工条件的事实，认定开工日期，故选项E错误。

3.【2024年真题】关于施工合同工期顺延的说法，正确的是（　　　）。

A. 隐蔽工程在隐蔽之前，发包人没有按照承包人的通知及时检查的，承包人可以顺延工期

B. 承包人虽未取得工期顺延的确认，但能够证明在合同约定的期限内申请过工期顺延，承包人以此为由主张工期顺延的，人民法院应当予以支持

C. 建设工程竣工前，当事人对工程质量发生争议，工程质量经鉴定合格的，鉴定期间不计入顺延工期期间

D. 当事人约定承包人未在约定期限内提出工期顺延视为工期不顺延、承包人提出合理抗辩的，工期仍不可顺延

【解析】　根据《民法典》第七百九十八条的规定，隐蔽工程在隐蔽以前，承包人应当通知发包人检查。发包人没有及时检查的，承包人可以顺延工程日期，并有权请求赔偿停工、窝工等损失，故选项A正确。

根据《最高人民法院关于审理建设工程施工合同纠纷案件适用法律问题的解释（一）》第十条的规定，当事人约定顺延工期应当经发包人或者监理人签证等方式确认，承包人虽未取得工期顺延的确认，但能够证明在合同约定的期限内向发包人或者监理人申请过工期顺延且顺延

事由符合合同约定，承包人以此为由主张工期顺延的，人民法院应予支持，故选项 B 错误。

当事人约定承包人未在约定期限内提出工期顺延申请视为工期不顺延的，按照约定处理，但发包人在约定期限后同意工期顺延或者承包人提出合理抗辩的除外，故选项 D 错误。

根据《最高人民法院关于审理建设工程施工合同纠纷案件适用法律问题的解释（一）》第十一条的规定，建设工程竣工前，当事人对工程质量发生争议，工程质量经鉴定合格的，鉴定期间为顺延工期期间，故选项 C 错误。

4.【2022 年真题】建设工程施工合同当事人对工程款付款时间没有约定或者约定不明的，视为应付款时间的是（　　）。

A. 建设工程未交付，工程款也未结算的，为提交竣工结算文件之日

B. 建设工程已经实际交付的，为工程竣工验收合格之日

C. 建设工程已经实际交付的，为提交竣工结算文件之日

D. 建设工程未交付的，为提交竣工结算文件之日

【解析】　根据《最高人民法院关于审理建设工程施工合同纠纷案件适用法律问题的解释（一）》第二十七条的规定，当事人对付款时间没有约定或者约定不明的，下列时间视为应付款时间：

① 建设工程已实际交付的，为交付之日，故选项 B、C 错误；

② 建设工程没有交付的，为提交竣工结算文件之日，故选项 D 正确；

③ 建设工程未交付，工程价款也未结算的，为当事人起诉之日，故选项 A 错误。

5.【2024 年真题】因施工企业的原因致使建设工程质量不符合约定的，发包人请求并经施工企业修理后造成逾期交付的，施工企业（　　）。

A. 不承担违约责任，修理费用由施工企业承担

B. 应当承担缔约过失责任

C. 应当承担违约责任

D. 应当承担侵权责任

【解析】　《民法典》规定，因施工人的原因致使建设工程质量不符合约定的，发包人有权请求施工人在合理期限内无偿修理或者返工、改建。经过修理或者返工、改建后，造成逾期交付的，施工人应当承担违约责任，故选项 C 正确。

6.【2024 年真题】根据《最高人民法院关于审理建设工程施工合同纠纷案件适用法律问题的解释》，发包人就建设工程质量缺陷承担过错的情形有（　　）。

A. 提供的设计有缺陷

B. 推荐购买的建筑构配件不符合强制性国家标准

C. 提供的建筑材料不符合强制性国家标准

D. 未按照合同约定支付预付款

E. 直接指定分包人分包专业工程

【解析】　发包人具有下列情形之一，造成建设工程质量缺陷，应当承担过错责任：

① 提供的设计有缺陷；

② 提供或者指定购买的建筑材料、建筑构配件、设备不符合强制性标准；

③ 直接指定分包人分包专业工程。

故选项 A、C、E 正确。

7.【2021 年真题】建设工程价款优先受偿权行使中，可以优先受偿的工程价款包括（　　）。

A. 承包人工作人员的报酬

B. 承包人实际支付的建筑构配件价款

C. 发包人欠付工程价款的利息

D. 承包人因发包人违约产生的损失

E. 承包人垫资的融资成本

【解析】　根据《最高人民法院关于审理建设工程施工合同纠纷案件适用法律问题的解释（二）》第二十一条的规定，承包人建设工程价款优先受偿的范围依照国务院有关行政主管部门关于建设工程价款范围的规定确定，承包人就逾期支付建设工程价款的利息、违约金、损害赔偿金等主张优先受偿的，人民法院不予支持，故选项 C、D、E 错误。

8.【2023 年真题】开发商乙与甲施工企业订立了建设工程施工合同，将房屋建筑工程的施工发包给甲，工程竣工验收合格后，乙未按约定支付工程结算价款，经甲催告后，乙仍逾期未付，关于甲拟主张建设工程价款优先受偿权的说法正确的是（　　）。

A. 甲有权直接向乙主张建设工程价款优先受偿权

B. 甲主张建设工程价款优先偿权的期限不得超过 6 个月

C. 甲行使建设工程价款优先受偿权的期限自竣工验收合格之日起算

D. 甲主张优先受偿权的范围不包括已逾期支付工程结算价的利息

【解析】　根据《民法典》第八百零七条的规定，发包人未按照约定支付价款的，承包人可以催告发包人在合理期限内支付价款。发包人逾期不支付的，除根据建设工程的性质不宜折价、拍卖外，承包人可以与发包人协议将该工程折价，也可以请求人民法院将该工程依法拍卖。建设工程的价款就该工程折价或者拍卖的价款优先受偿。选项 A 错在"直接"，应当为"协议折价"或"请求法院"。

根据《最高人民法院关于审理建设工程施工合同纠纷案件适用法律问题的解释（一）》第四十一条的规定，承包人应当在合理期限内行使建设工程价款优先受偿权的期限为 18 个月，自发包人应当给付建设工程价款之日起算，故选项 B、C 错误。

根据《最高人民法院关于审理建设工程施工合同纠纷案件适用法律问题的解释（一）》第四十条的规定，承包人建设工程价款优先受偿的范围依照国务院有关行政主管部门关于建设工程价款范围的规定确定。

承包人就逾期支付建设工程价款的利息、违约金、损害赔偿金等主张优先受偿的，人民法院不予支持，故选项 D 正确。

9.【2020 年真题】根据《最高人民法院关于审理建设工程施工合同纠纷案件适用法律问题的解释（二）》，关于建设工程合同承包人工程价款优先受偿权的说法，正确的有（　　）。

A. 未竣工的建设工程质量合格，承包人请求其承建工程的价款就其承建工程部分折价或者拍卖的价款优先受偿的，人民法院不予支持

B. 装饰装修工程的承包人就该装饰装修工程折价或者拍卖的价款享有优先受偿权

C. 承包人行使建设工程价款优先受偿权的期限为 6 个月

D. 承包人行使建设工程价款优先受偿权的期限自发包人应当给付建设工程价款之日起算

E. 承包人工程价款优先受偿权不得放弃

【解析】 根据《最高人民法院关于审理建设工程施工合同纠纷案件适用法律问题的解释（二）》第二十条的规定，未竣工的建设工程质量合格，承包人请求其承建工程的价款就其承建工程部分折价或者拍卖的价款优先受偿的，人民法院应予支持，故选项 A 错误。

根据《最高人民法院关于审理建设工程施工合同纠纷案件适用法律问题的解释（二）》第十八条的规定，装饰装修工程的承包人，请求装饰装修工程价款就该装饰装修工程折价或者拍卖的价款优先受偿的，人民法院应予支持，但装饰装修工程的发包人不是该建筑物的所有权人的除外，故选项 B 错误（注意：本选项本身没有错误，只是表述不够严密完整，多选题谨慎原则，不选）。

根据《最高人民法院关于审理建设工程施工合同纠纷案件适用法律问题的解释（二）》第二十二条的规定，承包人行使建设工程价款优先受偿权的期限为 6 个月，自发包人应当给付建设工程价款之日起算，故选项 C、D 正确。

根据《最高人民法院关于审理建设工程施工合同纠纷案件适用法律问题的解释（二）》第二十三条的规定，发包人与承包人约定放弃或者限制建设工程价款优先受偿权，损害建筑工人利益，发包人根据该约定主张承包人不享有建设工程价款优先受偿权的，人民法院不予支持，故选项 E 错误（注意："承包人放弃优先受偿权，损害建筑工人利益，法院不予支持"与"承包人不得放弃优先受偿权"是两个情形，如果"承包人不得放弃"，那么规定优先受偿权的期限就没有意义了）。

10.【2023 年真题】根据《最高人民法院关于审理建设工程施工合同纠纷案件适用法律问题的解释（一）》，建设工程承包人已经提交竣工验收报告，发包人拖延验收，双方对实际竣工日期发生争议，竣工日期为（ ）。

A. 承包人提交竣工验收报告之日   B. 竣工验收合格之日
C. 建设工程移交之日   D. 竣工验收报告载明的日期

【解析】 根据《最高人民法院关于审理建设工程施工合同纠纷案件适用法律问题的解释（一）》第九条的规定，当事人对建设工程实际竣工日期有争议的，人民法院应当分别按照以下情形予以认定：

① 建设工程经竣工验收合格的，以竣工验收合格之日为竣工日期；

② 承包人已经提交竣工验收报告，发包人拖延验收的，以承包人提交验收报告之日为竣工日期；

③ 建设工程未经竣工验收，发包人擅自使用的，以转移占有建设工程之日为竣工日期。

11.【2018 年真题】某施工合同约定，工程通过竣工验收后 2 个月内，结清所有工程款。2017 年 9 月 1 日工程通过竣工验收，但直到 2017 年 9 月 20 日施工企业将工程移交建设单位，之后建设单位一直未支付工程余款。2018 年 5 月 1 日施工企业将建设单位起诉至人民法院，要求其支付工程欠款及利息，则利息起算日为（ ）。

A. 2017 年 9 月 21 日   B. 2017 年 11 月 21 日
C. 2018 年 5 月 2 日   D. 2017 年 11 月 2 日

【解析】 利息从应付工程价款之日起计付。本题中合同约定，工程通过竣工验收后 2 个月内结清所有工程款，故 2017 年 11 月 2 日为利息的起算时间。

根据《最高人民法院关于审理建设工程施工合同纠纷案件适用法律问题的解释（一）》

第二十七条的规定，当事人对付款时间没有约定或者约定不明的，下列时间视为应付款时间：

① 建设工程已实际交付的，为交付之日；

② 建设工程没有交付的，为提交竣工结算文件之日；

③ 建设工程未交付，工程价款也未结算的，为当事人起诉之日。

12.【2023 年真题】根据《最高人民法院关于审理建设工程施工合同纠纷案件适用法律问题的解释（一）》，关于工程垫资处理的说法，正确的是（　　）。

A. 当事人对垫资有约定的，按照工程欠款处理

B. 当事人对垫资没有约定的，按照借款纠纷处理

C. 当事人对垫资利息没有约定，承包人请求支付利息的，人民法院不予支持

D. 当事人对垫资利息有约定的，人民法院最高支持的垫资利息为同类贷款利率或者同期贷款市场报价利率的 4 倍

【解析】　根据《最高人民法院关于审理建设工程施工合同纠纷案件适用法律问题的解释（一）》第二十五条的规定，当事人对垫资和垫资利息有约定，承包人请求按照约定返还垫资及其利息的，人民法院应予支持，但是约定的利息计算标准高于垫资时的同类贷款利率或者同期贷款市场报价利率的部分除外。

当事人对垫资没有约定的，按照工程欠款处理。

当事人对垫资利息没有约定，承包人请求支付利息的，人民法院不予支持。

故选项 A（有约定按约定处理）、B 错误，选项 C 正确。

根据《最高人民法院关于审理建设工程施工合同纠纷案件适用法律问题的解释（一）》第二十六条的规定，当事人对欠付工程价款利息计付标准有约定的，按照约定处理。没有约定的，按照同期同类贷款利率或者同期贷款市场报价利率计息，故选项 D 错误。

13.【2017 年真题】根据《最高人民法院关于审理建设工程施工合同纠纷案件适用法律问题的解释》关于解决工程价款结算争议的说法，正确的是（　　）。

A. 欠付工程款的利息从当事人起诉之日起算

B. 当事人约定垫资利息，承包人请求按照约定支付利息的，不予支持

C. 建设工程承包人行使优先权的期限自转移占有建设工程之日起计算

D. 当事人对欠付工程款利息计付标准没有约定的，按照中国人民银行发布的同期同类贷款利率计息

【解析】　根据《最高人民法院关于审理建设工程施工合同纠纷案件适用法律问题的解释（一）》的相关规定，建设工程未交付，工程价款也未结算的为当事人起诉之日，故选项 A 错误。

当事人约定垫资利息，承包人请求按照约定支付利息的，应予支持，但是约定的利息计算标准高于垫资时的同类贷款利率或同期贷款市场报价利率的部分除外，故选项 B 错误。

根据《最高人民法院关于审理建设工程施工合同纠纷案件适用法律问题的解释（二）》第二十二条的规定，承包人行使建设工程价款优先受偿权的期限为 6 个月，自发包人应当给付建设工程价款之日起算，故选项 C 错误。

14.【2015 年真题】某建筑公司与某开发公司签订了一份建设工程施工合同，合同约定由建筑公司预先垫付 20% 的工程款，但没有约定利息的计算方法。后两家公司就工程款支

付发生争议，建筑公司诉至人民法院，要求开发公司支付工程款并偿还垫付工程款的利息，人民法院应（　　）。

A. 对该诉讼请求全部予以支持

B. 对工程款诉讼请求予以支持，对利息诉讼请求不予支持

C. 对该诉讼请求全部不予支持

D. 对工程款诉讼请求不予支持，对利息诉讼请求予以支持

【解析】 根据《最高人民法院关于审理建设工程施工合同纠纷案件适用法律问题的解释（一）》的第二十五条的规定，当事人对垫资和垫资利息有约定，承包人请求按照约定返还垫资及其利息的，应予支持，但是约定的利息计算标准高于垫资时的同类贷款利率或者同期贷款市场报价利率的部分除外。当事人对垫资没有约定的，按照工程欠款处理；当事人对垫资利息没有约定，承包人请求支付利息的，不予支持。

15.【2013年真题】乙施工单位通过招标程序中标了甲开发公司的一个施工项目。签约前，甲要求让利5%，否则不签施工合同。后双方按中标价签订了备案合同，同时签订了让利5%的补充协议。竣工结算时，甲按让利协议扣减结算总价5%，乙以自己亏损为由不同意让利并向法院提起诉讼，要求按中标价结算。下列说法正确的是（　　）。

A. 应以备案合同作为结算工程价款依据

B. 该补充协议属于可撤销合同

C. 应以补充协议作为结算工程价款依据

D. 乙方行为构成合同违约

【解析】 根据《最高人民法院关于审理建设工程施工合同纠纷案件适用法律问题的解释（一）》第二十二条的规定，当事人签订的建设工程施工合同与招标文件、投标文件、中标通知书载明的工程范围、建设工期、工程质量、工程价款不一致，一方当事人请求将招标文件、投标文件、中标通知书作为结算工程价款的依据的，人民法院应予支持。

16.【2022年真题】下列情形中，导致施工合同无效的有（　　）。

A. 与无相应资质的施工单位签订的合同

B. 当事人对合同内容有重大误解的

C. 合同一方受胁迫签订的合同

D. 发包人要求承包人垫资施工的合同

E. 依法应进行招标而未招标，直接与承包人签订的合同

【解析】 根据《最高人民法院关于审理建设工程施工合同纠纷案件适用法律问题的解释（一）》第一条的规定，建设工程施工合同具有下列情形之一的，应当依据《民法典》第一百五十三条第一款的规定，认定无效：①承包人未取得建筑业企业资质或者超越资质等级的；②没有资质的实际施工人借用有资质的建筑施工企业名义的；③建设工程必须进行招标而未招标或者中标无效的。承包人因转包、违法分包建设工程与他人签订的建设工程施工合同，应当依据《民法典》第一百五十三条第一款及第七百九十一条第二款、第三款的规定，认定无效。

选项B、C属于重大误解、欺诈胁迫订立合同的情形，为可撤销合同，故错误。

垫资不一定违反法律行政法规的强制性规定，不会导致合同无效，故选项D错误。

17.【2017年真题】建设工程施工合同无效，将会产生的法律后果（　　）。

A. 折价补偿 　　　　　　　　　　B. 赔偿损失

C. 合同解除 　　　　　　　　　　D. 继续履行

E. 支付违约金

【解析】　根据《民法典》第一百五十七条的规定，民事法律行为无效、被撤销或者确定不发生效力后，因该行为取得的财产应当予以返还；不能返还或者没有必要返还的，应当折价补偿。有过错的一方应当赔偿对方因此所受到的损失；各方都有过错的，应当各自承担相应的责任。

合同的解除适用于合法有效的合同，而无效合同、可撤销合同不发生合同解除，故选项C错误。

"继续履行""支付违约金"均为违约责任，合同无效，无约可违，故选项D、E均错误。

18.【2015年真题】下列建设工程合同中，属于无效合同的有（　　　）。

A. 施工企业超越资质等级订立的合同

B. 发包人胁迫施工企业订立的合同

C. 没有资质的实际施工人借用有资质的建筑施工企业名义订立的合同

D. 供应商欺诈施工单位订立的采购合同

E. 施工企业与发包人订立的重大误解合同

【解析】　根据《民法典》第一百五十三条的规定，违反法律、行政法规的强制性规定的民事法律行为无效。但是，该强制性规定不导致该民事法律行为无效的除外，故选项A、C正确。

19.【2019年真题】关于施工合同变更的说法，正确的是（　　　）。

A. 施工合同变更应当办理批准登记手续

B. 工程变更必须导致施工合同条款变更

C. 施工合同非实质性条款的变更，无须双方当事人协商一致

D. 当事人对施工合同变更内容约定不明确的推定为未变更

【解析】　根据《民法典》第五百四十三条的规定，当事人协商一致，可以变更合同。法律、行政法规规定变更合同应当办理批准、登记等手续的，依照其规定。施工合同不属于法律法规规定应当办理批准、登记等手续的，故选项A错误。

若工程变更的范围在合同约定的范围内，则工程变更不会导致施工合同条款的变更，故选项B错误。

合同任何条款的变更，须合同双方当事人协商一致，否则变更不成立，故选项C错误。

当事人对合同变更的内容约定不明确的推定为未变更，故选项D正确。

20.【2021年真题】关于施工合同解除的说法，正确的是（　　　）。

A. 合同约定的期限内承包人没有完工，发包人可以解除合同

B. 发包人未按约定支付工程价款，承包人可以解除合同

C. 承包人将承包的工程转包，发包人可以解除合同

D. 承包人已经完工的建设工程质量不合格，发包人可以解除合同

【解析】　根据《最高人民法院关于审理建设工程施工合同纠纷案件适用法律问题的解释》第八条的规定，承包人具有下列情形之一，发包人请求解除建设工程施工合同的，应

予支持：

① 明确表示或者以行为表明不履行合同主要义务的。

② 合同约定的期限内没有完工，且在发包人催告的合理期限内仍未完工的，故选项 A 错误。

③ 已经完成的建设工程质量不合格，并拒绝修复的，故选项 D 错误。

④ 将承包的建设工程非法转包、违法分包的，故选项 C 正确。

发包人未按约定支付工程价款致使承包人无法施工，且在催告的合理期限内仍未履行相应义务，承包人请求解除建设工程施工合同的，应予支持，故选项 B 错误。

21.【2020 年真题】根据《最高人民法院关于审理建设工程施工合同纠纷案件适用法律问题的解释》，下列情形中，发包人可以请求人民法院解除建设工程施工合同的有（　　）。

A. 承包人明确表示不履行合同主要义务的

B. 承包人已经完成的建设工程质量不合格，并拒绝修复的

C. 承包人将承包的建设工程转包的

D. 承包人在合同约定的期限内没有完工的

E. 承包人将承包的建设工程违法分包的

【解析】　根据《最高人民法院关于审理建设工程施工合同纠纷案件适用法律问题的解释》第八条的规定（见 20 题解析内容）。

承包人在合同约定的期限内没有完工的，应当先催告，经催告后在合理期限内仍未完工的才能解除合同，故选项 D 错误。

22.【2018 年真题】2017 年 8 月，乙施工企业向甲建设单位主张支付工程款，甲以施工质量不合格为由拒绝支付，2017 年 10 月 15 日，乙与丙协商将其 50 万元工程款债权转让给丙公司，同年 10 月 25 日，甲接到乙转让债权的通知。关于该债权转让的说法，正确的是（　　）。

A. 乙和丙之间的债权转让必须经甲同意

B. 甲对乙 50 万元债权的抗辩权不得向丙主张

C. 甲拒绝支付 50 万元工程款，丙可以要求甲和乙承担连带责任

D. 乙和丙之间的债权转让于 2017 年 10 月 25 日对甲发生效力

【解析】　根据《民法典》第五百四十六、五百四十八条的规定，债权人转让债权、未通知债务人的，该转让对债务人不发生效力。乙和丙的债权转让不必经甲债务人的同意，因此选项 A 错误。

债务人接到债权转让通知后，债务人对让与人的抗辩，可以向受让人主张，故选项 B 错误。选项 C 的说法法律法规中无规定。

当债务人接到权利转让的通知后，权利转让即行生效，故选项 D 正确。

23.【2018 年真题】下列施工合同履行过程发生的情形中，当事人可以解除合同的有（　　）。

A. 建设单位延期支付工程款，经催告后同意提供担保的

B. 未经建设单位同意，施工企业擅自更换了现场技术员的

C. 施工企业已完成的建设工程质量不合格，并拒绝修复的

D. 施工过程中，施工企业不满建设单位的指令，将全部工人和施工机械撤离现场，并

开始了其他工程建设的

E. 施工企业施工组织不力，导致工期一再延误，使该工程项目已无投产价值的

【解析】 根据《民法典》第五百六十三条的规定，有下列情形之一的，当事人可以解除合同：

① 因不可抗力致使不能实现合同目的；

② 在履行期限届满之前，当事人一方明确表示或者以自己的行为表明不履行主要债务；

③ 当事人一方迟延履行主要债务，经催告后在合理期限内仍未履行；

④ 当事人一方迟延履行债务或者有其他违约行为致使不能实现合同目的；

⑤ 法律规定的其他情形。

选项 A、B 属于可以继续履行的情形，不得解除合同。

选项 C、D 属于明确表示或以自己的行为表示不履行主要债务，选项 E 属于当事人一方迟延履行致使不能实现合同目的的情形。

24.【2017 年真题】乙施工企业向甲建设单位主张支工程款，甲以工程质量不合格为由拒绝支付，乙将其工程款的债权转让给丙并通知了甲。丙向甲主张该债权时，甲仍以质量原因拒绝支付。关于该案中债权转让的说法，正确的是（　　）。

A. 乙的债权属于法定不得转让的债权

B. 甲可以向丙行使因质量原因拒绝支付的抗辩

C. 乙转让债权应当经过甲同意

D. 乙转让债权的通知可以不用通知甲

【解析】 乙的债权属于可以转让的债权，故选项 A 错误；债权人转让权利的，应当通知债务人，但不必经债务人同意，故选项 C、D 均错误。

债务人接到债权转让通知后，债务人对让与人的抗辩，可以向受让人主张，故选项 B 正确。

25.【2016 年真题】2015 年 9 月 15 日，甲公司与丙公司订立书面协议转让其对乙公司的 30 万元债权，同年 9 月 25 日甲公司将该债权转让通知了乙公司。关于该案的说法，正确的是（　　）。

A. 甲公司与丙公司之间的债权转让协议于 2015 年 9 月 25 日生效

B. 丙公司自 2015 年 9 月 15 日起可以向乙公司主张 30 万元的债权

C. 甲公司和乙公司就 30 万元债务的清偿对丙公司承担连带责任

D. 甲公司和丙公司之间的债权转让行为于 2015 年 9 月 25 日对乙公司发生效力

【解析】 根据《民法典》第五百四十六条的规定，债权人转让债权应当通知债务人，未经通知的转让行为对债务人不发生效力，故选项 D 正确。

26.【2015 年真题】根据《民法典》，债权人将合同中的权利转让给第三人的，（　　）。

A. 需经债务人同意，且需办理公证手续

B. 无须经债务人同意，也不必通知债务人

C. 无须债务人同意，但需办理公证手续

D. 无须债务人同意，但需通知债务人

【解析】 根据《民法典》的规定，债权人转让权利的，应当通知债务人。未经通知，

转让对债务人不发生效力。债权的转让，无须债务人同意；债务的转让，应当经债权人同意。

27.【2013年真题】根据《民法典》的规定，允许单方解除合同的情形是（　　）。

A. 由于不可抗力致使合同不能履行　　　　B. 法定代表人变更

C. 当事人一方发生合并、分立　　　　D. 当事人一方违约

【解析】 根据《民法典》第五百六十三条的规定，法定解除合同，有下列情形之一的，当事人可以解除合同（无须对方同意）：

① 因不可抗力致使不能实现合同目的；

② 在履行期限届满之前，当事人一方明确表示或者以自己的行为表明不履行主要债务；

③ 当事人一方迟延履行主要债务，经催告后在合理期限内仍未履行；

④ 当事人一方迟延履行债务或者有其他违约行为致使不能实现合同目的；

⑤ 法律规定的其他情形。

28.【2012年真题】甲公司向乙公司购买50吨水泥后，甲通知乙需要更改购买数量，但一直未明确具体数量。交货期届至，乙将50吨水泥交付给甲，甲拒绝接受，理由是已告知要变更合同。关于双方合同关系的说法，正确的是（　　）。

A. 乙承担损失

B. 甲可根据实际情况部分接收

C. 双方合同已变更，乙送货构成违约

D. 甲拒绝接收，应承担违约责任

【解析】 根据《民法典》第五百四十四条的规定，当事人对合同变更的内容约定不明确的，推定为未变更。题中"甲通知乙需要更改购买数量，但一直未明确具体数量"为合同变更约定不明的情形，推定为未变更，按照原合同约定执行，甲拒绝接收应承担违约责任。

29.【2011年真题】根据《民法典》的规定，下列合同转让合法生效的是（　　）。

A. 某教授与施工企业约定培训一次，但因培训当天临时有急事，便让自己的博士生代为授课

B. 甲因急需用钱便将对乙享有的1万元债权转让给了第三人，甲打电话通知了乙

C. 建设单位到期不能支付工程款，书面通知施工企业将债务转让给第三人，请施工企业向第三人主张债权

D. 监理单位将监理合同概括转让给其他具有相应监理资质的监理单位

【解析】 根据《民法典》关于合同转让的有关规定，债务转让需债权人同意，故选项A、C错误；债权转让须通知债务人，但无须债务人同意，故选项B正确；监理合同依法不得转让，故选项D错误。

30.【2023年真题】根据《民法典》，建设工程施工合同无效，且建设工程经验收不合格的，以下处理正确的是（　　）。

A. 修复后经验收合格的，依据合同关于工程价款的约定支付承包人

B. 修复后经验收不合格的，参照合同关于工程价款的约定折价补偿承包人

C. 修复后经验收合格的，发包人可以请求承包人承担修复费用

D. 修复后经验收不合格的，发承包双方均应当承担责任

【解析】 根据《民法典》第七百九十三条的规定，建设工程施工合同无效，但是建设

工程经验收合格的，可以参照合同关于工程价款的约定折价补偿承包人。

建设工程施工合同无效，且建设工程经验收不合格的，按照以下情形处理：

① 修复后的建设工程经验收合格的，发包人可以请求承包人承担修复费用；

② 修复后的建设工程经验收不合格的，承包人无权请求参照合同关于工程价款的约定折价补偿。

发包人对因建设工程不合格造成的损失有过错的，应当承担相应的责任。

31.【2023年真题】关于合同解除的说法，正确的有（　　）。

A. 以持续履行的债务为内容的不定期合同，当事人可以随时解除合同，但是应当在合理期限之前通知对方

B. 当事人一方迟延履行主要债务，对方可以解除合同

C. 对方对解除合同有异议的，主张解除的当事人无权请求人民法院或者仲裁机构确认解除行为的效力

D. 当事人一方依法主张解除合同，应通知对方的，合同自通知到达对方时解除

E. 当事人一方未通知对方，直接以提起诉讼方式主张解除合同并被人民法院确认的，合同自起诉状副本送达对方时解除

【解析】　当事人一方迟延履行主要债务，经催告后在合理期限内仍未履行，另一方有权解除合同，故选项B错误。

根据《民法典》第五百六十五条的规定，对方对解除合同有异议的，任何一方当事人均可以请求人民法院或者仲裁机构确认解除行为的效力，故选项C错误。

二、参考答案

题号	1	2	3	4	5	6	7	8	9	10
答案	B	ACD	A	D	C	ACE	AB	D	CD	A
题号	11	12	13	14	15	16	17	18	19	20
答案	D	C	D	B	A	AE	AB	AC	D	C
题号	21	22	23	24	25	26	27	28	29	30
答案	ABCE	D	CDE	B	D	D	A	D	B	C
题号	31									
答案	ADE									

三、2025年考点预测

考点一：施工合同的效力

（1）施工合同无效的情形

（2）施工合同无效的结算

考点二：建设工程工期、质量和价款

（1）建设工程施工合同实际开工日期、实际竣工日期、应付款日期的确定

（2）建设工程结算的有关规定

（3）工程垫资及利息的有关规定

（4）建设工程价款优先受偿权的规定

考点三：施工合同的变更

合同的转让、变更的规定

考点四：施工合同的权利义务终止

（1）合同的法定解除情形，解除权的形式

（2）施工合同解除的特别规定

第三节　相关合同制度

考点一：买卖合同

考点二：借款合同

考点三：保证合同

考点四：租赁合同

考点五：承揽合同

考点六：运输合同

考点七：仓储合同

考点八：委托合同

考点九：保险合同

一、历年真题及解析

1.【2023 年真题】关于承揽合同的说法，正确的是（　　）。

A. 承揽合同由定作人负责提供相关设备或者技术

B. 承揽合同以完成一定的工作并交付工作成果为标的

C. 承揽人工作不具有独立性

D. 承揽人享有法定任意解除权

【解析】 根据《民法典》第七百七十二条的规定，承揽人应当以自己的设备、技术和劳力，完成主要工作，但是当事人另有约定的除外，故选项 A 错误。

根据《民法典》第七百七十条的规定，承揽合同是承揽人按照定作人的要求完成工作，交付工作成果，定作人支付报酬的合同，即承揽合同以完成一定的工作并交付工作成果为标的，故选项 B 正确。

承揽人工作具有独立性，故选项 C 错误。

根据《民法典》第七百八十七条的规定，定作人在承揽人完成工作前可以随时解除合同，造成承揽人损失的，应当赔偿损失，即定作人享有法定任意解除权，故选项 D 错误。

2.【2022 年真题】承揽合同说法正确的是（　　）。

A. 当事人可以约定承揽人使用定作人的技术完成工作

B. 承揽人经过定作人同意，可以将主要工作交由第三人完成，但不必对工作成果向定作人负责

C. 承揽人不得将承揽的辅助工作交由第三人完成

D. 承揽人在完成工作过程中，不接受定作人的监督

【解析】　根据《民法典》第七百七十二条的规定，承揽人应当以自己的设备、技术和劳力，完成主要工作，但是当事人另有约定的除外，故选项 A 正确。

未经定作人的同意，承揽人将承揽的主要工作交由第三人完成的，定作人可以解除合同；经定作人同意的，承揽人也应就第三人完成的工作成果向定作人负责，故选项 B 错误。

根据《民法典》第七百七十三条的规定，承揽人有权将其承揽的辅助工作交由第三人完成，承揽人将承揽的辅助工作交由第三人完成的，应当就第三人完成的工作成果向定作人负责，故选项 C 错误。

根据《民法典》第七百七十九条的规定，承揽人在工作期间，应当接受定作人必要的监督检验，但定作人不得因监督检验妨碍承揽人的正常工作，故选项 D 错误。

3.【2020 年真题】甲公司和乙公司订立了预制构件承揽合同，合同履行过半，甲公司突然通知乙公司解除合同，关于甲公司和乙公司权利的说法，正确的是（　　）。

A. 经乙公司同意后甲公司方可解除合同

B. 乙公司有权要求甲公司继续履行合同

C. 合同履行过半后，甲公司无权解除合同

D. 甲公司有权随时解除合同，但应当向乙公司赔偿相应的损失

【解析】　根据《民法典》第七百八十七的规定，定作人可以随时解除承揽合同，造成承揽人损失的，应当赔偿损失。根据题干描述，甲为定作人，故选项 D 正确。

4.【2024 年真题】根据《民法典》，关于承揽合同履行的说法，正确的是（　　）。

A. 定作人验收并受领承揽物或者工作成果的，免除承揽人的瑕疵担保责任

B. 定作人不履行协助义务的，承揽人可以直接解除合同

C. 定作人在承揽人完成工作前可以随时解除合同，造成承揽人损失的，应当赔偿损失

D. 承揽人未经定作人同意将辅助承揽工作交由第三人完成的，定作人可以解除合同

【解析】　根据《民法典》第七百八十一条的规定，承揽人交付的工作成果不符合质量要求的，定作人可以合理选择请求承揽人承担修理、重作、减少报酬、赔偿损失等违约责任，故选项 A 错误。

根据《民法典》第七百七十八条的规定，定作人不履行协助义务，经催告仍未履行的，承揽人可以解除合同，故选项 B 错误。

根据《民法典》第七百八十七条的规定，定作人在承揽人完成工作前可以随时解除合同，造成承揽人损失的，应当赔偿损失，故选项 C 正确。

根据《民法典》第七百七十三条的规定，承揽人可以将其承揽的辅助工作交由第三人完成，故选项 D 错误。

5.【2018 年真题】甲施工企业与乙预制构件加工厂签订了承揽合同，合同约定由甲提供所需材料和图纸，关于该合同主体权利义务的说法，正确的是（　　）。

A. 未经甲许可，乙不得留存复制品或技术资料

B. 没有约定报酬支付期限的，甲应当先行预付

C. 因甲提供的图纸不合理导致损失的，甲与乙承担连带责任

D. 乙发现甲提供的材料不合格，遂自行更换为自己确认合格的材料

【解析】　根据《民法典》的有关规定，承揽人应当按照定作人的要求保守秘密，未经定作人许可，不得留存复制品或者技术资料，故选项 A 正确。

对支付报酬的期限没有约定或者约定不明确的，可以协议补充；不能达成补充协议的，按照合同有关条款或者交易习惯确定。对于不能达成补充协议，也不能按照合同有关条款或者交易习惯确定的，定作人应当在承揽人交付工作成果时支付；工作成果部分交付的，定作人应当相应支付，故选项 B 错误。

承揽人发现定作人提供的图纸或者技术要求不合理的，在通知定作人后，因定作人怠于答复等原因造成承揽人损失的，定作人应当赔偿损失，故选项 C 错误。

承揽人不得擅自更换定作人提供的材料，故选项 D 错误。

6.【2017 年真题】某施工企业与预制构件厂签订了预制构件加工合同，构件加工过程中施工企业要求变更构件设计，对方同意变更，但加工构件超过 60%时，该施工企业提出解除合同，关于该施工企业权利的说法，正确的是（　　）。

A. 可随时解除合同　　　　　　　　B. 享有留置权

C. 不得单方变更设计　　　　　　　D. 可请求法院撤销合同

【解析】　根据《民法典》第七百八十七条的规定，定作人可以随时解除承揽合同，造成承揽人损失的，应当赔偿损失。

7.【2023 年真题】承揽合同中，承揽人的义务包括（　　）。

A. 按照合同约定完成承揽工作

B. 对定作人提供的材料及时进行检验

C. 发现定作人的技术要求不合理的，及时通知定作人

D. 验收工作成果

E. 接受定作人必要的监督检查

【解析】　根据《民法典》的规定，承揽合同中，验收工作成果是定作人的义务，故选项 D 错误。

8.【2020 年真题】下列情形中，应当由出卖人承担标的物毁损、灭失风险的有（　　）。

A. 标的物需要运输，当事人对交付地点约定不明确，出卖人将标的物交付给第一承运人后

B. 施工企业购买一批安全帽，出卖人尚未交付

C. 标的物已运抵交付地点，施工企业因标的物质量不合格而拒收货物

D. 合同约定在标的物所在地交货，约定时间已过，施工企业仍未前往提货

E. 出卖人在交付标的物时未附产品说明书，施工企业已接收

【解析】　根据《民法典》第六百零三条的规定，当事人没有约定交付地点或者约定不明确，依照本法第五百一十条的规定仍不能确定的，标的物需要运输的，出卖人将标的物交付给第一承运人后，标的物毁损、灭失的风险由买受人承担，故选项 A 错误。

根据《民法典》第六百零四条的规定，标的物毁损、灭失的风险，在标的物交付之前由出卖人承担，交付之后由买受人承担，但法律另有规定或者当事人另有约定的除外。选项 B 中出卖人都没有完成交付，故标的物毁损、灭失的风险由出卖人承担，故选项 B 正确。

根据《民法典》第六百一十条的规定，因标的物质量不符合质量要求，致使不能实现

合同目的的，买受人可以拒绝接受标的物或者解除合同。买受人拒绝接受标的物或者解除合同的，标的物毁损、灭失的风险由出卖人承担，故选项C正确。

根据《民法典》第六百零八条的规定，出卖人按照约定或者依照本法第六百零三条第二款第二项的规定将标的物置于交付地点，买受人违反约定没有收取的，标的物毁损、灭失的风险自违反约定之日起由买受人承担，故选项D错误。

根据《民法典》第六百零九条的规定，出卖人按照约定未交付有关标的物的单证和资料的，不影响标的物毁损、灭失风险的转移，故选项E错误。

9.【2019年真题】甲施工企业向乙建材公司购买一批水泥，关于该买卖合同中水泥毁损，灭失风险承担的说法，正确的是（　　）。

A. 若由于甲自身过错，导致水泥交付期限推迟一周，灭失的风险由甲承担的时间相应推迟

B. 若甲拒绝接受水泥或解除合同，则水泥毁损灭失的风险由乙承担

C. 水泥毁损、灭失的风险，交付之前由乙承担，交付之后由甲承担

D. 若乙出卖的水泥为在途标的物时，则其毁损灭失的风险自水泥交付完成时，由甲承担

【解析】　根据《民法典》第六百零五条的规定，因买受人的原因致使标的物不能按照约定的期限交付的，买受人应当自违反约定之日起承担标的物毁损、灭失的风险，故选项A、B错误。

根据《民法典》第六百零四条的规定，标的物毁损、灭失的风险，在标的物交付之前由出卖人承担，交付之后由买受人承担，但法律另有规定或者当事人另有约定的除外，故选项C正确。

根据《民法典》第六百零六条的规定，出卖人出卖交由承运人运输的在途标的物，除当事人另有约定的以外，毁损、灭失的风险自合同成立时起由买受人承担，故选项D错误。

10.【2018年真题】甲施工企业向乙机械设备公司购买了机械设备，并签订了买卖合同，合同约定乙将上述设备交由一家运输公司运输，但没有约定毁损风险的承担，则乙的主要义务有（　　）。

A. 按合同约定交付机械设备

B. 转移机械设备的所有权

C. 承担机械设备运输过程中毁损的风险

D. 机械设备的瑕疵担保

E. 为机械设备购买运输保险

【解析】　乙为出卖人，根据《民法典》第六百零七条的规定，出卖人按照约定将标的物运送至买受人指定地点并支付给承运人后，标的物毁损、灭失的风险由买受人承担，故选项C错误。根据《民法典》的相关规定，出卖人的主要义务有：按照合同约定交付标的物的义务，转移标的物所有权的义务，瑕疵担保义务，故选项A、B、D正确。

11.【2024年真题】某建筑设备公司向某施工企业出售了一批交由承运人运输的在途二手外端喷涂机器人，关于该买卖合同履行的说法，正确的是（　　）。

A. 设备公司对机器人承担质量瑕疵担保义务

B. 设备公司对机器人不承担权利瑕疵担保义务

C. 在途机器人毁损、灭失的风险自机器人交付时起由施工企业承担

D. 因机器人不符合质量要求，施工企业拒绝接受机器人，机器人毁损、灭失的风险由设备公司与施工企业共同承担

【解析】 根据《民法典》的相关规定，出卖人的主要义务有：按照合同约定交付标的物的义务，转移标的物所有权的义务，瑕疵担保义务（包括物的瑕疵担保和权利瑕疵担保），故选项 A 正确、选项 B 错误。

根据《民法典》第六百零六条的规定，出卖人出卖交由承运人运输的在途标的物，除当事人另有约定外，毁损、灭失的风险自合同成立时起由买受人承担，故选项 C 错误。

根据《民法典》第六百一十条的规定，因标的物不符合质量要求，致使不能实现合同目的的，买受人可以拒绝接受标的物或者解除合同。买受人拒绝接受标的物或者解除合同的，标的物毁损、灭失的风险由出卖人承担，故选项 D 错误。

12.【2016 年真题】关于买卖合同的说法中，正确的有（   ）。

A. 标的物在交付之前产生的孳息，归出卖人所有

B. 试用期间届满，试用买卖的买受人对是否购买标的物未作表示的，视为购买

C. 买受人已经支付标的物总价款的 75% 以上的，出卖人无权要求取回标的物

D. 因标的物的主物不符合约定而解除合同的，解除合同的效力不及于从物

E. 标的物在订立合同之前已为买受人占有的，合同生效的时间为交付时间

【解析】 根据《民法典》的第三编第九章有关规定，标的物在交付之前产生的孳息，归出卖人所有，交付之后产生的孳息，归买受人所有，故选项 A 正确。

试用期间届满，买受人对是否购买标的物未作表示的，视为购买，故选项 B 正确。

标的物在订立合同之前已为买受人占有，合同生效即视为完成交付（简易交付），故选项 E 正确。

根据《最高人民法院关于审理买卖合同纠纷案件适用法律问题的解释》第三十六条的规定，所有权保留的买卖合同，买受人已经支付标的物总价款的 75% 以上，出卖人主张取回标的物的，人民法院不予支持，故选项 C 正确（超纲，仅需了解）。

因标的物的主物不符合约定而解除合同的，解除合同的效力及于从物，故选项 D 错误。

13.【2016 年真题】甲施工企业从乙公司购进一批水泥，乙公司为甲施工企业代办托运。在运输过程中，甲施工企业与丙公司订立合同将这批水泥转让丙公司，水泥在运输途中因山洪暴发火车出轨受到损失。该案中水泥的损失应由（   ）。

A. 丙公司承担   B. 甲施工企业承担

C. 乙公司承担   D. 甲施工企业和丙公司分担

【解析】 根据《民法典》第六百零六条的规定，出卖人出卖交由承运人运输的在途标的物，除当事人另有约定的以外，毁损、灭失的风险自合同成立时起由买受人承担，故选项 A 正确。

14.【2015 年真题】甲公司向乙公司购买了一批钢材，双方约定采用合同书的方式订立合同，由于施工进度紧张，在甲公司的催促之下，双方在未签字盖章之前，乙公司将钢材送到了甲公司，甲公司接受并投入工程使用。甲、乙公司之间的买卖合同（   ）。

A. 无效   B. 成立   C. 可变更   D. 可撤销

【解析】 根据《民法典》第四百九十条的规定，采用合同书形式订立合同，在签字或

盖章之前当事人一方已经履行主要义务，对方接受的，该合同成立，故选项 B 正确。

15.【2013年真题】出卖人将标的物的权利凭证交给买受人，以替代标的物的现实交付，该种交付方式称为（　　）。

A. 拟制交付　　　　　　　　　　　　B. 占有改定

C. 指示交付　　　　　　　　　　　　D. 简易交付

【解析】 买卖合同货物的交货方式有如下几种：

① 现实交付：标的物由出卖人直接交付给买受人；

② 简易交付：标的物在订立合同之前已为买受人占有，合同生效即视为完成交付；

③ 占有改定：买卖双方特别约定，合同生效后标的物仍然由出卖人继续占有，但其所有权已完成法律上的转移；

④ 指示交付：合同成立时，标的物为第三人合法占有，买受人取得了返还标的物请求权；

⑤ 拟制交付：出卖人将标的物的权利凭证（如仓单、提单）交给买受人，以代替标的物的现实交付，故选项 A 正确。

16.【2012年真题】甲施工单位与乙水泥公司签订一份水泥采购合同，甲签字、盖章后邮寄给乙签字、盖章。则该合同成立的时间为（　　）。

A. 甲、乙达成合意时　　　　　　　　B. 甲签字、盖章时

C. 乙收到合同书时　　　　　　　　　D. 乙签字、盖章时

【解析】 根据《民法典》第四百九十条的规定，当事人采用合同书形式订立合同的，自双方当事人签字或者盖章时合同成立，故选项 D 正确。

17.【2012年真题】甲将闲置不用的工程设备出售给乙，双方约定 3 天后交付设备。次日，甲又将该设备卖给丙，并向丙交付了该设备。经查，丙不知甲与乙之间有合同关系。关于甲、乙、丙之间的合同效力的说法，正确的是（　　）。

A. 甲与乙、丙之间的合同均有效

B. 甲与乙之间的合同无效，甲与丙之间的合同有效

C. 甲与乙、丙之间的合同均无效

D. 甲与乙之间的合同先生效后失效，甲与丙之间的合同有效

【解析】 当事人交付标的物属于履行合同，与合同的成立无关。甲与乙之间的合同有效，但是甲没有履行，承担违约责任。丙不知情，为善意第三人，甲与丙的合同有效，故选项 A 正确。

18.【2018年真题】关于借款合同的说法，正确的是（　　）。

A. 借款合同是实践合同

B. 对支付利息的期限没有约定的，借款期限 1 年以上的，应当在每届满 1 年时支付

C. 自然人之间的借款合同对支付利息没有约定或约定不明确的，视为支付利息

D. 借贷双方约定的利率超过 1 年期贷款市场报价利率的 4 倍的，则该借款的利息约定无效

【解析】 根据《民法典》第三编第十二章的规定，民间借贷合同是实践合同，自贷款人提供借款时生效，故选项 A 错误。

自然人之间的借款合同对支付利息没有约定或者约定不明确的，视为不支付利息，故选

项 C 错误。

借贷双方约定的利率超过 1 年期贷款市场报价利率的 4 倍的，超过部分的利息约定无效，故选项 D 错误。

19.【2023 年真题】关于借款合同当事人权利义务的说法，正确的是（　　）。

A. 借款人必须提供担保

B. 借款人未按照约定的借款用途使用借款的，贷款人应当解除合同

C. 贷款人的主要义务是提供借款和不得预扣利息

D. 当事人约定的借款利率不受限制

【解析】　订立借款合同，贷款人可以要求借款人提供担保，故选项 A 错误。

根据《民法典》第六百七十三条的规定，借款人未按照约定的借款用途使用借款的，贷款人可以停止发放借款、提前收回借款或者解除合同，故选项 B 错误。

贷款人的主要义务是提供借款和不得预扣利息，故选项 C 正确。

根据《民法典》第六百八十条的规定，禁止高利放贷，借款的利率不得违反国家有关规定，故选项 D 错误。

20.【2013 年真题】关于借款合同权利和义务的说法中，正确的有（　　）。

A. 贷款人不得预先在本金中扣除利息

B. 借款人应当按照约定的用途使用借款

C. 对于未定期限且无法确定期限的借款合同，借款人可以随时偿还

D. 订立借款合同，贷款人可以要求借款人提供担保

E. 贷款人有权处置拒不还款的借款人的其他财产

【解析】　根据《民法典》第三编第十二章的规定，对于未定期限且无法确定期限的借款合同，双方可以协议补充；不能达成补充协议的，按照合同有关条款或者交易习惯确定。对于不能达成补充协议，也不能按照合同有关条款或者交易习惯确定的，借款人可以随时返还，贷款人可以催告借款人在合理期限内返还，因此选项 C 错误。

贷款人无权处置拒不还款的借款人的其他财产，故选项 E 错误。

21.【2021 年真题】关于租赁合同的说法，正确的是（　　）。

A. 租赁合同的最长租赁期限，法律没有限制

B. 当事人未依照法律、行政法规的规定办理租赁合同登记备案手续的，不影响合同的效力

C. 租赁合同应当采用书面形式

D. 定期租赁合同期限届满，承租人继续使用租赁物，出租人没有提出异议的，原租赁合同继续有效，租赁期限为原租赁合同的期限

【解析】　根据《民法典》第七百零五条的规定，租赁合同可以约定租赁期限，但租赁期限不得超过 20 年。超过 20 年的，超过部分无效，故选项 A 错误。

根据《民法典》第七百零六条的规定，当事人未依照法律、行政法规规定办租赁合同登记备案手续的，不影响合同的效力，故选项 B 正确。

根据《民法典》第七百零七条的规定，租赁期限 6 个月以上的，应当采用书面形式。当事人未采用书面形式，无法确定租赁期限的，视为不定期租赁，故选项 C 错误。

根据《民法典》第七百三十四条的规定，租赁期限届满，承租人继续使用租赁物，出

租人没有提出异议的，原租赁合同继续有效，但是租赁期限为不定期，故选项 D 错误。

22.【2020 年真题】关于租赁合同的说法，正确的是（　　）。

A. 租赁期限超过 6 个月的，可以采用书面形式

B. 租赁合同应当采用书面形式，当事人未采用的，视为租赁合同未生效

C. 租赁期限超过 20 年的，超过部分无效

D. 租赁物在租赁期间发生所有权变动的，租赁合同解除

【解析】　根据《民法典》第七百零七条的规定，租赁期限 6 个月以上的，应当采用书面形式。当事人未采用书面形式的，视为不定期租赁，故选项 A 错误。

《民法典》规定租赁期限 6 个月以上的应当采用书面形式，6 个月以下的没有规定，且没有采用书面形式不一定是不定期租赁，故选项 B 错误。

根据《民法典》第七百零五条的规定，租赁期限不得超过 20 年。超过 20 年的，超过部分无效，故选项 C 正确。

根据《民法典》第七百二十五条的规定，租赁物在租赁期间发生所有权变动的，不影响租赁合同的效力，故选项 D 错误。

23.【2023 年真题】关于货运合同的说法正确的是（　　）。

A. 货运合同的收货人和托运人不是同一人

B. 多式联运单据是不可转让单据

C. 承运人的主要权利包括求偿权，特殊情况下的拒运权和留置权

D. 货运合同的标的是运输的货物

【解析】　货运合同的收货人和托运人可以是同一人，故选项 A 错误。

多式联运单据可以是可转让单据，也可以是不可转让单据，故选项 B 错误。

承运人的主要权利是求偿权、特殊情况下的拒运权和留置权，故选项 C 正确。

货运合同的标的是运输行为，故选项 D 错误。

24.【2021 年真题】关于货运合同法律特征的说法，正确的是（　　）。

A. 货运合同是单务、有偿合同

B. 货运合同的标的是货物

C. 货运合同以托运人交付货物为合同成立的要约

D. 货运合同的收货人可以不是订立合同的当事人

【解析】　货运合同是双务、有偿合同，故选项 A 错误。

货运合同的标的是运输行为，故选项 B 错误。

货运合同是诺成合同。货运合同一般以托运人提出运输货物的请求为要约，承运人同意运输为承诺，合同即告成立，故选项 C 错误。

货运合同的收货人和托运人可以是同一人，但在大多数情况下不是同一人。在第三人为收货人的情况下，收货人虽不是订立合同的当事人，但却是合同的利害关系人，故选项 D 正确。

25.【2024 年真题】甲建材供应商与乙承运人签订了货运合同，约定由乙运输一批建材到异地，收货人为丙施工企业，运费由丙支付。关于乙相关权利的说法，正确的有（　　）。

A. 乙有权拒绝甲通常、合理的运输要求

B. 如果甲不按照约定或者法定方式包装建材，乙有权拒绝运输

C. 建材运输到达目的地后，乙有权要求丙及时受领

D. 如果丙不支付运费，乙有权留置该批建材

E. 如果丙无故拒接收，乙有权提存该批建材

【解析】　根据《民法典》第八百一十条的规定，从事公共运输的承运人不得拒绝旅客、托运人通常、合理的运输要求，故选项 A 错误。

26.【2019 年真题】关于运输合同中承运人权利义务的说法，正确的是（　　）。

A. 承运人将货物交付收货人之前，托运人不能要求承运人变更到达地

B. 货物由于不可抗力灭失但已收取运费的托运可以要求承运人返还

C. 由于不可抗力造成货物毁损、灭失的，承运人应当承担损害赔偿责任

D. 货运合同履行中，承运人对所要运送的货物享有拒运权

【解析】　根据《民法典》第八百二十九条的规定，在承运人将货物交付收货人之前，托运人可以要求承运人中止运输、返还货物、变更到达地或者将货物交给其他收货人，但应当赔偿承运人因此受到的损失，故选项 A 错误。

根据《民法典》第八百三十五条的规定，货物在运输过程中因不可抗力灭失，未收取运费的，承运人不得要求支付运费；已收取运费的，托运人可以要求返还，故选项 B 正确，选项 C 错误。

根据《民法典》第八百二十七条的规定，托运人应当按照约定的方式包装货物。对包装方式没有约定或者约定不明确的，适用本法第六百一十九条的规定。托运人违反前款规定的，承运人可以拒绝运输。

根据《民法典》第八百二十条的规定，托运人托运易燃、易爆、有毒、有腐蚀性、有放射性等危险物品的，应当按照国家有关危险物品运输的规定对危险物品妥善包装，做出危险物标志和标签，并将有关危险物品的名称、性质和防范措施的书面材料提交承运人。托运人违反前款规定的，承运人可以拒绝运输，也可以采取相应措施以避免损失的发生，因此产生的费用由托运人承担。

故选项 D 错误（须有上述两个条款规定的情形才有拒运权）。

27.【2017 年真题】某施工企业将采购的多种货物提交承运，其中包括有腐蚀性的危险物品。但是，该企业并未如实告知承运人。在运输过程中被检查发现后，承运人被要求重新包装，因此支付了额外的包装费用，并造成承运人的其他损失。关于该承运人权利的说法，正确的有（　　）。

A. 承运人有权要求托运人如实申报并妥善包装

B. 托运人对危险物品隐瞒不报，承运人有权拒绝运输

C. 承运人有权要求托运人支付额外的包装费用

D. 承运人有权要求托运人赔偿自己所受的其他损失

E. 货物在运输过程中因不可抗力灭失，未收取运费的，承运人有权要求支付运费

【解析】　根据《民法典》第八百三十五条的规定，货物在运输过程中因不可抗力灭失，未收取运费的，承运人不得要求支付运费，已收取运费的，托运人可以要求返还，故选项 E 错误。

28.【2015 年真题】下列合同中，债务人不履行债务，债权人有留置权的是（　　）。

A. 买卖合同　　　　　　　　　　　　B. 运输合同
C. 借款合同　　　　　　　　　　　　D. 租赁合同

【解析】　根据《民法典》第八百三十六条的规定，托运人或者收货人不支付运费保管费以及其他运输费用的，承运人对相应的运输货物享有留置权，但当事人另有约定的除外。

29.【2019 年真题】某施工企业由于场地有限，将一批建筑材料交由某仓储中心进行保管，并签订仓储合同，关于该仓储中心义务的说法，正确的有（　　）。

A. 仓储中心应当将仓储合同作为提取建筑材料的凭证

B. 仓储中心验收时发现该批建筑材料数量与预定不符合，应当及时通知施工企业

C. 仓储中心应当根据施工企业的要求，同意及定期检查建筑材料的保管情况

D. 仓储期间因仓储中心保管不善，造成部分建筑材料毁损，该损害赔偿责任应当由仓储中心承担

E. 仓储中心发现该批建筑材料已发生变质并危及其他仓储物的安全和正常保管的，可以做出必要的处置，但应当及时通知施工企业

【解析】　根据《民法典》第九百零八条、九百一十条的规定，存货人交付仓储物的，保管人应当给付仓单。仓单是提取仓储物的凭证，故选项 A 错误。

根据《民法典》第九百零七条的规定，保管人应当按照约定对入库仓储物进行验收。保管人验收时发现入库仓储物与约定不符合的，应当及时通知存货人，故选项 B 正确。

根据《民法典》第九百一十一条的规定，保管人根据存货人或者仓单持有人的要求，应当同意其检查仓储物或者提取样品，故选项 C 正确。

根据《民法典》第九百一十七条的规定，储存期内，因保管人保管不善造成仓储物毁损、灭失的，保管人应当承担损害赔偿责任，故选项 D 正确。

根据《民法典》第九百一十三条的规定，保管人对入库仓储物发现有变质或者其他损坏，危及其他仓储物的安全和正常保管的，应当催告存货人或者仓单持有人做出必要的处置。因情况紧急，保管人可以做出必要的处置，但事后应当将该情况及时通知存货人或者仓单持有人，故选项 E 最好别选，因为没有"情况紧急"这个前置条件。

30.【2017 年真题】某施工企业与一仓储中心签订了仓储合同，合同约定：签约后一周内交付货物，届时合同生效。关于该仓储合同的说法，正确的是（　　）。

A. 该仓储合同签订即生效，不以交付为要件

B. 如施工企业逾期提货，其有权拒绝仓储中心加收仓储费

C. 该施工企业向仓储中心交付货物时合同生效

D. 如施工企业提前提货，则有权要求仓储中心减收仓储费

【解析】　根据《民法典》的规定，仓储合同自成立时生效，不以仓储物是否交付为要件。但当事人对合同的效力可以约定附生效条件。附生效条件的合同，自条件成立时生效，故选项 A 错误、选项 C 正确。

储存期间届满，存货人或者仓单持有人应当凭仓单提取仓储物。存货人或者仓单持有人逾期提取的，应当加收仓储费；提前提取的，不减收仓储费，故选项 B、D 错误。

31.【2024 年真题】某施工企业与某仓储中心签订了建材仓储合同，并按照合同约定交付了建材，施工企业提取建材时发现部分建材因保管不善潮湿损坏，双方发生争议。关于该

仓储合同的说法，正确的是（　　）。

A. 施工企业向仓储中心交付建材时合同成立

B. 施工企业逾期提取建材，仓储中心可以直接提存建材

C. 仓储中心应当对潮湿损坏的建材承担赔偿责任

D. 施工企业提前提取建材，仓储中心应当减收仓储费

【解析】　储存期内，因保管不善造成仓储物毁损、灭失的，保管人应当承担赔偿责任。

32.【2022年真题】关于委托合同下列说法正确的是（　　）。

A. 委托人可单方面解除委托，受托人不可单方面辞去委托

B. 委托人不可单方面解除委托，受托人可单方面辞去委托

C. 委托人受托人均可随时解除委托，但需要得到对方同意

D. 委托人受托人均可随时解除委托，无须对方同意

【解析】　根据《民法典》第九百三十三条的规定，委托人或者受托人可以随时解除委托合同。即委托人或受托人以其单方意思表示即可解除委托合同，无须对方同意，解除合同的意思表示必须及时通知对方，委托合同于通知到达对方时终止。

33.【2021年真题】关于委托合同终止的说法，正确的是（　　）。

A. 委托人可以随时解除合同，但受托人解除合同应当经委托人同意

B. 有偿委托合同的一方当事人行使随时解除权造成对方损失的，除不可归责于该当事人的事由外，赔偿对方损失的范围为直接损失

C. 因委托人被宣告破产、解散，致使委托合同终止将损害委托人的利益的，在委托人的清算人承受委托事务之前，受托人应当继续处理委托事务

D. 委托人丧失民事行为能力的，委托合同一律终止

【解析】　根据《民法典》第九百三十三条的规定，委托人或者受托人可以随时解除委托合同。因解除合同造成对方损失的，除不可归言于该当事人的事由外，无偿委托合同的解除方应当赔偿因解除时间不当造成的直接损失，有偿委托合同的解除方应当赔偿对方的直接损失和合同履行后可以获得的利益，故选项A、B错误。

根据《民法典》第九百三十五条的规定，因委托人死亡或者被宣告破产、解散，致使委托合同终将损害委托人利益的，在委托人的继承人、遗产管理人或者清算人承受委托事务之前，受托人应当继续处理委托事务，故选项C正确。

根据《民法典》第九百三十四条的规定，委托人死亡、终止或者受托人死亡、丧失民事行为能力、终止的，委托合同终止；但是，当事人另有约定或者根据委托事务的性质不宜终止的除外，故选项D错误。

34.【2022年真题】在工程担保中，下列单位可作为保证人的有（　　）。

A. 以公益为目的的非法人组织　　　　B. 某商业银行

C. 某建筑大学　　　　　　　　　　　D. 某担保公司

E. 某市人民政府

【解析】　根据《民法典》第六百八十三条的规定，不能作为保证人的：

① 国家机关法人，但是经国务院批准为使用外国政府或国际经济组织贷款而进行的转贷除外。

② 学校、幼儿园、医院等以公益为目的非营利法人、非法人组织。

故选项 A、C、E 错误。

35. 【2019 年真题】关于保证责任的说法，错误的是（　　　）。

A. 当事人在保证合同中约定债务人不能履行债务时，由保证人承担保证责任的为一般责任保证

B. 当事人对保证方式没有约定或者约定不明确的，按照一般保证承担保证责任

C. 当事人对保证的范围没有约定，保证人应当对全部债务承担责任

D. 一般保证的保证人未约定保证期间的，保证期间为主债务履行期届满前 6 个月

【解析】　根据《民法典》第六百八十七条的规定，当事人在保证合同中约定，债务人不能履行债务时，由保证人承担保证责任的，为一般保证，故选项 A 正确。

按《民法典》第六百八十六条的规定，当事人对保证方式没有约定或者约定不明确的，按照一般保证承担保证责任选项 B 是正确的。

根据《民法典》第六百九十一条的规定，保证担保的范围包括主债权及利息、违约金、损害赔偿金和实现债权的费用。保证合同另有约定的，按照约定。当事人对保证担保的范围没有约定或者约定不明确的，保证人应当对全部债务承担责任，故选项 C 正确。

根据《民法典》第六百九十一条的规定，一般保证的保证人与债权人未约定保证期间的，保证期间为主债务履行期届满之日起 6 个月，故选项 D 错误。

36. 【2024 年真题】根据《民法典》，关于保证合同的说法，正确的是（　　　）。

A. 非法人组织不得为保证人

B. 保证期间可以约定为主债务履行期限届满之日起 6 个月

C. 保证范围应当明确约定为主债务及其利息、违约金、损害赔偿金

D. 当事人在保证合同中对保证方式没有约定的，按照连带责任保证承担保证责任

【解析】　具有代为清偿债务能力的法人、其他组织或公民可以作为保证人，故选项 A 错误。

债权人与保证人可以约定保证期间，但是约定的保证期间早于主债务履行期限或者与主债务履行期限同时届满的，视为没有约定，当然可以约定保证期间为主债务履行期限届满之日起 6 个月，故选项 B 正确。

当事人可以约定保证范围，故选项 C 错误（错在"应当"）。

保证合同对保证方式没有约定或约定不明的，按照一般保证承担保证责任，故选项 D 错误。

37. 【2023 年真题】根据《民法典》，关于保证合同的说法，正确的是（　　　）。

A. 保证合同是主债权债务合同的从合同

B. 保证合同只能是有偿合同

C. 保证合同的双方当事人是保证人与债务人

D. 保证合同的责任方式为连带责任保证

【解析】　根据《民法典》第六百八十二条的规定，保证合同是主债权债务合同的从合同。主债权债务合同无效的，保证合同无效，但是法律另有规定的除外，故选项 A 正确。

保证合同可以是有偿合同，也可以是无偿合同，故选项 B 错误。

保证合同的双方当事人是债权人和保证人，故选项 C 错误。

根据《民法典》第六百八十六条的规定，保证的方式包括一般保证和连带责任保证，

故选项 D 错误。

38.【2017 年真题】甲建设单位与乙施工单位签订了施工合同，由丙公司为甲出具工程款的支付担保，担保方式为一般保证。甲到期未能支付工程款，乙应当要求（　　）。

A. 丙先行代为清偿　　　　　　　　　B. 甲和丙共同支付

C. 甲先行支付　　　　　　　　　　　D. 甲和丙不必支付

【解析】　根据《民法典》第六百八十七条的规定，一般保证的保证人在主合同纠纷未经审判或者仲裁，并就债务人财产依法强制执行仍不能履行债务前，对债权人可以拒绝承担保证责任。因此乙应当主张甲先行支付工程款，故选项 C 正确。

39.【2014 年真题】根据《民法典》，除双方认为需要约定的其他事项外，下列条款中，属于保证合同应当包含的内容有（　　）。

A. 被保证的主债权种类　　　　　　　B. 保证人的资产状况

C. 保证的期间　　　　　　　　　　　D. 保证的方式

E. 保证担保的范围

【解析】　根据《民法典》第六百八十四条的规定，保证合同应当包含的内容有：①被保证的主债权种类、数额；②债务人履行债务的期限；③保证的方式；④保证担保的范围；⑤保证的期间。

40.【2013 年真题】甲乙双方签订买卖合同，丙为乙的债务提供保证，但担保合同未约定担保方式及保证期间。关于该保证合同的说法，正确的有（　　）。

A. 保证期间与买卖合同的诉讼时效相同

B. 丙的保证方式为一般保证

C. 保证期间为主债务履行期届满之日起 12 个月内

D. 甲在保证期内未经丙书面同意将主债权转让给丁，丙不再承担保证责任

E. 甲在保证期间未要求丙承担保证责任，则丙免除保证责任

【解析】　保证合同对保证方式没有约定或约定不明的，按照一般保证承担保证责任，故选项 B 正确。

连带责任保证的保证人与债权人未约定保证期间的，债权人有权自主债务履行期届满之日起 6 个月内要求保证人承担保证责任，保证期间与买卖合同的诉讼时效不同，故选项 A、C 错误。

保证期间，债权人依法将主债权转让给第三人的，保证人在原保证担保的范围内继续承担保证责任，故选项 D 错误。

在合同约定的保证期间和前款规定的保证期间，债权人未要求保证人承担保证责任的，保证人免除保证责任，故选项 E 正确。

41.【2024 年真题】根据《保险法》，下列行为中，属于保险人义务的是（　　）。

A. 保险事故发生后的及时通知义务

B. 对保险人责任免除条款的明确说明义务

C. 保险事故发生时采取必要措施防止或者减少保险标的损失的义务

D. 保险标的危险程度增加时的及时通知义务

【解析】　保险事故发生后，投保人、被保险人或者受益人应当及时通知保险人，以便保险人迅速地调查事实，收集证据，及时处理，故选项 A 错误（投保人、被保险人、受益

人义务）。

保险合同中规定有关保险人责任免除条款的，保险人在订立保险合同时应当向投保人明确说明，否则，该条款不产生效力，故选项 B 正确。

在保险事故发生时，被保险人有义务尽力采取必要措施，防止或者减少保险标的的损失，故选项 C 错误。

发生当事人在缔约时预料的保险标的危险程度增加，被保险人应当按照约定及时通知保险人，故选项 D 错误。

二、参考答案

题号	1	2	3	4	5	6	7	8	9	10
答案	B	A	D	C	A	A	ABCE	BC	C	ABD
题号	11	12	13	14	15	16	17	18	19	20
答案	A	ABCE	A	B	A	D	A	B	C	ABD
题号	21	22	23	24	25	26	27	28	29	30
答案	B	C	C	D	BCDE	B	ABCD	B	BCD	C
题号	31	32	33	34	35	36	37	38	39	40
答案	C	D	C	BD	D	B	A	C	ACDE	BE
题号	41									
答案	B									

三、2025 年考点预测

考点一：买卖合同

（1）交付方式

（2）毁损灭失风险的承担

（3）特殊买卖合同

考点二：借款合同

（1）借款合同的特征

（2）民间借贷的效力及利率有关规定

考点三：保证合同

（1）保证合同的特征

（2）保证人的范围

（3）保证方式

（4）主合同变更对保证合同的影响

考点四：租赁合同

（1）租赁合同的特征

（2）租赁合同的分类

（3）转租、优先购买权、解除的有关规定

考点五：承揽合同

（1）承揽人的留置权

（2）承揽合同的解除

考点六：运输合同

考点七：仓储合同

考点八：委托合同

（1）委托合同的特征

（2）委托费用的有关规定

（3）委托合同的解除

考点九：保险合同

（1）保险合同的法律特征

（2）投保人、保险人、被保险人的义务

第六章 建设工程安全生产法律制度

第一节 建设单位和相关单位的安全责任制度

考点一：建设单位的安全责任
考点二：勘察、设计单位的安全责任
考点三：工程监理单位的安全责任
考点四：机械设备、检验检测等单位的安全责任

一、历年真题及解析

1. **【2021年真题】**根据《建设工程安全生产管理条例》，建设单位应当在拆除工程施工15日前，报送建设行政主管部门或者其他部门备案的资料是（ ）。

A. 拟拆除建筑物、构筑物及可能危及毗邻建筑的说明

B. 设计单位资质等级证明

C. 拆除设计方案

D. 拆除工程施工合同

【解析】 根据《建设工程安全生产管理条例》第十一条的规定，建设单位应当在拆除工程施工15日前，将下列资料报送建设工程所在地的县级以上地方人民政府建设行政主管部门或者其他有关部门备案：

① 施工单位资质等级证明；

② 拟拆除建筑物、构筑物及可能危及毗邻建筑的说明；

③ 拆除施工组织方案；

④ 堆放清除废弃物的措施。

2. **【2020年真题】**根据《建设工程安全生产管理条例》，建设单位的安全生产责任有（ ）。

A. 需要进行爆破作业的，办理申请批准手续

B. 提出防范生产安全事故的指导意见和措施建议

C. 不得要求施工企业购买不符合安全施工的用具设备

D. 对安全技术措施或者专项施工方案进行审查

E. 申领施工许可证应当提供有关安全施工措施的资料

【解析】 根据《建设工程安全生产管理条例》第六至第十一条的规定，建设单位安全生产责任有：

① 向施工单位提供真实、准确和完整的有关资料；

② 不得提出违法要求和随意压缩合同工期；

③ 编制工程概算时应当确定建设工程安全费用；

④ 不得要求购买、租赁和使用不符合安全施工要求的用具设备等；

⑤ 申领施工许可证时应当提供有关安全施工措施的资料；

⑥ 依法实施装修工程和拆除工程。

选项 B 属于设计单位安全责任，选项 D 属于监理单位安全责任，选项 A、C、E 正确。

3.【2018 年真题】根据《建设工程安全生产管理条例》，依法批准开工报告的建设工程，建设单位应当自开工报告批准之日起 15 日内，将（   ）报送建设工程所在地县级以上地方人民政府建设行政主管部门或者其他有关部门备案。

A. 保证安全施工的措施
B. 施工组织方案
C. 拆除建筑物的措施
D. 建设单位编制的工程概要

【解析】 根据《建设工程安全生产管理条例》第十条的规定，建设单位在申请领取施工许可证时，应当提供建设工程有关安全施工措施的资料。依法批准开工报告的建设工程，建设单位应当自开工报告批准之日起 15 日内，将保证安全施工的措施报送建设工程所在地的县级以上地方人民政府建设行政主管部门或者其他有关部门备案。

4.【2017 年真题】根据《建设工程安全生产管理条例》，属于建设单位安全责任的有（   ）。

A. 编制施工安全生产规章制度
B. 向施工企业提供准确的地下管线资料
C. 将拆除工程的有关资料报送有关部门备案
D. 保证设计文件符合工程建设强制性标准
E. 为从事特种作业的施工人员办理意外伤害保险

【解析】 根据《建筑法》及《建设工程安全生产管理条例》的有关规定，建设单位的安全责任有：

① 向施工单位提供真实、准确和完整的相关资料；

② 不得提出违法要求和随意压缩合同工期；

③ 编制工程概算时应当确定建设工程安全费用；

④ 不得要求购买、租赁和使用不符合安全施工要求的用具设备等；

⑤ 申领施工许可证时应当提供有关安全施工措施的资料；

⑥ 依法实施装修工程和拆除工程。

选项 A、E 是施工单位的安全责任，选项 D 是设计单位的安全责任。

5.【2023 年真题】关于建设单位安全生产责任，正确的是（   ）。

A. 要求施工单位提供施工现场的地下管线资料
B. 要求施工企业增加大量人力、物力投入，确保项目安全生产
C. 简化施工，节约费用
D. 不压缩合理工期

【解析】 建设单位不得片面为了早日发挥建设项目的效益，迫使施工单位大量增加人力、物力投入，或者是简化施工程序，随意压缩合同约定的工期，故选项 D 正确。

注意选项 B，属于无中生有。

6.【2019 年真题】下列责任中，属于设计单位安全责任的是（　　）。

A. 确定安全施工措施所需费用

B. 安全技术措施进行审查

C. 审查专项施工方案是否符合工程建设强制性标准

D. 对涉及施工安全的重点单位和环节在设计文件中注明并对防范生产安全事故提出指导意见

【解析】　根据《建设工程安全生产管理条例》第十三条的规定，设计单位应当按照法律、法规和工程建设强制性标准进行设计，防止因设计不合理导致生产安全事故的发生。设计单位应当考虑施工安全操作和防护的需要，对涉及施工安全的重点部位和环节在设计文件中注明，并对防范生产安全事故提出指导意见。采用新结构、新材料、新工艺的建设工程和特殊结构的建设工程，设计单位应当在设计中提出保障施工作业人员安全和预防生产安全事故的措施建议。设计单位和注册建筑师等注册执业人员应当对其设计负责，故选项 D 正确。

7.【2024 年真题】下列安全中，属于设计单位建设工程安全责任的是（　　）。

A. 处理施工安全事故隐患

B. 向施工企业提供真实、准确和完整的有关资料

C. 审查安全技术措施

D. 对采用新结构的建设工程在设计中提出预防生产安全事故的措施建议

【解析】　设计单位的安全责任：①按照法律、法规和工程建设强制性标准进行设计；②明确施工安全关键点并提出指导意见；③对"三新"等工程的施工安全提出措施建议；④对工程设计成果负责。

8.【2012 年真题】涉及建筑主体和承重结构变动的装修工程，应当在施工前委托原设计单位或者（　　）提出设计方案。

A. 其他设计单位　　　　　　　　　B. 具有相应资质等级的设计单位

C. 监理单位　　　　　　　　　　　D. 装修施工单位

【解析】　根据《建筑法》的规定，涉及建筑主体和承重结构变动的装修工程，建设单位应当在施工前委托原设计单位或者具有相应资质条件的设计单位提出设计方案；没有设计方案的，不得施工。

9.【2019 年真题】下列属于工程监理单位的安全生产责任的有（　　）。

A 安全设备合格审查　　　　　　　B. 安全技术措施审查

C. 专项施工方案审查　　　　　　　D. 施工安全事故隐患报告

E. 施工招标文件审查

【解析】　根据《建设工程安全生产管理条例》第十四条的规定，工程监理单位应当审查施工组织设计中的安全技术措施或者专项施工方案是否符合工程建设强制性标准，故选项 B、C 正确。

工程监理单位在实施监理过程中，发现存在安全事故隐患的，应当要求施工单位整改；情况严重的，应当要求施工单位暂时停止施工，并及时报告建设单位。施工单位拒不整改或者不停止施工的，工程监理单位应当及时向有关主管部门报告，故选项 D 正确。

10.【2013 年真题】依法实施强制监理的工程项目，对施工组织设计中的安全技术措施或者专项施工方案是否符合工程建设强制性标准负有审查责任的是（　　）。

A. 发包人驻工地代表　　　　　　B. 工程监理单位

C. 设计单位　　　　　　　　　　D. 项目技术负责人

【解析】　根据《建设工程安全生产管理条例》第十四条的规定，工程监理单位应当审查施工组织设计中的安全技术措施或者专项施工方案是否符合工程建设强制性标准。

11. 【2013年真题】监理单位的主要安全责任之一是（　　）。

A. 组织专家论证、审查深基坑专项施工方案

B. 申领施工许可证时，提供建设工程有关安全施工措施的资料

C. 在设计方案中提出保障施工作业人员安全和预防生产事故的措施建议

D. 发现存在严重安全事故隐患时，要求施工单位停工并及时报告建设单位

【解析】　根据《建设工程安全生产管理条例》第十四条的规定，工程监理单位在实施监理过程中，发现存在安全事故隐患的，应当要求施工单位整改；情况严重的，应当要求施工单位暂时停止施工，并及时报告建设单位。施工单位拒不整改或者不停止施工的，工程监理单位应当及时向有关主管部门报告，故选项D正确。

选项A：组织专家论证是施工单位的责任；选项B：是建设单位的责任；选项C：为设计单位的责任。

12. 【2010年真题】工程监理单位在实施建立过程中，发现存在安全事故隐患，情况严重的，应当要求施工单位（　　）。

A. 暂停施工，并及时报告建设单位

B. 暂停施工，并及时报告有关主管部门

C. 整改，并及时报告建设单位

D. 整改，并及时报告有关主管部门

【解析】　根据《建设工程安全生产管理条例》第十四条的规定，工程监理单位在实施监理过程中，发现存在安全事故隐患的，应当要求施工单位整改；情况严重的，应当要求施工单位暂时停止施工，并及时报告建设单位。施工单位拒不整改或者不停止施工的，工程监理单位应当及时向有关主管部门报告。

13. 【2009年真题】由于监理工程师指令有误导致现场停工，若合同中没有相应条款，则正确说法是（　　）。

A. 由建设单位做好现场维护，所需费用由建设单位承担

B. 由施工单位做好现场维护，所需费用由监理单位承担

C. 由施工单位做好现场维护，所需费用由施工单位承担

D. 由施工单位做好现场维护，所需费用由建设单位承担

【解析】　根据《建设工程安全生产管理条例》第二十八条的规定，施工单位应当根据不同施工阶段和周围环境及季节、气候的变化，在施工现场采取相应的安全施工措施。施工现场暂时停止施工的，施工单位应当做好现场防护，所需费用由责任方承担，或者按照合同约定执行。

施工单位根据合同就此向建设单位索赔，施工单位与监理单位之间没有合同，因此不能直接向监理单位索赔。建设单位在承担相关费用后，可以依据与监理单位的合同向监理单位索要相关的费用。

14. 【2024年真题】关于建筑起重机械安装单位安全责任的说法，正确的是（　　）。

A. 编制建筑起重机械安装、拆卸工程专项施工方案，并由本单位法定代表人签字

B. 将建筑起重机械安装、拆卸时间报工程所在地县级以上地方人民政府建设主管部门审核

C. 安装单位的技术负责人应当进行现场监督和定期巡查

D. 组织安全施工技术交底并签字确认

【解析】　根据《建筑起重机械安全监督管理规定》第十二条，安装单位应当编制建筑起重机械安装、拆卸工程专项施工方案，并由本单位技术负责人签字，故选项 A 错误。

安装单位应组织安全施工技术交底并签字确认，故选项 D 正确。

安装单位应将建筑起重机械安装、拆卸工程专项施工方案，安装、拆卸人员名单，安装、拆卸时间等材料报施工总承包单位和监理单位审核后，告知工程所在地县级以上地方人民政府建设主管部门，故选项 B 错误。

根据《建筑起重机械安全监督管理规定》第十三条，安装单位的专业技术人员、专职安全生产管理人员应当进行现场监督，技术负责人应当定期巡查，故选项 C 错误。

15.【2022 年真题】根据《建设工程安全生产管理条例》的有关规定，单位出租机械设备和施工机具及配件，应提供证明的有（　　）。

A. 租赁合同　　　　　　　　　　　B. 备案证明

C. 生产制造许可证　　　　　　　　D. 产品合格证

E. 安全性能检测合格证明

【解析】　根据《建设工程安全生产管理条例》第十六条的规定，出租的机械设备和施工机具及配件，应当具有生产（制造）许可证、产品合格证。

出租单位应当对出租的机械设备和施工机具及配件的安全性能进行检测，在签订租赁协议时，应当出具检测合格证明。见下表：

出租单位	
《安全条例》	《建筑起重机械安全监督管理规定》
①应当具有生产（制造）许可证（厂家）、产品合格证（出厂产品） ②进行性能检测，签订出租协议时出具检测合格证明（现在产品）	签订协议时出具： ①特种设备制造许可证；②产品合格证；③制造监督检验证明；④备案证明；⑤自检合格证明

16.【2021 年真题】根据《建筑起重机械安全监督管理规定》，下列建筑起重机械不得出租、使用的有（　　）。

A. 经检验达不到安全技术标准规定的建筑起重机械

B. 属国家明令限制使用的建筑起重机械

C. 没有完整安全技术档案的建筑起重机械

D. 超过制造厂家推荐的使用年限的建筑起重机械

E. 没有齐全有效的安全保护装置的建筑起重机械

【解析】　根据《建筑起重机械安全监督管理规定》第七条和第八条，有下列情形之一的建筑起重机械，不得出租、使用：

① 属国家明令淘汰或者禁止使用的；

② 超过安全技术标准或者制造厂家规定的使用年限的；

③ 经检验达不到安全技术标准规定的；

④ 没有完整安全技术档案的；

⑤ 没有齐全有效的安全保护装置的。

选项 B 的错误在于"国家明令限制"，应是"国家明令淘汰或禁止使用"；选项 D 没有大问题，但选项中"超过制造厂家推荐的使用年限"不妥，应是"超过制造厂家规定的使用年限"，谨慎的原则可以不选。

17.【2020 年真题】根据《建筑起重机械安全监督管理规定》关于建筑起重机械安装、拆卸单位的安全责任的说法，正确的是（　　）。

A. 使用单位和安装单位就安全生产承担连带责任

B. 建筑起重机械安装、拆卸专项施工方案应当由本单位安全负责人签字

C. 建筑起重机械安装、拆卸工程专项施工方案报审后，应当告知工程所在地安全监督管理部门

D. 安装完毕后，应当自检并出具自检合格证明

【解析】 根据《建筑起重机械安全监督管理规定》第十一条，建筑起重机械使用单位和安装单位应当在签订的建筑起重机械安装、拆卸合同中明确双方的安全生产责任。实行施工总承包的，施工总承包单位应当与安装单位签订建筑起重机械安装、拆卸工程安全协议书，故选项 A 错误。

根据《建筑起重机械安全监督管理规定》第十二条，安装单位应当履行下列安全职责：①按照安全技术标准及建筑起重机械性能要求，编制建筑起重机械安装、拆卸工程专项施工方案，并由本单位技术负责人签字，故选项 B 错误；②按照安全技术标准及安装使用说明书等检查建筑起重机械及现场施工条件；③组织安全施工技术交底并签字确认；④制定建筑起重机械安装、拆卸工程生产安全事故应急救援预案；⑤将建筑起重机械安装、拆卸工程专项施工方案，安装、拆卸人员名单，安装、拆卸时间等材料报施工总承包单位和监理单位审核后，告知工程所在地县级以上地方人民政府建设主管部门，故选项 C 错误。

根据《建筑起重机械安全监督管理规定》第十四条，施工起重机械和整体提升脚手架、模板等自升式架设设施安装完毕后，安装单位应当自检，出具自检合格证明，并向施工单位进行安全使用说明，办理验收手续并签字，故选项 D 正确。

18.【2018 年真题】根据《建设工程安全生产管理条例》，关于出租单位出租未经安全性能检测的施工机具及配件的行政责任的说法，正确的是（　　）。

A. 责令限期改正，并处合同价款 1 倍以上 3 倍以下的罚款

B. 责令停业整顿，降低资质等级

C. 责令限期改正，情节严重的，吊销资质证书

D. 责令停业整顿并处 5 万元以上 10 万元以下的罚款

【解析】 根据《建设工程安全生产管理条例》第六十条的规定，违反本条例的规定，出租单位出租未经安全性能检测或者经检测不合格的机械设备和施工机具及配件的，责令停业整顿，并处 5 万元以上 10 万元以下的罚款；造成损失的，依法承担赔偿责任。

19.【2017 年真题】安装、拆卸施工起重机械，应当编制拆装方案、制定安全施工措施，并由（　　）对现场实施全过程监督。

A. 施工企业负责项目管理的技术负责人

B. 监理单位负责安全的工程师

C. 出租单位生产管理人员

D. 安装、拆卸单位的专业技术人员

【解析】 根据《建筑起重机械安全监督管理规定》第十三条，安装单位应当按照建筑起重机械安装、拆卸工程专项施工方案及安全操作规程组织安装、拆卸作业。

安装单位的专业技术人员、专职安全生产管理人员应当进行现场监督，技术负责人应当定期巡查。

20.【2016 年真题】根据《建筑起重机械安全监督管理规定》，关于建筑起重机械安装单位安全责任的说法，正确的是（　　）。

A. 安装单位应当与建设单位签订建筑起重机械安装工程安全协议书

B. 施工总承包企业不负责对建筑起重机械安装工程专项施工方案进行审查

C. 建筑起重机械安装完毕后，建设主管部门应当参加验收

D. 建筑起重机械安装完毕后，安装单位应当自检，出具自检合格证明

【解析】 根据《建筑起重机械安全监督管理规定》第十一条，实行施工总承包的，施工总承包单位应当与安装单位签订建筑起重机械安装、拆卸工程安全协议书，故选项 A 错误。

根据《建筑起重机械安全监督管理规定》第十二条，安全单位将建筑起重机械安装、拆卸工程专项施工方案，安装、拆卸人员名单，安装、拆卸时间等材料报施工总承包单位和监理单位审核后，告知工程所在地县级以上地方人民政府建设主管部门，故选项 B 错误。

根据《建筑起重机械安全监督管理规定》第十四条，施工起重机械和整体提升脚手架、模板等自升式架设设施安装完毕后，安装单位应当自检，出具自检合格证明，并向施工单位进行安全使用说明，办理验收手续并签字，故选项 C 错误。

二、参考答案

题号	1	2	3	4	5	6	7	8	9	10
答案	A	ACE	A	BC	D	D	D	B	BCD	B
题号	11	12	13	14	15	16	17	18	19	20
答案	D	A	D	D	CDE	ACE	D	D	D	D

三、2025 年考点预测

考点一：建设单位的安全责任

（1）确定建设工程安全作业环境及安全施工措施所需费用的规定

（2）安全施工措施资料包含的内容

（3）装修及拆除工程的规定

考点二：勘察、设计单位的安全责任

考点三：工程监理单位的安全责任

考点四：机械设备、检验检测等单位的安全责任

起重机械和自升式架设设施安装、拆卸单位的有关规定

第二节 施工安全生产许可证制度

考点一：申请领取安全生产许可证的程序和条件
考点二：安全生产许可证的有效期和撤销
考点三：违法行为的法律责任

一、历年真题及解析

1.【2023年真题】根据《建筑施工企业安全生产许可证管理规定》，属于取得安全生产许可证应当具备的条件的是（ ）。

A. 设置安全管理机构，配备专职或者兼职安全生产管理人员

B. 有符合规定的工程业绩

C. 作业人员经有关业务主管部门考核合格，取得操作资格证书

D. 保证本单位安全生产条件所需资金的投入

【解析】 设置安全生产管理机构，按照国家有关规定配备专职安全生产管理人员，故选项A错误。

无"有符合规定的工程业绩"要求，这属于施工企业申请企业资质的要求，故选项B错误。

特种作业人员经有关业务主管部门考核合格，取得特种作业操作资格证书，故选项C错误。

2.【2022年真题】建筑施工企业取得安全生产许可证应当具备的安全生产条件有（ ）。

A. 特种作业人员经有关业务主管部门考核良好，取得特种作业操作资格证书

B. 施工现场的办公、生活区及作业场所和安全防护用具、机械设备、施工机具及配件符合有关安全生产法律、法规、标准和规程的要求

C. 有对危险性较大的分部分项工程及施工现场易发生重大事故的部位、环节的预防、监控措施和应急预案

D. 管理人员和作业人员每半年至少进行1次安全生产教育培训并考核合格

E. 有职业危害防治措施，并为管理人员配备符合国家标准或者行业标准的安全防护用具和安全防护服装

【解析】 特种作业人员经有关业务主管部门考核合格，取得特种作业操作资格证书，故选项A错误。

管理人员和作业人员每年至少进行1次安全生产教育培训并考核合格，故选项D错误。

有职业危害防治措施，并为作业人员配备符合国家标准或者行业标准的安全防护用具和安全防护服装，故选项E错误。

3.【2021年真题】建筑施工企业的安全生产许可证由（ ）省级人民政府住房城乡建设行政主管部门颁发。

A. 施工行为地   B. 企业注册地

C. 建设工程合同履行地　　　　　　　　　D. 建设工程合同签订地

【解析】　根据《建筑施工企业安全生产许可证管理规定》，建筑施工企业从事建筑施工活动前，应当依照本规定向企业注册所在地省、自治区、直辖市人民政府住房城乡建设主管部门申请领取安全生产许可证。

4.【2020 年真题】根据《建筑施工企业安全生产许可证管理规定》，建筑施工企业申请安全生产许可证时，应向住房城乡建设主管部门提供的材料是（　　　）。

A. 营业执照　　　　　　　　　　　　　B. 企业资质证书

C. 审计报告　　　　　　　　　　　　　D. 安全承诺书

【解析】　根据《建筑施工企业安全生产许可证管理规定》第六条，建筑施工企业申请安全生产许可证时，应当向住房城乡建设主管部门提供下列材料：①建筑施工企业安全生产许可证申请表；②企业法人营业执照；③与申请安全许可证应当具备的安全生产条件相关的文件、材料。

5.【2020 年真题】根据《建筑施工企业安全生产许可证管理规定》，建筑施工企业取得安全生产许可证应当具备的条件有（　　　）。

A. 建立、健全安全生产责任制，制定完备的安全生产规章制度和操作规程

B. 主要负责人、项目负责人、专职安全生产管理人员经建设主管部门或者其他安全生产主管部门考核合格

C. 特种作业人员经有关业务主管部门考核合格，取得特种作业操作资格证书

D. 有生产安全事故应急救援预案、应急救援组织或者应急救援人员，配备必要的应急救援器材、设备

E. 有严格的职业危害防治措施，并为施工现场管理人员配备符合国家标准或者行业标准的安全防护用具和安全防护服装

【解析】　在《建筑施工企业安全生产许可证管理规定》第四条建筑施工企业取得安全生产许可证应当具备安全生产条件中：（九）有职业危害防治措施，并为作业人员配备符合国家标准或者行业标准的安全防护用具和安全防护服装，故选项 E 错误，应当为"作业人员"而不是为"管理人员"配备安全防护用具和防护服装。其余选项都正确。

6.【2017 年真题】根据《建筑施工企业安全生产许可证管理规定》，建筑施工企业取得安全生产许可证应当具备的条件有（　　　）。

A. 管理人员和作业人员每年至少进行 1 次安全生产教育培训并考核合格

B. 依法为施工现场从事危险作业人员办理意外伤害保险，为从业人员交纳保险费

C. 保证本单位安全生产条件所需资金的投入

D. 有职业危害防治措施，并为作业人员配备符合相关标准的安全防护用具和安全防护服装

E. 依法办理了建筑工程一切险及第三者责任险

【解析】　根据《建筑施工企业安全生产许可证管理规定》第四条，建筑施工企业取得安全生产许可证，应当具备下列安全生产条件：

①建立、健全安全生产责任制，制定完备的安全生产规章制度和操作规程；

②保证本单位安全生产条件所需资金的投入；

③ 设置安全生产管理机构，按照国家有关规定配备专职安全生产管理人员；

④ 主要负责人、项目负责人、专职安全生产管理人员经建设主管部门或者其他有关部门考核合格；

⑤ 特种作业人员经有关业务主管部门考核合格，取得特种作业操作资格证书；

⑥ 管理人员和作业人员每年至少进行1次安全生产教育培训并考核合格；

⑦ 依法参加工伤保险，依法为施工现场从事危险作业的人员办理意外伤害保险，为从业人员交纳保险费；

⑧ 施工现场的办公、生活区及作业场所和安全防护用具、机械设备、施工机具及配件符合有关安全生产法律、法规、标准和规程的要求；

⑨ 有职业危害防治措施，并为作业人员配备符合国家标准或者行业标准的安全防护用具和安全防护服装；

⑩ 有对危险性较大的分部分项工程及施工现场易发生重大事故的部位、环节的预防、监控措施和应急预案；

⑪ 有生产安全事故应急救援预案、应急救援组织或者应急救援人员，配备必要的应急救援器材、设备；

⑫ 法律、法规规定的其他条件。

7.【2014年真题】下列安全生产条件中，属于取得建筑施工企业安全生产许可证条件的是（　　）。

A. 制定完备的安全生产规章制度和操作流程

B. 配备兼职安全生产管理人员

C. 各分部分项工程有应急预案

D. 管理人员每年至少进行2次安全生产教育培训

【解析】《建筑施工企业安全生产许可证管理规定》第四条建筑施工企业取得安全生产许可证应当具备的安全生产条件要求：建立、健全安全生产责任制，制定完备的安全生产规章制度和操作规程，故选项A正确。

设置安全生产管理机构，按照国家有关规定配备专职安全生产管理人员，故选项B错误。

有对危险性较大的分部分项工程及施工现场易发生重大事故的部位、环节的预防、监控措施和应急预案，故选项C错误。

管理人员和作业人员每年至少进行1次安全生产教育培训并考核合格，故选项D错误。

8.【2022年真题】下列属于需要申领安全生产许可证的企业的是（　　）。

A. 矿山　　　　　　　　　　　　B. 建筑

C. 冶炼　　　　　　　　　　　　D. 道路运输

【解析】《安全生产许可证条例》规定，国家对矿山企业、建筑施工企业和危险化学品、烟花爆竹、民用爆破器材生产企业实行安全生产许可制度。企业未取得安全生产许可证的，不得从事生产活动。注意选项B，应当为"建筑施工企业"，是指从事土木工程、建筑工程、线路管道和设备安装工程及装修工程的新建扩建、改建和拆除等有关活动的企业，而不是"建筑"企业。

9.【2009年真题】某施工单位申领建筑施工企业安全生产许可证时，根据我国《建筑施工企业安全生产许可证管理规定》，应具备经建设行政主管或其他部门考核合格的人员包括（　　）。

A. 应急救援人员　　　　　　　　　　B. 单位主要负责人

C. 从业人员　　　　　　　　　　　　D. 安全生产管理人员

E. 特种作业人员

【解析】　在《建筑施工企业安全生产许可证管理规定》第四条建筑施工企业取得安全生产许可证应当具备的安全生产条件中：主要负责人、项目负责人、专职安全生产管理人员经建设主管部门或者其他有关部门考核合格。注意：特种作业人员是经有关业务主管部门考核合格，取得特种作业操作资格证书，故选项E不选。

10.【2024年真题】下列情形中，安全生产许可证颁发管理机关或者其上级行政机关可以撤销已经颁发的安全生产许可证的有（　　）。

A. 安全生产许可证颁发管理机关工作人员玩忽职守颁发安全生产许可证的

B. 超越法定职权颁发安全生产许可证的

C. 安全生产许可证颁发管理机关发现企业不再具备安全生产条件的

D. 企业转让安全生产许可证的

E. 违反法定程序颁发安全生产许可证的

【解析】　选项C应当暂扣或者吊销安全生产许可证，选项D应办理变更手续。

11.【2018年真题】根据《建筑施工企业安全生产许可证管理规定》，关于安全生产许可证的说法，正确的有（　　）。

A. 施工企业未取得安全生产许可证的不得从事建筑施工活动

B. 施工企业变更法定代表人的不必办理安全生产许可证变更手续

C. 对没有取得安全生产许可证的施工企业所承包的项目不得颁发施工许可

D. 施工企业取得安全生产许可证后不得降低安全生产条件

E. 未发生死亡事故的安全生产许可证有效期届满时自动延期

【解析】　根据《建筑施工企业安全生产许可证管理规定》第九条，建筑施工企业变更名称、地址、法定代表人等，应当在变更后10日内，到原安全生产许可证颁发管理机关办理安全生产许可证变更手续，故选项B错误。

根据《建筑施工企业安全生产许可证管理规定》第八条，企业在安全生产许可证有效期内，严格遵守有关安全生产的法律法规，未发生死亡事故的，安全生产许可证有效期届满时，经原安全生产许可证颁发管理机关同意，不再审查，安全生产许可证有效期延期3年，故选项E错误。

12.【2017年真题】根据《建筑施工企业安全生产许可证管理规定》，安全生产许可证颁发管理机关可以撤销已经颁发的安全生产许可证的情形有（　　）。

A. 安全许可证颁发管理机关工作人员滥用职权颁发安全生产许可证的

B. 安全许可证颁发管理机关工作人员超越法定职权颁发安全生产许可证的

C. 安全许可证颁发管理机关工作人员违反法定程序颁发安全生产许可证的

D. 安全许可证颁发管理机关工作人员对不具备安全生产条件的施工企业颁发安全生产许可证的

E. 取得安全生产许可证的施工企业发生较大安全生产事故的

【解析】　根据《建筑施工企业安全生产许可证管理规定》第十六条，安全生产许可证颁发管理机关或者其上级行政机关发现有下列情形之一的，可以撤销已经颁发的安全生产许可证：

① 安全生产许可证颁发管理机关工作人员滥用职权、玩忽职守颁发安全生产许可证的；

② 超越法定职权颁发安全生产许可证的；

③ 违反法定程序颁发安全生产许可证的；

④ 对不具备安全生产条件的建筑施工企业颁发安全生产许可证的；

⑤ 依法可以撤销已经颁发的安全生产许可证的其他情形。选项 E 不属于撤销安全生产许可证的情形。

13.【2017 年真题】关于建筑施工企业安全生产许可证的说法中，正确的是（　　）。

A. 未取得安全生产许可证从事施工活动不会产生行政责任

B. 申请补办安全生产许可证，由申请人告知资质许可机关，由资质许可机关在官网发布信息

C. 只有经过再次审查，安全生产许可证有效期才可能延期

D. 施工企业是否具有安全生产许可证不影响施工许可证的核发

【解析】　根据《建筑施工企业安全生产许可证管理规定》第二十四条，建筑施工企业未取得安全生产许可证擅自从事建筑施工活动的，责令其在建项目停止施工，没收违法所得，并处 10 万元以上 50 万元以下的罚款；造成重大安全事故或者其他严重后果，构成犯罪的，依法追究刑事责任，故选项 A 错误。

根据《建筑施工企业安全生产许可证管理规定》第八条，企业在安全生产许可证有效期内，严格遵守有关安全生产的法律法规，未发生死亡事故的，安全生产许可证有效期届满时，经原安全生产许可证颁发管理机关同意，不再审查，安全生产许可证有效期延期 3 年，故选项 C 错误。

施工企业是否具有安全生产许可证直接影响施工许可证的核发，故选项 D 错误。

14.【2024 年真题】关于安全生产许可证有效期的说法，正确的是（　　）。

A. 延期手续由原安全生产许可证颁发管理机关办理

B. 安全生产许可证的有效期为 5 年

C. 安全生产许可证需要延期的，企业应当于期满后 3 个月内申请延期

D. 未发生重大安全事故的，安全生产许可证有效期满时自动延期

【解析】　安全生产许可证有效期满需要延期的，企业应当于期满前 3 个月向原安全生产许可证颁发管理机关办理延期手续，故选项 A 正确、选项 C 错误。

安全生产许可证有效期为 3 年，故选项 B 错误。

企业在安全生产许可证有效期内，严格遵守有关安全生产的法律法规，未发生死亡事故的，安全生产许可证有效期届满时，经原安全生产许可证颁发管理机关同意，不再审查，故选项 D 错误。

15.【2022 年真题】建筑施工企业破产、倒闭、撤销的，其安全生产许可证应当予以（　　）。

A. 撤销　　　　　　B. 延期　　　　　　C. 补办　　　　　　D. 注销

【解析】　建筑施工企业破产、倒闭、撤销的，应当将安全生产许可证交回原安全生产许可证颁发管理机关予以注销。

16.【**2013 年真题**】施工企业必须在变更 10 日内到原安全生产许可证颁发管理机关办理生产安全许可证变更手续的情形有（　　）。

A. 企业股东变更　　　　　　　　　B. 企业名称变更
C. 企业法定代表人变更　　　　　　D. 企业设立分公司
E. 企业注册地址变更

【解析】　根据《建筑施工企业安全生产许可证管理规定》第九条，建筑施工企业变更名称、地址、法定代表人等，应当在变更后 10 日内，到原安全生产许可证颁发管理机关办理安全生产许可证变更手续。

17.【**2010 年真题**】根据《安全生产许可证条例》的相关规定，企业在安全生产许可证有效期内，严格遵守有关安全生产的法律法规，未发生（　　）事故的，安全生产许可证有效期届满时，经原发证管理机关同意，不再审查，安全生产许可证有效期延期 3 年。

A. 安全　　　　　B. 重大死亡　　　　C. 死亡　　　　D. 重伤

【解析】　根据《安全生产许可证条例》第九条的规定，安全生产许可证的有效期为 3 年。安全生产许可证有效期满需要延期的，企业应当于期满前 3 个月向原安全生产许可证颁发管理机关办理延期手续。企业在安全生产许可证有效期内，严格遵守有关安全生产的法律法规，未发生死亡事故的，安全生产许可证有效期届满时，经原安全生产许可证颁发管理机关同意，不再审查，安全生产许可证有效期延期 3 年。

18.【**2022 年真题**】根据《建筑施工企业安全生产许可证管理规定》，下列安全生产许可证违法行为中，罚款额度区间最小的是（　　）。

A. 未取得安全生产许可证从事施工活动
B. 转让安全生产许可证
C. 冒用安全生产许可证
D. 安全生产许可证有效期满未办理延期手续继续从事施工活动

【解析】　见下表：

违法行为	法律责任	
未取得安全生产许可证	不得办理施工许可证	
冒用、伪造、未取得安全生产许可证擅自开工	责令停工 没收违法所得，罚款 10 万~50 万元	
未办理安全生产许可证延期手续继续生产	停工，限期补办	没收违法所得，罚款 5 万~10 万元
转让安全生产许可证	吊销安全生产许可证	没收违法所得，罚款 10 万~50 万元
隐瞒或提供虚假材料申请安全生产许可证	不予受理并警告	1 年内不得再申请安全生产许可证
以非法手段（骗取 贿赂）获得安全生产许可证	撤销安全生产许可证	3 年内不得再申请安全生产许可证
取得安全生产许可证后发生重大安全事故	暂扣安全生产许可证并限期整改	—
取得安全生产许可证后不再具备安全生产条件		情节严重的，吊销安全生产许可证

19.【2018年真题】根据《建筑施工企业安全生产许可证管理规定》，已经取得安全生产许可证的施工企业发生重大安全事故所产生的法律后果是（　　）。

A. 撤销安全生产许可证　　　　　　　B. 吊销安全生产许可证

C. 暂扣安全生产许可证并限期整改　　D. 责令停止生产，并处罚款

【解析】　根据《建筑施工企业安全生产许可证管理规定》第二十二条，取得安全生产许可证的建筑施工企业，发生重大安全事故的，暂扣安全生产许可证并限期整改。

二、参考答案

题号	1	2	3	4	5	6	7	8	9	10
答案	D	BC	B	A	ABCD	ABCD	A	A	BD	ABE

题号	11	12	13	14	15	16	17	18	19
答案	ACD	ABCD	B	A	D	BCE	C	D	C

三、2025年考点预测

考点一：申请领取安全生产许可证的程序和条件

申领安全生产许可证的条件

考点二：安全生产许可证的有效期和撤销

施工单位安全生产许可证有效期及变更的规定

考点三：违法行为的法律责任

以不正当手段获得安全生产许可证应承担的法律责任

第三节　施工单位安全生产责任制度

考点一：施工单位的安全生产责任

考点二：施工总承包和分包单位的安全生产责任

考点三：施工单位负责人和项目负责人施工现场带班制度

考点四：施工项目负责人的安全生产责任

考点五：施工作业人员安全生产的权利和义务

考点六：施工单位安全生产教育培训

考点七：违法行为的法律责任

一、历年真题及解析

1.【2023年真题】根据《安全生产法》，生产经营单位主要负责人对本单位安全生产负有的职责有（　　）。

A. 建立健全并落实本单位全员安全生产责任制，加强安全生产标准化建设

B. 组织开展危险源辨识和评估，督促落实本单位重大危险源的安全管理措施

C. 组织制定并实施本单位安全生产规章制度和操作规程

D. 组织制定并实施本单位的生产安全事故应急救援预案

E. 组织或者参与本单位应急救援演练

【解析】 根据《安全生产法》第二十一条的规定，生产经营单位的主要负责人对本单位安全生产工作负有下列职责：

① 建立健全并落实本单位全员安全生产责任制，加强安全生产标准化建设；

② 组织制定并实施本单位安全生产规章制度和操作规程；

③ 组织制定并实施本单位安全生产教育和培训计划；

④ 保证本单位安全生产投入的有效实施；

⑤ 组织建立并落实安全风险分级管控和隐患排查治理双重预防工作机制，督促、检查本单位的安全生产工作，及时消除生产安全事故隐患；

⑥ 组织制定并实施本单位的生产安全事故应急救援预案；

⑦ 及时、如实报告生产安全事故。

2. 【2020 年真题】根据《建筑施工企业安全生产管理机构设置及专职安全生产管理人员配备办法》，建筑施工企业安全生产管理机构的职责有（　　）。

A. 建立、健全本单位安全生产责任制

B. 查处在建项目违规、违章情况

C. 宣传和贯彻国家有关安全生产法律法规和标准

D. 组织开展安全教育培训与交流

E. 参加生产安全事故的调查和处理工作

【解析】 建筑施工企业安全生产管理机构具有以下职责：

① 宣传和贯彻国家有关安全生产法律法规和标准；

② 编制并适时更新安全生产管理制度并监督实施；

③ 组织或参与企业生产安全事故应急救援预案的编制及演练；

④ 组织开展安全教育培训与交流；

⑤ 协调配备项目专职安全生产管理人员；

⑥ 制订企业安全生产检查计划并组织实施；

⑦ 监督在建项目安全生产费用的使用；

⑧ 参与危险性较大工程安全专项施工方案专家论证会；

⑨ 通报在建项目违规、违章查处情况；

⑩ 组织开展安全生产评优、评先表彰工作；

⑪ 建立企业在建项目安全生产管理档案；

⑫ 考核评价分包企业安全生产业绩及项目安全生产管理情况；

⑬ 参加生产安全事故的调查和处理工作；

⑭ 企业明确的其他安全生产管理职责。

选项 A 为企业主要负责人的安全职责，选项 B 为企业专职安全员的安全职责。故选项 C、D、E 正确。

3. 【2023 年真题】关于施工项目负责人安全生产责任的说法，正确的是（　　）。

A. 对本企业安全生产管理全面负责

B. 向监理单位请假并经同意后，项目负责人方可离开

C. 每月带班生产时间不得少于本月施工时间的 80%

D. 在"危大工程"施工期间离开施工现场时，应当委托项目相关负责人在现场带班

【解析】　项目负责人对本项目安全生产管理全面负责，故选项 A 错误（错在"本企业"，应该是"本项目"）。

项目负责人有其他事务需要离开项目时，应向工程项目的建设单位请假，故选项 B 错误。

项目负责人每月带班生产时间不得少于本月施工时间的 80%，故选项 C 正确。

施工单位项目经理是危大工程安全管控第一责任人，必须在危大工程施工期间现场带班，不得请假离开，故选项 D 错误。

4.【2023 年真题】关于施工企业安全生产责任的说法，正确的是（　　）。

A. 企业主要负责人是本单位安全生产第一责任人

B. 应当设置专职安全生产分管负责人

C. 安全生产责任书应当由施工企业法定代表人与项目负责人签字

D. 工程项目实行总承包的，安全生产责任全部由总承包单位承担

【解析】　根据《安全生产法》的规定，生产经营单位的主要负责人是本单位安全生产第一责任人，对本单位的安全生产工作全面负责，故选项 A 正确。

可以设置专职安全生产分管负责人，协助本单位主要负责人履行安全生产管理职责，故选项 B 错误（错在"应当"，应该是"可以"）。

主要负责人应当与项目负责人签订安全生产责任书，故选项 C 错误（不一定是法定代表人与项目负责人签）。

工程项目实行总承包的，总分包单位应当签订安全生产协议书，明确双方安全生产责任（约定责任），总承包单位和分包单位对分包工程的安全生产承担连带责任（法定责任），故选项 D 错误。

5.【2024 年真题】下列情形中，施工企业负责人应当到施工现场进行带班检查的是（　　）。

A. 工程项目出现险情时

B. 工程项目进行超过一定规模的分部分项工程施工时

C. 项目负责人因故暂时离岗时

D. 工程项目发现一般隐患时

【解析】　工程项目进行超过一定规模的危险性较大的分部分项工程施工时，建筑施工企业负责人应到施工现场进行带班检查。工程项目出现险情或发现重大隐患时，建筑施工企业负责人应到施工现场带班检查，故选项 A 正确。

选项 B 错在缺少"危险性较大的"，选项 D 错在"一般"应为"重大"。

6.【2018 年真题】根据《建筑施工企业负责人及项目负责人施工现场带班暂行办法》的相关规定，关于施工企业负责人施工现场带班制度的说法，正确的是（　　）。

A. 建筑施工企业负责人，是指企业的法定代表人、总经理，不包括主管质量安全和生产工作的副总工程师

B. 建筑施工企业负责人要定期带班检查，每月检查时间不少于其工作日的 20%

C. 有分公司的企业集团负责人因故不能到现场的可口头委托工程所在地的分公司负责人对施工现场进行带班检查

D. 建筑施工企业负责人带班检查时，应认真做好检查记录，并分别在企业和工程项目存档备查

【解析】 根据《建筑施工企业负责人及项目负责人施工现场带班暂行办法》第二条的规定，本办法所称建筑施工企业负责人，是指企业的法定代表人、总经理、主管质量安全和生产工作的副总经理、总工程师和副总工程师，因此选项A错误。

根据《建筑施工企业负责人及项目负责人施工现场带班暂行办法》第六条的规定，建筑施工企业负责人要定期带班检查，每月检查时间不少于其工作日的25%，故选项B错误。

根据《建筑施工企业负责人及项目负责人施工现场带班暂行办法》第七条的规定，对于有分公司（非独立法人）的企业集团，集团负责人因故不能到现场的可书面委托工程所在地的分公司负责人对施工现场进行带班检查，故选项C错误。

7. 【2018年真题】根据《建筑施工企业安全生产管理机构设置及专职安全生产管理人员配备办法》，关于建筑施工企业安全生产管理机构专职安全生产管理人员配备的说法，正确的有（　　）。

A. 建筑施工总承包资质特级资质专职安全生产管理人员不少于6人

B. 建筑施工企业安全生产管理机构专职安全生产管理员的配备与企业经营规模和生产需要有关，与企业设备管理无关

C. 建筑施工专业承包资质二级和二级以下资质企业的专职安全生产管理人员不少于2人

D. 建筑施工企业的分公司、区域公司等较大的分支机构不需要具备专职安全生产管理人员

E. 建筑施工劳务分包资质序列企业的专职安全生产管理人员不少于2人

【解析】 根据《建筑施工企业安全生产管理机构设置及专职安全生产管理人员配备办法》第八条的规定，建筑施工企业安全生产管理机构专职安全生产管理人员的配备应满足下列要求，并应根据企业经营规模、设备管理和生产需要予以增加：

① 建筑施工总承包资质序列企业：特级资质不少于6人、一级资质不少于4人、二级和二级以下资质不少于3人。

② 建筑施工专业承包资质序列企业：一级资质不少于3人、二级和二级以下资质企业不少于2人。

③ 建筑施工劳务分包资质序列企业：不少于2人。

④ 建筑施工企业的分公司、区域公司等较大的分支机构应依据实际生产情况配备不少于2人的专职安全生产管理人员，故选项D错误。

建筑施工企业安全生产管理机构专职安全生产管理员的配备与企业经营规模、生产需要及设备管理有关，故选项B错误。

8. 【2015年真题】根据《建筑施工企业安全生产管理机构设置及专职安全生产管理人员配备办法》，建筑施工企业安全生产管理机构专职安全生产管理人员应当履行的职责有（　　）。

A. 检查危险性较大工程安全专项施工方案落实情况

B. 参与危险性较大工程安全专项施工方案专家论证会

C. 监督作业人员安全防护用品的配备及使用情况

D. 对发现的安全生产违章违规行为或安全隐患，有权当场予以纠正或做出处理决定

E. 对不符合安全生产条件的设施、设备、器材，有权当场做出查封的处理决定

【解析】　选项 B 属于建筑施工企业安全生产管理机构的职责，故错误。

9.【2014 年真题】关于建筑施工企业负责人带班检查的说法正确的有（　　）。

A. 超过一定规模的危险性较大的分部分项工程施工时，施工企业负责人应到工程现场进行带班检查

B. 工程出现险情或发现重大隐患时，施工企业负责人应到施工现场带班检查

C. 应认真做好检查记录，并分别在企业和工程项目所在地建设行政主管部门留档备案

D. 建筑施工企业负责人要定期带班检查，每月检查时间不少于其工作日的 20%

E. 对于有分公司的企业集团，集团负责人因故不能到现场的，可口头通知工程所在地的分公司负责人带班检查

【解析】　根据《建筑施工企业负责人及项目负责人施工现场带班暂行办法》的有关规定，建筑施工企业负责人带班检查时，应认真做好检查记录，并分别在企业和工程项目存档备查，故选项 C 错误。

建筑施工企业负责人要定期带班检查，每月检查时间不少于其工作日的 25%，故选项 D 错误。

对于有分公司的企业集团，集团负责人因故不能到现场的，可书面委托工程所在地的分公司负责人带班检查，故选项 E 错误。

10.【2012 年真题】施工企业的主要责任人，对于本单位生产安全工作的主要职责包括（　　）。

A. 建立、健全本单位安全生产责任制

B. 组织制定本单位安全生产规章制度和操作规程

C. 保证本单位安全生产投入的有效实施

D. 督促、检查本单位的安全生产工作，及时消除生产安全事故隐患

E. 编制专项工程施工方案

【解析】　根据《安全生产法》第二十一条的规定，生产经营单位的主要负责人对本单位安全生产工作负有下列职责：

①建立、健全本单位安全生产责任制；

②组织制定本单位安全生产规章制度和操作规程；

③保证本单位安全生产投入的有效实施；

④组织制定并实施本单位安全生产教育和培训计划；

⑤督促、检查本单位的安全生产工作，及时消除生产安全事故隐患；

⑥组织制定并实施本单位的生产安全事故应急救援预案；

⑦及时、如实报告生产安全事故。

11.【2017 年真题】关于施工企业项目负责人安全生产责任的说法，正确的有（　　）。

A. 开展项目安全教育培训

B. 对建设工程项目的安全施工负责

C. 确保安全生产费用的有效使用

D. 监督作业人员安全保护用品的配备及使用情况

E. 及时、如实报告生产安全事故

【解析】 根据《建筑施工企业主要负责人、项目负责人和专职安全生产管理人员安全生产管理规定》第十七条，项目负责人对本项目安全生产管理全面负责，应当建立项目安全生产管理体系，明确项目管理人员安全职责，落实安全生产管理制度，确保项目安全生产费用有效使用。

项目负责人应当按规定实施项目安全生产管理，监控危险性较大分部分项工程，及时排查处理施工现场安全事故隐患，隐患排查处理情况应当记入项目安全管理档案。发生事故时，应当按规定及时报告并开展现场救援，故选项 B、C、E 正确。

开展项目安全教育培训是安全领导小组的责任，故选项 A 错误。

为专职安全生产管理人员在施工现场检查过程中具有的安全生产责任，故选项 D 错误。

12. 【2013 年真题】项目负责人的安全生产责任不包括（   ）。

A. 对建设工程项目的安全施工负责

B. 确保安全生产费用的有效使用

C. 落实安全生产责任制度、安全生产规章和操作规程

D. 签署危险性较大的工程安全专项施工方案

【解析】 根据《建筑施工企业主要负责人、项目负责人和专职安全生产管理人员安全生产管理规定》第十七条（参见 11 题解析），选项 A、B、C 均为项目负责人的安全生产责任。

签署危险性较大的工程安全专项施工方案是施工单位技术负责人和总监理工程师的责任，故选项 D 正确。

13. 【2024 年真题】根据《建设工程安全生产管理条例》，施工企业专职安全生产管理人员的类型有（   ）。

A. 安装   B. 机械

C. 土建   D. 特种作业

E. 综合

【解析】 专职安全生产管理人员分为机械、土建、综合 3 类。

14. 【2023 年真题】关于总承包单位项目专职安全生产管理人员配备人数的要求，正确的是（   ）。

A. 1 万平方米以下建筑工程不少于 2 人

B. 5000 万元以下土木工程不小于 1 人

C. 1 万~5 万平方米装修工程不少于 3 人

D. 5000 万~1 亿元管道工程不少于 3 人

【解析】 总承包单位配备项目专职安全生产管理人员应当满足下列要求：

(1) 建筑工程、装修工程按照建筑面积配备：

① 1 万平方米以下的工程不少于 1 人，故选项 A 错误；

② 1 万~5 万平方米的工程不少于 2 人，故选项 C 错误；

③ 5 万平方米及以上的工程不少于 3 人，且按专业配备专职安全生产管理人员。

（2）土木工程、线路管道、设备安装工程按照工程合同价配备：

① 5000 万元以下的工程不少于 1 人，故选项 B 正确；

② 5000 万～1 亿元的工程不少于 2 人，故选项 D 错误；

③ 1 亿元及以上的工程不少于 3 人，且按专业配备专职安全生产管理人员。

15.【2022 年真题】某工程项目除施工总承包单位外，施工现场有三家分包单位同时施工，关于该项目的安全责任承担说法正确的是（　　）。

A. 由总包单位承担

B. 由分包单位承担

C. 分包单位就各自分包工程与总包单位承担连带责任

D. 分包单位对整个工程与总包单位承担连带责任

【解析】　根据《建设工程安全生产管理条例》第二十四条的规定，建设工程实行施工总承包的，由总承包单位对施工现场的安全生产负总责。总承包单位依法将建设工程分包给其他单位的，分包合同中应当明确各自的安全生产方面的权利、义务。总承包单位和分包单位对分包工程的安全生产承担连带责任。

分包单位应当服从总承包单位的安全生产管理，分包单位不服从管理导致生产安全事故的，由分包单位承担主要责任。

16.【2017 年真题】根据《建设工程安全生产管理条例》的有关规定，不属于施工总承包单位应承担的安全生产责任的是（　　）。

A. 统一组织编制建设工程生产安全应急救援预案

B. 负责向有关部门上报施工生产安全事故

C. 自行完成建设工程主体结构的施工

D. 施工总承包单位与分包单位间约定责任与法定责任相抵触时，以约定责任为准

【解析】　施工总承包单位与分包单位间约定责任与法定责任相抵触时，以法定责任为准，故选项 D 正确。

17.【2012 年真题】某总承包单位将工程主体结构施工分包给具有相应资质的分包单位。该工程施工过程中，分包单位发生了安全生产事故。关于双方责任的说法，错误的是（　　）。

A. 分包单位只承担民事赔偿责任

B. 总承包单位应对本工程施工现场的安全生产负总责

C. 总承包单位与分包单位就该安全事故承担连带责任

D. 如果发生的安全事故情节特别严重，构成犯罪的，应当追究总承包单位主要责任人责任

【解析】　根据《建设工程安全生产管理条例》第二十四条的规定，建设工程实行施工总承包的，由总承包单位对施工现场的安全生产负总责。总承包单位应当自行完成建设工程主体结构的施工。总承包单位依法将建设工程分包给其他单位的，分包合同中应当明确各自的安全生产方面的权利、义务。总承包单位和分包单位对分包工程的安全生产承担连带责任。分包单位应当服从总承包单位的安全生产管理，分包单位不服从管理导致生产安全事故的，由分包单位承担主要责任。故选项 B、C 正确。

总承包单位将工程主体结构施工分包给具有相应资质的分包单位属于违法分包，发生安

全事故后，双方除了要承担民事赔偿责任，还要承担相应的行政责任，构成犯罪的还要承担刑事责任。故选项 A 错误、选项 D 正确。

18.【2009 年真题】甲建筑公司是某施工项目的施工总承包单位，乙建筑公司是其分包单位。2008 年 5 月 5 日，乙建筑公司的施工项目发生了生产安全事故，应由（　　）向负有安全生产监督管理职责的部门报告。

A. 甲建筑公司或乙建筑公司　　　　　　　B. 甲建筑公司

C. 乙建筑公司　　　　　　　　　　　　　D. 甲建筑公司和乙建筑公司

【解析】　根据《建设工程安全生产管理条例》第五十条的规定，施工单位发生生产安全事故，应当按照国家有关伤亡事故报告和调查处理的规定，及时、如实地向负责安全生产监督管理的部门、建设行政主管部门或者其他有关部门报告；特种设备发生事故的，还应当同时向特种设备安全监督管理部门报告。接到报告的部门应当按照国家有关规定，如实上报。实行施工总承包的建设工程，由总承包单位负责上报事故。

19.【2021 年真题】生产经营单位与从业人员订立的免除或者减轻其对从业人员因生产安全事故伤亡责任的条款（　　）。

A. 有效　　　　　　　　　　　　　　　　B. 可撤销

C. 效力待定　　　　　　　　　　　　　　D. 无效

【解析】　根据《安全生产法》规定，生产经营单位与从业人员订立协议，免除或者减轻其对从业人员因生产安全事故伤亡依法应承担的责任的，该协议无效。

20.【2019 年真题】根据《安全生产法》的有关规定，生产经营单位的从业人员有权了解其作业场所和工作岗位存在的（　　）。

A. 事故隐患　　　　　　　　　　　　　　B. 危险因素

C. 防范措施　　　　　　　　　　　　　　D. 安全通病

E. 事故应急措施

【解析】　根据《安全生产法》第五十三条的规定，生产经营单位的从业人员有权了解其作业场所和工作岗位存在的危险因素、防范措施及事故应急措施，有权对本单位的安全生产工作提出建议。

21.【2015 年真题】施工作业人员应当享有的安全生产权利有（　　）。

A. 获得防护用品权　　　　　　　　　　　B. 获得保险赔偿权

C. 拒绝违章指挥权　　　　　　　　　　　D. 安全生产决策权

E. 紧急避险权

【解析】　根据《安全生产法》《建筑法》《建设工程安全生产管理条例》等法律法规的规定，施工作业人员主要享有如下的安全生产权利：

①施工安全生产的知情权和建议权；

②施工安全防护用品的获得权；

③批评、检举、控告权及拒绝违章指挥权；

④紧急避险权；

⑤获得工伤保险和意外伤害保险赔偿的权利；

⑥请求民事赔偿权；

⑦依靠工会维权。

22.【2012 年真题】关于施工企业强令施工人员冒险作业的说法，正确的是（　　）。
A. 施工人员有权拒绝该指令
B. 施工企业有权对不服从指令的施工人员进行处罚
C. 施工企业可以解除不服从管理的施工人员的劳动合同
D. 施工人员必须无条件服从施工企业发出的命令，确保施工生产进度的顺利开展

【解析】　根据《建设工程安全生产管理条例》第三十二条的规定，作业人员有权对施工现场的作业条件、作业程序和作业方式中存在的安全问题提出批评、检举和控告，有权拒绝违章指挥和强令冒险作业。在施工中发生危及人身安全的紧急情况时，作业人员有权立即停止作业或者在采取必要的应急措施后撤离危险区域。

23.【2011 年真题】下列情形中，属于施工作业人员的安全生产义务的是（　　）。
A. 对本单位的安全生产工作提出建议
B. 接受安全生产教育和培训
C. 发现直接危及人身安全的紧急情况时停止作业
D. 拒绝违章指挥和强令冒险作业

【解析】　根据《安全生产法》《建筑法》《建设工程安全生产管理条例》等法律法规的规定，施工作业人员主要应当履行如下的安全生产义务：
① 守法遵章和正确使用安全防护用具的义务；
② 接受安全生产教育培训的义务；
③ 施工安全生产事故隐患报告的义务；
④ 被派遣劳动者的义务。

24.【2010 年真题】下列保险中，属于强制性保险的是（　　）。
A. 意外伤害保险　　　　　　　　　　B. 建筑工程一切险
C. 安装工程一切险　　　　　　　　　D. 工伤保险

【解析】　根据《建筑法》的有关规定，建筑施工企业应当依法为职工参加工伤保险缴纳工伤保险费。鼓励企业为从事危险作业的职工办理意外伤害保险，支付保险费。故只有工伤保险为强制险。

25.【2024 年真题】施工作业人员发现直接危及人身安全的紧急情况，有权停止作业或者采取可能的应急措施后撤离作业场所，体现作业人员的主要权利是（　　）。
A. 施工作业危险的知情权　　　　　　B. 紧急避险权
C. 对危险行为的检举权　　　　　　　D. 请求民事赔偿权

【解析】　《安全生产法》规定，从业人员发现直接危及人身安全的紧急情况时，有权停止作业或者在采取可能的应急措施后撤离作业场所。这属于紧急避险权，故选项 B 正确。

26.【2021 年真题】根据《建筑施工企业主要负责人、项目负责人和专职安全生产管理人员安全管理规定》，关于"安管人员"安全生产考核的说法，正确的有（　　）。
A. 安管人员应当自行申请安全生产考核
B. 安管人员的安全生产考核由国务院住房城乡建设行政主管部门统一颁发合格证
C. 安全生产考核证书的有效期无限制
D. 安全生产考核应当向省级人民政府住房城乡建设主管部门申请
E. 安全生产考核证书在全国范围内有效

【解析】　根据《建筑施工企业主要负责人、项目负责人和专职安全生产管理人员安全管理规定》，"安管人员"应当通过其受聘企业，向企业工商注册地的省、自治区、直辖市人民政府住房城乡建设主管部门申请安全生产考核，并取得安全生产考核合格证书。安全生产考核合格证书有效期为3年，证书在全国范围内有效。故选项A、B、C错误，选项D、E正确。

27. 【2019年真题】根据《建筑施工企业安全生产许可证管理规定》，建筑施工企业取得安全生产许可证应当经过住房城乡建设主管部门或者其他有关部门考核合格的人员是（　　）。

A. 主要负责人，部门负责人和项目负责人

B. 主要负责人，项目负责人和专职安全生产管理人员

C. 部门负责人，项目负责人和专职安全生产管理人员

D. 主要负责人，项目负责人和从业人员

【解析】　根据《建筑施工企业安全生产许可证管理规定》第四条，主要负责人、项目负责人、专职安全生产管理人员应经建设主管部门或者其他有关部门考核合格。

28. 【2015年真题】根据《建设工程安全生产管理条例》，注册执业人员未执行工程建设强制性标准的，可责令其停止执业（　　）。

A. 1个月以上3个月以下
B. 3个月以上1年以下

C. 3个月以上2年以下
D. 6个月以上1年以下

【解析】　根据《建设工程安全生产管理条例》第五十八条的规定，注册执业人员未执行工程建设强制性标准的，可责令其停止执业3个月以上1年以下；情节严重的，吊销执业资格证书，5年内不予注册；造成重大安全事故的，终身不予注册；构成犯罪的，依照刑法有关规定追究刑事责任。

29. 【2023年真题】根据《建筑施工特种作业人员管理规定》，下列人员中，属于建筑施工特种作业人员的有（　　）。

A. 建筑钢筋工
B. 建筑电工

C. 建筑架子工
D. 建筑起重机械司机

E. 建筑木工

【解析】　根据《建筑施工特种作业人员管理规定》，建筑施工特种作业人员包括：建筑电工、建筑架子工、建筑起重信号司索工、建筑起重机械司机、建筑起重机械安装拆卸工、高处作业吊篮安装拆卸工和经省级以上人民政府住房和城乡建设主管部门认定的其他特种作业人员等。

30. 【2024年真题】下列情形中，应当判定为施工安全管理重大事故隐患的是（　　）。

A. 建筑施工特种作业人员未取得特种作业人员操作资格证书上岗作业

B. 施工企业未取得安全生产许可证

C. 施工从业人员未取得安全生产考核合格证书从事相关工作

D. 分部分项工程未编制、未审核专项施工方案

【解析】　根据《房屋市政工程生产安全重大事故隐患判定标准》（2022版）的规定，施工安全管理有下列情形之一的，应判定为重大事故隐患：

① 建筑施工企业未取得安全生产许可证擅自从事建筑施工活动；

② 施工单位的主要负责人、项目负责人、专职安全生产管理人员未取得安全生产考核

合格证书从事相关工作;

③ 建筑施工特种作业人员未取得特种作业人员操作资格证书上岗作业;

④ 危险性较大的分部分项工程未编制、未审核专项施工方案,或未按规定组织专家对"超过一定规模的危险性较大的分部分项工程范围"的专项施工方案进行论证。

选项 B 缺少"从事建筑施工活动";选项 C 错在"从业人员",应为"主要负责人、项目负责人、专职安全生产管理人员";选项 D 缺少"危险性较大的"。

31.【2023 年真题】根据《房屋市政工程生产安全重大隐患排查治理挂牌督办暂行办法》,房屋市政工程生产安全重大隐患排查治理的责任主体是(　　)。

A. 建设单位
B. 施工单位
C. 监理单位
D. 检测单位

【解析】 根据《房屋市政工程生产安全重大隐患排查治理挂牌督办暂行办法》的规定,建筑施工企业是房屋市政工程生产安全重大隐患排查治理的责任主体,应当建立健全重大隐患排查治理工作制度,并落实到每一个工程项目。

二、参考答案

题号	1	2	3	4	5	6	7	8	9	10
答案	ACD	CDE	C	A	A	D	ACE	ACDE	AB	ABCD
题号	11	12	13	14	15	16	17	18	19	20
答案	BCE	D	BCE	B	C	D	A	B	D	BCE
题号	21	22	23	24	25	26	27	28	29	30
答案	ABCE	A	B	D	B	DE	B	B	BCD	A
题号	31									
答案	B									

三、2025 年考点预测

考点一:施工单位的安全生产责任
(1) 主要负责人及企业安全管理人员的安全生产责任
(2) 项目安全生产领导小组的职责、专职安全员的配备
(3) 重大事故隐患的情形
考点二:施工总承包和分包单位的安全生产责任
总承包和分包单位的安全生产责任
考点三:施工单位负责人和项目负责人施工现场带班制度
单位负责人和项目负责人施工现场带班制度
考点四:施工项目负责人的安全生产责任
项目负责人的安全生产责任
考点五:施工作业人员安全生产的权利和义务
作业人员安全生产的权利和义务
考点六:施工单位安全生产教育培训

安全管理人员、特种作业人员、作业人员的安全教育培训制度

考点七：违法行为的法律责任

第四节　施工现场安全防护制度

考点一：编制和实施安全技术措施、专项施工方案
考点二：施工现场安全防范措施和安全生产费用
考点三：特种设备安全管理
考点四：施工现场消防安全责任
考点五：违法行为的法律责任

一、历年真题及解析

1. 【2023年真题】根据《建设工程安全生产管理条例》，下列"危大工程"中，施工企业应当组织专家对专项施工方案进行论证、审查的有（　　）。

A. 地下暗挖工程　　　　　　　　　B. 砌筑工程

C. 高大模板工程　　　　　　　　　D. 起重吊装工程

E. 爆破工程

【解析】　根据《建设工程安全生产管理条例》第二十六条的规定，对下列达到一定规模的危险性较大的分部分项工程编制专项施工方案，并附具安全验算结果，经施工单位技术负责人、总监理工程师签字后实施，由专职安全生产管理人员进行现场监督：①基坑支护与降水工程；②土方开挖工程；③模板工程；④起重吊装工程；⑤脚手架工程；⑥拆除、爆破工程；⑦国务院建设行政主管部门或者其他有关部门规定的其他危险性较大的工程。

对以上所列工程中涉及深基坑、地下暗挖工程、高大模板工程的专项施工方案，施工单位还应当组织专家进行论证、审查。

2. 【2023年真题】关于"危大工程"专项施工方案的说法，正确的是（　　）。

A. 项目专职安全生产管理人员应当对专项施工方案实施情况进行现场监督

B. "危大工程"实行专业分包的，专项施工方案应当由相应分包单位组织编制

C. 专项施工方案应当由施工企业项目负责人负责审核

D. 超过一定规模的"危大工程"，在专家论证前专项施工方案应当通过施工企业审核和专业监理工程师审查

【解析】　危大工程实行分包的，专项施工方案可以由相关专业分包单位组织编制，故选项B错误。

专项施工方案应当由施工单位技术负责人审核签字，并加盖单位公章，故选项C错误。

超过一定规模的"危大工程"，在专家论证前专项施工方案应当通过施工单位审核和总监理工程师审查，故选项D错误。

3. 【2022年真题】根据《建设工程安全生产管理条例》，关于对达到一定规模、危险性较大的分部分项工程编制的专项施工方案的说法，正确的有（　　）。

A. 应当附具安全验算结果

B. 应当经施工企业技术负责人签字

C. 应当经总监理工程师签字

D. 由专职安全生产管理人员进行现场监督

E. 应当经建设单位负责人签字

【解析】　根据《建设工程安全生产管理条例》第二十六条的规定，对达到一定规模的危险性较大的分部分项工程编制专项施工方案，并附具安全验算结果，经施工单位技术负责人、总监理工程师签字后实施，由专职安全生产管理人员进行现场监督。

4.【2020 年真题】根据《危险性较大的分部分项工程安全管理规定》，对于按照规定需要进行第三方监测的危大工程，建设单位应当委托具有相应（　　）资质的单位进行监测。

A. 设计
B. 监理

C. 地基检测
D. 勘察

【解析】　根据《危险性较大的分部分项工程安全管理规定》第二十条，对于按照规定需要进行第三方监测的危大工程，建设单位应当委托具有相应勘察资质的单位进行监测，故选项 D 正确。

5.【2020 年真题】根据《建设工程安全生产管理条例》，下列分部分项工程中，属于达到一定规模的危险性较大的需要编制专项施工方案，并附具安全验算结果的有（　　）。

A. 基坑支护与降水工程
B. 模板工程

C. 脚手架工程
D. 拆除、爆破工程

E. 装饰装修工程

【解析】　根据《建设工程安全生产管理条例》第二十六条的规定，施工单位应当在施工组织设计中编制安全技术措施和施工现场临时用电方案，对下列达到一定规模的危险性较大的分部分项工程编制专项施工方案，并附具安全验算结果，经施工单位技术负责人、总监理工程师签字后实施，由专职安全生产管理人员进行现场监督：①基坑支护与降水工程；②土方开挖工程；③模板工程；④起重吊装工程；⑤脚手架工程；⑥拆除、爆破工程；⑦国务院建设行政主管部门或者其他有关部门规定的其他危险性较大的工程。故选项 A、B、C、D 正确。

6.【2017 年真题】根据《危险性较大的分部分项工程安全管理规定》实行工程总承包的，对于超过一定规模的危险性较大的分部分项工程专项方案，应当由（　　）组织召开专家论证会。

A. 建设单位
B. 总承包单位
C. 设计单位
D. 分包单位

【解析】　根据《危险性较大的分部分项工程安全管理规定》第十二条，对于超过一定规模的危大工程，施工单位应当组织召开专家论证会对专项施工方案进行论证。实行施工总承包的，由施工总承包单位组织召开专家论证会。专家论证前专项施工方案应当通过施工单位审核和总监理工程师审查。故选项 B 正确。

7.【2016 年真题】关于安全专项施工方案审核的说法中，正确的有（　　）。

A. 专项方案应当由施工企业技术部门组织本企业施工技术、安全、质量等部门的专项技术人员进行审核

B. 专项方案经审核合格的，由施工企业安全部门负责人签字

C. 实行施工总承包的，专项方案应当由总承包企业技术负责人及相关专业承包单位技术负责人签字

D. 不需专家论证的专项方案，经施工企业审核合格后报监理单位，由项目总监理工程师审核签字

E. 超过一定规模的危险性较大的分部分项工程专项方案应当由施工企业组织召开专家论证会

【解析】 根据《危险性较大的分部分项工程安全管理规定》第十一条，专项施工方案应当由施工单位技术负责人审核签字、加盖单位公章，并由总监理工程师审查签字、加盖执业印章后方可实施。危大工程实行分包并由分包单位编制专项施工方案的，专项施工方案应当由总承包单位技术负责人及分包单位技术负责人共同审核签字并加盖单位公章。故选项 B 错误、选项 D 正确，选项 C 缺少"危大工程实行分包并由分包单位编制专项施工方案"这个前提，故不选。

根据《危险性较大的分部分项工程安全管理规定》第十二条的规定，对于超过一定规模的危大工程，施工单位应当组织召开专家论证会对专项施工方案进行论证。实行施工总承包的，由施工总承包单位组织召开专家论证会。专家论证前专项施工方案应当通过施工单位审核和总监理工程师审查。故选项 E 正确。

根据原建质 200987 号文《危险性较大的分部分项工程安全管理办法》第八条的规定，专项方案应当由施工单位技术部门组织本单位施工技术、安全、质量等部门的专业技术人员进行审核。经审核合格的，由施工单位技术负责人签字。故选项 A 正确。但 2018 年 6 月 1 日实施的《危险性较大的分部分项工程安全管理规定》则删除此规定，同时原建质 200987 号文废止，因此选项 A 不选。

8.【2011 年真题】对于土方开挖工程，施工企业编制专项施工方案后，经（ ）签字后实施。

A. 施工企业项目经理、现场监理工程师

B. 施工企业技术负责人、建设单位负责人

C. 施工企业技术负责人、总监理工程师

D. 建设单位负责人、总监理工程师

【解析】 土方开挖工程属于应当编制专项施工方案的工程，根据《危险性较大的分部分项工程安全管理规定》第十一条，专项施工方案应当由施工单位技术负责人审核签字、加盖单位公章，并由总监理工程师审查签字、加盖执业印章后方可实施。

9.【2011 年真题】根据《建设工程安全生产管理条例》，建设工程施工前，应当对有关安全施工的技术要求向施工作业班组、作业人员做出详细说明的是施工企业的（ ）。

A. 负责项目管理的技术人员   B. 项目负责人

C. 技术负责人   D. 安全员

【解析】 根据《建设工程安全生产管理条例》第二十七条的规定，建设工程施工前，施工单位负责项目管理的技术人员应当对有关安全施工的技术要求向施工作业班组、作业人员做出详细说明，并由双方签字确认。

注意：根据《危险性较大的分部分项工程安全管理规定》第十五条，专项施工方案实施前，编制人员或者项目技术负责人应当向施工现场管理人员进行方案交底。

施工现场管理人员应当向作业人员进行安全技术交底，并由双方和项目专职安全生产管理人员共同签字确认。

10.【**2021年真题**】根据《关于印发起重机械、基坑工程等五项危险性较大的分部分项工程施工安全要点的通知》，关于基坑工程施工安全要点的说法，正确的有（　　）。

A. 基坑工程施工企业必须具有相应的资质和安全生产许可证

B. 基坑工程必须按照规定编制、审核专项施工方案、并组织专家论证

C. 基坑周边施工材料、设施或者车辆荷载严禁超过设计要求的地面荷载限值

D. 基坑周边应当按要求采取临边防护措施，设置作业人员上下专用通道

E. 基坑施工必须采取基坑内外地表水和地下水控制措施，防止出现积水和漏水漏沙

【解析】　基坑工程施工企业必须具有相应的资质和安全生产许可证，严禁无资质、超范围从事基坑工程施工，故选项 A 正确。

基坑工程必须按照规定编制、审核专项施工方案，超过一定规模的深基坑工程要组织专家论证，基坑支护必须进行专项设计，故选项 B 错误。

基坑周边施工材料、设施或车辆荷载严禁超过设计要求的地面荷载限值，故选项 C 正确。

基坑周边应按要求采取临边防护措施，设置作业人员上下专用通道，故选项 D 正确。

基坑施工必须采取基坑内外地表水和地下水控制措施，防止出现积水和漏水漏沙，故选项 E 正确。

11.【**2024年真题**】下列费用中，列入建筑工程安全防护、文明施工措施费用的有（　　）。

A. 环境保护费　　　　　　　　　B. 临时设施费

C. 建设管理费　　　　　　　　　D. 安全施工费

E. 文明施工费

【解析】　根据《建筑工程安全防护、文明施工措施费用及使用管理规定》（建办〔2005〕89号），建筑工程安全防护、文明施工措施费用是由《建筑安装工程费用项目组成》中措施费所含的文明施工费、环境保护费、临时设施费、安全施工费组成。

12.【**2023年真题**】关于施工企业安全生产费用提取使用的说法，正确的是（　　）。

A. 施工企业提取的安全费用应当专户核算

B. 施工企业应当严格执行安全费用提取标准不得提高或者降低

C. 投标文件中的工程安全防护、文明施工措施的费用应当与环境保护、临时设施的费用合并报价

D. 安全费用应当在当年内使用完毕，不得结转下年使用

【解析】　企业提取的安全费用应当专户核算，按规定范围安排使用，不得挤占、挪用，故选项 A 正确。

施工企业提取的安全费用列入施工造价，不得删减，列入标外管理，根据安全实际需要可以适当提高安全费用提取标准，故选项 B 错误（可以提高但不得降低）。

施工单位应当根据现行规范标准，按照招标文件要求结合自身的施工技术水平、管理水平对工程安全防护、文明施工措施项目单独报价，故选项 C 错误。

年度结余资金结转下年度使用，当年计提安全费用不足的，超出部分按正常成本费用渠道列支，故选项 D 错误。

13. **【2019年真题】** 关于施工企业安全费用的说法，正确的有（　　）。

A. 采取经评审的最低投标价法评标的招标项目，安全费用在竞标时可以降低

B. 安全费用，以工程造价为计提依据

C. 安全费用不计入工程造价

D. 房屋建筑工程的安全费用计提比例高于市政公用工程

E. 施工总承包单位与分包单位分别计提安全费用

【解析】 根据《企业安全生产费用提取和使用管理办法》第五条的规定，建设工程施工企业以建筑安装工程造价为计提依据。各建设工程类别安全费用提取标准如下：

① 矿山工程为2.5%；

② 房屋建筑工程、水利水电工程、电力工程、铁路工程、城市轨道交通工程为2.0%；

③ 市政公用工程、冶炼工程、机电安装工程、化工石油工程、港口与航道工程、公路工程、通信工程为1.5%。

建设工程施工企业提取的安全费用列入工程造价，在竞标时，不得删减，列入标外管理。国家对基本建设投资概算另有规定的，从其规定。

总包单位应当将安全费用按比例直接支付分包单位并监督使用，分包单位不再重复提取。

故选项B、D正确，选项A、C、E错误。

14. **【2019年真题】** 使用承租的机械设备和施工机具及配件的，由（　　）共同进行验收。

A. 建设单位、监理单位和施工企业

B. 监理单位、施工企业和安装单位

C. 施工总承包单位、分包单位、出租单位和安装单位

D. 建设单位、施工企业和安全生产监督管理部门

【解析】 根据《建设工程安全生产管理条例》的规定，施工单位在使用施工起重机械和整体提升脚手架、模板等自升式架设设施前，应当组织有关单位进行验收，也可以委托具有相应资质的检验检测机构进行验收；使用承租的机械设备和施工机具及配件的，由施工总承包单位、分包单位、出租单位和安装单位共同进行验收，故选项C正确。

根据《建筑起重企业安全监督管理规定》第十六条，建筑起重机械安装完毕后，使用单位应当组织出租、安装、监理等有关单位进行验收，或者委托具有相应资质的检验检测机构进行验收。建筑起重机械经验收合格后方可投入使用，未经验收或者验收不合格的不得使用。

注意：两个法规文件的规定不一致。

15. **【2017年真题】** 根据《建设工程安全生产管理条例》，在施工现场使用的装配式活动的，应当具有（　　）。

A. 销售许可证　　　　B. 安装许可证　　　　C. 产品合格证　　　　D. 安全许可证

【解析】 根据《建设工程安全生产管理条例》第二十九条的规定，施工单位应当将施工现场的办公、生活区与作业区分开设置，并保持安全距离；办公、生活区的选址应当符合安全性要求。职工的膳食、饮水、休息场所等应当符合卫生标准。施工单位不得在尚未竣工的建筑物内设置员工集体宿舍。施工现场临时搭建的建筑物应当符合安全使用要求。施工现场使用的装配式活动房屋应当具有产品合格证。

16.【2017年真题】根据《建筑工程安全防护、文明施工措施费用及使用管理规定》，对建筑工程安全防护、文明施工措施费用的使用负总责的单位是（　　）。

A. 监理单位　　　　B. 建设单位　　　　C. 总承包单位　　　　D. 分包单位

【解析】　根据《建筑工程安全防护、文明施工措施费用及使用管理规定》，实行工程总承包的，总承包单位依法将建筑工程分包给其他单位的，总承包单位与分包单位应当在分包合同中明确安全防护文明施工措施费用由总承包单位统一管理。

17.【2016年真题】关于施工企业进行可能危及危险化学品管道安全的施工作业的说法，正确的是（　　）。

A. 施工企业应当与建设单位共同制定应急预案

B. 施工企业应当在开工的3日前通知管道所属单位

C. 施工企业通知管道所属单位时应采用书面形式

D. 建设单位应当指派专门人员到现场进行管道安全保护指导

【解析】　根据《危险化学品安全管理条例》的有关规定，进行可能危及危险化学品管道安全的施工作业，施工单位应当在开工的7日前书面通知管道所属单位，并与管道所属单位共同制定应急预案，采取相应的安全防护措施，故选项A、B错误。

管道所属单位应当指派专门人员到现场进行管道安全保护指导，故选项D错误。

18.【2015年真题】根据《建设工程安全生产管理条例》，施工单位应在施工现场（　　）设置明显的安全警示标志。

A. 楼梯口　　　　　　　　　　B. 配电箱

C. 塔吊　　　　　　　　　　　D. 基坑底部

E. 施工现场出口处

【解析】　根据《建设工程安全生产管理条例》第二十八条的规定，施工单位应在施工现场入口处、施工起重机械、临时用电设施、脚手架、出入通道口、楼梯口、电梯井口、孔洞口、桥梁口、隧道口、基坑边沿、爆破物及有害危险气体和液体存放处等危险部位，设置明显的安全警示标志。

选项D错在"底部"，应为边沿。选项E错在"出口"，应为"入口"。

19.【2015年真题】特种设备使用单位应当按照安全技术规范要求在检验合格有效期届满前（　　）向特种设备检测机构提出定期检验要求。

A. 5天　　　　　　B. 15天　　　　　　C. 20天　　　　　　D. 1个月

【解析】　根据《特种设备安全法》第四十条的规定，特种设备使用单位应当按照安全技术规范的要求，在检验合格有效期届满前一个月向特种设备检验机构提出定期检验要求。特种设备检验机构接到定期检验要求后，应当按照安全技术规范的要求及时进行安全性能检验。特种设备使用单位应当将定期检验标志置于该特种设备的显著位置。未经定期检验或者检验不合格的特种设备，不得继续使用。

20.【2014年真题】根据《建设工程安全生产管理条例》，出租的机械设备应当有产品合格证、自检合格证明和（　　）。

A. 生产企业资质证明　　　　　　　　B. 生产企业执业执照

C. 生产许可证　　　　　　　　　　　D. 第三方检测合格证明

【解析】　根据《建设工程安全生产管理条例》第三十四条的规定，出租的机械设备应当有产品合格证和生产（制造）许可证。

21.【2012年真题】施工现场所使用的安全警示标志（　　）。

A. 可根据建筑行业特点自行制作

B. 应依据设置的便利性选择设置地点和位置

C. 必须符合国家标准

D. 必须以图形表示

【解析】　根据《建设工程安全生产管理条例》第二十八条的规定，施工单位应当在施工现场入口处、施工起重机械、临时用电设施、脚手架、出入通道口、楼梯口、电梯井口、孔洞口、桥梁口、隧道口、基坑边沿、爆破物及有害危险气体和液体存放处等危险部位，设置明显的安全警示标志。安全警示标志必须符合国家标准。

22.【2024年真题】根据《消防法》，单位的消防安全责任人是（　　）。

A. 单位实际控制人　　　　　　　　　B. 单位安全部门负责人

C. 单位行政部门负责人　　　　　　　D. 单位主要责任人

【解析】　《消防法》明确规定了单位的主要责任人是本单位的消防安全责任人，对本单位的消防安全工作全面负责。

23.【2024年真题】企业应当落实的消防安全主体责任有（　　）。

A. 保证安全费用高比例用于消防工作

B. 明确各级、各岗位消防安全责任人及其职责

C. 对建筑消防设施每年至少进行1次全面检测

D. 所有单位均实行24h消防值班制度

E. 定期开展防火检查、巡查

【解析】　生产经营单位安全费用应当保证适当比例用于消防工作，故选项A错误；设有消防控制室的，实行24h值班制度，故选项D错误。

24.【2023年真题】关于施工现场消防安全要求的说法，正确的是（　　）。

A. 公共建筑在不影响正常营业的使用时，可以进行外保温材料施工作业

B. 施工现场的办公、生活区与作业区应当分开设置，并保持安全距离

C. 居住建筑进行节能改造作业期间不得影响居住人员的正常生活

D. 需要进行明火作业的，动火部门和人员应向主管部门办理备案手续

【解析】　根据《国务院关于加强和改进消防工作的意见》规定，公共建筑在营业、使用期间不得进行外保温材料施工作业，故选项A错误。

施工现场的办公、生活区与作业区应当分开设置，并保持安全距离，故选项B正确。

居住建筑进行节能改造作业期间应撤离居住人员，故选项C错误。

需要进行明火作业的，动火部门和人员应当按照用火管理制度办理审批手续，故选项D错误（错在"备案"，应为"审批"）。

25.【2015年真题】根据《国务院关于加强和改进消防工作的意见》，施工企业消防安全第一责任人是其（　　）。

A. 专职安全员　　　　　　　　　　　B. 法定代表人

C. 专职消防安全员　　　　　　　　　D. 施工项目负责人

【解析】　根据《国务院关于加强和改进消防工作的意见》的有关规定，机关、团体、企业事业单位法定代表人是本单位消防安全第一责任人。

二、参考答案

题号	1	2	3	4	5	6	7	8	9	10
答案	AC	A	ABCD	D	ABCD	B	DE	C	A	ACDE
题号	11	12	13	14	15	16	17	18	19	20
答案	ABDE	A	BD	C	C	C	C	ABC	D	C
题号	21	22	23	24	25					
答案	C	D	BCE	B	B					

三、2025 年考点预测

考点一：编制和实施安全技术措施、专项施工方案

（1）"危大工程"及"超大工程"的范围

（2）专项施工方案的编审、专家论证会的组织程序

（3）专项施工方案的交底

（4）专项施工方案实施的监督、检测

考点二：施工现场安全防范措施和安全生产费用

安全生产费用提取的比例、使用

考点三：特种设备安全管理

考点四：施工现场消防安全责任

考点五：违法行为的法律责任

第五节　施工生产安全事故的应急救援与调查处理

考点一：生产安全事故的等级划分标准
考点二：生产安全事故应急救援预案
考点三：生产安全事故报告、调查和处理
考点四：违法行为的法律责任

一、历年真题及解析

1.【2023 年真题】下列事故中，属于较大生产安全事故的有（　　）。

A. 造成 6 人死亡的事故

B. 造成 15 人重伤的事故

C. 造成 1230 万元直接经济损失的事故

D. 造成 800 万元直接经济损失和 1050 万元间接经济损失的事故

E. 造成9人重伤的事故

【解析】　根据《生产安全事故报告和调查处理条例》规定，根据生产安全事故（以下简称事故）造成的人员伤亡或者直接经济损失，事故一般分为以下等级：

较大事故，是指造成3人以上10人以下死亡，或者10人以上50人以下重伤，或者1000万元以上5000万元以下直接经济损失的事故，故选项A、B、C正确。

选项D、E属于一般事故。

2.【2022年真题】某工程施工现场发生安全事故，造成3人死亡，直接经济损失600余万元，该事故属于（　　）。

A. 特别重大事故　　　　　　　　　　B. 重大事故

C. 较大事故　　　　　　　　　　　　D. 一般事故

【解析】

```
时间：现场立即报告    民报官（1小时）官报官（2小时）
报告：（市）         （省）        （国务院）    （国务院）
调查：  县           设区市          省          国务院

        一般   │   较大   │   重大   │  特别重大
    ────────┼──────┼──────┼──────────────→
死亡        3人        10人       30人
重伤        10人       50人       100人
直接经济损失  1000万元    5000万元    1亿元

                7日         30日
                 ↓           ↓
              交通、火灾补报  其他事故补报
        事故等级的确定以最终上报的人数来确定
```

3.【2013年真题】某工程事故造成3人死亡，10人重伤，直接经济损失达2000万元。根据《生产安全事故报告和调查处理条例》，该事故等级为（　　）。

A. 特别重大事故　　B. 较大事故　　　　C. 重大事故　　　　D. 一般事故

【解析】　根据《生产安全事故报告和调查处理条例》的有关规定，特别重大事故是指造成30人以上死亡或者100人以上重伤或者1亿元以上直接经济损失的事故；

重大事故是指，造成10人以上30人以下死亡，或者50人以上100人以下重伤，或者5000万元以上1亿元以下直接经济损失的事故；

较大事故是指，造成3人以上10人以下死亡，或者10人以上50人以下重伤，或者1000万元以上5000万元以下直接经济损失的事故；

一般事故是指，造成3人以下死亡，或者10人以下重伤，或者1000万元以下直接经济损失的事故。上述"以上"包含本数，"以下"不包含本数。

题中施工造成3人死亡，10人重伤，直接经济损失2000万，属于较大事故。

4.【2012年真题】根据《生产安全事故报告和调查处理条例》，事故分级要素包括（　　）。

A. 事故发生地点　　　　　　　　　　B. 人员伤亡数量

C. 直接经济损失数额　　　　　　　　D. 事故发生时间

E. 社会影响程度

【解析】　生产安全事故等级的划分包括了人身、经济和社会三个要素：人身要素就是人员伤亡的数量；经济要素就是直接经济损失的数额；社会要素则是社会影响。这三个要素依法可以单独适用。

5.【2021年真题】根据《生产安全事故应急条例》，生产安全事故应急救援预案制定单位应当及时修订相关预案的情形有（　　）。

A. 制定预案所参照的法律、法规、规章、标准发生重大变化的

B. 应急指挥机构及其职责发生调整的

C. 重要应急资源发生重大变化的

D. 安全生产面临的风险发生变化的

E. 在预案演练或者应急救援中发现需要修订预案的重大问题的

【解析】　根据《生产安全事故应急条例》第六条的规定，有下列情形之一的，应当及时修订并归档：①依据的法律、法规、规章、标准发生重大变化的；②应急指挥机构及其职责发生调整的；③事故风险发生重大变化的；④重要应急资源发生重大变化的；⑤在应急演练和事故应急救援中发现问题需要修订的；⑥其他。"事故风险"发生重大变化而不是"安全生产面临的风险"发生变化，故选项D错误。

6.【2020年真题】根据《生产安全事故应急预案管理办法》，生产经营单位应急预案分为（　　）。

A. 综合应急预案　　　　　　　　　　B. 专项应急预案

C. 总体应急预案　　　　　　　　　　D. 详细应急预案

E. 现场处置方案

【解析】　根据《生产安全事故应急预案管理办法》第六条的规定，生产经营单位应急预案分为综合应急预案、专项应急预案和现场处置方案。

7.【2023年真题】关于应急救援队伍和人员的说法，正确的是（　　）。

A. 应急救援队伍应当不定期组织训练

B. 应急救援人员经培训取得特种作业证书后，方可参加应急救援工作

C. 微型施工企业不得与邻近的应急救援队伍签订应急救援协议

D. 微型施工企业可以不建立应急救援队伍，但应指定兼职的应急救援人员

【解析】　应急救援队伍应当配备必要的应急救援装备和物资，并定期组织训练，故选项A错误。

应急救援人员经培训合格后，方可参加应急救援工作，故选项B错误。

小型企业或者微型企业等规模较小的生产经营单位，可以不建立应急救援队伍，但应当指定兼职的应急救援人员，并且可以与邻近的应急救援队伍签订应急救援协议，故选项C错误，选项D正确。

8.【2024年真题】关于分包工程生产安全事故报告的说法，正确的是（　　）。

A. 事故现场有关人员应当在合理时间内报告本单位负责人

B. 单位负责人应当立即如实报告当地负有安全生产监督管理职责的部门

C. 由分包单位负责上报事故

D. 事故报告后应当每4h补报一次

【解析】　根据《安全生产法》的规定，生产经营单位发生生产安全事故后，事故现场

有关人员应当立即报告本单位负责人。单位负责人接到事故报告后，应当迅速采取有效措施，组织抢救，防止事故扩大，减少人员伤亡和财产损失，并按照国家有关规定立即如实报告当地负有安全生产监督管理职责的部门，不得隐瞒不报、谎报或者迟报，不得故意破坏事故现场、毁灭有关证据，故选项 A 错误、选项 B 正确。

实行施工总承包的建设工程，由总承包单位负责上报事故，故选项 C 错误；选项 D 无此规定。

9. 【2019 年真题】根据《安全生产法》，施工企业从业人员发现安全事故隐患，应当及时向（   ）报告。

A. 安全生产监督管理部门或者建设行政主管部门

B. 现场安全生产管理人员或者项目负责人

C. 现场安全生产管理人员或者施工企业负责人

D. 县级以上人民政府或者建设行政主管部门

【解析】 根据《安全生产法》第五十九条的规定，从业人员发现事故隐患或者其他不安全因素，应当立即向现场安全生产管理人员或者本单位负责人报告；接到报告的人员应当及时予以处理。

10. 【2022 年真题】以下是事故调查组应履行职责的是（   ）。

A. 查明事故发生的经过、原因、人员伤亡情况及直接经济损失

B. 认定事故的性质和事故责任

C. 提出对事故责任者的处理建议

D. 制定并落实防范和整改措施

E. 批复事故调查报告

【解析】 见下表：

安全事故调查	
调查组的职责	①查明事故原因及损失情况；②认定事故责任及性质；③提出对责任者的处理建议；④总结事故教训，提出防范和整改措施；⑤提交调查报告

注意是提出防范和整改措施，而不是"落实"，故选项 D 错误。

11. 【2024 年真题】根据住房和城乡建设部《关于做好房屋建筑和市政基础设施工程质量事故报告和调查处理工作的通知》，事故调查报告应当包括的内容有（   ）。

A. 事故发生经过和事故救援情况   B. 事故项目及各主管部门概况

C. 事故发生的原因和事故性质   D. 事故造成的直接和间接经济损失

E. 事故责任者的处理决定

【解析】 事故调查报告应当包括下列内容：

① 事故项目及各参建单位概况；

② 事故发生经过和事故救援情况；

③ 事故造成的人员伤亡和直接经济损失；

④ 事故项目有关质量检测报告和技术分析报告；

⑤ 事故发生的原因和事故性质；

⑥ 事故责任的认定和事故责任者的处理建议；

⑦ 事故防范和整改措施。

事故调查报告应当附具有关证据材料，事故调查组成员应当在事故调查报告上签名。

选项 B 错在"各主管部门"，选项 D 错在"间接经济损失"，选项 E 错在"处理决定"。

二、参考答案

题号	1	2	3	4	5	6	7	8	9	10
答案	ABC	C	B	BCE	ABCE	ABE	D	B	C	ABC

题号	11									
答案	AC									

三、2025 年考点预测

考点一：生产安全事故的等级划分标准

生产安全事故的等级划分标准

考点二：生产安全事故应急救援预案

应急救援预案的种类、内容、编制的主体及程序

考点三：生产安全事故报告、调查和处理

生产安全事故报告、调查和处理的有关规定

考点四：违法行为的法律责任

第六节　政府主管部门安全生产监督管理

考点一：建设工程安全生产的监督管理体制

考点二：政府主管部门对涉及安全生产事项的审查

考点三：政府主管部门实施安全生产行政执法工作的法定职权

考点四：安全生产举报处理、相关信息系统和工艺、设备、材料淘汰制度

一、历年真题及解析

1. 【2020 年真题】关于安全生产监督管理部门执行监督检查任务的说法，正确的是（　　）。

　A. 发现存在的安全问题应当由其他有关部门进行处理的，应当及时移送

　B. 对被检查单位的技术秘密经审批后可以公开

　C. 负有安全生产监督管理职责的部门应当分别进行检查

　D. 负有安全生产监督管理职责的部门查处的信息应当彼此保密

【解析】　根据《安全生产法》第六十九条的规定，负有安全生产监督管理职责的部门在监督检查中，应当互相配合，实行联合检查，故选项 C 错误。

确需分别进行检查的，应当互通情况，发现存在的安全问题应当由其他有关部门进行处理的，应当及时移送其他有关部门并形成记录备查，接受移送的部门应当及时进行处理，故

选项 A 正确、选项 D 错误。

根据《安全生产法》第六十七条的规定，安全生产监督检查人员执行监督检查任务时，必须出示有效的监督执法证件；对涉及被检查单位的技术秘密和业务秘密，应当为其保密，故选项 B 错误。

2.【2019 年真题】关于负责特种设备安全监督管理部门执法行为的说法，正确的是（　　）。

A. 可以进入监理单位检查特种设备

B. 对存在事故隐患的特种设备实施查封、扣押

C. 对违反安全技术规范要求的行为责令改正

D. 为统计安全生产信息，复制特种设备使用单位的合同

【解析】　根据《特别设备安全法》的有关规定，负责特种设备安全监督管理部门在依法履行监督检查职责时，可以行使下列职权：

① 进入现场进行检查，向特种设备生产、经营、使用单位和检验、检测机构的主要负责人和其他有关人员调查、了解有关情况，故选项 A 错误。

② 根据举报或者取得的涉嫌违法证据，查阅、复制特种设备生产、经营、使用单位和检验、检测机构的有关合同、发票、账簿以及其他有关资料，故选项 D 错误。

③ 对有证据表明不符合安全技术规范要求或者存在严重事故隐患的特种设备实施查封、扣押，故选项 B 错误。

④ 对流入市场的达到报废条件或者已经报废的特种设备实施查封、扣押。

⑤ 对违反本法规定的行为做出行政处罚决定。

负责特种设备安全监督管理的部门在依法履行职责过程中，发现违反本法规定和安全技术规范要求的行为或者特种设备存在事故隐患时，应当以书面形式发出特种设备安全监察指令，责令有关单位及时采取措施予以改正或者消除事故隐患。紧急情况下要求有关单位采取紧急处置措施的，应当随后补发特种设备安全监察指令，故选项 C 正确。

3.【2024 年真题】施工企业拒不执行负有安全生产监督管理职责的部门做出的停止施工的决定，有发生生产安全事故的现实危险的，在保证安全的前提下，负有安全生产监督管理职责的部门可以通知有关单位采取的措施有（　　）。

A. 停止供电　　　　　　　　　　B. 禁止通行

C. 停止拨付资金　　　　　　　　D. 限制供应食品、药品

E. 停止供应民用爆炸物品

【解析】　根据《安全生产法》第七十条的规定，负有安全生产监督管理职责的部门依法对存在重大事故隐患的生产经营单位做出停产停业、停止施工、停止使用相关设施或者设备的决定，生产经营单位应当依法执行，及时消除事故隐患。生产经营单位拒不执行，有发生生产安全事故的现实危险的，在保证安全的前提下，经本部门主要负责人批准，负有安全生产监督管理职责的部门可以采取通知有关单位停止供电、停止供应民用爆炸物品等措施，强制生产经营单位履行决定。

4.【2024 年真题】关于安全生产举报的说法，正确的是（　　）。

A. 由应急管理部门集中受理举报

B. 受理的举报事项经调查核实后，根据性质和程度决定是否形成书面材料

C. 负有安全生产监督管理职责的部门应当公开举报电话、信箱或者电子邮件地址等网络举报平台

D. 涉及人员重伤的举报事项，应当由县级以上人民政府组织核查处理

【解析】《安全生产法》规定，负有安全生产监督管理职责的部门应当建立举报制度，公开举报电话、信箱或者电子邮件地址等网络举报平台，受理有关安全生产的举报，故选项 A 错误、选项 C 正确。

受理的举报事项经调查核实后，应当形成书面材料，故选项 B 错误。

涉及人员死亡的举报事项，应当由县级以上人民政府组织核查处理，故选项 D 错误。

二、参考答案

题号	1	2	3	4						
答案	A	C	AE	C						

三、2025 年考点预测

考点一：建设工程安全生产的监督管理体制

施工安全监督机构、监督人员应具备的条件

考点二：政府主管部门对涉及安全生产事项的审查

考点三：政府主管部门实施安全生产行政执法工作的法定职权

安全生产行政执法的程序、职权

考点四：安全生产举报处理、相关信息系统和工艺、设备、材料淘汰制度

第七章 建设工程质量法律制度

第一节 工程建设标准

考点一：工程建设标准的制定
考点二：工程建设强制性标准实施
考点三：建设工程抗震管理制度

一、历年真题及解析

1. 【2023年真题】下列文件中，可以对强制性标准的制定做出规定的是（　　）。

A. 部门规章
B. 国务院决定
C. 地方性法规
D. 地方政府规章

【解析】 根据《标准化法》第十条的规定，法律、行政法规和国务院决定对强制性标准的制定另有规定的，从其规定，故选项B正确。

2. 【2023年真题】根据《标准化法》，标准包括（　　）。

A. 国家标准
B. 行业标准
C. 国际标准
D. 地方标准
E. 企业标准

【解析】 根据《标准化法》第二条的规定，标准包括国家标准、行业标准、地方标准和团体标准、企业标准。国家标准分为强制性标准、推荐性标准，行业标准、地方标准是推荐性标准。

3. 【2021年真题】根据《标准化法》，负责工程建设强制性国家标准的立项、编号和对外通报的单位是（　　）。

A. 省级人民政府标准化行政主管部门
B. 国务院住房城乡建设行政主管部门
C. 国家标准化管理委员会
D. 国务院标准化行政主管部门

【解析】 根据《标准化法》的规定，国务院有关行政主管部门依据职责负责强制性国家标准的项目提出、组织起草、征求意见和技术审查。国务院标准化行政主管部门负责强制性国家标准的立项、编号和对外通报。见下表：

强制性国家标准与行业标准的制定、审批、发布	
强制性国家标准	行 业 标 准
① 制定：国务院有关行政主管部门依据职责负责强制性国家标准的项目提出、组织起草、征求意见和技术审查 ② 编号：国务院标准化行政主管部门负责强制性国家标准的立项、编号和对外通报 ③ 发布：强制性国家标准由国务院批准发布或者授权批准发布 ④ 推荐性国家标准由国务院标准化行政主管部门制定 ⑤ 公开：强制性国家标准应当免费公开，国家推动推荐性标准免费公开	① 行业标准由国务院有关行政主管部门制定 ② 报国务院标准化行政主管部门备案
制定国家标准（强制+推荐）的工作程序按准备、征求意见、送审和报批四个阶段进行	也可以按准备、征求意见、送审和报批四个阶段进行
强制性国家标准的代号为"GB"，推荐性国家标准的代号为"GB/T"	建筑行业"JG"、工程建设行业"JGJ"

4.【2020 年真题】关于团体标准的说法正确的是（　　）。

A. 国家鼓励社会团体定制高于推荐性标准相关技术要求的团体标准

B. 在关键共性技术领域应当利用自主创新技术制定团体标准

C. 制定团体标准的一般程序包括准备、征求意见、送审和报批四个阶段

D. 团体标准对本团体成员强制适用

【解析】 根据《团体标准管理规定》，国家鼓励社会团体制定高于推荐性标准相关技术要求的团体标准，故选项 A 正确。

根据《标准化法》的规定，国家支持在重要行业、战略性新兴产业、关键共性技术等领域利用自主创新技术制定团体标准、企业标准，故选项 B 错误。

制定团体标准的一般程序包括：提案、立项、起草、征求意见、技术审查、批准、编号、发布、复审，故选项 C 错误。

团体标准由本团体成员约定采用或者按照本团体的规定供社会自愿采用，故选项 D 错误。

5.【2020 年真题】关于工程建设标准的说法，正确的是（　　）。

A. 行业标准可以是强制性标准

B. 强制性国家标准由国务院批准发布或者授权批准发布

C. 国家标准公布后，原有的行业标准继续实施

D. 国家标准的复审周期一般不超过 3 年

【解析】 根据《标准化法》第二条的规定，标准包括国家标准、行业标准、地方标准和团体标准、企业标准。国家标准分为强制性标准、推荐性标准，行业标准、地方标准是推荐性标准。强制性标准必须执行。国家鼓励采用推荐性标准，故选项 A 错误。

根据《标准化法》第十条的规定，强制性国家标准由国务院批准发布或者授权批准发布。法律、行政法规和国务院决定对强制性标准的制定另有规定的，从其规定，故选项 B 正确。

根据《工程建设行业标准管理办法》第十条的规定，行业标准的某些规定与国家标准不一致时，必须有充分的科学依据和理由，并经国家标准的审批部门批准。行业标准在相应的国家标准实施后，应当及时修订或废止，故选项 C 错误。

根据《强制性国家标准管理办法》第四十五条的规定，复审周期一般不得超过 5 年，

故选项 D 错误。

6.【2020 年真题】关于工程建设国家标准的制定，国务院标准化行政主管部门负责工程建设强制性国家标准的（　　）。

A. 立项　　　　　　　　　　　　B. 编号和对外通报

C. 项目提出　　　　　　　　　　D. 组织起草

E. 征求意见

【解析】　根据《标准化法》第十条的规定，国务院有关行政主管部门依据职责负责强制性国家标准的项目提出、组织起草、征求意见和技术审查。国务院标准化行政主管部门负责强制性国家标准的立项、编号和对外通报。故选项 A、B 正确，选项 C、D、E 为国务院有关行政主管部门负责的事项，故错误。

7.【2022 年真题】根据《标准化法》，行业标准的制定主体是（　　）。

A. 行业协会　　　　　　　　　　B. 社会团体

C. 国务院有关行政主管部门　　　D. 企事业单位

【解析】　见下表：

强制性国家标准及行业标准的制定、审批、发布、修改及废止	
强制性国家标准	行业标准
① 制定：国务院有关行政主管部门（提出、组织起草、征求意见和技术审查） ② 编号：国务院标准化行政主管部门（立项、编号和对外通报） ③ 发布：国务院批准发布或者授权批准发布 ④ 公开：国务院标准化行政主管部门自发布之日起 20 日内免费公开	① 制定：国务院有关行政主管部门 ② 备案：国务院标准化行政主管部门 ③ 公开：推动免费（不要求、不强制免费）

8.【2021 年真题】关于工程建设企业标准的说法，正确的是（　　）。

A. 企业标准应当通过标准信息公共服务平台向社会公开

B. 企业标准的技术要求应当高于推荐性标准的相关技术要求

C. 企业可以制定企业标准限制行业竞争

D. 国家实行企业标准自我声明公开和监督制度

【解析】　国家鼓励团体标准、企业标准通过标准信息公共服务平台向社会公开，故选项 A 错误。

国家鼓励社会团体、企业制定高于推荐性标准相关技术要求的团体标准、企业标准，故选项 B 错误。

国家实行团体标准、企业标准自我声明公开和监督制度，故选项 D 正确。

9.【2021 年真题】提供产品和服务的企业执行自行制定的企业标准，应当公开的内容有（　　）。

A. 产品的功能指标　　　　　　　B. 服务的功能指标

C. 服务的性能指标　　　　　　　D. 产品的性能指标

E. 产品的经济指标

【解析】　见下表：

自我声明公开和 监督制度	① 企业应当公开其执行的强制性标准、推荐性标准、团体标准和企业标准的编号和名称
	② 企业标准还应当公开产品、服务的功能指标和产品性能指标
	③ 国家鼓励团体标准、企业标准通过标准信息公共服务平台向社会公开

10.【2019 年真题】关于工程建设企业标准实施的说法，正确的是（　　）。

A. 企业可以不公开其执行的企业标准的编号和名称

B. 企业执行自行制定的企业标准的，其产品的功能指标和性能指标不必公开

C. 国家实行企业标准自我声明公开和监督制度

D. 企业标准应当通过标准信息公共服务平台向社会公开

【解析】　根据《标准化法》第二十七条的规定，国家实行团体标准、企业标准自我声明公开和监督制度，故选项 C 正确。

企业应当公开其执行的强制性标准、推荐性标准、团体标准或者企业标准的编号和名称。企业执行自行制定的企业标准的，还应当公开产品、服务的功能指标和产品的性能指标，故选项 A、B 错误。

国家鼓励团体标准、企业标准通过标准信息公共服务平台向社会公开。企业应当按照标准组织生产经营活动，其生产的产品、提供的服务应当符合企业公开标准的技术要求，故选项 D 错误（不是"应当"公开，而是"国家鼓励公开"）。

11.【2019 年真题】关于团体标准的说法，正确的是（　　）。

A. 在关键共性技术领域应当利用自主创新技术制定团体标准

B. 团体标准的技术要求不得高于强制性标准的相关技术要求

C. 团体标准由依法成立的社会团体协调相关市场主体共同制定

D. 团体标准对本团体成员强制通用

【解析】　根据《标准化法》的有关规定，国家支持在重要行业、战略性新兴产业、关键共性技术等领域利用自主创新技术制定团体标准、企业标准。不是"应当"，故选项 A 错误。

推荐性国家标准、行业标准、地方标准、团体标准、企业标准的技术要求不得低于强制性国家标准的相关技术要求，故选项 B 错误。

根据《标注化法》第十八条的规定，国家鼓励学会、协会、商会、联合会、产业技术联盟等社会团体协调相关市场主体共同制定满足市场和创新需求的团体标准，团体标准是依法成立的社会团体为满足市场和创新需求，协调相关市场主体共同制定的标准。由本团体成员约定采用或按照本团体的规定供社会自愿采用，故选项 C 正确、选项 D 错误。

12.【2018 年真题】根据《标准化法》，关于企业标准的说法，正确的是（　　）。

A. 企业标准的制定应当经过行业主管部门批准

B. 企业标准可以高于国家标准

C. 企业标准应当高于行业标准

D. 企业标准应当与团体标准相符

【解析】　根据《标准化法》有关规定，企业根据需要自主制定、实施企业标准，故选项 A 错误。

推荐性国家标准、行业标准、地方标准、团体标准、企业标准的技术要求不得低于强制

性国家标准的相关技术要求。国家鼓励社会团体、企业制定高于推荐性标准相关技术要求的团体标准、企业标准，故选项 B 正确，选项 C、D 错误。

13.【2018 年真题】根据《标准化法》，下列标准中不能制定为强制性标准的有（　　）。

A. 行业标准
B. 地方标准
C. 团体标准
D. 企业标准
E. 国家标准

【解析】　根据《标准化法》第二条的规定，标准包括国家标准、行业标准、地方标准和团体标准、企业标准。国家标准分为强制性标准、推荐性标准，行业标准、地方标准是推荐性标准，故选项 A、B、C、D 都不是强制标准。

14.【2022 年真题】下列标准属于强制性标准的有（　　）。

A. 工程建设通用的信息技术标准
B. 工程建设通用的有关安全、卫生和环保的标准
C. 工程建设通用的术语、符号、代号、制图方法标准
D. 工程建设通用的试验、检验和评定方法
E. 工程建设勘察、规划、设计及验收等通用的综合标准和重要的通用的质量标准

【解析】　下列标准属于强制性标准：

① 工程建设勘察、规划、设计、施工（包括安装）及验收等通用的综合标准和重要的通用的质量标准；

② 工程建设通用的有关安全、卫生和环境保护的标准；

③ 工程建设重要的通用的术语、符号、代号、量与单位、建筑模数和制图方法标准；

④ 工程建设重要的通用的试验、检验和评定方法等标准；

⑤ 工程建设重要的通用的信息技术标准；

⑥ 国家需要控制的其他工程建设通用的标准。

15.【2014 年真题】国家标准、行业标准的制定一般分为（　　）四个程序。

A. 准备、征求意见、修正、送审
B. 征求意见、修正、送审、报批
C. 准备、专家会审、征求意见、报批
D. 准备、征求意见、送审、报批

【解析】　根据《工程建设国家标准管理办法》《工程建设行业标准管理办法》的有关规定，国家标准、行业标准的制定可以按准备、征求意见、送审、报批四个阶段进行，故选项 D 正确。

16.【2011 年真题】下列工程建设标准条文中，应当制定强制性国家标准条文的有（　　）。

A. 直接涉及国家主权的条文
B. 直接涉及人民生命财产安全的条文
C. 直接涉及人体健康的条文
D. 直接涉及环境保护的条文
E. 直接涉及公共利益的条文

【解析】　根据《标准化法》第十条的规定，对保障人身健康和生命财产安全、国家安全、生态环境安全以及满足经济社会管理基本需要的技术要求，应当制定强制性国家标准，故选项 B、C、D 正确。

17.【2009 年真题】关于推荐标准，下面说法正确的是（　　）。

A. 不管是在什么级别的推荐性标准，都可以不执行

B. 如果是推荐性地方标准，也必须要执行

C. 如果是推荐性行业标准，也必须要执行

D. 如果是推荐性国家标准，也必须要执行

【解析】　根据《标准化法》第二条的规定，国家鼓励采用推荐性标准。即法律法规没有强制要求采用推荐性标准，故选项 A 正确。

18.【2019 年真题】根据《实施工程建设强制性标准监督规定》，属于强制性标准监督检查内容的有（　　）。

A. 有关工程技术人员是否熟悉、掌握强制性标准的规定

B. 工程项目的规划、勘察、设计、施工、验收等是否符合强制性标准的规定

C. 工程项目采用的材料、设备是否符合强制性标准的规定

D. 有关行政部门处理重大事故是否符合强制性标准的规定

E. 工程项目中采用的导则、指南、手册、计算机软件的内容是否符合强制性标准的规定

【解析】　根据《实施工程建设强制性标准监督规定》第十条，强制性标准监督检查的内容包括：

① 有关工程技术人员是否熟悉、掌握强制性标准；

② 工程项目的规划、勘察、设计、施工、验收等是否符合强制性标准的规定；

③ 工程项目采用的材料、设备是否符合强制性标准的规定；

④ 工程项目的安全、质量是否符合强制性标准的规定；

⑤ 工程中采用的导则、指南、手册、计算机软件的内容是否符合强制性标准的规定。

故选项 A、B、C、E 正确。

19.【2017 年真题】关于工程建设强制性标准的说法，正确的是（　　）。

A. 工程建设标准批准部门应当对工程项目执行强制性标准情况进行监督检查

B. 工程建设强制性标准都是关于工程质量的强制性条文

C. 工程建设中拟采用的新技术、新材料，可不受强制性标准的限制

D. 工程建设中采用国际标准或者国外标准，可不受强制性标准的限制

【解析】　根据《实施工程建设强制性标准监督规定》第九条，工程建设标准批准部门应当对工程项目执行强制性标准情况进行监督检查。监督检查可以采取重点检查、抽查和专项检查的方式，故选项 A 正确。

根据《实施工程建设强制性标准监督规定》第二条，本规定所称工程建设强制性标准是指直接涉及工程质量、安全、卫生及环境保护等方面的工程建设标准强制性条文，故选项 B 错误。

根据《实施工程建设强制性标准监督规定》第五条，建设工程勘察、设计文件中规定采用的新技术、新材料，可能影响建设工程质量和安全，又没有国家技术标准的，应当由国家认可的检测机构进行试验、论证，出具检测报告，并经国务院有关主管部门或者省、自治区、直辖市人民政府有关主管部门组织的建设工程技术专家委员会审定后，方可使用。

工程建设中采用国际标准或者国外标准，现行强制性标准未作规定的，建设单位应当向国务院住房城乡建设行政主管部门或者国务院有关行政主管部门备案。

由上可知，工程建设中拟采用的新技术、新材料，或者采用国际标准或者国外标准并不是不受强制性标准限制，而是有强制性标准的必须执行强制性标准，没有强制性标准的要经

审批或备案，故选项 C、D 错误。

20. 【2013 年真题】负责全国实施工程建设强制性标准监督管理工作的国家机关是（　　）。

A. 国务院质量监督行政主管部门　　　　B. 国务院安全监督行政主管部门

C. 国务院住房城乡建设主管部门　　　　D. 国务院工商行政管理部门

【解析】　根据《实施工程建设强制性标准监督规定》第四条，国务院住房城乡建设主管部门负责全国实施工程建设强制性标准监督管理工作，故选项 C 正确。

21. 【2024 年真题】关于建设工程抗震相关主体责任和义务的说法，正确的有（　　）。

A. 对抗震性能鉴定结果判定需要进行抗震加固且具备加固价值的已经建成的建设工程，所有权人应当进行抗震加固

B. 任何单位不得擅自变动建设工程抗震构件

C. 建设工程所有权人应当对存在严重抗震安全隐患的建设工程进行安全监测，并在加固前采取停止或者限制使用等措施

D. 设计单位可以根据建设单位的要求，在安全范围内适度降低抗震设防强制性标准

E. 实行施工总承包的，隔震减震装置可以由总承包单位和分包单位协同完成

【解析】　根据《建设工程抗震管理条例》第二十一条的规定，建设工程所有权人应当对存在严重抗震安全隐患的建设工程进行安全监测，并在加固前采取停止或者限制使用等措施。

对抗震性能鉴定结果判定需要进行抗震加固且具备加固价值的已经建成的建设工程，所有权人应当进行抗震加固，故选项 A、C 正确。

根据《建设工程抗震管理条例》第二十三条的规定，任何单位和个人不得擅自变动、损坏或者拆除建设工程抗震构件、隔震沟、隔震缝、隔震减震装置及隔震标识，故选项 B 正确。

根据《建设工程抗震管理条例》第十条的规定，建设单位不得明示或者暗示勘察、设计、施工等单位和从业人员违反抗震设防强制性标准，降低工程抗震性能，故选项 D 错误。

22. 【2024 年真题】关于政府主管部门实施建设工程抗震监督管理措施的说法，正确的是（　　）。

A. 对建设单位或者施工现场随时进行监督检查

B. 不得复制被检查单位有关建设工程的文件和资料

C. 对隔震减震装置实施抽样检测

D. 查封涉嫌违反抗震设防强制性标准的施工企业

【解析】　县级以上人民政府住房和城乡建设主管部门或者其他有关监督管理部门履行建设工程抗震监督管理职责时，有权采取以下措施：

① 对建设工程或者施工现场进行监督检查；

② 向有关单位和人员调查了解相关情况；

③ 查阅、复制被检查单位有关建设工程抗震的文件和资料；

④ 对抗震结构材料、构件和隔震减震装置实施抽样检测；

⑤ 查封涉嫌违反抗震设防强制性标准的施工现场；

⑥ 发现可能影响抗震质量的问题时，责令相关单位进行必要的检测、鉴定。

选项 A 错在"建设单位"，应为"建设工程"；选项 B 错在"不得复制被检查单位资料"；选项 D 错在"查封违法企业"，应为"查封现场"。

二、参考答案

题号	1	2	3	4	5	6	7	8	9	10
答案	B	ABDE	D	A	B	AB	C	D	ABD	C
题号	11	12	13	14	15	16	17	18	19	20
答案	C	B	ABCD	BE	D	BCD	A	ABCE	A	C
题号	21	22								
答案	ABC	C								

三、2025 年考点预测

考点一：工程建设标准的制定

（1）国家标准的制定、审批、发布和编号的有关规定

（2）国家标准化行政主管部门的职责

（3）国家标准复审的有关规定

（4）团体标准、地方标准的有关规定

考点二：工程建设强制性标准实施

工程建设不同阶段强制性标准监督检查的内容

考点三：建设工程抗震管理制度

（1）参建各单位的抗震管理责任

（2）必须采取抗震加固措施的已建工程范围

第二节　无障碍环境建设制度

考点一：无障碍设施建设
考点二：无障碍环境建设保障措施
考点三：无障碍环境建设监督管理
考点四：违法行为的法律责任

一、历年真题及解析

1.【2024 年真题】关于无障碍环境建设保障措施的说法，正确的是（　　）。

A. 文明城市创建活动，应当将无障碍环境建设情况作为重要内容

B. 残疾人联合会有权修改涉及无障碍环境建设的标准

C. 地方结合本地实际制定的地方无障碍环境建设标准应当高于国家标准的相关技术要求

D. 中等职业学校应当开设无障碍环境建设相关专业和课程

【解析】　文明城市、文明村镇、文明单位、文明社区、文明校园等创建活动，应当将无障碍环境建设情况作为重要内容，故选项 A 正确。

残疾人联合会、老龄协会等组织可以依法提出制定或者修改无障碍环境建设标准的建议，故选项 B 错误。

地方结合本地实际制定的地方标准不得低于国家标准的相关技术要求，故选项 C 错误。

国家鼓励高等学校、中等职业学校等开设无障碍环境建设相关专业和课程，开展无障碍环境建设理论研究、国际交流和实践活动，故选项 D 错误。

2.【2024 年真题】根据《无障碍环境建设法》，关于无障碍环境建设监督管理的说法，正确的有（　　　）。

A. 对违反《无障碍环境建设法》规定，损害社会公共利益的行为，人民检察院可以提起公益诉讼

B. 乡镇人民政府、街道办事处应当协助有关部门做好无障碍环境建设工作

C. 无障碍环境建设应当发挥企业主导作用，调动市场主体积极性，引导社会组织和公众广泛参与

D. 县级以上人民政府建立无障碍环境建设信息公示制度，不定期发布无障碍环境建设情况

E. 新闻媒体可以对无障碍环境建设情况开展舆论监督

【解析】　对违反《无障碍环境建设法》的规定，损害社会公共利益的行为，人民检察院可以提出检察建议或者提起公益诉讼，故选项 A 正确。

乡镇人民政府、街道办事处应当协助有关部门做好无障碍环境建设工作，故选项 B 正确。

无障碍环境建设应当坚持中国共产党的领导，发挥政府主导作用，调动市场主体积极性，引导社会组织和公众广泛参与，推动全社会共建共治共享，故选项 C 错误。

县级以上人民政府建立无障碍环境建设信息公示制度，定期发布无障碍环境建设情况，故选项 D 错误。

县级以上人民政府有关主管部门接到涉及无障碍环境建设的投诉和举报，应当及时处理并予以答复。新闻媒体可以对无障碍环境建设情况开展舆论监督，故选项 E 正确。

二、参考答案

题号	1	2							
答案	A	ABE							

三、2025 年考点预测

考点一：无障碍设施建设

无障碍设施建设基本要求

考点二：无障碍环境建设保障措施

各参建单位的无障碍环境建设义务

考点三：无障碍环境建设监督管理

无障碍环境建设的社会监督和政府监督

考点四：违法行为的法律责任

第三节 建设单位及相关单位的质量责任和义务

考点一：建设单位的质量责任和义务

考点二：勘察、设计单位的质量责任和义务

考点三：工程监理单位的质量责任和义务

一、历年真题及解析

1.【2020年真题】根据《建设工程质量管理条例》，关于建设单位办理工程质量监督手续的说法，正确的是（　　）。

A. 可以在开工后持开工报告办理

B. 应当与施工图设计文件审查同步进行

C. 可以与施工许可证或者开工报告合并办理

D. 应当在领取施工许可证后办理

【解析】 根据《建设工程质量管理条例》第十三条的规定，建设单位在开工前，应当按照国家有关规定办理工程质量监督手续，工程质量监督手续可以与施工许可证或者开工报告合并办理。

2.【2019年真题】下列文件和资料中属于建设单位办理工程质量监督手续应提交的有（　　）。

A. 建设用地规划许可证

B. 可行性研究报告

C. 建设工程规划许可证

D. 施工企业资质等级证书及营业执照副本

E. 工程勘察设计文件

【解析】 建设单位办理工程质量监督手续应提供以下文件和资料：①工程规划许可证；②设计单位资质等级证书；③监理单位资质等级证书，监理合同及《工程项目监理登记表》；④施工单位资质等级证书及营业执照副本；⑤工程勘察设计文件；⑥中标通知书及施工承包合同等。

3.【2022年真题】下列项目，要求必须有监理的是（　　）。

A. 国有资金占主导地位的投资项目　　B. 国外组织提供援助资金的项目

C. 大型公用事业项目　　D. 居民住宅楼

【解析】 《建设工程质量管理条例》规定，下列建设工程必须实行监理：①国家重点建设工程；②大中型公用事业工程；③成片开发建设的住宅小区工程；④利用外国政府或者国际组织贷款、援助资金的工程；⑤国家规定必须实行监理的其他工程。

注意选项B，应该为"国际组织贷款、援助资金"而不是"国外组织提供援助资金"。

4.【2019年真题】关于必须实行监理的建设工程的说法，正确的是（　　）。

A. 建设单位需将工程委托给具有相应资质等级的监理单位

B. 建设单位有权决定是否委托某工程监理单位进行监理

C. 监理单位不能与建设单位有隶属关系

D. 监理单位不能与该工程的设计单位有利害关系

【解析】　根据《建设工程质量管理条例》第十二条的规定，实行监理的建设工程，建设单位应当委托具有相应资质等级的工程监理单位进行监理，也可以委托具有工程监理相应资质等级并与被监理工程的施工承包单位没有隶属关系或者其他利害关系的该工程的设计单位进行监理，故选项A正确。

下列建设工程必须实行监理：①国家重点建设工程；②大中型公用事业工程；③成片开发建设的住宅小区工程；④利用外国政府或者国际组织贷款、援助资金的工程；⑤国家规定必须实行监理的其他工程，故选项B错误。

工程监理单位与被监理工程的施工承包单位以及建筑材料、建筑构配件和设备供应单位有隶属关系或者其他利害关系的，不得承担该项建设工程的监理业务，故选项C、D错误。

5.【2023年真题】经监理单位审查，由勘察单位向施工企业提供与建设工程有关的原始资料，其真实性、准确性、齐全性的责任承担主体为（　　）。

A. 建设单位　　　　　　　　　　　　B. 监理单位

C. 施工企业　　　　　　　　　　　　D. 勘察单位

【解析】　根据《建设工程质量管理条例》第九条的规定，建设单位必须向有关的勘察、设计、施工、工程监理等单位提供与建设工程有关的原始资料，原始资料必须真实、准确、齐全。

6.【2016年真题】根据《建筑工程五方责任主体项目负责人质量终身责任追究暂行办法》，下列人员中，属于五方责任主体项目负责人的有（　　）。

A. 建设单位项目负责人

B. 监理单位负责人

C. 勘察单位项目负责人

D. 施工单位项目经理

E. 造价单位项目负责人

【解析】　《建筑工程五方责任主体项目负责人质量终身责任追究暂行办法》明确规定，建筑工程五方责任主体项目负责人是指承担建筑工程项目建设的建设单位项目负责人、勘察单位项目负责人、设计单位项目负责人、施工单位项目经理、监理单位总监理工程师，故选项A、C、D正确。

7.【2015年真题】根据《建设工程质量管理条例》，下列行为中属于建设单位，应当被责令改正，处以20万元以上50万元以下罚款的有（　　）。

A. 迫使承包方以低于成本的价格竞标的

B. 任意压缩合理工期的

C. 未按照国家规定办理工程质量监督手续的

D. 施工图设计文件未经审查或者审查不合格、擅自施工的

E. 欠付工程款数额较大的

【解析】　根据《建设工程质量管理条例》第五十六条的规定，下列行为属于建设单位应当被责令改正，处 20 万元以上 50 万元以下罚款：

① 迫使承包方以低于承包的价格竞标的；

② 任意压缩合理工期的；

③ 明示或者暗示设计单位或者施工单位违反工程建设强制性标准，降低工程质量的；

④ 施工图设计文件未经审查或者审查不合格，擅自施工的；

⑤ 建设项目必须实行工程监理而未实行工程监理的；

⑥ 未按照国家规定办理工程质量监督手续的；

⑦ 明示或者暗示施工单位使用不合格的建筑材料、建筑构配件和设备的；

⑧ 未按照国家规定将竣工验收报告、有关认可文件或者准许使用文件报送备案的。

故选项 A、B、C、D 正确。

8.【2015 年真题】施工过程中，建设单位违反规定提出降低工程质量要求时，施工企业应当（　　）。

A. 予以拒绝 　　　　　　　　　　 B. 征得设计单位同意

C. 征得监理单位同意 　　　　　　 D. 与相关各方协商一致

【解析】　施工过程中，建设单位违反规定提出降低工程质量要求时，施工企业应当予以拒绝。

9.【2022 年真题】根据《建设工程质量管理条例》，属于建设单位质量责任和义务的有（　　）。

A. 设计文件应当符合国家规定的设计深度要求，注明工程合理使用年限

B. 不得任意压缩合理工期

C. 不得明示施工企业使用不合格的建筑材料

D. 不得暗示施工企业使用不合格的建筑构配件

E. 应当就审查合格的施工图设计文件向施工企业做出详细说明

【解析】　选项 A、E 是设计单位的质量责任和义务。

10.【2024 年真题】关于勘察、设计单位质量责任和义务的说法，正确的有（　　）。

A. 注册建筑师、注册结构工程师等注册执业人员应当在设计文件上签字，对设计文件负责

B. 未经注册的建设工程勘察人员，可以借用已注册执业人员的名义从事建设工程勘察活动

C. 对有特殊要求的建筑材料，设计单位可以指定生产厂、供应商

D. 勘察、设计单位可以转包所承揽的工程

E. 设计单位应当就审查合格的施工图设计文件向施工企业做出详细说明

【解析】　注册建筑师、注册结构工程师等注册执业人员应当在设计文件上签字，对设计文件负责，故选项 A 正确。

国家对从事建设工程勘察、设计活动的专业技术人员，实行执业资格注册管理制度。未经注册的勘察、设计人员，不得以注册职业人员的名义从事建设工程勘察、设计活动，故选项 B 错误。

设计单位在设计文件中选用的建筑材料、建筑构配件和设备，应当注明规格、型号、性

能等技术指标，其质量要求必须符合国家规定的标准。除有特殊要求的建筑材料、专用设备、工艺生产线等外，设计单位不得指定生产厂、供应商。这意味着如果有特殊要求，设计单位可以指定生产厂商或供应商，故选项 C 正确。

勘察、设计单位不得转包或者违法分包所承揽的工程，故选项 D 错误。

设计单位应当就审查合格的施工图设计文件向施工单位做出详细说明，故选项 E 正确。

11. 【2020 年真题】关于设计单位质量责任和义务的说法，正确的是（ 　　）。

A. 设计文件中选用的建筑材料、建筑构配件和设备，应当注明规格、型号、性能等技术指标

B. 不能任意压缩合理工期

C. 设计单位应当就审查合格的施工图设计文件向建设单位做出详细说明

D. 设计单位应当将施工图设计文件报有关部门审查

【解析】 根据《建设工程质量管理条例》第二十二条的规定，设计单位在设计文件中选用的建筑材料、建筑构配件和设备，应当注明规格、型号、性能等技术指标，其质量要求必须符合国家规定的标准。除有特殊要求的建筑材料、专用设备、工艺生产线等外，设计单位不得指定生产厂、供应商。

根据《建设工程质量管理条例》第二十三条的规定，设计单位应就审查合格的施工图设计文件向施工单位做出详细说明，故选项 C 错误。

"不能任意压缩合同工期""将施工图设计文件报有关部门审查"为建设单位的质量责任，故选项 B、D 错误。

12. 【2020 年真题】关于建设工程合理使用年限的说法，正确的是（ 　　）。

A. 建设工程合理使用年限由建设单位决定

B. 超过合理使用年限的建设工程必须报废、拆除

C. 建设工程合理使用年限从工程实际转移占有之日起算

D. 设计文件应当符合国家规定的设计深度要求，并注明工程合理使用年限

【解析】 工程合理使用年限是指从工程竣工验收合格之日起，工程的地基基础、主体结构能保证在正常情况下安全使用的年限，故选项 C 错误。

根据《建设工程质量管理条例》第二十一条的规定，设计单位应当根据勘察成果文件进行建设工程设计。设计文件应当符合国家规定的设计深度要求，注明工程合理使用年限，故选项 D 正确。

根据《建设工程质量管理条例》第四十二条的规定，建设工程在超过合理使用年限后需要继续使用的，产权所有人应当委托具有相应资质等级的勘察、设计单位鉴定，并根据鉴定结果采取加固、维修等措施，重新界定使用期，故选项 B 错误。

建设工程合理使用年限是根据有关法律法规，标准规范确定的，而不是由建设单位决定，故选项 A 错误。

13. 【2019 年真题】设计单位在设计文件中选用的建筑材料、建筑构配件和设备，应当（ 　　）。

A. 征求监理单位的意见

B. 注明生产厂、供应商

C. 征求施工企业的意见

D. 注明规格、型号、性能等技术指标

【解析】 根据《建筑法》第五十六条的规定，设计文件选用的建筑材料、建筑构配件和设备，应当注明其规格、型号、性能等技术指标，其质量要求必须符合国家规定的标准，故选项 D 正确。

14. 【2018 年真题】关于工程合理使用年限的说法，正确的是（　　）。

A. 工程合理使用年限是指工程的地基基础、主体结构能保证在正常情况下安全使用的年限

B. 设计文件应当符合国家规定的设计深度要求但不必注明工程合理使用年限

C. 工程合理使用年限是从工程实际转移占有之日起算

D. 工程合理使用年限与《合同法》中工程合理使用期限的内涵不一致

【解析】 根据《建设工程质量管理条例》的有关规定，设计文件应当符合国家规定的设计深度要求，注明工程合理使用年限，故选项 B 错误。

工程合理使用年限是指从工程竣工验收合格之日起，工程的地基基础、主体结构能保证在正常情况下安全使用的年限，故选项 C 错误。

工程合理使用年限与《建筑法》中的建筑物合理寿命年限、《合同法》中的工程合理使用期限等概念在内涵上是一致的，故选项 D 错误。

15. 【2017 年真题】根据《建设工程质量管理条例》，关于设计单位权利的说法，正确的是（　　）。

A. 为节约投资成本，设计单位可不依据勘察成果文件进行设计

B. 设计单位有权将所承揽的工程交由资质等级更高的设计单位完成

C. 有特殊要求的专用设备，设计单位可以指定生产厂商或供应商

D. 设计深度由设计单位酌定

【解析】 根据《建设工程质量管理条例》的有关规定，设计单位应当根据勘察成果文件进行建设工程设计，故选项 A 错误。

设计单位不得转包或违法分包所承揽的工程，故选项 B 错误。

设计文件应当符合国家规定的设计深度要求，注明工程合理使用年限，设计深度不是由设计单位酌定，故选项 D 错误。

设计单位在设计文件中选用的建筑材料、建筑构配件和设备，应当注明规格、型号、性能等技术指标，其质量要求必须符合国家规定的标准。除有特殊要求的建筑材料、专用设备、工艺生产线等外，设计单位不得指定生产厂、供应商。这意味着如果有特殊要求，设计单位可以指定生产厂商或供应商，故选项 C 正确。

16. 【2014 年真题】关于勘察、设计单位的质量责任和义务的说法中，正确的有（　　）。

A. 依法对设计文件进行技术交底

B. 依法保证使用的建筑材料等符合要求

C. 依法审查施工图纸设计文件

D. 依法办理工程质量监督手续

E. 依法承揽工程的勘察、设计业务

【解析】 根据《建设工程质量管理条例》的有关规定，依法保证使用的建筑材料等符合要求属于建设单位相关的质量责任和义务，故选项 B 错误。

依法报审施工图纸设计文件属于建设单位相关的质量责任和义务，故选项 C 错误。

依法办理工程质量监督手续属于建设单位相关的质量责任和义务，故选项 D 错误。

故选项 A、E 正确。

17.【2009 年真题】根据《建设工程质量管理条例》的规定，设计单位应当参与建设工程（   ）分析，并提出相应的技术处理方案。

A. 工期延误   B. 投资失控

C. 质量事故   D. 施工组织

【解析】 根据《建设工程质量管理条例》第二十四条的规定，设计单位应当参与建设工程质量事故分析，并对因设计造成的质量事故，提出相应的技术处理方案，故选项 C 正确。

18.【2021 年真题】根据《建设工程质量管理条例》监理工程师对建设工程项目现场实施监理，采取的主要监理形式有（   ）。

A. 旁站   B. 书面审查

C. 见证取样、送检   D. 巡视

E. 平行检验

【解析】 根据《建设工程质量管理条例》第三十八条的规定，监理工程师应当按照工程监理规范的要求，采取旁站、巡视和平行检验等形式，对建设工程实施监理。

19.【2020 年真题】根据《建设工程质量管理条例》，工程监理单位不得与被监理工程的（   ）有隶属关系或者其他利害关系。

A. 建筑材料供应单位   B. 设计单位

C. 建设单位   D. 施工承包单位

E. 设备供应单位

【解析】 根据《建设工程质量管理条例》第三十五条的规定，工程监理单位与被监理工程的施工承包单位以及建筑材料、建筑构配件和设备供应单位有隶属关系或者其他利害关系的，不得承担该项建设工程的监理业务。

20.【2024 年真题】关于工程监理单位质量责任和义务的说法，正确的是（   ）。

A. 工程监理单位可以转让工程监理业务

B. 工程监理单位不得与被监理工程的承包单位有隶属关系

C. 未经总监理工程师签字，建筑材料不得在工程上使用

D. 未经工程监理单位盖章，建设单位不拨付工程款

【解析】 工程监理单位不得转让工程监理业务，故选项 A 错误。

未经监理工程师签字，建筑材料、建筑构配件和设备不得在工程上使用或者安装，施工单位不得进行下一道工序的施工。未经总监理工程师签字，建设单位不拨付工程款，不进行竣工验收，故选项 C、D 错误。

21.【2015 年真题】关于建设工程监理的说法中，正确的是（   ）。

A. 我国的工程监理主要是对工程的施工结果进行监督

B. 监理单位与承包该工程的施工单位应为行政隶属关系

C. 建设单位有权决定是否委托工程监理单位进行监理

D. 建设单位须将工程委托给具有相应资质等级的监理单位

【解析】 我国的工程监理主要是对工程的施工过程进行监督，故选项 A 错误。

实行监理的建设工程，建设单位应当委托具有相应资质等级的工程监理单位进行监理，也可以委托具有工程监理相应资质等级并与被监理工程的施工承包单位没有隶属关系或者其他利害关系的该工程的设计单位进行监理，故选项 B 错误。

对于必须进行监理的工程，建设单位无权决定，故选项 C 错误。

22.【2011 年真题】某工程监理公司是施工项目的监理单位，其监理的依据包括（　　）。

A. 该项目施工单位与建设单位签订的施工承包合同

B.《建设工程质量管理条例》

C.《建设工程安全生产管理条例》

D. 该项目设计单位与建设单位签订的设计承包合同

E.《工程建设标准强制性条文》

【解析】　根据《建设工程质量管理条例》第三十六条的规定，工程监理单位应当依照法律、法规以及有关技术标准、设计文件和建设工程承包合同，代表建设单位对施工质量实施监理，并对施工质量承担监理责任，故选项 A、B、C、E 正确。

23.【2018 年真题】根据《建设工程质量管理条例》，县级以上人民政府建设行政主管部门和其他有关部门履行监督检查职责时，其有权采取的措施是（　　）。

A. 要求被检查单位提供工程质量保证金

B. 进入被检查单位的施工现场进行检查

C. 发现有严重影响工程质量问题时，责令停业整顿

D. 调查建设单位和施工企业之间的银行往来账单

【解析】　根据《建设工程质量管理条例》第四十八条的规定，县级以上人民政府建设行政主管部门和其他有关部门履行监督检查职责时，有权采取下列措施：

① 要求被检查的单位提供有关工程质量的文件和资料；

② 进入被检查单位的施工现场进行检查；

③ 发现有影响工程质量的问题时，责令改正。

故选项 B 正确。

二、参考答案

题号	1	2	3	4	5	6	7	8	9	10
答案	C	CDE	C	A	A	ACD	ABCD	A	BCD	ACE
题号	11	12	13	14	15	16	17	18	19	20
答案	A	D	D	A	C	AE	C	ADE	ADE	B
题号	21	22	23							
答案	D	ABCE	B							

三、2025 年考点预测

考点一：建设单位的质量责任和义务

（1）依法实施工程监理的规定

（2）依法进行装修工程的规定

考点二：勘察、设计单位的质量责任和义务
（1）设计的依据和深度
（2）依法参与工程质量事故分析的规定
考点三：工程监理单位的质量责任和义务
监理工作的方式、依据

第四节 施工单位的质量责任和义务

考点一：对施工质量负责和总分包单位的质量责任
考点二：按照工程设计图纸和施工技术标准施工
考点三：建筑材料、设备等的检验检测
考点四：施工质量检验和返修
考点五：建立健全职工教育培训制度
考点六：违法行为的法律责任

一、历年真题及解析

1. **【2019 年真题】** 关于施工总承包单位与分包单位对建设工程承担质量责任的说法，正确的有（　　）。

A. 总承包单位应当对全部建设工程质量负责
B. 分包合同应当约定分包单位对建设单位的质量责任
C. 当分包工程发生质量问题时，建设单位可以向总承包单位或分包单位请求赔偿，总承包单位或分包单位赔偿后有权就不属于自己责任的赔偿向另一方追偿
D. 分包单位对分包工程的质量责任，总承包单位未尽到相应监管义务的，承担相应的补充责任
E. 当分包工程发生质量问题时，建设单位应当向总承包单位请求赔偿，总承包单位赔偿后，有权要求分包单位赔偿

【解析】 根据《建筑法》第五十五条的规定，建筑工程实行总承包的，工程质量由工程总承包单位负责，总承包单位将建筑工程分包给其他单位的，应当对分包工程的质量与分包单位承担连带责任。分包单位应当接受总承包单位的质量管理。

根据《建设工程质量管理条例》第二十七条的规定，总承包单位依法将建设工程分包给其他单位的，分包单位应当按照分包合同的约定对其分包工程的质量向总承包单位负责，总承包单位与分包单位对分包工程的质量承担连带责任，故选项 A、C 正确。

2. **【2018 年真题】** 分包工程总承包发生质量问题时，关于总分包质量责任的说法，正确的是（　　）。

A. 建设单位必须先向总承包单位请求赔偿，不足部分再向分包单位请求赔偿
B. 建设单位应当在分包合同价款限额内向分包单位求偿
C. 其他受害人可以向分包单位请求赔偿，也可以向总承包单位请求赔偿
D. 其他受害人必须先向分包单位请求赔偿，不足部分再向总承包单位请求赔偿

【解析】　根据《建设工程质量管理条例》第二十六、二十七条的规定，建设工程实行总承包的，总承包单位应当对全部建设工程质量负责；总承包单位依法将建设工程分包给其他单位的，分包单位应当按照分包合同的约定对其分包工程的质量向总承包单位负责，总承包单位与分包单位对分包工程的质量承担连带责任。即分包工程发生质量问题时，建设单位或其他受害人既可以向分包单位请求赔偿，也可以向总承包单位请求赔偿，进行赔偿的一方，有权依据分包合同的约定，对不属于自己责任的那部分赔偿向对方追偿，故选项 C 正确。

3.【2013 年真题】根据《建设工程质量管理条例》，关于施工单位质量责任和义务的说法，正确的有（　　）。

A. 对施工质量负责

B. 按照工程设计图纸和施工技术标准施工

C. 对建筑材料、设备等进行检验检测

D. 建立健全施工质量检验制度

E. 审查批准高大模板工程的专项施工方案

【解析】　"高大模板工程的专项施工方案"是安全责任而不是质量责任，且应由监理进行审查批准，故选项 E 错误，选项 A、B、C、D 正确。

4.【2021 年真题】根据《建设工程质量管理条例》，下列文件中，未经审查批准，不得使用的是（　　）。

A. 技术档案文件　　　　　　　　B. 施工图设计文件

C. 质量过程控制文件　　　　　　D. 施工管理资料文件

【解析】　《建设工程质量管理条例》第十一条的规定，施工图设计文件未经审查批准的，不得使用。

5.【2019 年真题】施工企业在施工过程中发现设计文件和图纸有差错的，应当（　　）。

A. 继续按设计文件和图纸施工

B. 及时向建设单位或监理单位提出意见和建议

C. 对设计文件和图纸进行修改，按修改后的设计文件和图纸进行施工

D. 对设计文件和图纸进行修改，征得设计单位同意后，按修改后的设计文件和图纸进行施工

【解析】　根据《建设工程质量管理条例》第二十八条的规定，施工单位必须按照工程设计图纸和施工技术标准施工，不得擅自修改工程设计，不得偷工减料。施工单位在施工过程中发现设计文件和图纸有差错的，应当及时提出意见和建议，故选项 B 正确。

6.【2012 年真题】根据《建设工程质量管理条例》，下列不属于施工企业进行施工的依据为（　　）。

A. 施工合同中约定采用的推荐性标准　　B. 建筑法律

C. 施工图设计文件　　　　　　　　　　D. 工程监理合同

【解析】　根据《建设工程质量管理条例》的有关规定可知，施工企业进行施工的依据为法律法规、标准规范、设计图纸和合同文件。监理合同是业主和监理单位订立的合同，并非施工企业施工的依据，故选项 D 正确。

7.【2012 年真题】施工企业保证工程质量的最基本要求包括（　　）。

A. 不得压缩合同工期   B. 按设计图纸施工

C. 与监理单位建立友好的沟通关系   D. 严格履行企业质量管理认证体系

E. 不擅自修改设计文件

【解析】 按设计图纸施工、不擅自修改设计文件，是施工单位保证工程质量的最基本要求。

8. 【2021 年真题】关于工程质量检测单位检测的说法，正确的有（   ）。

A. 检测报告加盖检测机构公章即可生效

B. 检测机构应当单独建立检测结果不合格项目台账

C. 检测人员不得同时受聘于两个或者两个以上的检测机构

D. 检测报告经建设单位或者工程监理单位确认后，由工程监理单位归档

E. 检测机构可以推荐质量合格的建筑材料

【解析】 见下表：

检测结果	检测报告经检测人员签字（必须签）、检测机构法定代表人或者其授权人的签字人（二选一）签署，并加盖检测机构公章或者检测专用章后方可生效
结果争议	由双方共同认可的检测机构复检，由提出复检方报当地建设主管部门备案
结果归档	经建设单位和监理单位确认后，由施工单位归档
结果不合格	检测机构应当将检测过程中发现的建设单位、监理单位、施工单位违反有关法律、法规和工程建设强制性标准的情况，以及涉及结构安全检测结果的不合格情况，及时报告工程所在地建设主管部门
检测档案管理	检测机构应当建立档案管理制度，并应当单独建立检测结果不合格项目台账
检测机构的有关规定	① 工程质量检测机构是具有独立法人资格的中介机构（不是政府行政管理机构），按照其承担的检测业务内容分为专项检测机构资质和见证取样检测机构资质（不是综合检测资质）。机构未取得相应的资质证书，不得承担规定的质量检测业务 ② 检测机构不得与行政机关、公共事务组织以及与所检测工程项目相关的设计、施工、监理单位有隶属或利害关系（可以与建设单位有关系） ③ 检测机构不得转包检测业务。检测机构应当对其检测数据和检测报告的真实性和准确性负责

9. 【2020 年真题】关于工程质量检测的说法，正确的是（   ）。

A. 检测报告应当由工程质量检测机构法定代表人签署

B. 工程质量检测报告经建设单位或者工程监理单位确认后，由施工企业归档

C. 检测机构是具有独立法人资格的非营利性中介机构

D. 工程质量检测机构不得与建设单位有隶属关系

【解析】 根据《建设工程质量检测管理办法》(2005 版) 第十四条的规定，检测机构完成检测业务后，应当及时出具检测报告。检测报告经检测人员签字、检测机构法定代表人或者其授权的签字人签署，并加盖检测机构公章或者检测专用章后方可生效。检测报告经建设单位或者工程监理单位确认后，由施工单位归档，故选项 A 错误、选项 B 正确。

根据《建设工程质量检测管理办法》第四条的规定，检测机构是具有独立法人资格的中介机构，故选项 C 错误。

根据《建设工程质量检测管理办法》第十六条的规定，检测机构不得与行政机关，法律、法规授权的具有管理公共事务职能的组织以及所检测工程项目相关的设计单位、施工单

位、监理单位有隶属关系或者其他利害关系，故选项 D 错误。

10.【2023 年真题】根据《房屋建筑工程和市政基础设施工程实行见证取样和送检的规定》，关于施工检测的见证取样和送检的说法，正确的是（　　）。

A. 混凝土中使用的掺加剂必须实施见证取样和送检

B. 见证人员应当由建设单位代表和监理单位的监理工程师共同担任

C. 厕浴间使用的防水材料不必实施见证取样和送检

D. 取样人员应当在试样或者其包装上做出标识、封志，并由见证人员和取样人员签字

【解析】 根据《房屋建筑工程和市政基础设施工程实行见证取样和送检的规定》，用于承重结构的混凝土中使用的掺加剂必须实施见证取样和送检，故选项 A 错误。

见证人员应由建设单位或该工程的监理单位中具备施工试验知识的专业技术人员担任，故选项 B 错误。

地下、屋面、厕浴间使用的防水材料必须实施见证取样和送检，故选项 C 错误。

取样人员应在试样或其包装上做出标识、封志，标识和封志应标明工程名称、取样部位、取样日期、样品名称和样品数量，并由见证人员和取样人员签字，故选项 D 正确。

11.【2020 年真题】在工程监理单位人员的见证下，施工企业的现场试验人员对涉及结构安全的钢筋进行取样，并在钢筋试样或其包装上做标识、封志，该标识和封志应标明（　　）。

A. 工程地点　　　　　　　　　　　B. 工程名称

C. 取样部位　　　　　　　　　　　D. 样品名称

E. 取样日期

【解析】 根据《房屋建筑工程和市政基础设施工程实行见证取样和送检的规定》第八条，在施工过程中，见证人员应按照见证取样和送检计划，对施工现场的取样和送检进行见证，取样人员应在试样或其包装上做出标识、封志。标识和封志应标明工程名称、取样部位、取样日期、样品名称和样品数量，并由见证人员和取样人员签字。见证人员应制作见证记录，并将见证记录归入施工技术档案，故选项 B、C、D、E 正确。

12.【2019 年真题】关于建设工程见证取样的说法，正确的是（　　）。

A. 见证人员应当在试样或其包装上做出标识、封志

B. 涉及结构安全的试块试件和材料见证取样比例不得低于有关技术标准中规定应取样数量的 50%

C. 见证人员应当由施工企业中具备施工试验知识的专业技术人员担任

D. 用于承重墙体的砌筑砂浆试块必须实施见证取样

【解析】 根据《房屋建筑工程和市政基础设施工程实行见证取样和送检的规定》，涉及结构安全的试块试件和材料见证取样和送检的比例不得低于有关技术标准中规定应取样数量的 30%，故选项 B 错误。

下列试块、试件和材料必须实施见证取样和送检：①用于承重结构的混凝土试块；②用于承重墙体的砌筑砂浆试块；③用于承重结构的钢筋及连接接头试件；④用于承重墙的砖和混凝土小型砌块；⑤用于拌制混凝土和砌筑砂浆的水泥；⑥用于承重结构的混凝土中使用的掺加剂；⑦地下、屋面、厕浴间使用的防水材料；⑧国家规定必须实行见证取样和送检的其他试块、试件和材料，故选项 D 正确。

见证人员应由建设单位或该工程的监理单位中具备施工试验知识的专业技术人员担任，

并由建设单位或该工程的监理单位书面通知施工单位、检测单位和负责该项工程的质量监督机构，故选项 C 错误。

在施工过程中，见证人员应按照见证取样和送检计划，对施工现场的取样和送检进行见证。取样人员应在试样或其包装上做出标识、封志。标识和封志应标明工程名称、取样部位、取样日期、样品名称和样品数量，并由见证人员和取样人员签字，故选项 A 错误。

13.【2018 年真题】根据《建设工程质量检测管理方法》，关于建设工程质量检测的说法，正确的有（　　　）。

A. 检测机构和检测人员不得推荐或监制建筑材料、构配件和设备

B. 检测机构的资质分为综合检测资质和专项检测资质

C. 检测机构不得转包检测业务

D. 质量检测业务应当由施工企业书面委托具有相应资质的检测机构进行

E. 利害关系人对检测结果有争议的，由双方共同认可的检测机构复检，复检结果由提出复检方报当地建设主管部门备案

【解析】　检测机构资质分为综合类资质、专项类资质。

质量检测业务由工程项目建设单位委托具有相应资质的检测机构进行检测，故选项 D 错误。

选项 A、B、C、E 正确。

14.【2017 年真题】根据《房屋建筑工程和市政基础设施工程实行见证取样和送检的规定》，下列各项中，属于必须实施见证取样的送检的试块、试件和材料的有（　　　）。

A. 填充墙的混凝土小型砌块　　　　　　　B. 混凝土中使用的掺加剂

C. 用于承重结构的钢筋及连接接头试件　　D. 地下、屋面、厕浴间使用的防水材料

E. 用于拌制混凝土和砌筑砂浆的水泥

【解析】　根据《房屋建筑工程和市政基础设施工程实行见证取样和送检的规定》第六条，下列试块、试件和材料必须实施见证取样和送检：①用于承重结构的混凝土试块；②用于承重墙体的砌筑砂浆试块；③用于承重结构的钢筋及连接接头试件；④用于承重墙的砖和混凝土小型砌块；⑤用于拌制混凝土和砌筑砂浆的水泥；⑥用于承重结构的混凝土中使用的掺加剂；⑦地下、屋面、厕浴间使用的防水材料；⑧国家规定必须实行见证取样和送检的其他试块、试件和材料。

15.【2014 年真题】关于工程质量检测机构职责的说法，正确的有（　　　）。

A. 检测机构出具的检测报告应由检测机构法定代表人或授权的签字人签署

B. 检测机构对涉及结构安全的所有检测结果应及时报告建设主管部门

C. 检测机构对发现的违反强制性标准的情况应及时报告建设主管部门

D. 检测机构应当对检测结果不合格的项目建立单独的项目台账

E. 检测机构对发现的项目参与方的违规行为应及时报告建设单位

【解析】　根据《建设工程质量检测管理办法》第十九条、二十条的规定，检测机构应当将检测过程中发现的建设单位、监理单位、施工单位违反有关法律、法规和工程建设强制性标准的情况，以及涉及结果安全检测结果不合格的情况，及时报告工程所在地建设主管部门。检测机构应当建立档案管理制度，并单独建立检测结果不合格项目台账，故选项 B、E 错误，选项 A、C、D 正确。

注意：根据《建设工程质量检测管理办法》第十四条的规定，检测机构完成检测业务后，应当及时出具检测报告。检测报告经检测人员签字、检测机构法定代表人或者其授权的签字人签署，并加盖检测机构公章或者检测专用章后方可生效，故选项 A 正确。

16.【2024 年真题】施工企业在将隔震减震装置用于建设工程前进行取样时的监督单位为（　　）。

A. 住房城乡建设主管部门　　　　B. 设计单位或者检测机构

C. 负有安全生产监督管理职责的部门　　D. 建设单位或者工程监理单位

【解析】　隔震减震装置用于建设工程前，施工单位应当在建设单位或者工程监理单位监督下进行取样，送建设单位委托的具有相应建设工程质量检测资质的机构进行检测。禁止使用不合格的隔震减震装置。

17.【2013 年真题】施工人员对设计结构安全的试块、试件以及有关材料，应当在（　　）监督下现场取样，并送具有相应资质等级的质量检测单位进行检测。

A. 施工企业质量管理部门　　　　B. 设计单位或监理单位

C. 工程质量监督机构　　　　　　D. 建设单位或监理单位

【解析】　根据《建设工程质量管理条例》第三十一条的规定，施工人员对涉及结构安全的试块、试件以及有关材料，应当在建设单位或者工程监理单位监督下现场取样，并送具有相应资质等级的质量检测单位进行检测，故选项 D 正确。

18.【2024 年真题】关于施工企业工程质量职工教育培训制度的说法，正确的有（　　）。

A. 施工企业应当建立、健全教育培训制度，加强对职工的教育培训

B. 未经教育培训或者考核不合格的人员不得上岗作业

C. 施工企业应当建立培训基地

D. 推行终身职业技能培训制度，加强建筑工人岗前培训和技能提升培训

E. 大力推行现代学徒制和企业新型学徒制

【解析】　施工单位应当建立、健全教育培训制度，加强对职工的教育培训，未经教育培训或者考核不合格的人员，不得上岗作业，故选项 A、B 正确。

鼓励企业采取建立培训基地、校企合作、购买社会培训服务等多种形式，解决建筑工人理论与实操脱节的问题，实现技能培训、实操训练、考核评价与现场施工有机结合，故选项 C 错误。

推行终身职业技能培训制度，加强建筑工人岗前培训和技能提升培训，故选项 D 正确。

强化企业技能培训主体作用，发挥设计、生产、施工等资源优势，大力推行现代学徒制和企业新型学徒制，故选项 E 正确。

19.【2011 年真题】施工企业对建筑材料、建筑构配件和设备进行检验，通常应当按照（　　）进行，不合格的不得使用。

A. 工程设计要求　　　　　　　　B. 企业标准

C. 施工技术标准　　　　　　　　D. 通行惯例

E. 合同约定

【解析】　根据《建设工程质量管理条例》，施工单位必须按照工程设计要求、施工技术标准和合同约定，对建筑材料、建筑构配件、设备和商品混凝土进行检验，检验应当有书面记录和专人签字；未经检验或者检验不合格的，不得使用，故选项 A、C、E 正确。

20. 【2023 年真题】关于建设工程返修的说法，正确的是（　　）。

A. 返修仅适用于建设工程质量保修阶段

B. 返修的前提是工程质量不符合国家规定和合同约定的质量标准

C. 返修是无偿的

D. 返修仅限于因施工企业原因造成的质量问题

【解析】　根据《建设工程质量管理条例》第三十二条的规定施工单位对施工中出现质量问题的建设工程或者竣工验收不合格的建设工程，应当负责返修，故选项 A 错误、选项 B 正确。

对于非施工单位原因造成的质量问题，施工单位也应当负责返修，但是因此而造成的损失及返修费用由责任方负责，故选项 C、D 错误。

21. 【2018 年真题】关于施工企业返修义务的说法中，正确的是（　　）。

A. 施工企业仅对施工中出现质量问题的建设工程负责返修

B. 施工企业仅对竣工验收不合格的工程负责返修

C. 非施工企业原因造成的质量问题，相应的损失和返修费用由责任方承担

D. 对于非施工企业原因造成的质量问题，施工企业不承担返修的义务

【解析】　根据《建设工程质量管理条例》第三十二条的规定，施工单位对施工中出现质量问题的建设工程或者竣工验收不合格的建设工程，应当负责返修，故选项 A、B 错误。

对于非施工单位原因造成的质量问题，施工单位也应当负责返修，但是因此而造成的损失及返修费用由责任方负责，故选项 C 正确、选项 D 错误。

22. 【2022 年真题】根据《建设工程质量管理条例》，隐蔽工程在隐蔽前施工，企业应当及时通知的单位有（　　）。

A. 勘察单位　　　　　　　　　　B. 设计单位

C. 建设单位　　　　　　　　　　D. 安全生产监督机构

E. 建设工程质量监督机构

【解析】　根据《建设工程质量管理条例》第三十条的规定，施工单位必须建立、健全施工质量检验制度，严格工序管理，做好隐蔽工程的质量检查和记录。隐蔽工程在隐蔽前，施工单位应当通知建设单位和建设工程质量监督机构。

23. 【2022 年真题】根据《建设工程五方责任主体项目负责人质量终身责任追究暂行办法》，由于施工原因造成尚在设计使用年限内的建筑工程不能正常使用，造成重大质量事故。关于追究施工企业项目经理质量责任的说法正确的是（　　）。

A. 项目经理为相关注册执业人员的，吊销注册证书，终身不得注册

B. 项目经理为相关注册执业人员的，吊销执业资格证书，5 年不得注册

C. 建造师已退休的，不予追究

D. 公司已倒闭的，不予追责

【解析】　根据《建设工程五方责任主体项目负责人质量终身责任追究暂行办法》，建设工程发生质量事故的，县级以上地方人民政府住房城乡建设主管部门应当依法追究项目负责人的质量终身责任，故选项 C、D 错误。

对施工单位项目经理按以下方式进行责任追究：①项目经理为相关注册执业人员的，责令停止执业 1 年；造成重大质量事故的，吊销执业资格证书，5 年以内不予注册；情节特别

恶劣的，终身不予注册；②构成犯罪的，移送司法机关依法追究刑事责任；③处单位罚款数额 5% 以上 10% 以下的罚款；④向社会公布曝光。故选项 A 错误（缺少"情节特别恶劣"前提条件），选项 B 正确。

24.【2016 年真题】根据《建筑工程五方责任主体项目负责人质量终身责任追究暂行办法》。发生工程质量事故，施工企业项目经理承担的法律责任有（　　　）。

A. 项目经理为注册建造师的，责令停止执业 2 年

B. 向社会公布曝光

C. 处单位罚款数额 5% 以上 10% 以下的罚款

D. 构成犯罪的，依法追究刑事责任

E. 项目经理为注册建造师的，吊销执业资格证书，5 年内不予注册

【解析】　根据《建筑工程五方责任主体项目负责人质量终身责任追究暂行办法》第十三条的规定，发生工程质量事故的，对施工单位项目经理按以下方式进行责任追究：

① 项目经理为相关注册执业人员的，责令停止执业 1 年：造成重大质量事故的，吊销执业资格证书，5 年以内不予注册；情节特别恶劣的，终身不予注册；

② 构成犯罪的，移送司法机关依法追究刑事责任；

③ 处单位罚款数额 5% 以上 10% 以下的罚款；

④ 向社会公布曝光。

故选项 B、C、D 正确。

25.【2011 年真题】某工程部位隐蔽前曾得到监理工程师的认可，但重新检验后发现质量未达到合同约定的要求，则关于全部剥露、返工的费用和工期处理的说法，正确的是（　　　）。

A. 费用和工期损失全部由承包商承担　　　B. 费用和工期损失全部由业主承担

C. 费用由承包商承担，工期给予顺延　　　D. 费用由业主承担，工期不顺延

【解析】　根据《建设工程施工合同（示范文本）》（GF-2017-0201）通用条款第 5.3.3 条的约定，承包人覆盖工程隐蔽部位后，发包人或监理人对质量有疑问的，可要求承包人对已覆盖的部位进行钻孔探测或揭开重新检查，承包人应遵照执行，并在检查后重新覆盖恢复原状。经检查证明工程质量符合合同要求的，由发包人承担由此增加的费用和（或）延误的工期，并支付承包人合理的利润；经检查证明工程质量不符合合同要求的，由此增加的费用和（或）延误的工期由承包人承担，故选项 A 正确。

二、参考答案

题号	1	2	3	4	5	6	7	8	9	10
答案	AC	C	ABCD	B	B	D	BE	BC	B	D
题号	11	12	13	14	15	16	17	18	19	20
答案	BCDE	D	ABCE	CDE	ACD	D	D	ABDE	ACE	B
题号	21	22	23	24	25					
答案	C	CE	B	BCD	A					

三、2025年考点预测

考点一：对施工质量负责和总分包单位的质量责任

总分包单位的质量责任

考点二：按照工程设计图纸和施工技术标准施工

按图施工的有关规定

考点三：建筑材料、设备等的检验检测

进场检测及见证取样的相关制度

考点四：施工质量检验和返修

返修制度

考点五：建立健全职工教育培训制度

第五节　建设工程竣工验收制度

考点一：竣工验收的主体和法定条件

考点二：规划、消防、节能和环保验收

考点三：竣工验收备案

考点四：应提交的档案资料

一、历年真题及解析

1. 【2021年真题】根据《建设工程质量管理条例》，属于建设工程竣工验收应当具备的条件有（　　）。

A. 完成建设工程设计和合同约定的各项内容

B. 有健全的财务管理档案

C. 有完整的技术档案和施工管理资料

D. 有监理单位出具的竣工验收报告

E. 有施工企业签署的工程保修书

【解析】　根据《建设工程质量管理条例》第十六条的规定，建设工程竣工验收应当具备下列条件：

① 完成建设工程设计和合同约定的各项内容；

② 有完整的技术档案和施工管理资料；

③ 有工程使用的主要建筑材料、建筑构配件和设备的进场试验报告；

④ 有勘察、设计、施工、工程监理等单位分别签署的质量合格文件；

⑤ 有施工单位签署的工程保修书。建设工程经验收合格的，方可交付使用。

2. 【2024年真题】建设工程竣工后，应当及时组织验收的主体是（　　）。

A. 总承包单位　　　　　　　　　　B. 建设单位

C. 监理单位　　　　　　　　　　　D. 质量监督机构

【解析】　建设工程竣工后，发包人应当根据施工图纸及说明书、国家颁发的施工验收规范和质量检验标准及时进行验收。验收合格的，发包人应当按照约定支付价款，并接收该建设工程。

3.【2012年真题】根据《建设工程质量管理条例》，建设工程竣工验收应具备的工程技术档案和施工管理资料包括（　　　）。

A. 分部、分项工程全体施工人员名单　　B. 竣工验收报告

C. 设计变更通知单　　D. 隐蔽验收记录及施工日志

E. 竣工图

【解析】　工程技术档案和施工管理资料是工程竣工验收和质量保证的重要依据之一，主要包括以下档案和资料：①工程项目竣工验收报告；②分部、分项工程和单位工程技术人员名单；③图纸会审和技术交底记录；④设计变更通知单，技术变更核实单；⑤工程质量事故发生后调查和处理资料；⑥隐蔽验收记录及施工日志；⑦竣工图；⑧质量检验评定资料等；⑨合同约定的其他资料。

注意是"分部、分项工程和单位工程技术人员名单"，而不是"全体施工人员名单"，故选项A错误，选项B、C、D、E正确。

4.【2018年真题】根据《城市建设档案管理规定》，施工企业一般应提交的档案资料有（　　　）。

A. 工程技术档案资料　　B. 竣工图

C. 工程检验评定资料　　D. 工程结算资料

E. 材料采购合同

【解析】　根据《城市建设档案管理规定》，施工单位一般应当提交的档案资料有：①工程技术档案资料；②工程质量保证资料；③工程检验评定资料；④竣工图等。故选项A、B、C正确。

5.【2024年真题】关于建设工程档案资料的说法，正确的是（　　　）。

A. 工程竣工验收后6个月内，应当向城建档案馆报送一套符合规定的建设工程档案

B. 电子档案签署了具有法律效力的电子印章或者电子签名的，也应当移交相应纸质档案

C. 组织竣工验收时，应当组织对工程档案进行验收

D. 改建工程应当重新编制建设工程档案，并按时报送

【解析】　建设单位应当在工程竣工验收后3个月内，向城建档案馆报送一套符合规定的建设工程档案，故选项A错误。

每项建设工程应编制一套电子档案，随纸质档案一并移交城建档案管理机构，电子档案签署了具有法律效力的电子印章或电子签名的，可不移交相应纸质档案，故选项B错误。

在组织竣工验收时，应组织对工程档案进行验收，验收结论应在工程竣工验收报告、专家组竣工验收意见中明确，故选项C正确。

对改建、扩建和重要部位维修的工程，建设单位应当组织设计、施工单位据实修改、补充和完善原建设工程档案，故选项D错误。

6.【2009年真题】某建设项目实行施工总承包，总承包单位将该建设项目依法分包，则关于工程档案的整理、移交，下列说法中正确的有（　　　）。

A. 总承包单位负责汇总各分包单位形成的工程档案，整理无误后向城建档案馆移交

B. 分包单位自行整理本单位形成的工程文件，并向总承包单位移交

C. 建设单位负责对档案文件的审查，审查合格后向城建档案馆移交

D. 勘察、设计等单位立卷归档后，向总承包单位移交

E. 分包单位自行整理的工程文件由本单位档案管理部门保存，不向其他单位移交

【解析】 总承包单位汇总分包单位整理好的工程档案，向建设单位移交，故选项 A 错误。

勘察设计等单位立卷归档后应向建设单位移交，故选项 D 错误。

分包单位自行整理的工程文件应向总承包单位移交，故选项 E 错误。

选项 B、C 正确。

7.【2023 年真题】根据《消防法》，关于建设工程竣工消防验收的说法，正确的是（ ）。

A. 经主管部门抽查不合格的，应当停止使用

B. 建设单位应当向应急管理部门申请消防验收

C. 建设单位验收后应当报主管部门审批

D. 建设工程未经主管部门消防验收的，一律禁止投入使用

【解析】 根据《消防法》第十三条的规定，国务院住房和城乡建设主管部门规定应当申请消防验收的建设工程竣工，建设单位应当向住房和城乡建设主管部门申请消防验收。

前款规定以外的其他建设工程，建设单位在验收后应当报住房和城乡建设主管部门备案，住房和城乡建设主管部门应当进行抽查。

依法应当进行消防验收的建设工程，未经消防验收或者消防验收不合格的，禁止投入使用；其他建设工程经依法抽查不合格的，应当停止使用。

故选项 A 正确，选项 B、C、D 错误。

8.【2020 年真题】关于建设工程竣工规划验收的说法，正确的是（ ）。

A. 建设工程未经核实或者经核实不符合规划条件的，建设单位不得组织竣工验收

B. 建设单位应当向住房城乡建设主管部门提出竣工规划验收申请

C. 对于验收合格的建设工程，城乡规划行政主管部门出具建设工程规划许可证

D. 建设单位应当在竣工验收后 3 个月内向城乡规划行政主管部门报送有关竣工验收资料

【解析】 根据《城乡规划法》第四十五条的规定，县级以上地方人民政府城乡规划主管部门按照国务院规定对建设工程是否符合规划条件予以核实。未经核实或者经核实不符合规划条件的，建设单位不得组织竣工验收，故选项 A 正确。

建设工程竣工后，建设单位应当依法向城乡规划行政主管部门提出竣工规划验收申请，故选项 B 错误。

对于验收合格的，由城乡规划行政主管部门出具规划认可文件或核发建设工程竣工规划验收合格证，故选项 C 错误。

建设单位应当在竣工验收后 6 个月内向城乡规划主管部门报送有关竣工验收资料，故选项 D 错误。

9.【2024 年真题】关于建筑工程节能的说法，正确的有（ ）。

A. 建设单位组织竣工验收，应当对民用建筑是否符合民用建筑节能强制性标准进行查验

B. 单位工程竣工验收应当在建筑节能分部工程验收合格后进行

C. 政府投资项目不符合强制性节能标准的不得批准建设

D. 不符合强制性节能标准的项目可以进行开工建设

E. 建筑节能分部工程的质量验收，施工企业应当先行自检合格

【解析】　不符合强制性节能标准的项目不得进行开工建设，故选项 D 错误。

10.【2022 年真题】根据《建筑工程施工质量验收统一标准》，主体节能工程检验批验收和隐蔽工程验收主体是（　　）。

A. 监理工程师　　　　　　　　　　　B. 项目经理

C. 质量工程师　　　　　　　　　　　D. 总监理工程师

【解析】　节能工程的检验批验收和隐蔽工程验收应由监理工程师主持，施工单位相关专业的质量检查员与施工员参加，故选项 A 正确。

11.【2012 年真题】建筑节能分部工程验收会议由（　　）主持。

A. 建筑节能工程分包人　　　　　　　B. 总监理工程师

C. 总承包人　　　　　　　　　　　　D. 建设单位法定代表人

【解析】　根据《建筑节能工程施工质量验收规范》的有关规定，建筑节能分部工程验收应由总监理工程师主持，故选项 B 正确。

12.【2013 年真题】建设单位办理大型公共建筑工程竣工验收备案应提交的材料有（　　）。

A. 工程竣工验收备案表

B. 住宅使用说明书

C. 工程竣工验收报告

D. 施工单位签署的工程质量保修书

E. 公安机关消防机构出具的消防验收合格证明文件

【解析】　根据《房屋建筑和市政基础设施工程竣工验收规定》，建设单位办理工程竣工验收备案应当提交下列文件：

① 工程竣工验收备案表；

② 工程竣工验收报告，应当包括工程报建日期，施工许可证号，施工图设计文件审查意见，勘察、设计、施工、工程监理等单位分别签署的质量合格文件及验收人员签署的竣工验收原始文件，市政基础设施的有关质量检测和功能性试验资料以及备案机关认为需要提供的有关资料；

③ 法律、行政法规规定应当由规划、环保等部门出具的认可文件或者准许使用文件；

④ 法律规定应当由公安消防部门出具的对大型的人员密集场所和其他特殊建设工程验收合格的证明文件；

⑤ 施工单位签署的工程质量保修书；

⑥ 法规、规章规定必须提供的其他文件。

住宅工程还应当提交《住宅质量保证书》《住宅使用说明书》，故选项 B 错误，只有住宅工程应当提交住宅使用说明书，故选项 A、C、D、E 正确。

13.【2012年真题】根据《城市建设档案管理规定》，建设单位应当在工程竣工验收后（　　）内，向城建档案馆送一套符合规定的建设工程档案。

　　A. 6个月　　　　　　　B. 3个月　　　　　　　C. 9个月　　　　　　　D. 1年

【解析】 根据《城市建设档案管理规定》第六条，建设单位应当在工程竣工验收后3个月内，向城建档案馆报送一套符合规定的建设工程档案，故选项B正确。

二、参考答案

题号	1	2	3	4	5	6	7	8	9	10
答案	ACE	B	BCDE	ABC	C	BC	A	A	ABCE	A

题号	11	12	13
答案	B	ACDE	B

三、2025年考点预测

考点一：竣工验收的主体和法定条件

竣工验收的主体、程序和法定条件

考点二：规划、消防、节能和环保验收

（1）规划、消防、节能和环保验收的程序和时间期限

（2）建筑节能分部工程验收的组织

（3）节能工程专项验收不得组织与重新组织的情形

考点三：竣工验收备案

竣工验收备案的期限、主体、备案文件

考点四：应提交的档案资料

向城建档案馆移交资料的主体、期限、程序及其他相关规定

第六节　建设工程质量保修制度

考点一：质量保修书和最低保修期限

考点二：工程质量保证金

一、历年真题及解析

1.【2023年真题】根据《建设工程质量管理条例》，关于建设工程质量保修期的说法，正确的是（　　）。

　　A. 所有项目的保修期均有法律规定

　　B. 任何使用条件下，建设工程保修期均应符合法定最低保修期限

　　C. 地基基础工程保修期限为设计文件规定的该工程的合理使用年限

　　D. 供热系统最低保修期限为5年

【解析】　根据《建设工程质量管理条例》规定，在正常使用条件下，建设工程的最低保修期限为：

① 基础设施工程、房屋建筑的地基基础工程和主体结构工程，为设计文件规定的该工程的合理使用年限，故选项 C 正确；

② 屋面防水工程、有防水要求的卫生间、房间和外墙面的防渗漏，为 5 年；

③ 供热与供冷系统，为 2 个采暖期、供冷期，故选项 D 错误；

④ 电气管线、给排水管道、设备安装和装修工程，为 2 年；

⑤ 其他项目的保修期限由发包方与承包方约定，故选项 A 错误。

建设单位和施工单位可以协商签订保修合同，约定保修期限高于法定最低保修期限，故选项 B 错误。

2.【2021 年真题】根据《建设工程质量管理条例》下列建设工程质量保修期限的约定中，符合规定的是（　　）。

A. 供冷系统质量保修期为 1 年

B. 屋面防水工程质量保修期为 3 年

C. 给排水管道工程质量保修期为 3 年

D. 装修工程质量保修期为 1 年

【解析】　根据《建设工程质量管理条例》规定，在正常使用条件下，建设工程的最低保修期限为：

① 基础设施工程、房屋建筑的地基基础工程和主体结构工程，为设计文件规定的该工程的合理使用年限；

② 屋面防水工程、有防水要求的卫生间、房间和外墙面的防渗漏为 5 年，故选项 B 错误；

③ 供热与供冷系统，为 2 个采暖期、供冷期；故选项 A 错误；

④ 电气管线、给排水管道设备安装和装修工程，为 2 年，故选项 D 错误、选项 C 正确；

⑤ 其他项目的保修期限由发包方与承包方约定。

3.【2018 年真题】关于工程保修期的说法中，正确的是（　　）。

A. 基础设施工程的保修期为设计文件规定的该工程合理使用年限

B. 屋面防水工程的保修期为 4 年

C. 建设工程保修期的起始日是提交竣工验收报告之日

D. 保修期结束后返还质量保证金

E. 在保修期内施工企业一直负有维修保修义务

【解析】　根据《建设工程质量管理条例》第四十条的规定，在正常使用条件下，建设工程的最低保修期限为：①基础设施工程、房屋建筑的地基基础工程和主体结构工程，为设计文件规定的该工程的合理使用年限；②屋面防水工程、有防水要求的卫生间、房间和外墙面的防渗漏，为 5 年；③供热与供冷系统，为 2 个采暖期、供冷期；④电气管线、给排水管道、设备安装和装修工程，为 2 年。

其他项目的保修期限由发包方与承包方约定。建设工程的保修期，自竣工验收合格之日起计算，故选项 A 正确，选项 B、C 错误。

缺陷责任期内，承包人认真履行合同约定的责任，到期后，承包人向发包人申请返还保证金，故选项 D 错误。

建设工程在保修范围和保修期限内发生质量问题的，施工单位应当履行保修义务，并对造成的损失承担赔偿责任，故选项 E 正确。

4.【2017 年真题】关于建设工程质量保修的说法中，正确的是（　　）。

A. 不同类型的建设工程，质量保修范围不同

B. 合同约定的保修期不能高于法定保修期限

C. 工程的合理使用年限与施工企业的质量责任年限无关

D. 建设工程保修期的起始日是工程实际竣工之日

【解析】 合同约定的保修年限不得低于法定保修期限，可以高于法定保修期限，故选项 B 错误。

基础设施工程、房屋建筑的地基基础工程和主体结构工程，为设计文件规定的该工程的合理使用年限，也即施工企业的质量责任年限，故选项 C 错误。

建设工程的保修期自竣工验收合格之日起计算，故选项 D 错误。

选项 A 正确。

5.【2017 年真题】关于建设工程超过合理使用年限后需要继续使用的说法中，正确的是（　　）。

A. 经勘察、设计单位鉴定后，必须在设计文件中重新界定使用期

B. 建设工程超过合理使用年限后需要继续使用的，产权所有人应当委托原勘察、设计单位鉴定

C. 根据鉴定结果采取加固、维修等措施的，需经原施工企业进行加固、维修和补强

D. 不经鉴定、加固等而违法继续使用造成损失的，由产权所有人和原施工企业承担连带责任

【解析】 根据《建设工程质量管理条例》第四十二条的规定，建设工程在超过合理使用年限后需要继续使用的，产权所有人应当委托具有相应资质等级的勘察、设计单位鉴定，并根据鉴定结果采取加固、维修等措施，重新界定使用期，故选项 B 错误。

经过具有相应资质等级的勘察、设计单位鉴定，制订技术加固措施，在设计文件中重新界定使用期，并经有相应资质等级的施工单位进行加固、维修和补强，该建设工程能达到继续使用条件的就可以继续使用，故选项 C 错误。

但是，如果不经鉴定、加固等而违法继续使用的，所产生的后果由产权所有人自负，故选项 D 错误。

选项 A 正确。

6.【2016 年真题】建设单位和施工企业经过平等协商确定某屋面防水工程的保修期限为 3 年，工程竣工验收合格移交使用后的第 4 年屋面出现渗漏，则承担该工程维修责任的是（　　）。

A. 施工单位　　　　　　　　　　　B. 建设单位

C. 使用单位　　　　　　　　　　　D. 建设单位和施工企业协商确定

【解析】 屋面防水工程的法定的最低保修期限为 5 年，约定的保修期限小于法定保修期限的，按法定保修期限执行，出现问题应由施工单位承担维修责任。

选项 A 正确。

7.【2015年真题】建设单位因急于投产，擅自使用了未经竣工验收的工程。使用过程中，建设单位发现该工程主体结构出现质量缺陷，遂以质量不符合约定为由将施工单位诉至人民法院。关于该合同纠纷的说法，正确的有（　　）。

A. 由于建设单位擅自提前使用，施工单位不需要承担保修责任

B. 施工单位是否承担保修责任，取决于建设单位是否已经足额支付工程款

C. 承包人应当在建设工程的合理使用寿命内对地基基础和主体结构质量承担民事责任

D. 主体结构的最低保修期限应是50年，施工单位需要承担保修责任

E. 主体结构的最低保修期限是设计文件规定的合理使用年限，施工单位应当承担保修责任

【解析】 根据《最高人民法院关于审理建设工程施工合同纠纷案件适用法律问题的解释》第十三条的规定，建设工程未经竣工验收，发包人擅自使用后，又以使用部分质量不符合约定为由主张权利的，不予支持；但是承包人应当在建设工程的合理使用寿命内对地基基础工程和主体结构质量承担民事责任，故选项A错误、选项C正确。

施工单位是否承担保修责任，取决于相关法律法规的规定和双方合同的约定，与是否已经足额支付工程款无关，故选项B错误。

主体结构的最低保修期限应是设计文件规定的合理使用年限，故选项D错误、选项E正确。

8.【2015年真题】根据《建设工程质量管理条例》，建设工程承包单位应当向建设单位出具质量保修书的时间是（　　）。

A. 竣工验收时　　　　　　　　　　B. 竣工验收合格后

C. 提交竣工验收报告时　　　　　　D. 交付使用时

【解析】 根据《建设工程质量管理条例》第三十九条的规定，建设工程承包单位在向建设单位提交工程竣工验收报告时，应当向建设单位出具质量保修书。质量保修书中应当明确建设工程的保修范围、保修期限和保修责任等，故选项C正确。

9.【2022年真题】根据《建设工程质量管理条例》，建设工程保修期的起算日是（　　）。

A. 工程完工之日　　　　　　　　　B. 工程竣工验收合格之日

C. 工程开始使用之日　　　　　　　D. 发包人签收竣工验收申请之日

【解析】 建设工程保修期的起始日是竣工验收合格之日。

10.【2012年真题】房屋建筑工程质量保修书中的内容一般包括（　　）。

A. 工程概况、房屋使用管理要求

B. 保修范围和内容

C. 超过合理使用年限继续使用的条件

D. 保修期限和责任

E. 保修单位名称、详细地址

【解析】 根据《建设工程质量管理条例》的规定，质量保修书中应当明确建设工程的保修范围、保修期限和保修责任等，故选项B、D正确。

11.【2020年真题】根据《建设工程质量保证金管理办法》，关于预留质量保证金的说法，正确的是（　　）。

A. 合同约定由承包人以银行保函替代预留保证金的，保函金额不得高于工程价款结算

总额的 5%

 B. 社会投资项目采用预留保证金方式的，发、承包双方应当将保证金交由第三方金融机构托管

 C. 采用工程质量保证担保、工程质量保险等保证方式的，发包人不得再预留保证金

 D. 在工程项目竣工前，已经缴纳履约保证金的发包人可以同时预留工程质量保证金

 【解析】　根据《建设工程质量保证金管理办法》第七条的规定，发包人应按照合同约定方式预留保证金，保证金总预留比例不得高于工程价款结算总额的3%。合同约定由承包人以银行保函替代预留保证金的，保函金额不得高于工程价款结算总额的3%，故选项 A 错误。

 根据《建设工程质量保证金管理办法》第四条的规定，社会投资项目采用预留保证金方式的，发、承包双方可以约定将保证金交由第三方金融机构托管，故选项 B 错误。

 根据《建设工程质量保证金管理办法》第六条的规定，在工程项目竣工前，已经缴纳履约保证金的，发包人不得同时预留工程质量保证金。采用工程质量保证担保、工程质量保险等其他保证方式的，发包人不得再预留保证金，故选项 C 正确、选项 D 错误。

12.【2020 年真题】根据《建设工程质量保证金管理办法》，关于缺陷责任期的说法，正确的有（ ）。

 A. 缺陷责任期由发、承包双方在合同中约定

 B. 缺陷责任期从工程通过竣工验收之日起计

 C. 缺陷责任期中的缺陷包括建设工程质量不符合承包合同的约定

 D. 缺陷责任期届满，承包人对工程质量不再承担责任

 E. 由于发包人原因导致工程无法按规定期限进行竣工验收的，缺陷责任期从实际通过竣工验收之日起计

 【解析】　根据《建设工程质量保证金管理办法》第二条的规定，缺陷是指建设工程质量不符合工程建设强制性标准、设计文件，以及承包合同的约定。缺陷责任期一般为 1 年，最长不超过 2 年，由发、承包双方在合同中约定。故选项 A 错误（注意：选项 A 的表述本身没有错，只是不严密和不完整，多项选择题遵循谨慎原则，特别是已有两个正确答案时，不要选），选项 C 正确。

 根据《建设工程质量保证金管理办法》第八条的规定，缺陷责任期从工程通过竣工验收之日起计。由于承包人原因导致工程无法按规定期限进行竣工验收的，缺陷责任期从实际通过竣工验收之日起计。由于发包人原因导致工程无法按规定期限进行竣工验收的，在承包人提交竣工验收报告90天后，工程自动进入缺陷责任期，故选项 B 正确、选项 E 错误。

 缺陷责任期届满，并不意味着承包人对工程的保修责任终止，应当按照合同保修书的约定继续履行保修责任，故选项 D 错误。

13.【2019 年真题】根据《建设工程质量保证金管理办法》，关于缺陷责任期内建设工程缺陷维修的说法，正确的是（ ）。

 A. 如承包人不维修也不承担费用，发包人可以从保证金中扣除，费用超出保证金额的，发包人可以向承包人进行索赔

 B. 缺陷责任期内由承包人原因造成的缺陷，承包人应当负责维修，承担维修费用，但不必承担鉴定费用

C. 承包人维修并承担相应费用后，不再对工程损失承担赔偿责任

D. 由他人原因造成的缺陷，承包人负责组织维修，但不必承担费用，且发包人不得从保证金中扣除费用

【解析】　根据《建设工程质量保证金管理办法》第九条的规定，缺陷责任期内，由承包人原因造成的缺陷，承包人应负责维修，并承担鉴定及维修费用。如承包人不维修也不承担费用，发包人可按合同约定从保证金或银行保函中扣除，费用超出保证金额的，发包人可按合同约定向承包人进行索赔。承包人维修并承担相应费用后，不免除对工程的损失赔偿责任。

由他人原因造成的缺陷，发包人负责组织维修，承包人不承担费用，且发包人不得从保证金中扣除费用，故选项 A 正确，选项 B、C、D 错误。

14.【2024 年真题】关于建设工程质量保证金预留的说法，正确的是（　　）。

A. 发包人应当按照合同约定方式预留建设工程质量保证金，建设工程质量保证金总预留比例不得高于工程价款结算总额的 2%

B. 在工程项目竣工前，已经缴纳履约保证金的，发包人不得同时预留建设工程质量保证金

C. 合同约定由承包人以银行保函替代预留建设工程质量保证金的，保函金额不得高于工程价款结算总额的 1.5%

D. 采用工程质量保证担保的，发包人可以同时预留建设工程质量保证金

【解析】　根据《建设工程质量保证金管理暂行办法》第六条的规定，在工程项目竣工前，已经缴纳履约保证金的，发包人不得同时预留工程质量保证金。采用工程质量保证担保、工程质量保险等其他保证方式的，发包人不得再预留保证金，故选项 B 正确、选项 D 错误。

根据《建设工程质量保证金管理暂行办法》第七条的规定，发包人应按照合同约定方式预留保证金，保证金总预留比例不得高于工程价款结算总额的 3%。合同约定由承包人以银行保函替代预留保证金的，保函金额不得高于工程价款结算总额的 3%，故选项 A、C 错误。

15.【2018 年真题】关于缺陷责任期确定的说法中，正确的是（　　）。

A. 施工合同可以约定缺陷责任期为 26 个月

B. 由于承包人的原因导致工程无法进行竣工验收，缺陷责任期从实际通过竣工验收之日开始计算

C. 某工程 2018 年 6 月 11 日完成建设工程验收备案，该工程缺陷责任期起算时间为 2018 年 6 月 11 日

D. 由于发包人的原因导致工程无法按规定期限进行竣工验收，在承包人提交验收报告 60 天后，工程自动进入缺陷责任期

【解析】　根据《建设工程质量保证金管理办法》第二条的规定，缺陷责任期一般为 1 年，最长不超过 2 年，由发、承包双方在合同中约定，故选项 A 错误。

根据《建设工程质量保证金管理办法》第八条的规定，缺陷责任期从工程通过竣工验收之日起计，故选项 C 错误。

由于发包人原因导致工程无法按规定期限进行竣工验收的，在承包人提交竣工验收报告

90 天后，工程自动进入缺陷责任期，故选项 D 错误。

选项 B 正确。

16. 【2021 年真题】在某施工合同履行中，施工企业未及时履行保修义务，建设单位使用不当，双方有同等责任。建筑物毁损的损失为 100 万元，关于责任承担的说法，正确的有（　　）。

A. 应当由施工企业和建设单位各自承担相应责任

B. 由施工企业负责维修，建设单位支付 50 万元

C. 应当由施工企业承担全部责任

D. 由施工企业负责维修，建设单位支付 100 万元

E. 建设单位另行组织维修的，费用全部由施工企业承担

【解析】　根据《最高人民法院关于审理建设工程施工合同纠纷案件适用法律问题的解释》规定，因保修人未及时履行保修义务，导致建筑物毁损或者造成人身、财产损害的，保修人应当承担赔偿责任。保修人与建筑物所有人或者发包人对建筑物毁损均有过错的，各自承担相应的责任。

17. 【2016 年真题】关于建设工程质量保修的说法中，正确的是（　　）。

A. 不同类型的建设工程，其保修范围相同

B. 建设工程保修期内由于使用不当造成的损坏，施工企业不负责维修

C. 建设工程保修期与缺陷责任期的起始日相同

D. 建设工程质量保证金应在保修期满后返还

【解析】　不同类型的建设工程，保修范围不同，故选项 A 错误。

建设工程保修期内由于使用不当造成的损坏，不属于施工单位保修责任范围内的情形，故施工单位没有保修义务，故选项 B 正确。

建设工程保修期与缺陷责任期的起始日不相同，保修期的起始日为竣工验收合格之日，缺陷责任期的起始日为通过竣工验收之日，由于承包人原因导致无法按规定期限进行竣工验收的，起始日为实际通过竣工验收之日，由于发包人原因导致无法按照规定进行竣工验收的，在承包人提交竣工验收报告 90 天后，自动进入缺陷责任期，故选项 C 错误。（注意：此题有争议，选项 C 的说法是没有问题的，但是单项选择题只能选一个，所以只能选 B）

缺陷责任期内，承包人认真履行合同约定的责任，到期后，承包人向发包人申请返还保证金，发包人在接到承包人返还保证金申请后，应于 14 日内会同承包人按照合同约定的内容进行核实。如无异议，发包人应当在核实后 14 日内将保证金返还给承包人，故选项 D 错误。

18. 【2014 年真题】工程建设单位组织验收合格后投入使用，2 年后外墙出现裂缝，经查是由于设计缺陷造成的，则下列说法正确的是（　　）。

A. 施工单位维修，建设单位直接承担费用

B. 建设单位维修并承担费用

C. 施工单位维修并承担费用

D. 施工单位维修，设计单位直接承担费用

【解析】　由于设计问题造成的质量缺陷，先由施工单位负责维修，其经济责任按有关规定通过建设单位向设计单位索赔，故选项 A 正确。

二、参考答案

题号	1	2	3	4	5	6	7	8	9	10
答案	C	C	AE	A	A	A	CE	C	B	BD
题号	11	12	13	14	15	16	17	18		
答案	C	BC	A	B	B	AB	B	A		

三、2025 年考点预测

考点一：质量保修书和最低保修期限

（1）质量保修书的内容

（2）保修责任及保修期限

考点二：工程质量保证金

质量保修金的使用及退还

第八章　建设工程环境保护和历史文化遗产保护法律制度

第一节　建设工程环境保护制度

考点一：建设工程大气污染防治
考点二：建设工程水污染防治
考点三：建设工程固体废物污染环境防治
考点四：建设工程噪声污染防治
考点五：违法行为的法律责任

一、历年真题及解析

1.【2023年真题】根据《噪声污染防治法》，关于建设工程项目噪声污染防治的说法，正确的是（　　）。

A. 噪声污染防治费用应当列入工程造价

B. 建设单位应当制定噪声污染防治实施方案

C. 监理单位应当落实噪声污染防治实施方案

D. 在施工合同中，应当明确建设单位的噪声污染防治责任

【解析】　根据《噪声污染防治法》第四十条的规定，建设单位应当按照规定将噪声污染防治费用列入工程造价，在施工合同中明确施工单位的噪声污染防治责任，故选项A正确、选项D错误。

施工单位应当按照规定制定噪声污染防治实施方案，采取有效措施，减少振动、降低噪声，建设单位应当监督施工单位落实噪声污染防治实施方案，故选项B、选项C错误。

2.【2024年真题】在噪声敏感建筑物集中区域因特殊需要必须连续施工作业的，应当取得地方人民政府住房城乡建设、生态环境主管部门或者地方人民政府指定的部门的证明，并（　　）。

A. 向附近居民支付赔偿费用　　　　　　　　B. 报经应急管理部门审批

C. 经居民小区业主委员会同意　　　　　　　D. 在施工现场显著位置公示

【解析】　在噪声敏感建筑物集中区域，禁止夜间进行产生噪声的建筑施工作业，但抢修、抢险施工作业，因生产工艺要求或者其他特殊需要必须连续施工作业的除外。因特殊需要必须连续施工作业的，应当取得地方人民政府住房和城乡建设、生态环境主管部门或者地

方人民政府指定的部门的证明，并在施工现场显著位置公示或者以其他方式公告附近居民。

3.【2015年真题】关于产生环境噪声污染施工作业的规定中，说法正确的是（　　）。

A. 禁止夜间进行建筑施工作业

B. 因特殊需要必须连续作业的，必须有县级以上地方人民政府的证明

C. 因特殊需要必须连续作业的，必须事先告知附近居民并获得其同意

D. 禁止夜间进行产生环境噪声污染的建筑施工作业，但因特殊需要必须连续作业的除外

【解析】　根据《环境噪声污染防治法》的有关规定，在城市市区噪声敏感建筑物集中区域内，禁止夜间进行产生环境噪声污染的建筑施工作业，但抢修、抢险作业和因生产工艺上的要求或者特殊需要必须连续作业的除外，故选项A错误、选项D正确；因特殊需要必须连续作业的，必须有地方人民政府住房和城乡建设、生态环境主管部门或地方人民政府指定部门的证明，故选项B错误；选项C必须公告附近居民，但无须获得其同意，故选项C错误。

4.【2013年真题】根据《环境噪声污染防治法》，在城市市区噪声敏感建筑物集中区域内，不能在夜间进行产生环境噪声污染的建筑施工作业的是（　　）作业。

A. 抢修

B. 抢险

C. 抢工期

D. 生产工艺要求必须连续

【解析】　根据《环境噪声污染防治法》的有关规定，在城市市区噪声敏感建筑物集中区域内，禁止夜间进行产生环境噪声污染的建筑施工作业，但抢修、抢险作业和因生产工艺要求或者特殊需要必须连续作业的除外。"抢工期"不在范围内，故选项C正确。

5.【2023年真题】根据《关于加强施工工地和道路扬尘管控工作的通知》，关于扬尘监控的说法正确的是（　　）。

A. 施工现场的道路及材料堆放区地面应当进行硬化处理

B. 堆放的土方土质良好的可以裸露堆放

C. 施工现场不得设置车辆冲洗设施

D. 建筑物内施工垃圾的清运应当采用器具或者管道运输

【解析】　根据《关于加强施工工地和道路扬尘管控工作的通知》的规定，施工现场的主要道路及材料加工区地面应进行硬化处理，道路应畅通，路面应平整坚实。裸露的场地和堆放的土方应采取覆盖、固化或绿化等措施。施工现场出入口应设置车辆冲洗设施，并对驶出车辆进行清洗，故选项A（应为"施工现场的主要道路及材料加工区"）、B、C错误。

土方和建筑垃圾的运输应采用封闭式运输车辆或采取覆盖措施。建筑物内施工垃圾的清运，应采用器具或管道运输，严禁随意抛掷，故选项D正确。

6.【2018年真题】根据《城镇污水排入排水管网许可管理办法》的有关规定，关于城镇污水排入排水管网许可的说法，正确的是（　　）。

A. 城镇排污许可根据排放的污染物浓度收费

B. 因施工作业需要排水的，排水许可证有效期不得超过施工期限

C. 排水户可根据需要向城镇排水设施加压排放污水

D. 施工作业时，施工单位应当申请领取排水许可证

【解析】　根据《城镇污水排入排水管网许可管理办法》的有关规定，城镇排水主管部门实施排水许可不得收费，故选项A错误。

排水许可证的有效期为5年。因施工作业需要向城镇排水设施排水的，排水许可证的有效期由城镇排水主管部门根据排水状况确定，但不得超过施工期限。故选项B正确。

排水户不得擅自向城镇排水设施加压排放污水，故选项C错误。

各类施工作业需要排水的，由建设单位申请领取排水许可证，故选项D错误。

7.【2024年真题】根据《水污染防治法》，禁止设置排污口的是（　　）。

A. 风景名胜区水体　　　　　　　　　　　B. 货运码头

C. 饮用水水源保护区内　　　　　　　　　D. 具有特殊经济文化价值的水体

【解析】　根据《水污染防治法》第六十四条的规定，在饮用水水源保护区内，禁止设置排污口。

8.【2017年真题】根据《水污染防治法》的规定，关于施工现场水污染防治的说法，正确的是（　　）。

A. 禁止利用无防渗漏措施的沟渠输送含有毒污染物的废水

B. 在具有特殊经济文化价值的水体保护区内，禁止设置排污口

C. 禁止向水体排放含低放射性物质的废水

D. 禁止向水体排放生活污水

【解析】　根据《水污染防治法》的规定，禁止利用无防渗漏措施的沟渠、坑塘等输送或者存贮含有毒污染物的废水、含病原体的污水和其他废弃物，故选项A正确。

风景名胜区水体、重要渔业水体和其他具有特殊经济文化价值的水体的保护区内，不得新建排污口，故选项B错误。

禁止向水体排放油类、酸液、碱液或者剧毒废液；禁止向水体排放、倾倒放射性固体废物或者含有高放射性和中放射性物质的废水。向水体排放含低放射性物质的废水，应当符合国家有关放射性污染防治的规定和标准，故选项C、D（没有禁止排放生活污水）错误。

9.【2016年真题】根据《城镇污水排入排水管网许可管理办法》的规定，关于向城镇排水设施排放污水的说法，正确的是（　　）。

A. 城镇排水主管部门实施排水许可不得收费

B. 施工作业需要排水的，由施工企业申请领取排水许可证

C. 排水许可证的有效期由建设主管部门根据工期确定

D. 排水户应当按照实际需要的排水类别、总量排放污水

【解析】　根据《城镇污水排入排水管网许可管理办法》的规定，各类施工作业需要排水的，由建设单位申请领取排水许可证，故选项B错误。

因施工作业需要向城镇排水设施排水的，排水许可证的有效期由城镇排水主管部门根据排水状况确定，但不得超过施工期限，故选项C错误。

排水户应当按照排水许可证确定的排水类别、总量、时限、排放口位置和数量、排放的污染物项目和浓度等要求排放污水，故选项D错误。

10.【2015年真题】根据《水污染防治法》，企业事业单位发生事故或者其他突发性事件，造成或者可能造成水污染事故的，应当立即启动本单位的应急预案，采取应急措施，并向（　　）的县级以上地方人民政府或者环境保护主管部门报告。

A. 单位所在地　　　　　　　　　　　　　B. 单位登记地

C. 污染影响地　　　　　　　　　　　　　D. 事故发生地

【解析】　根据《水污染防治法》第七十八条的规定，企业事业单位发生事故或者其他突发性事件，造成或者可能造成水污染事故的，应当立即启动本单位的应急预案，采取应急措施并向事故发生地的县级以上地方人民政府或者环境保护主管部门报告。

11.【2023年真题】关于饮用水水源准保护区要求，说法正确的是（　　）。

A. 禁止新建、改建、扩建任何工程

B. 禁止新建、扩建、改建和水源保护无关工程

C. 禁止新建、改建、扩建排放污染物的工程

D. 禁止新建、扩建对水体污染严重工程

【解析】　根据《水污染防治法》第六十七条的规定，禁止在饮用水水源准保护区内新建、扩建对水体污染严重的建设项目；改建建设项目，不得增加排污量，故选项D正确。

12.【2016年真题】根据《环境保护法》，企业事业单位和其他生产经营者违法排放污染物受到罚款处罚，可以按日连续处罚。关于按日连续处罚的说法，正确的是（　　）。

A. 责令改正，拒不改正的，可以按原处罚数额按日连续处罚

B. 是否可以按日连续处罚，与是否责令改正无关

C. 责令改正，拒不改正的，可以重新确定处罚数额按日连续处罚

D. 地方性法规不得增加按日处罚的违法行为的种类

【解析】　根据《环境保护法》第五十九条的规定，企业事业单位和其他生产经营者违法排放污染物，受到罚款处罚，被责令改正，拒不改正的，依法做出处罚决定的行政机关可以自责令改正之日的次日起，按照原处罚数额按日连续处罚，故选项A正确。

二、参考答案

题号	1	2	3	4	5	6	7	8	9	10
答案	A	D	D	C	D	B	C	A	A	D
题号	11	12								
答案	D	A								

三、2025年考点预测

考点一：建设工程大气污染防治

建设单位及施工单位大气污染防治的措施

考点二：建设工程水污染防治

（1）施工现场污染水排放、污水排放设施使用的有关规定

（2）饮用水水源区域防污染的规定

考点三：建设工程固体废物污染环境防治

施工现场固体废弃物、危险固定废弃物防治的有关规定

考点四：建设工程噪声污染防治

（1）施工场界噪声排放限值的规定

（2）禁止夜间进行产生噪声污染施工作业的规定

考点五：违法行为的法律责任

第二节　施工中历史文化遗产保护制度

考点一：受法律保护的各类历史文化遗产范围
考点二：在各类历史文化遗产保护范围和建设控制地带施工
考点三：施工发现文物报告和保护
考点四：违法行为的法律责任

一、历年真题及解析

1.【2023 年真题】在中华人民共和国境内，受国家保护的文物有（　　）。
A. 与著名人物有关的现代重要史迹
B. 历史上各时代珍贵的艺术品
C. 反映历史上各时代、各民族社会制度的代表性实物
D. 近代代表性建筑
E. 古墓葬和古建筑

【解析】　根据《文物保护法》第二条的规定，在中华人民共和国境内，下列文物受国家保护：

① 具有历史、艺术、科学价值的古文化遗址、古墓葬、古建筑、石窟寺和石刻、壁画；

② 与重大历史事件、革命运动或者著名人物有关的以及具有重要纪念意义、教育意义或者史料价值的近代现代重要史迹、实物、代表性建筑；

③ 历史上各时代珍贵的艺术品、工艺美术品；

④ 历史上各时代重要的文献资料以及具有历史、艺术、科学价值的手稿和图书资料等；

⑤ 反映历史上各时代、各民族社会制度、社会生产、社会生活的代表性实物。

具有科学价值的古脊椎动物化石和古人类化石同文物一样受国家保护。

选项 D 缺少"与重大历史事件、革命运动或者著名人物有关的以及具有重要纪念意义、教育意义或者史料价值的"的前提条件，故错误。

选项 E 缺少"具有历史、艺术、科学价值的"的前提条件，故错误。

2.【2020 年真题】根据《水下文物保护管理条例》，下列文物中，属于国家所有的水下文物的是（　　）。
A. 遗存于中国内水的起源国不明的文物
B. 遗存于中国领海以外依照中国法律由中国管辖的其他海域内的起源于外国的文物
C. 遗存于外国领海以外的其他管辖海域内的起源国不明的文物
D. 遗存于外国领海内的起源于中国的文物

【解析】　根据《水下文物保护管理条例》第二条的规定，本条例所称水下文物，是指遗存于下列水域的具有历史、艺术和科学价值的人类文化遗产：①遗存于中国内水、领海内的一切起源于中国的、起源国不明的和起源于外国的文物；②遗存于中国领海以外依照中国法律由中国管辖的其他海域内的起源于中国的和起源国不明的文物；③遗存于外国领海以外的其他管辖海域以及公海区域内的起源于中国的文物。故选项 A 正确。

但注意选项 B 中"遗存于中国领海以外依照中国法律由中国管辖的其他海域内的"应当是"起源于中国的和起源国不明的文物",而不是"起源于外国的文物",故错误。

3.【2019 年真题】关于国家所有的文物的说法,正确的是（ ）。

A. 遗存于公海区域内的起源于中国的文物,属于国家所有

B. 国有不可移动文物的所有权因其所依附的土地所有权或者使用权的改变而改变

C. 古文化遗址、古墓葬、石窟寺属于国家所有

D. 属于国家所有的可移动文物的所有权因其保管、收藏单位的终止或者变更而改变

【解析】 根据《水下文物保护管理条例》第二条和第三条的规定,本条例所称水下文物,是指遗存于下列水域的具有历史、艺术和科学价值的人类文化遗产：①遗存于中国内水、领海内的一切起源于中国的、起源国不明的和起源于外国的文物；②遗存于中国领海以外依照中国法律由中国管辖的其他海域内的起源于中国的和起源国不明的文物；③遗存于外国领海以外的其他管辖海域以及公海区域内的起源于中国的文物。本条例第二条第①②项所规定的水下文物属于国家所有,国家对其行使管辖权；本条例第二条第③项所规定的水下文物,国家享有辨认器物物主的权利,故选项 A 错误。

根据《文物保护法》第五条的规定,中华人民共和国境内地下、内水和领海中遗存的一切文物,属于国家所有。古文化遗址、古墓葬、石窟寺属于国家所有,故选项 C 正确。

国有不可移动文物的所有权不因其所依附的土地所有权或者使用权的改变而改变,故选项 B 错误。

属于国家所有的可移动文物的所有权不因其保管、收藏单位的终止或者变更而改变,故选项 D 错误。

4.【2024 年真题】下列文物中,可以属于私人所有的是（ ）。

A. 古文化遗址   B. 古墓葬

C. 祖传的字画   D. 石窟寺

【解析】 根据《文物保护法》,中华人民共和国境内地下、内水和领海中遗存的一切文物,属于国家所有。古文化遗址、古墓葬、石窟寺属于国家所有,故选项 C 正确。

5.【2018 年真题】根据《文物保护法》,下列文物中不属于国家所有文物的是（ ）。

A. 遗存于中国领海起源于外国的文物   B. 古文化遗址,古墓

C. 某公民收藏的古玩字画   D. 国有企业收藏的文物

【解析】 选项 A 属于国家水下文物,选项 B 属于国家不可移动文物,选项 D 属于国家可移动文物,故选项 C 正确。

6.【2023 年真题】下列情形中,导致可移动文物所有权发生改变的是（ ）。

A. 中国境外出土的文物,流入境内

B. 收藏文物的国有文物收藏单位终止

C. 保管文物的事业单位变更

D. 公民向国家捐赠文物

【解析】 境内出土文物属于国家所有,境外出土的不属于国家所有,流入境内并不会改变文物所有权,故选项 A 错误。

属于国家所有的可移动文物的所有权不因其保管、收藏单位的终止或者变更而改变,故选项 B、C 错误。

公民向国家捐赠文物属于国家所有，文物所有权由公民转移到国家，故选项 D 正确。

7.【2021年真题】根据《文物保护法》，对保存文物特别丰富并且具有重大历史价值或者革命纪念意义的城市，有权核定公布其为历史文化名城的单位是（　　　）。

A. 国务院
B. 国务院文物行政主管部门
C. 国务院住房城乡建设行政主管部门
D. 该市所在地省级人民政府

【解析】　见下表：

保护区域的划定			
内容	全国重点	省级	市县级文物
保护范围的划定公布	省人民政府	自核定公布之日起 1 年内，由核定人民政府划定	
建设控制地带划定公布	省人民政府批准，省级规划+文化行政主管部门划定	经省、自治区、直辖市人民政府批准，同级规划+文物行政主管部门共同划定	
历史文化名城	（1）由国务院核定公布 （2）具备的条件：①保存文物特别丰富；②历史建筑集中成片；③保留着传统格局和历史风貌；④历史上曾经作为政治、经济、文化、交通中心或者军事要地，或者发生过重要历史事件，或能集中反映本地区建筑的文化特色、民族特色		
历史文化街区、名镇、名村	（1）由省、自治区、直辖市人民政府核定公布 （2）具备的条件：同上		

8.【2019年真题】在历史文化名城、名镇、名村保护范围内可进行的活动是（　　　）。

A. 开山、采石、开矿等破坏传统格局和历史风貌的活动
B. 占用保护规划确定保留的园林绿地
C. 在核心保护区范围内进行影视摄制、举办大型群众性活动
D. 修建生产、储存爆炸性、易燃性物品的工厂、仓库

【解析】　根据《历史文化名城名镇名村保护条例》第二十四条的规定，在历史文化名城、名镇、名村保护范围内禁止进行下列活动：①开山、采石、开矿等破坏传统格局和历史风貌的活动；②占用保护规划确定保留的园林绿地、河湖水系、道路等；③修建生产、储存爆炸性、易燃性、放射性、毒害性、腐蚀性物品的工厂、仓库等；④在历史建筑上刻划、涂污。选项 A、B、D 都是禁止的活动，故错误。

根据《历史文化名城名镇名村保护条例》第二十五条的规定，在历史文化名城、名镇、名村保护范围内进行下列活动，应当保护其传统格局、历史风貌和历史建筑；制订保护方案，并依照有关法律、法规的规定办理相关手续：①改变园林绿地、河湖水系等自然状态的活动；②在核心保护范围内进行影视摄制、举办大型群众性活动；③其他影响传统格局、历史风貌或者历史建筑的活动，故选项 C 正确。

9.【2016年真题】根据《历史文化名城名镇名村保护条例》，在历史文化街区、名镇、名村核心保护范围内，允许建设的工程是（　　　）。

A. 新建住宅
B. 新建厂房
C. 扩建必要公共服务设施
D. 扩建办公楼

【解析】　根据《历史文化名城名镇名村保护条例》第二十八条的规定，在历史文化街

区、名镇、名村核心保护范围内，不得进行新建、扩建活动。但是，新建、扩建必要的基础设施和公共服务设施除外。

10.【2015年真题】根据《历史文化名城名镇名村保护条例》的有关规定，属于申报历史文化名城、名镇、名村条件的有（　　）。

A. 保存文物特别丰富

B. 历史建筑集中成片

C. 保留着传统自然格局和地理风貌

D. 集中反映本地区建筑的文化特色、民族特色

E. 历史上曾经作为政治、经济、文化、交通中心或者军事要地

【解析】　根据《历史文化名城名镇名村保护条例》第七条的规定，具备下列条件的城市、镇、村庄，可以申报历史文化名城、名镇、名村：①保存文物特别丰富；②历史建筑集中成片；③保留着传统格局和历史风貌；④历史上曾作为政治、经济、文化、交通中心或者军事要地，或者发生过重要历史事件，或者其传统产业、历史上建设的重大工程对本地区的发展产生过重要影响，或者能够集中反映本地区建筑的文化特色、民族特色。

选项C错在"地理风貌"，应为"历史风貌"。

11.【2015年真题】关于在文物保护单位保护范围和建设控制地带内从事建设活动的说法中，正确的是（　　）。

A. 文物保护单位的保护范围内及其周边的一定区域不得进行爆破作业

B. 在全国重点文物保护单位的保护范围内进行爆破作业，必须经国务院批准

C. 因特殊情况需要在文物保护单位的保护范围内进行爆破作业的，应经核定公布该文物保护单位的人民政府批准

D. 在省、自治区、直辖市重点文物保护单位的保护范围内进行爆破作业的，必须经国务院文物行政部门批准

【解析】　根据《文物保护法》第十七条的规定，文物保护单位的保护范围内不得进行其他建设工程或者爆破、钻探、挖掘等作业。但是，因特殊情况需要在文物保护单位的保护范围内进行其他建设工程或者爆破、钻探、挖掘等作业的，必须保证文物保护单位的安全，并经核定公布该文物保护单位的人民政府批准，在批准前应当征得上一级人民政府文物行政部门同意，故选项A、B错误。

在省、自治区、直辖市重点文物保护单位的保护范围内进行爆破作业的，必须经省、自治区、直辖市人民政府批准，在批准前应当征得国务院文物行政部门同意，故选项D错误。

12.【2012年真题】在文物保护单位的建设控制地带内进行建设工程，工程设计方案应当根据（　　）的级别，经相应的文物行政部门同意后，报城乡建设规划部门批准。

A. 文物保护单位　　　　　　　　B. 建设单位

C. 施工单位　　　　　　　　　　D. 设计单位

【解析】　根据《文物保护法》第十八条的规定，在文物保护单位的建设控制地带内进行建设工程，不得破坏文物保护单位的历史风貌；工程设计方案应当根据文物保护单位的级别，经相应的文物行政部门同意后，报城乡建设规划部门批准。

13.【2024年真题】某建设工程施工中发现地下古墓，立即报告了当地文物部门，如无特殊情况，文物行政部门接到报告后应当（　　）。

A. 在 12h 内赶赴现场，并在 3 日内提出处理意见

B. 在 24h 内赶赴现场，并在 7 日内提出处理意见

C. 在 24h 内赶赴现场，并在 3 日内提出处理意见

D. 在 24h 内赶赴现场，并在 5 日内提出处理意见

【解析】　在进行建设工程或者在农业生产中，任何单位或者个人发现文物，应当保护现场，立即报告当地文物行政部门，文物行政部门接到报告后，如无特殊情况，应当在 24h 内赶赴现场，并在 7 日内提出处理意见。

14. 【2023 年真题】关于施工现场文物保护的说法，正确的是（　　）。

A. 确因建设工期紧迫的，施工企业可以自行对古文化遗址进行抢救发掘和保护

B. 进行大型基本建设工程建设单位应当报请有关部门在工程范围内有可能埋葬文物的地方进行考古调查、勘探

C. 施工现场造成文物损毁的追究刑事责任

D. 在进行建设工程中，施工企业发现文物，在 24 小时内报文物行政部门

【解析】　根据《文物保护法》第三十条的规定，确因建设工期紧迫或者有自然破坏危险，对古文化遗址、古墓葬急需进行抢救发掘的，由省、自治区、直辖市人民政府文物行政部门组织发掘，并同时补办审批手续，故选项 A 错误。

进行大型基本建设工程，建设单位应当事先报请省、自治区、直辖市人民政府文物行政部门组织从事考古发掘的单位在工程范围内有可能埋藏文物的地方进行考古调查勘探，故选项 B 正确。

施工现场造成文物毁损，构成犯罪的追究刑事责任，故选项 C 错误。

任何单位或者个人发现文物，应当保护现场，立即报告当地文物行政部门，文物行政部门接到报告后，如无特殊情况，应当在 24 小时内赶赴现场，并在 7 日内提出处理意见，故选项 D 错误。

15. 【2024 年真题】关于需要配合建设工程进行考古发掘工作的说法，正确的有（　　）。

A. 应当由省、自治区、直辖市文物行政部门在勘探工作的基础上提出发掘计划，报国务院文物行政部门批准

B. 国务院文物行政部门在批准发掘计划前，应当征求社会科学研究机构及其他科研机构和有关专家的意见

C. 建设单位对配合建设工程进行的考古调查、勘探、发掘，应当予以协助

D. 确因建设工期紧迫，对古文化遗址急需进行抢救发掘的，由省级文物行政部门组织发掘，并同时补办审批手续

E. 确因有自然破坏危险，对古墓葬急需进行抢救发掘的，组织发掘的部门为建设工程所在地县级人民政府文物行政部门

【解析】　需要配合建设工程进行的考古发掘工作，应当由省、自治区、直辖市文物行政部门在勘探工作的基础上提出发掘计划，报国务院文物行政部门批准，故选项 A 正确。

国务院文物行政部门在批准前，应当征求社会科学研究机构及其他科研机构和有关专家的意见，故选项 B 正确。

建设单位对配合建设工程进行的考古调查、勘探、发掘，应当予以协助，不得妨碍考古

调查、勘探、发掘，故选项 C 正确。

确因建设工期紧迫或者有自然破坏危险，对古文化遗址、古墓葬急需进行抢救发掘的，由省、自治区、直辖市人民政府文物行政部门组织发掘，并同时补办审批手续，故选项 D 正确、选项 E 错误。

二、参考答案

题号	1	2	3	4	5	6	7	8	9	10
答案	ABC	A	C	C	C	D	A	C	C	ABDE
题号	11	12	13	14	15					
答案	C	A	B	B	ABCD					

三、2025 年考点预测

考点一：受法律保护的各类历史文化遗产范围

受法律保护的各类历史文化遗产文物的范围

考点二：在各类历史文化遗产保护范围和建设控制地带施工

（1）保护范围、建设控制地带的划定部门

（2）在各类历史文化遗产保护范围和建设控制地带施工的报审程序及部门

考点三：施工发现文物报告和保护

施工现场发现文物报告及保护程序、期限

考点四：违法行为的法律责任

第九章 建设工程劳动保障法律制度

第一节 劳动合同制度

考点一：劳动合同订立
考点二：劳动合同的履行、变更、解除和终止
考点三：违反劳动合同制度的法律责任

一、历年真题及解析

1.【2020 年真题】马某与某施工企业订立了一份 2 年期限的劳动合同，合同约定了试用期，同时约定合同生效时间为 5 月 1 日，则试用期最晚应当截止于（   ）。

A. 11 月 1 日　　　　　　　　　　B. 8 月 1 日

C. 7 月 1 日　　　　　　　　　　　D. 6 月 1 日

【解析】 根据《劳动合同法》第十九条的规定：①劳动合同期限 3 个月以上不满 1 年的，试用期不得超过 1 个月；②劳动合同期限 1 年以上不满 3 年的，试用期不得超过 2 个月；③3 年以上固定期限和无固定期限的劳动合同，试用期不得超过 6 个月。

题干中劳动合同期限为 2 年，合同约定的试用期不得超过 2 个月，故选项 C 正确。

2.【2022 年真题】下列属于劳动者可以要求订立无固定期限劳动合同的是（   ）。

A. 已经签订 2 次固定期限劳动合同，因工作负伤失去劳动能力的赵某

B. 在该企业工作 2 年，并被董事会任命为总经理的王某

C. 签订过 8 年固定劳动合同的

D. 在该企业累计工作 10 年，但期间曾就职于其他企业的李某

【解析】 根据《劳动合同法》第十四条的规定，有下列情形之一，劳动者提出或者同意续订、订立劳动合同的，除劳动者提出订立固定期限劳动合同外，应当签订无固定期限合同：

① 劳动者在该用人单位连续工作（不是累计）满 10 年的；

② 用人单位初次实行劳动同制度或者国有企业改制重新订立劳动合同时，劳动者在该用人单位连续工作满 10 年且距法定退休年龄不足 10 年的；

③ 连续订立 2 次固定期限劳动合同，且劳动者没有《劳动合同法》第三十九条和第四十条第一项、第二项规定的情形，续订劳动合同的；

用人单位自用工之日起满 1 年不与劳动者订立书面劳动合同的，则视为用人单位与劳动者已订立无固定期限劳动合同。

注意，选项 D 不满足"连续"工作满 10 年的条件，故错误。

3. 【2014 年真题】下列劳动合同条款中，属于选择条款的有（　　）。

A. 社会保险　　　　　　　　　　B. 试用期

C. 保守商业秘密　　　　　　　　D. 补充保险

E. 休息休假

【解析】　根据《劳动合同法》第十七条的规定，劳动合同应当具备以下条款：①用人单位的名称、住所和法定代表人或者主要负责人；②劳动者的姓名、住址和居民身份证或者其他有效身份证件号码；③劳动合同期限；④工作内容和工作地点；⑤工作时间和休息休假；⑥劳动报酬；⑦社会保险；⑧劳动保护、劳动条件和执业危害防护；⑨法律、法规规定应当纳入劳动合同的其他事项。

选择条款包括试用期、培训、保守秘密、补充保险和福利待遇等其他事项。

4. 【2014 年真题】根据《劳动合同法》，用人单位与劳动者已建立劳动关系未同时订立书面劳动合同的，应当自用工之日起（　　）内订立书面劳动合同。

A. 1 个月　　　　　B. 2 个月　　　　　C. 3 个月　　　　　D. 半年

【解析】　用人单位自用工之日起即与劳动者建立劳动关系，根据《劳动合同法》第十条的规定，建立劳动关系应当订立书面劳动合同。已建立劳动关系，未同时订立书面劳动合同的，应当自用工之日起 1 个月内订立书面劳动合同，故选项 A 正确。

5. 【2012 年真题】下列合同条款中，属于劳动合同必备条款的是（　　）。

A. 劳动报酬　　　　B. 试用期　　　　C. 保守商业秘密　　　　D. 福利待遇

【解析】　根据《劳动合同法》第十七条的规定，劳动合同应当具备以下条款：①用人单位的名称、住所和法定代表人或者主要负责人；②劳动者的姓名、住址和居民身份证或者其他有效身份证件号码；③劳动合同期限；④工作内容和工作地点；⑤工作时间和休息休假；⑥劳动报酬；⑦社会保险；⑧劳动保护、劳动条件和执业危害防护；⑨法律、法规规定应当纳入劳动合同的其他事项，故选项 A 正确。

选择条款包括试用期、培训、保守秘密、补充保险和福利待遇等其他事项。

6. 【2024 年真题】张某在甲施工企业连续工作满 8 年；李某与甲已经连续订立 2 次固定期限劳动合同，但因工负伤不能从事原工作；王某在甲工作 2 年，并被甲聘任为总经理；赵某在甲累计工作了 10 年，但期间曾离职。除劳动者提出订立固定期限劳动合同外，施工企业应当与其订立无固定期限劳动合同的是（　　）。

A. 李某　　　　B. 张某　　　　C. 王某　　　　D. 赵某

【解析】　根据《劳动合同法》第十四条的规定，有下列情形之一，劳动者提出或者同意续订、订立劳动合同的，除劳动者提出订立固定期限劳动合同外，应当订立无固定期限劳动合同：

①劳动者在该用人单位连续工作满 10 年的；

②用人单位初次实行劳动合同制度或者国有企业改制重新订立劳动合同时，劳动者在该用人单位连续工作满 10 年且距法定退休年龄不足 10 年的；

③连续订立 2 次固定期限劳动合同，且劳动者没有《劳动合同法》第三十九条和第四十条第一项、第二项规定的情形，续订劳动合同的。

张某未连续工作满 10 年，王某一个条件也不满足，赵某"累计工作满 10 年"而不是

"连续工作满 10 年"，故选项 B、C、D 错误。

7.【2021 年真题】根据《劳动合同法》，下列情形中，用人单位不得解除劳动合同的是（　　）。

A. 劳动者在试用期间被证明不符合录用条件的

B. 劳动者严重违反用人单位规章制度的

C. 劳动者患病或者非因工负伤，在规定的医疗期内的

D. 劳动者被依法追究刑事责任的

【解析】　根据《劳动合同法》第四十二条的规定，劳动者有下列情形之一的，用人单位不得依照该法第四十条、第四十一条的规定解除劳动合同：

① 从事接触职业病危害作业的劳动者未进行离岗前职业健康检查，或者疑似职业病病人在诊断或者医学观察期间的；

② 在本单位患职业病或者因工负伤并被确认丧失或者部分丧失劳动能力的；

③ 患病或者非因工负伤，在规定的医疗期内的；

④ 女职工在孕期、产期、哺乳期的；

⑤ 在本单位连续工作满 15 年，且距法定退休年龄不足 5 年的。

8.【2023 年真题】根据《劳动合同法》，下列情形中，导致劳动合同无效或部分无效的是（　　）。

A. 以欺诈、胁迫的手段使对方在违背真实意思的情况下履行劳动合同的

B. 用人单位限制劳动者加班的

C. 劳动合同仅约定试用期

D. 乘人之危，使对方在违背真实意思的情况下变更劳动合同

【解析】《劳动合同法》第二十六条规定，下列劳动合同无效或者部分无效：

① 以欺诈、胁迫的手段或者乘人之危，使对方在违背真实意思的情况下订立或者变更劳动合同的；

② 用人单位免除自己的法定责任、排除劳动者权利的；

③ 违反法律、行政法规强制性规定的劳动合同部分无效，不影响其他部分效力的，其他部分仍然有效。

故选项 D 正确。

注意：选项 A 错在"履行"，应为"订立或变更"。

选项 C，试用期包含在劳动合同期限内，劳动合同只约定试用期的，试用期不成立，该期限为劳动合同期限，并不会导致劳动合同无效或部分无效。

9.【2021 年真题】下列终止劳动合同的情形中，属于用人单位应当向劳动者支付经济补偿的有（　　）。

A. 劳动者在试用期间被证明不符合录用条件，用人单位解除劳动合同的

B. 未依法为劳动者缴纳社会保险费，劳动者解除劳动合同的

C. 劳动者提前 30 日以书面形式通知用人单位解除劳动合同的

D. 用人单位被依法宣告破产的

E. 劳动者不能胜任工作，经过培训或者调整工作岗位，仍不能胜任工作，用人单位解除劳动合同的

【解析】　除了劳动者有严重过错等用人单位可以随时解除劳动合同的情形，以及劳动者主动辞职或不续签合同的情形，其余解除劳动合同的情形都应当向劳动者支付经济补偿，选项A、C属于上述除外情形，故无须支付经济补偿。

10.【2019年真题】劳动者发生下列情形，用人单位可以随时解除劳动合同的有（　　）。

A. 在试用期被证明不符合录用条件的

B. 不能胜任工作，经过培训或者调整工作岗位，仍不能胜任工作的

C. 严重违反用人单位规章制度的

D. 同时与其他用人单位建立劳动关系，对完成本单位的工作任务造成严重影响的

E. 患病，在规定的医疗期满后不能从事原工作，也不能从事由用人单位另行安排的工作的

【解析】　根据《劳动合同法》第三十九条的规定，劳动者有下列情形之一的，用人单位可以解除劳动合同：①在试用期间被证明不符合录用条件的；②严重违反用人单位的规章制度的；③严重失职，营私舞弊，给用人单位造成重大损害的；④劳动者同时与其他用人单位建立劳动关系，对完成本单位的工作任务造成严重影响，或者经用人单位提出，拒不改正的；⑤因本法第二十六条第一款第一项规定的情形致使劳动合同无效的；⑥被依法追究刑事责任的，故选项A、C、D正确。

11.【2019年真题】关于劳动合同履行的说法，正确的是（　　）。

A. 用人单位可以根据单位实际情况，不执行劳动定额标准

B. 用人单位不得强迫或者变相强迫劳动者加班

C. 因为单位拖欠或者未足额支付劳动报酬的，劳动者可以向当地劳动仲裁机构申请支付令

D. 因为单位发生合并或者分立等情况，原劳动合同自行终止

【解析】　根据《劳动合同法》第三十一条的规定，用人单位应当严格执行劳动定额标准，不得强迫或者变相强迫劳动者加班。用人单位安排加班的，应当按照国家有关规定向劳动者支付加班费，故选项A错误、选项B正确。

根据《劳动合同法》第三十条的规定，用人单位应当按照劳动合同约定和国家规定，向劳动者及时足额支付劳动报酬。用人单位拖欠或者未足额支付劳动报酬的，劳动者可以依法向当地人民法院申请支付令，人民法院应当依法发出支付令，故选项C错误。

根据《劳动合同法》第三十四条的规定，用人单位发生合并或者分立等情况，原劳动合同继续有效，劳动合同由承继其权利和义务的用人单位继续履行，故选项D错误。

12.【2023年真题】根据《劳动合同法》，用人单位提前30日以书面形式通知劳动者本人或者额外支付劳动者1个月工资后，可以解除合同的有（　　）。

A. 劳动者非因工负伤，在规定的医疗期满后不能从事原工作，也不能从事由用人单位另行安排的工作的

B. 劳动合同订立时所依据的客观情况发生重大变化的

C. 劳动者被依法追究刑事责任的

D. 劳动者违反用人单位的规章制度的

E. 劳动者不能胜任工作，经过培训或者调整工作岗位，仍不能胜任工作的

【解析】　根据《劳动合同法》第四十条的规定，有下列情形之一的，用人单位提前30日以书面形式通知劳动者本人或者额外支付劳动者1个月工资后，可以解除劳动合同：

① 劳动者患病或者非因工负伤，在规定的医疗期满后不能从事原工作，也不能从事由用人单位另行安排的工作的；

② 劳动者不能胜任工作，经过培训或者调整工作岗位，仍不能胜任工作的；

③ 劳动合同订立时所依据的客观情况发生重大变化，致使劳动合同无法履行，经用人单位与劳动者协商，未能就变更劳动合同内容达成协议的。

注意，选项B缺少"致使劳动合同无法履行，经用人单位与劳动者协商，未能就变更劳动合同内容达成协议的"后果。

13.【2018年真题】根据《劳动合同法》，下列情形中，用人单位不得解除劳动者劳动合同的是（　　）。

A. 在本单位连续工作满15年，且距法定退休年龄不足5年的

B. 在试用期间被证明不符合录用条件的

C. 严重违反用人单位的规章制度的

D. 因公负伤，不在规定的医疗期内的

【解析】　选项B、C为可以解除的情形；选项D应为"因工负伤并被确认丧失或者部分丧失劳动能力的"，故错误。

根据《劳动合同法》第四十二条的规定，劳动者有下列情形之一的，用人单位不得依照该法第四十条、第四十一条的规定解除劳动合同：

① 从事接触职业病危害作业的劳动者未进行离岗前职业健康检查，或者疑似职业病病人在诊断或者医学观察期间的；

② 在本单位患职业病或者因工负伤并被确认丧失或者部分丧失劳动能力的；

③ 患病或者非因工负伤，在规定的医疗期内的；

④ 女职工在孕期、产期、哺乳期的；

⑤ 在本单位连续工作满15年，且距法定退休年龄不足5年的；

⑥ 法律、行政法规规定的其他情形。

14.【2015年真题】根据《劳动合同法》的有关规定，劳动者不能胜任工作，经过培训或者调整工作岗位仍不能胜任工作，用人单位决定解除劳动合同的，需要提前（　　）日以书面形式通知劳动者本人。

A. 10　　　　　　　　B. 15　　　　　　　　C. 20　　　　　　　　D. 30

【解析】　根据《劳动合同法》的有关规定，劳动者不能胜任工作，经过培训或者调整工作岗位仍不能胜任工作，用人单位决定解除劳动合同的，需要提前30日以书面形式通知劳动者本人。

15.【2023年真题】根据劳动合同法下列情形中引起劳动合同终止的是（　　）。

A. 劳动者开始依法享受社会保险待遇的

B. 用人单位破产重整的

C. 以完成一定工作任务为期限的劳动合同工作任务完成的

D. 用人单位被吊销资质证书的

【解析】　根据《劳动合同法》第四十四条的规定，有下列情形之一的，劳动合同终止：

① 劳动合同期满的；

② 劳动者开始依法享受基本养老保险待遇的；

③ 劳动者死亡，或者被人民法院宣告死亡或者宣告失踪的；

④ 用人单位被依法宣告破产的；

⑤ 用人单位被吊销营业执照、责令关闭、撤销或者用人单位决定提前解散的；

⑥ 法律、行政法规规定的其他情形。

选项 A 错在"依法享受社会保险待遇"，应为"依法享受基本养老保险待遇"而不是其他社会保险。

选项 B 错在"破产重组"，应为"被依法宣告破产"，企业破产重组后原劳动合同继续有效（相当于分立或合并后，原劳动合同继续有效）。

以完成一定工作任务为期限的劳动合同工作任务完成的，即合同期满，故选项 C 正确。

选项 D 错在"被吊销资质证书的"，应为"被吊销营业执照"。

16.【2013 年真题】根据《劳动合同法》的有关规定，用人单位有权实施经济性裁员的情形有（　　）。

A. 依照企业破产法规定进行重整的

B. 生产经营发生严重困难的

C. 股东大会意见严重分歧导致董事会主要成员交换的

D. 企业转产、重大技术革新或者经营方式调整，经变更劳动合同后，仍需裁减人员的

E. 因劳动合同订立时所依据的客观经济情况发生重大变化，致使劳动合同无法履行的

【解析】 根据《劳动合同法》的有关规定，可以经济性裁员的情形：

① 依照企业破产法规定进行重整的；

② 生产经营发生严重困难的；

③ 企业转产、重大技术革新或者经营方式调整，变更劳动合同后，仍需裁减人员的；

④ 其他因劳动合同订立时所依据的客观经济情况发生重大变化，致使劳动合同无法履行的。

无选项 C 所述情形，故选项 A、B、D、E 正确。

17.【2022 年真题】在劳动合同履行过程中，劳动者不需事先告知用人单位，可以立即与用人单位解除劳动合同的情形有（　　）。

A. 用人单位以暴力、威胁的手段强迫劳动者劳动的

B. 用人单位违章指挥，强令冒险作业的

C. 未依法为劳动者缴纳社会保险费的

D. 用人单位被宣告破产的

E. 试用期间的

【解析】 根据《劳动合同法》第三十八条的规定，用人单位以暴力、威胁或者非法限制人身自由的手段强迫劳动者劳动的，或者用人单位违章指挥、强令冒险作业危及劳动者人身安全的，劳动者可以立即解除劳动合同，不需事先告知用人单位。

18.【2012 年真题】甲施工企业与乙施工企业合并，则原来甲的员工与甲签订的劳动合同（　　）。

A. 效力待定　　　　B. 自动解除　　　　C. 失效　　　　D. 继续有效

【解析】　用人单位发生合并或者分立等情况，原劳动合同继续有效，劳动合同由承继其权利和义务的用人单位继续履行。

19.【2024 年真题】甲安装工程公司拟与在公司工作了 15 年的王某解除合同，劳动合同解除前 12 个月王某的月平均工资为 2.3 万元，该公司职工月平均工资 0.8 万元，甲所在设区的市级人民政府公布的本地区上年度职工月平均工资为 0.65 万元。根据《劳动合同法》，甲应当向王某支付的经济补偿是（　　）万元。

    A. 34.5　　　　　　　　　　　　B. 12

    C. 23.4　　　　　　　　　　　　D. 9.75

【解析】　根据《劳动合同法》第四十七条的规定，经济补偿按劳动者在本单位工作的年限，每满 1 年支付 1 个月工资的标准向劳动者支付。6 个月以上不满 1 年的，按 1 年计算；不满 6 个月的，向劳动者支付半个月工资的经济补偿。

劳动者月工资高于用人单位所在直辖市、设区的市级人民政府公布的本地区上年度职工月平均工资 3 倍的，向其支付经济补偿的标准按职工月平均工资 3 倍的数额支付，向其支付经济补偿的年限最高不超过 12 年。

本条所称月工资是指劳动者在劳动合同解除或者终止前 12 个月的平均工资。

王某月工资 2.3 万元，高于本地区上年度平均工资的 3 倍——1.95 万元（0.65 万元×3），任职超过 12 年，经济补偿标准为：1.95×12＝23.4（万元）。

20.【2011 年真题】王某的日工资为 80 元。政府规定 2010 年 10 月 1 日至 7 日放假 7 天，其中 3 天属于法定休假日，4 天属于前后两周的周末休息日。公司安排王某在这 7 天加班不能安排补休。公司应当向王某支付加班费合计（　　）元。

    A. 560　　　　　　B. 1360　　　　　　C. 800　　　　　　D. 1120

【解析】　休息日安排劳动者加班，应支付不低于 200% 的工资报酬；法定节假日安排工作的，应支付不低于 300% 的工资报酬，故王某加班费＝80×300%×3+80×200%×4＝1360（元）。

二、参考答案

题号	1	2	3	4	5	6	7	8	9	10
答案	C	A	BCD	A	A	A	C	D	BDE	ACD
题号	11	12	13	14	15	16	17	18	19	20
答案	B	AE	A	D	C	ABDE	AB	D	C	B

三、2025 年考点预测

考点一：劳动合同订立

（1）劳动合同订立的期限、合同内容、劳动期限

（2）劳动合同的效力

考点二：劳动合同的履行、变更、解除和终止

（1）劳动者解除、用人单位解除的情形，禁止解除的情形

（2）劳动合同解除的补偿、赔偿

考点三：违反劳动合同制度的法律责任

第二节　劳动用工和工资支付保障

考点一：劳动用工管理
考点二：工资支付保障

一、历年真题及解析

1. 【2024 年真题】关于工资支付时间保障的说法，正确的是（　　）。

A. 工资必须在每月的前 5 个工作日内支付

B. 实行周、日、小时工资制的，工资可按周、日、小时支付

C. 如遇节假日，工资应当在节假日结束后的第一个工作日支付

D. 工资至少每 2 个月支付 1 次

【解析】　根据《工资支付暂行规定》，工资必须在用人单位与劳动者约定的日期支付，故选项 A 错误。

工资至少每月支付一次，实行周、日、小时工资制的可按周、日、小时支付工资，故选项 B 正确、选项 D 错误。

如遇节假日或休息日，则应提前在最近的工作日支付，故选项 C 错误。

2. 【2024 年真题】根据最低工资规定，在劳动者提供正常的劳动情况下，判断用人单位支付的工资是否低于最低标准应剔除（　　）。

A. 加班　　　　　　　　　　　B. 工龄

C. 高温补贴　　　　　　　　　D. 有毒有害补贴

E. 井下工作补贴

【解析】　根据《最低工资规定》，在劳动者提供正常劳动的情况下，用人单位应支付给劳动者的工资在剔除下列各项以后，不得低于当地最低工资标准：

① 延长工作时间工资；

② 中班、夜班、高温、低温、井下、有毒有害等特殊工作环境、条件下的津贴；

③ 法律、法规和国家规定的劳动者福利待遇等。

故选项 A、C、D、E 正确。

3. 【2019 年真题】关于劳动者工资的说法，正确的是（　　）。

A. 企业基本工资制度分为等级工资制和结构工资制

B. 工资可以以实物形式按月支付给劳动者本人

C. 用人单位支付劳动者的工资不得低于当地平均工资标准

D. 劳动者在婚假期间，用人单位应当支付工资

【解析】　企业基本工资制度主要有等级工资制、岗位工资制、结构工资制、岗位技能工资制等，故选项 A 错误。

《劳动法》第五十条规定，工资应当以货币形式按月支付给劳动者本人。不得克扣或者无故拖欠劳动者的工资。也就是说，不得以实物或有价证券等形式代替货币支付，故选项 B 错误。

《劳动法》第五十一条规定，劳动者在法定假日和婚丧假期以及依法参加社会活动期间，用人单位应当依法支付工资，故选项 D 正确。

《劳动法》第四十八条规定，国家实行最低工资保障制度。最低工资的具体标准由省、自治区、直辖市人民政府规定，报国务院备案。用人单位支付劳动者的工资不得低于当地最低工资标准，故选项 C 错误。

4.【2021 年真题】甲施工企业与乙劳务派遣单位订立劳务派遣协议，由乙向甲派遣员工王某，关于该用工关系的说法，正确的是（　　）。

A. 王某工作时因工负伤，甲应当申请工伤认定

B. 在派遣期间，甲被宣告破产，可以将王某退回乙

C. 甲可以根据企业实际将王某再派遣到其他用人单位

D. 在派遣期间，王某被退回的，乙不再向其支付劳动报酬

【解析】　根据《劳务派遣暂行规定》，被派遣劳动者在用工单位因工作遭受事故伤害的，劳务派遣单位应当依法申请工伤认定，用工单位应当协助工伤认定的调查核实工作，故选项 A 错误。

用工单位被依法宣告破产、吊销营业执照、责令关闭、撤销，决定提前解散或者经营期限届满不再继续经营，用工单位可以将被派遣劳动者退回劳务派遣单位，故选项 B 正确。

用工单位不得将被派遣劳动者再派遣到其他用人单位，故选项 C 错误。

被派遣劳动者退回后在无工作期间，劳务派遣单位应当按照不低于所在地人民政府规定的最低工资标准，向其按月支付报酬，故选项 D 错误。

5.【2022 年真题】根据《最高人民法院关于审理工伤保险行政案件若干问题的规定》，劳务派遣单位派遣的职工在用工单位工作期间因工伤亡的，应由（　　）承担工伤保险责任。

A. 用工单位　　　　　　　　　　B. 劳务派遣单位

C. 劳动者　　　　　　　　　　　D. 社保部门

【解析】　根据《最高人民法院关于审理工伤保险行政案件若干问题的规定》第三条第二款，劳务派遣单位派遣的职工在用工单位工作期间因工伤亡的，派遣单位为承担工伤保险责任的单位。

6.【2017 年真题】甲施工企业与乙劳务派遣公司订立劳务派遣协议，由乙向甲派遣员工丁某，关于该用工关系的说法，正确的是（　　）。

A. 丁某工作时因工受伤，甲应当申请工伤认定

B. 在派遣期间，甲被宣告破产，可以将丁某退回乙

C. 乙应当对丁某进行工作岗位所必需的培训

D. 在派遣期间，丁被退回的，乙不再向其支付劳动报酬

【解析】　被派遣劳动者在用工单位因工作遭受事故伤害的，劳务派遣单位应当依法申请工伤认定，即乙单位，故选项 A 错误。

有下列情形之一的，用工单位可以将被派遣劳动者退回劳务派遣单位：

① 用工单位有劳动合同法第四十条第三项、第四十一条规定情形的；

② 用工单位被依法宣告破产、吊销营业执照、责令关闭、撤销、决定提前解散或者经营期限届满不再继续经营的；

③ 劳务派遣协议期满终止的。

对在岗被派遣劳动者进行工作岗位所必需的培训是用工单位甲的义务，故选项 C 错误。

被派遣劳动者退回后在无工作期间，劳务派遣单位应当按照不低于所在地人民政府规定的最低工资标准，向其按月支付报酬，故选项 D 错误。

7.【2023 年真题】根据《保障农民工工资支付条例》，关于农民工工资的说法，正确的是（   ）。

A. 事业单位经营困难的，可以拖欠农民工工资

B. 用工单位使用个人派遣的农民工拖欠农民工工资的，由派遣个人清偿

C. 合伙企业拖欠农民工工资不清偿的，由出资人清偿

D. 用人单位允许未取得相应资质的单位以用人单位的名义对外经营，导致拖欠所招用农民工工资的，由未取得相应资质的单位清偿

【解析】 根据《保障农民工工资支付条例》第三条的规定，农民工有按时足额获得工资的权利，任何单位和个人不得拖欠农民工工资，故选项 A 错误。

根据《保障农民工工资支付条例》第十八条的规定，用工单位使用个人、不具备合法经营资格的单位或者未依法取得劳务派遣许可证的单位派遣的农民工，拖欠农民工工资的，由用工单位清偿，并可以依法进行追偿，故选项 B 错误。

根据《保障农民工工资支付条例》第二十条的规定，合伙企业、个人独资企业、个体经济组织等用人单位拖欠农民工工资的，应当依法予以清偿，不清偿的，由出资人依法清偿，故选项 C 正确。

根据《保障农民工工资支付条例》第十九条的规定，用人单位允许个人、不具备合法经营资格或者未取得相应资质的单位以用人单位的名义对外经营，导致拖欠所招用农民工工资的，由用人单位清偿，并可以依法进行追偿，故选项 D 错误。

8.【2016 年真题】关于劳务派遣的说法中，正确的是（   ）。

A. 甲可以被劳务派遣公司派到某施工企业担任安全员

B. 乙可以被劳务派遣公司派到某公司做临时性工作 1 年以上

C. 丙在无工作期间，其所属劳务派遣公司不再向其支付工资

D. 劳务派遣协议中应当载明社会保险费的数额

【解析】 劳务派遣用工是补充形式，只能在临时性、辅助性或者替代性的工作岗位上实施，故选项 A 错误。

临时性工作岗位是指存续时间不超过 6 个月的岗位，故选项 B 错误。

被派遣劳动者在无工作期间，劳务派遣单位应当按照所在地人民政府规定的最低工资标准，向其按月支付报酬，故选项 C 错误。

9.【2015 年真题】关于劳务派遣的说法中，正确的是（   ）。

A. 所有被派遣的劳动者应当实行相同的劳动报酬

B. 劳务派遣单位应当取得相应的行政许可

C. 劳务派遣用工是建筑行业的主要用工模式

D. 用工单位的主要工作都可以由被派遣的劳动者承担

【解析】 用工单位应当按照同工同酬原则，对被派遣劳动者与本单位同类岗位的劳动者实行相同的劳动报酬分配办法，而不是选项 A 中的"所有被派遣的劳动者应当实行相同

的劳动报酬"，不同的工种劳动报酬不一样，故选项 A 错误。

劳务派遣只能在临时性、辅助性或者替代性的工作岗位上实施，故选项 C、D 错误。

10.【2011 年真题】根据《劳动合同法》，在劳务派遣用工方式中，订立劳务派遣协议的主体是（　　）。

A. 派遣单位与用工单位　　　　　　B. 用工单位与劳动者

C. 用工单位与当地人民政府　　　　D. 派遣单位与劳动者

【解析】　根据《劳动合同法》的规定，劳务派遣单位派遣劳动者应当与接受以劳务派遣形式用工的单位（以下称用工单位）订立劳务派遣协议。劳务派遣单位应当与被派遣劳动者订立 2 年以上的固定期限劳动合同。

11.【2016 年真题】关于劳动工资保障制度的说法中，正确的有（　　）。

A. 乡镇企业不适用最低工资标准制度

B. 延长工作时间工资不包括在最低工资内

C. 有毒有害等特殊工作条件下的津贴包括在最低工资内

D. 劳动者依法参加社会活动期间，用人单位应当依法支付工资

E. 最低工资的具体标准由省级人民政府规定，报国务院备案

【解析】　根据《最低工资规定》第二条，本规定适用于在中华人民共和国境内的企业、民办非企业单位、有雇工的个体工商户（以下统称用人单位）和与之形成劳动关系的劳动者，故选项 A 错误。

根据《最低工资规定》第十二条，在劳动者提供正常劳动的情况下，用人单位应支付给劳动者的工资在剔除下列各项以后，不得低于当地最低工资标准：

① 延长工作时间工资；

② 中班、夜班、高温、低温、井下、有毒有害等特殊工作环境、条件下的津贴；

③ 法律、法规和国家规定的劳动者福利待遇等。

故选项 B 正确、选项 C 错误。

根据《劳动法》第五十一条的规定，劳动者在法定休假日和婚丧假以及依法参加社会活动期间，用人单位应当依法支付工资，故选项 D 正确。

根据《劳动法》第四十八条的规定，国家实行最低工资保障制度。最低工资的具体标准由省、自治区、直辖市人民政府规定，报国务院备案，故选项 E 正确。

二、参考答案

题号	1	2	3	4	5	6	7	8	9	10
答案	B	ACDE	D	B	B	B	C	D	B	A
题号	11									
答案	BDE									

三、2025 年考点预测

考点一：劳动用工管理

（1）劳务派遣模式的特征及协议

（2）派遣单位和用工单位的义务

考点二：工资支付保障

（1）最低工资保障制度

（2）农民工工资支付保障制度

（3）农民工工资保证金制度

第三节　劳动安全卫生和保护

考点一：劳动安全卫生

考点二：劳动保护

考点三：违反劳动安全保护的法律责任

一、历年真题及解析

1.【2024 年真题】女大学生林某被企业录用后，主动要求到最苦、最累的岗位工作。根据《劳动法》，企业可以满足她的要求，但不得安排其从事的是（　　）。

A. 矿山井下作业　　　　　　　B. 高处作业

C. 低温、冷水作业　　　　　　D. 夜班工作

【解析】　根据《劳动法》，女职工禁忌从事的劳动范围有：

① 矿山井下作业；

② 体力劳动强度分级标准中规定的第四级体力劳动强度的作业；

③ 每小时负重 6 次以上、每次负重超过 20 公斤的作业，或者间断负重、每次负重超过 25 公斤的作业。

故选项 A 正确；选项 B、C 属于经期禁忌从事的范围，选项 D 属于孕期、哺乳期不得安排的事项。

2.【2024 年真题】关于未成年工特殊保护的说法，正确的有（　　）。

A. 不得安排未成年工从事低温、冷水作业

B. 不得安排未成年工从事国家规定的第三级体力劳动强度的劳动

C. 不得安排未成年工从事矿山井下作业

D. 不得安排未成年工从事夜班工作

E. 用人单位应当对未成年工定期进行健康检查

【解析】　选项 A 是女职工经期禁止的事项，故选项 A 错误。

不得安排未成年工从事矿山井下、有毒有害、国家规定的第四级体力劳动强度的劳动和其他禁忌从事的劳动，故选项 B 错误、选项 C 正确。

一般情况下，对未成年工实行缩短工作时间，禁止安排未成年工从事夜班工作和加班加点工作，故选项 D 正确。

用人单位应按要求对未成年工定期进行健康检查，故选项 E 正确。

3.【2015 年真题】根据《劳动法》，关于妇女、未成年人劳动保护的说法，正确的有（　　）。

A. 企业应当为未成年工定期进行健康检查

B. 企业不得聘用未满 18 周岁的未成年人

C. 企业不得安排未成年人从事有毒有害的劳动

D. 企业不得安排妇女从事高处、低温、冷水作业

E. 企业不得安排妇女从事国家规定的第四级体力劳动强度的劳动

【解析】 根据《劳动法》的规定，禁止用人单位招用未满 16 周岁的未成年人，故选项 B 错误。

不得安排女职工在经期从事高处、低温、冷水作业和国家规定的第三级体力劳动强度的劳动，故选项 D 错误。

用人单位应当对未成年工定期进行健康检查，故选项 A 正确。

不得安排未成年工从事矿山井下、有毒有害、国家规定的第四级体力劳动强度的劳动和其他禁忌从事的劳动，故选项 C 正确。

禁止安排女职工从事矿山井下、国家规定的第四级体力劳动强度的劳动和其他禁忌从事的劳动，故选项 E 正确。

二、参考答案

题号	1	2	3						
答案	A	CDE	ACE						

三、2025 年考点预测

考点一：劳动安全卫生

考点二：劳动保护

（1）职业病防治制度

（2）女职工及未成年保障制度

考点三：违反劳动安全保护的法律责任

第四节　工伤保险制度

考点一：工伤认定
考点二：工伤保险待遇

一、历年真题及解析

1.【2021 年真题】根据《关于进一步做好建筑业工伤保险工作的意见》，关于建筑行业工伤保险的说法，正确的是（　　）。

A. 建筑施工企业职工应当按项目参加工伤保险

B. 建筑施工企业应当以职工基本工资为基数缴纳工伤保险费

C. 建设单位在工程概算中将工伤保险费单独列支，参与竞标

D. 建设工程开工前由施工总承包单位一次性代缴工伤保险费

【解析】 建筑施工企业对相对固定的职工，应按用人单位参加工伤保险，故选项 A 错误。

按用人单位参保的建筑施工企业应以工资总额为基数依法缴纳工伤保险费，故选项 B 错误。

建设单位要在工程概算中将工伤保险费单独列支，作为不可竞争费，不参与竞标，并在项目开工前由施工总承包单位一次性代缴本项目工伤保险费，覆盖项目使用的所有职工，包括专业承包单位、劳务分包单位使用的农民工，故选项 C 错误、选项 D 正确。

2. 【2020 年真题】关于工伤认定的说法，正确的是（　　）。

A. 社会保险行政部门应当对事故伤害进行调查核实

B. 工伤认定决定的时限可以因司法机关尚未做出结论而中止

C. 职工和用人单位对是否是工伤有争议的，实行谁主张、谁举证的原则

D. 工伤认定的决定，由用人单位转交职工本人

【解析】 根据《工伤保险条例》第十八条的规定，对依法取得职业病诊断证明书或者职业病诊断鉴定书的，社会保险行政部门不再进行调查核实，故选项 A 错误。

职工或者其近亲属认为是工伤，用人单位不认为是工伤的，由用人单位承担举证责任，故选项 C 错误。

根据《工伤保险条例》第二十条的规定，社会保险行政部门应当自受理工伤认定申请之日起 60 日内做出工伤认定的决定，并书面通知申请工伤认定的职工或者其近亲属和该职工所在单位，故选项 D 错误。

做出工伤认定决定需要以司法机关或者有关行政主管部门的结论为依据的，在司法机关或者有关行政主管部门尚未做出结论期间，做出工伤认定决定的时限中止，故选项 B 正确。

3. 【2023 年真题】根据《工伤保险条例》，建筑施工企业职工有下列情况可以认定为工伤的有（　　）。

A. 在施工时间、施工现场，酗酒后受伤

B. 在施工时间、施工现场，斗殴受伤

C. 患职业病

D. 上下班途中，因本人主要责任的交通事故

【解析】 职工有下列情形之一的，应当认定为工伤：①在工作时间和工作场所内，因工作原因受到事故伤害的；②工作时间前后在工作场所内，从事与工作有关的预备性或者收尾性工作受到事故伤害的：③在工作时间和工作场所内，因履行工作职责受到暴力等意外伤害的；④患职业病的；⑤因工外出期间，由于工作原因受到伤害或者发生事故下落不明的；⑥在上下班途中，受到非本人主要责任的交通事故或者城市轨道交通、客运轮渡、火车事故伤害的；⑦法律、行政法规规定应当认定为工伤的其他情形。

故选项 C 正确、选项 D 错误（错在"本人主要责任"，应当为"非本人主要责任"）。

职工符合以上的规定但有下列情形之一的，不得认定为工伤或者视同工伤：①故意犯罪的；②醉酒或者吸毒的；③自残或者自杀的。故选项 A、B 错误。

4. 【2016 年真题】关于工伤医疗停工留薪期的说法中，正确的是（　　）。

A. 在停工留薪期内，原工资福利待遇适当减少

B. 停工留薪期一般不超过12个月

C. 工资由所在单位在停工留薪期结束后一次性支付

D. 停工留薪期满后仍需治疗的，工伤职工不再享受工伤医疗待遇

【解析】　根据《工伤保险条例》第三十三条的规定，职工因工作遭受事故伤害或者患职业病需要暂停工作接受工伤医疗的，在停工留薪期内，原工资福利待遇不变，由所在单位按月支付，故选项A、C错误。

停工留薪期一般不超过12个月。伤情严重或者情况特殊，经设区的市级劳动能力鉴定委员会确认，可以适当延长，但延长不得超过12个月，故选项B正确。

工伤职工评定伤残等级后，停发原待遇，按照本章的有关规定享受伤残待遇。工伤职工在停工留薪期满后仍需治疗的，继续享受工伤医疗待遇，故选项D错误。

5. 【2015年真题】根据《工伤保险条例》，可以认定为工伤或者视同工伤的有（　　）。

A. 李某取得革命伤残军人证后到企业工作，旧伤复发

B. 张某患病后，精神抑郁，酗酒过度需要进行治疗

C. 杨某在开车下班途中，发生交通事故受伤，该事故责任认定书中认定杨某对此负次要责任

D. 陈某在工作场所与上司产生摩擦，一怒之下，拿剪刀将自己的胸脯刺伤

E. 牛某因失恋，上班时间爬到公司楼顶跳楼自杀

【解析】　根据《工伤保险条例》第十四条的规定，职工有下列情形之一的，应当认定为工伤：

① 在工作时间和工作场所内，因工作原因受到事故伤害的；

② 工作时间前后在工作场所内，从事与工作有关的预备性或者收尾性工作受到事故伤害的；

③ 在工作时间和工作场所内，因履行工作职责受到暴力等意外伤害的；

④ 患职业病的；

⑤ 因工外出期间，由于工作原因受到伤害或者发生事故下落不明的；

⑥ 在上下班途中，受到非本人主要责任的交通事故或者城市轨道交通、客运轮渡、火车事故伤害的；

⑦ 法律、行政法规规定应当认定为工伤的其他情形。

故选项C正确。

根据《工伤保险条例》第十五条的规定，职工有下列情形之一的，视同工伤：

① 在工作时间和工作岗位，突发疾病死亡或者在48h之内经抢救无效死亡的；

② 在抢险救灾等维护国家利益、公共利益活动中受到伤害的；

③ 职工原在军队服役，因战、因公负伤致残，已取得革命伤残军人证，到用人单位后旧伤复发的。

故选项A正确。

根据《工伤保险条例》第十六条的规定，职工符合本条例第十四条、第十五条的规定，但是有下列情形之一的，不得认定为工伤或者视同工伤：

① 故意犯罪的；

② 醉酒或者吸毒的；

③ 自残或者自杀的。

故选项 B、D、E 错误。

6.【2022 年真题】职工工伤保险费应当由（　　）缴纳。

A. 当地政府　　　　　　　　　B. 用人单位

C. 职工个人　　　　　　　　　D. 工伤保险基金

【解析】 用人单位应当为职工购买工伤保险，并缴纳工伤保险费，职工不缴纳工伤保险费，故选项 B 正确。

7.【2024 年真题】社会保险行政部门受理工伤认定申请后，职工或者其近亲属认为是工伤，用人单位不认为是工伤，关于工伤认定证据的说法，正确的是（　　）。

A. 由职工或者其近亲属承担举证责任　　B. 由用人单位承担举证责任

C. 由社会保险行政部门依职权调查取证　D. 由人民法院依职权调查取证

【解析】 根据《工伤保险条例》第十九条的规定，职工或者其近亲属认为是工伤，用人单位不认为是工伤的，由用人单位承担举证责任。

二、参考答案

题号	1	2	3	4	5	6	7			
答案	D	B	C	B	AC	B	B			

三、2025 年考点预测

考点一：工伤认定
（1）认定工伤、视同工伤的情形
（2）工伤认定的程序
考点二：工伤保险待遇
工伤医疗待遇、伤残待遇制度

第五节　劳动争议的解决

考点一：劳动争议调解
考点二：劳动争议仲裁

一、历年真题及解析

1.【2017 年真题】企业拖欠劳动报酬，则劳动者可以处理该争议的途径有（　　）。

A. 向企业调解委员会申请调解

B. 向用人单位所在地的劳动仲裁委员会申请仲裁

C. 向约定的仲裁委员会申请仲裁

D. 直接向人民法院起诉

E. 直接向人民法院申请支付令

【解析】 根据《劳动法》的规定，劳动争议发生后，当事人可以向本单位劳动争议调解委员会申请调解，故选项A正确。

对于调解不成，当事人一方要求仲裁的，可以向劳动争议仲裁委员会申请仲裁，当事人一方也可以直接向劳动争议仲裁委员会申请仲裁，故选项B正确。

劳动争议不是普通民事纠纷，不能约定仲裁委员会，只能向用人单位所在地的劳动仲裁委员会申请仲裁，故选项C错误。

劳动争议当事人对仲裁裁决不服的，可以自收到仲裁裁决书之日起15日内向人民法院提起诉讼，不能直接向法院起诉，故选项D错误。

用人单位拖欠或者未足额支付劳动报酬的，劳动者可以依法向当地人民法院申请支付令，人民法院应当依法发出支付令，故选项E正确。

2.【2024年真题】关于劳动争议仲裁委员会设立的说法，正确的是（　　）。

A. 直辖市人民政府可以决定在区、县设立

B. 按照行政区划层层设立

C. 省、自治区人民政府只能决定在设区的市设立

D. 设区的市仅能设立1个劳动仲裁委员会

【解析】 根据《劳动争议调解仲裁法》第十七条的规定，劳动争议仲裁委员会按照统筹规划、合理布局和适应实际需要的原则设立。省、自治区人民政府可以决定在市、县设立；直辖市人民政府可以决定在区、县设立，故选项A正确、选项C错误。

直辖市、设区的市也可以设立1个或者若干个劳动争议仲裁委员会。劳动争议仲裁委员会不按行政区划层层设立，故选项B、D错误。

3.【2024年真题】根据《劳动争议调解仲裁法》，关于劳动争议仲裁时效的说法，正确的有（　　）。

A. 仲裁时效因当事人一方向对方当事人主张权利而中断

B. 劳动关系存续期间因拖欠劳动报酬发生争议的，劳动者申请仲裁不受仲裁时效期间的限制

C. 劳动争议申请仲裁的时效期间为3年

D. 仲裁时效因对方当事人同意履行义务而中止

E. 因拖欠劳动报酬发生争议且劳动关系终止的，应当自劳动关系终止之日起1年内提出

【解析】 根据《劳动争议调解仲裁法》第二十七条的规定，劳动争议申请仲裁的时效期间为1年。仲裁时效期间从当事人知道或者应当知道其权利被侵害之日起计算，故选项C错误。

前款规定的仲裁时效，因当事人一方向对方当事人主张权利，或者向有关部门请求权利救济，或者对方当事人同意履行义务而中断。从中断时起，仲裁时效期间重新计算，故选项A正确、选项D错误。

劳动关系存续期间因拖欠劳动报酬发生争议的，劳动者申请仲裁不受本条第一款规定的仲裁时效期间的限制；但是，劳动关系终止的，应当自劳动关系终止之日起1年内提出，故选项B、E正确。

4.【2016年真题】关于用人单位与劳动者发生争议申请劳动仲裁的说法中，正确的是（　　）。

A. 劳动关系存续期间因拖欠劳动报酬发生争议的，不受仲裁时效期间的限制

B. 双方必须先经本单位劳动争议调解委员会调解，调解不成的，才可以向劳动仲裁委员会申请仲裁

C. 劳动争议申请仲裁的时效期限为 2 年

D. 仲裁时效期间从权利被侵害之日起计算

【解析】　根据《劳动法》的规定，用人单位与劳动者发生劳动争议，当事人可以依法申请调解、仲裁、提起诉讼，也可以协商解决，故选项 B 错误。

按照《劳动争议调解仲裁法》的规定，劳动争议申请仲裁的时效期间为 1 年，故选项 C 错误。

仲裁时效期间从当事人知道或者应当知道其权利被侵害之日起计算，故选项 D 错误。

5.【2014 年真题】劳动争议仲裁委员会由劳动行政部门代表、同级工会代表、用人单位方面的代表组成。劳动争议仲裁委员会主任由（　　　）担任。

A. 同级工会代表　　　　　　　　B. 劳动行政部门代表

C. 用人单位代表　　　　　　　　D. 人民法院指定的人员

【解析】　根据《劳动法》第八十一条的规定，劳动争议仲裁委员会由劳动行政部门代表、同级工会代表、用人单位方面的代表组成。劳动争议仲裁委员会主任由劳动行政部门代表担任。

二、参考答案

题号	1	2	3	4	5					
答案	ABE	A	ABE	A	B					

三、2025 年考点预测

考点一：劳动争议调解

（1）劳动争议纠纷的范围

（2）企业劳动争议调解委员会的组成，调解程序

考点二：劳动争议仲裁

（1）劳动仲裁委员会的组成

（2）劳动争议仲裁的时效、程序

第十章　建设工程争议解决法律制度

第一节　建设工程争议和解、调解制度

考点一：和解
考点二：调解
考点三：多元化纠纷解决机制

一、历年真题及解析

1. 【2024年真题】关于人民调解的说法，正确的是（　　）。

A. 经人民调解委员会调解达成的调解协议，当事人有权申请强制执行

B. 经人民调解委员会调解达成的调解协议，具有法律约束力

C. 经人民调解委员会调解达成调解协议后，一方当事人有权向人民法院申请司法确认

D. 未经人民调解委员会调解的，不得提起民事诉讼

【解析】　经人民调解委员会调解达成的调解协议，具有法律约束力，当事人应当按照约定履行。经人民调解委员会调解达成调解协议后，当事人之间就调解协议履行或者调解协议的内容发生争议的，一方当事人可以向人民法院提起诉讼，故选项A错误、选项B正确。

经人民调解委员会调解达成调解协议后，双方当事人认为有必要的，可以自调解协议生效之日起30日内共同向人民法院申请司法确认，故选项C错误。

选项D无此规定，人民调解不是诉讼的法定前置程序。

2. 【2021年真题】关于人民调解的说法，正确的是（　　）。

A. 人民调解的组织形式是社区调解中心

B. 人民调解达成协议的，可以不制作书面调解协议

C. 人民调解达成调解协议后，如双方当事人认为必要，可以自调解协议生效之日起30日内向当事人一方住所地中级人民法院申请司法确认调解协议

D. 人民调解达成调解协议后，一方当事人拒绝履行的，对方当事人可以向人民法院申请强制执行

【解析】　见下表：

人民调解	人民调解委员会是依法设立的调解民间纠纷的群众性组织		
	结果	① 书面调解协议，双方签字或盖章，人民调解员签字并加盖人民调解委员会公章之日生效 ② 当事人认为无须制作调解协议书的，可以采取口头协议方式，人民调解员应当记录协议内容。口头协议自达成之日生效 ③ 经人民调解委员会调解达成的调解协议具有法律约束力，当事人应当按照约定履行。当事人就调解协议的履行或者调解协议的内容发生争议的，一方当事人可以向法院提起诉讼	具有法律约束力，无强制执行效力
		可以自调解协议生效之日起 30 日内共同向人民法院申请司法确认，依法确认调解协议的效力	司法确认的调解协议具有强制执行效力

3. 【2020 年真题】关于人民调解的说法，正确的有（　　）。

A. 人民调解达成调解协议的，可以采取口头协议的方式

B. 人民调解制度是一种信访辅助制度

C. 当事人认为有必要的，可以自调解协议生效之日起 30 日内向人民法院申请司法确认

D. 人民调解的组织形式是居民委员会

E. 人民调解达成的调解协议，具有强制执行效力

【解析】　根据《人民调解法》第二十八条的规定，经人民调解委员会调解达成调解协议的，可以制作调解协议书。当事人认为无须制作调解协议书的，可以采取口头协议方式，人民调解员应当记录协议内容，故选项 A 正确。

人民调解是一种司法辅助制度，而不是信访辅助制度，故选项 B 错误。

根据《人民调解法》第三十一条的规定，经人民调解委员会调解达成的调解协议，具有法律约束力，但无强制执行效力，故选项 E 错误。

根据《人民调解法》第三十三条的规定，经人民调解委员会调解达成调解协议后，双方当事人认为有必要的，可以自调解协议生效之日起 30 日内共同向人民法院申请司法确认，人民法院应当及时对调解协议进行审查，依法确认调解协议的效力，故选项 C 正确。

人民调解的组织形式是人民调解委员会，故选项 D 错误。

4. 【2019 年真题】关于仲裁调解的说法，正确的是（　　）。

A. 仲裁庭在做出裁决前应当先行调解

B. 在调解书签收前，当事人反悔的，仲裁庭应当及时做出裁决

C. 法院在强制执行仲裁裁决时，应当进行调解

D. 调解书经双方当事人签收后，若当事人反悔的，调解书不具有法律效力

【解析】　根据《仲裁法》第五十一条的规定，仲裁庭在做出裁决前，可以先行调解。当事人自愿调解的，仲裁庭应当调解。调解不成的，应当及时做出裁决。调解达成协议的，仲裁庭应当制作调解书或者根据协议的结果制作裁决书。调解书与裁决书具有同等法律效力，故选项 A 错误。

根据《仲裁法》第五十二条的规定，调解书应当写明仲裁请求和当事人协议的结果。

调解书由仲裁员签名，加盖仲裁委员会印章，送达双方当事人。调解书经双方当事人签收后，即发生法律效力。在调解书签收前当事人反悔的，仲裁庭应当及时做出裁决，故选项B正确、选项D错误。

选项C无此规定，故错误。

5.【2022年真题】根据《民事诉讼法》，关于法院调解的说法，正确的有（　　）。

A. 能够即时履行的案件，经调解达成协议的，人民法院可以不制作调解书

B. 人民法院进行调解，应当由合议庭主持

C. 法院调解书一经做出，即具有法律效力

D. 调解书的法律效力与判决书相同

E. 调解未达成协议，人民法院可以中止庭审程序

【解析】 人民法院进行调解，可以由审判员一人主持，也可以由合议庭主持，并尽可能就地进行，故选项B错误。

调解书由审判员、书记员署名、加盖人民法院印章、送达双方当事人，经双方当事人签收后具有法律效力，调解不成的，应当及时判决，故选项C、E错误。

6.【2019年真题】根据《民事诉讼法》，关于法院调解的调解书的说法，正确的是（　　）。

A. 调解书应当写明诉讼请求，调解结果和理由

B. 调解书由审判员、书记员署名并加盖印章，送达双方当事人

C. 法院调解达成协议的，人民法院可以不制作调解书

D. 能够即时履行的案件，人民法院可以不制作调解书

E. 调解书经双方当事人签收的，即具有法律效力

【解析】 根据《民事诉讼法》第一百条的规定，调解达成协议的，人民法院应当制作调解书。调解书应当写明诉讼请求、案件的事实和调解结果。调解书由审判人员、书记员署名，加盖人民法院印章，送达双方当事人。调解书经双方当事人签收后，即具有法律效力，故选项E正确，选项A、B、C错误（B最好不选，应为加盖"人民法院印章"）。

根据《民事诉讼法》第一百零一条的规定，下列案件调解达成协议，人民法院可以不制作调解书：①调解和好的离婚案件；②调解维持收养关系的案件；③能够即时履行的案件；④其他不需要制作调解书的案件。故选项D正确。

7.【2018年真题】下列法律文书中不具有强制执行效力的是（　　）。

A. 由仲裁机构做出的仲裁调解书

B. 经过司法确认的人民调解委员会做出的调解协议书

C. 由国家行政机关做出的调解书

D. 由人民法院对民事纠纷案件做出的调解书

【解析】 行政调解达成的协议不具有强制执行效力。

8.【2017年真题】关于人民法院调解民事案件的说法中，正确的有（　　）。

A. 人民法院进行调解，只能由审判员一人进行调解

B. 人民法院只能在双方当事人都同意的情况下进行调解

C. 调解达成协议，人民法院应当制作调解书

D. 能够即时履行的案件，人民法院可以不制作调解书

E. 调解书一经做出，即发生法律效力

【解析】 根据《民事诉讼法》的有关规定，人民法院进行调解，可以由审判员一人主持，也可以由合议庭主持，并尽可能就地进行，故选项 A 错误。

调解书经双方当事人签收后，即发生法律效力，故选项 E 错误。

9.【2016年真题】仲裁机构手里仲裁案件经调解达成协议的，仲裁庭应当制作调解书或者根据协议的结果制作裁决书。关于调解书和裁决书的说法，正确的是（   ）。

A. 调解书不具有强制执行效力

B. 调解书自做出之日起发生法律效力

C. 调解书与裁决书具有同等法律效力

D. 裁决书不可以申请撤销

【解析】 仲裁调解书有强制执行效力，故选项 A 错误。

仲裁调解书经双方当事人签收后，即发生法律效力，故选项 B 错误。

满足法定的条件和情形，在规定的期限内，当事人可以申请撤销仲裁裁决，故选项 D 错误。

仲裁调解书与裁决书具有同等法律效力（强制执行效力），故选项 C 正确。

10.【2013年真题】下列法律文书中，不具有强制执行效力的是（   ）。

A. 在仲裁程序中形成的仲裁调解书

B. 由行政主管部门主持达成的调解书

C. 人民法院在民事案件审理中制作的调解书

D. 司法确认的人民调解委员会主持达成的调解协议

【解析】 行政调解属于诉讼外调解，行政调解达成的协议也不具有强制约束力。

11.【2021年真题】关于民事纠纷和解的说法，正确的是（   ）。

A. 和解是当事人在法院主持下解决争议的一种方式

B. 已经进入诉讼程序的，双方当事人达成的和解协议具有强制执行力

C. 和解可以在民事纠纷的任何阶段进行

D. 已经进入诉讼程序的，和解的结果是撤回起诉

【解析】 和解是民事纠纷的当事人在自愿互谅的基础上，就已经发生的争议进行协商、妥协与让步并达成协议的一种解决纠纷方式，无须第三人的参与和组织，故选项 A 错误。

当事人自行达成的和解协议不具有强制执行力，在性质上仍属于当事人之间的约定，故选项 B 错误。

和解可以在民事纠纷的任何阶段进行，无论是否已经进入诉讼或仲裁程序，故选项 C 正确。

诉讼当事人之间为处理和结束诉讼而达成了解决争议问题的妥协或协议，其结果是撤回起诉或中止诉讼而无须判决，故选项 D 错误。

12.【2020年真题】关于仲裁和解的说法，正确的是（   ）。

A. 当事人申请仲裁后达成和解协议的，应当撤回仲裁申请

B. 当事人达成和解协议，撤回仲裁申请后反悔的，不得再根据仲裁协议申请仲裁

C. 当事人申请仲裁后和解的，应当在仲裁庭的主持下进行

D. 仲裁庭可以根据当事人的和解协议做出裁决书

【解析】　根据《仲裁法》第四十九条的规定，当事人申请仲裁后，可以自行和解。达成和解协议的，可以请求仲裁庭根据和解协议做出裁决书，也可以撤回仲裁申请，故选项 A、C 错误，选项 D 正确。

根据《仲裁法》第五十条的规定，当事人达成和解协议，撤回仲裁申请后反悔的，可以根据仲裁协议申请仲裁，故选项 B 错误。

13.【2019 年真题】关于和解的说法，正确的是（　　　）。

A. 和解只能在一审开庭审理前进行

B. 和解是民事纠纷的当事人在自愿互谅的基础上，就已经发生的争议进行协商、妥协与让步并达成协议，自行解决争议的一种方式

C. 和解不可以与仲裁诉讼程序相结合

D. 当事人自行达成的和解协议具有强制执行力

【解析】　和解可以发生在诉讼的任意阶段，并不是只能在一审开庭前，故选项 A 错误。

和解可以与仲裁诉讼程序相结合，故选项 C 错误。

当事人自行达成的和解协议不具有强制执行力，故选项 D 错误。

14.【2018 年真题】关于建设工程合同纠纷和解的说法中，正确的是（　　　）。

A. 诉前和解成立后，当事人不得任意反悔要求撤销

B. 诉中和解达成协议的，即可结束全部或部分诉讼程序

C. 执行中和解达成协议的，即可结束执行程序，且不可恢复

D. 仲裁中达成和解协议的，视为撤回仲裁申请，且不可反悔

【解析】　根据《民事诉讼法》的有关规定，诉讼阶段的和解没有法律效力。当事人和解后，可以请求法院调解，制作调解书，经当事人签名盖章产生法律效力，从而结束全部或部分诉讼程序，故选项 B 错误。

在执行中，双方当事人自行和解达成协议的，执行员应当将协议内容记入笔录，由双方当事人签名或者盖章。一方当事人不履行和解协议的，人民法院可以根据对方当事人的申请，恢复对原生效法律文书的执行，故选项 C 错误。

根据《仲裁法》的有关规定，达成和解协议的，可以请求仲裁庭根据和解协议做出裁决书，也可以撤回仲裁申请当事人达成和解协议，撤回仲裁申请后又反悔的，可以根据原仲裁协议重新申请仲裁，故选项 D 错误。

二、参考答案

题号	1	2	3	4	5	6	7	8	9	10
答案	B	B	AC	B	AD	DE	C	BCD	C	B

题号	11	12	13	14						
答案	C	D	B	A						

三、2025 年考点预测

考点一：和解

诉讼过程中和解、仲裁和解的相关规定

考点二：调解

（1）人民调解协议的效力、司法确认

（2）法院调解协议的效力，调解的程序

考点三：多元化纠纷解决机制

纠纷解决的方式，效力

第二节　仲 裁 制 度

考点一：仲裁协议

考点二：仲裁的申请和受理

考点三：仲裁庭的组成、开庭和裁决

考点四：申请撤销仲裁裁决、执行和不予执行

一、历年真题及解析

1.【2024 年真题】根据《仲裁法》，下列纠纷中，能够约定仲裁的是（　　）。

A. 婚姻纠纷 　　　　　　　　　　B. 融资租赁合同纠纷

C. 继承纠纷 　　　　　　　　　　D. 监护纠纷

【解析】　根据《仲裁法》第三条的规定，下列纠纷不能仲裁：

① 婚姻、收养、监护、扶养、继承纠纷；

② 依法应当由行政机关处理的行政争议。

故选项 A、C、D 错误。

2.【2021 年真题】有效仲裁协议必须同时具备的内容有（　　）。

A. 仲裁地点 　　　　　　　　　　B. 请求仲裁的意思表示

C. 仲裁事项 　　　　　　　　　　D. 选定的仲裁委员会

E. 仲裁庭组成

【解析】　见下表：

仲裁协议		
形式	仲裁协议应当采用书面形式，口头协议无效，既可以表现为合同中的仲裁条款，也可以表现为独立于合同而存在的仲裁协议书	
协议内容		内容缺失或约定不明的后果
请求仲裁的意思表示（明确表示）		既约定仲裁又约定诉讼的，仲裁协议无效。只能提起诉讼
仲裁事项		约定不明的，可以协议补充，无法达成补充协议的，仲裁协议无效
选定的仲裁委员会		

3.【2020年真题】关于仲裁协议的说法，正确的有（　　）。

A. 仲裁协议必须在纠纷发生前达成

B. 当事人对仲裁协议效力有异议的，应当在仲裁庭首次开庭前提出

C. 仲裁协议可以采用口头形式，但需双方认可

D. 仲裁协议约定两个以上仲裁机构，当事人不能就选择达成一致的，可以由司法行政主管部门指定

E. 合同解除后，合同中的仲裁条款仍然有效

【解析】　根据《仲裁法》第十六条的规定，仲裁协议包括合同中订立的仲裁条款和以其他书面方式在纠纷发生前或者纠纷发生后达成的请求仲裁的协议，故选项A、C错误。

根据《仲裁法》第二十条的规定，当事人对仲裁协议的效力有异议，应当在仲裁庭首次开庭前提出，故选项B正确。

根据《仲裁法》第十八条的规定，仲裁协议对仲裁事项或者仲裁委员会没有约定或者约定不明确的，当事人可以补充协议；达不成补充协议的，仲裁协议无效，故选项D错误。

根据《仲裁法》第十九条的规定，仲裁协议独立存在，合同的变更、解除、终止或者无效，不影响仲裁协议的效力，故选项E正确。

4.【2020年真题】根据《仲裁法》，关于仲裁的说法，正确的有（　　）。

A. 仲裁机构受理案件的依据是司法行政主管部门的授权

B. 劳动争议仲裁不属于《仲裁法》的调整范围

C. 当事人达成有效仲裁协议后，人民法院仍然对案件享有管辖权

D. 仲裁不公开进行

E. 仲裁裁决做出后，当事人不服的可以向人民法院起诉

【解析】　仲裁机构受理案件不需要司法机关的授权，故选项A错误。

根据《仲裁法》第七十七条的规定，劳动争议和农业集体经济组织内部的农业承包合同纠纷的仲裁，另行规定，故选项B正确。

根据《仲裁法》第二十六条的规定，当事人达成仲裁协议，一方向人民法院起诉未声明有仲裁协议，人民法院受理后，另一方在首次开庭前提交仲裁协议的，人民法院应当驳回起诉，但仲裁协议无效的除外；即有效的仲裁协议排除了司法机关对仲裁协议约定争议事项的司法管辖权，故选项C错误。

根据《仲裁法》第四十条的规定，仲裁不公开进行。当事人协议公开的，可以公开进行，但涉及国家秘密的除外，故选项D正确。

仲裁实行一裁终局制，仲裁裁决一经做出即发生法律效力，仲裁裁决不能上诉，故选项E错误。

5.【2018年真题】关于仲裁协议效力的说法中，正确的是（　　）。

A. 仲裁协议独立存在，不受合同变更、撤销、终止、无效等的影响

B. 口头的仲裁协议对当事人同样有法律约束力

C. 仲裁协议并不排除法院的司法管辖权

D. 当事人对仲裁协议效力有异议的，应当请求仲裁委员会做出决定

【解析】　仲裁协议应当采用书面形式，口头方式达成的仲裁意思表示无效，故选项B

错误。有效的仲裁协议排除法院的司法管辖权，故选项 C 错误。

当事人对仲裁协议效力有异议的，应当在仲裁庭首次开庭前提出。当事人既可以请求仲裁委员会做出决定，也可以请求人民法院裁定，故选项 D 错误。

6. 【2017 年真题】甲建设单位与乙施工企业在施工合同中约定因合同所发生的争议，提交 A 仲裁委员会仲裁后双方对仲裁协议的效力有异议，甲请求 A 仲裁委员会做出决定，但乙请求人民法院做出裁定，该案中仲裁协议效力的确认权属于（　　　）。

A. 仲裁委员会所在地的基层人民法院　　B. 仲裁协议签订地的基层人民法院

C. 仲裁协议签订地的基层人民法院　　D. 仲裁委员会所在地的中级人民法院

【解析】　当事人向人民法院申请确认仲裁协议效力的案件，由仲裁协议约定的仲裁机构所在地、仲裁协议签订地、申请人住所地、被申请人住所地的中级人民法院或者专门人民法院管辖。故选项 D 正确。

7. 【2016 年真题】关于仲裁协议效力的说法中，正确的有（　　　）。

A. 合同无效，仲裁协议亦无效

B. 仲裁协议有效，当事人也可以向法院提出诉讼

C. 仲裁委员会有权裁决超出仲裁协议约定范围的争议

D. 有效仲裁协议排除法院的司法管辖权

E. 有效的仲裁协议对双方当事人均有约束力

【解析】　根据《仲裁法》的有关规定，仲裁协议独立存在，合同的变更、解除、终止或者无效，以及合同成立后未生效、被撤销等，均不影响仲裁协议的效力，故选项 A 错误。

仲裁协议有效，当事人不可以提出诉讼（有效的仲裁协议排除了法院的司法管辖权），故选项 B 错误。

仲裁委员会只能在有效仲裁协议约定的争议事项范围内进行仲裁，不可超过约定范围，故选项 C 错误。

8. 【2016 年真题】在仲裁程序中，当事人对仲裁协议的效力有异议的，应当在（　　　）提出。

A. 答辩期内　　　　　　　　　　B. 仲裁案件庭审结束前

C. 仲裁案件裁决做出前　　　　　　D. 仲裁庭首次开庭前

【解析】　在仲裁程序中，当事人对仲裁协议的效力有异议的，应当在仲裁庭首次开庭前提出。

9. 【2023 年真题】关于仲裁协议的说法，正确的是（　　　）。

A. 仲裁事项的范围不包含法律问题的争议

B. 当事人对仲裁协议效力有异议的，应当在仲裁庭首次开庭前提出

C. 仲裁协议因合同的无效而无效

D. 仲裁协议可以采用书面形式，也可以采用口头方式

【解析】　仲裁事项，既可以是事实问题的争议，也可以是法律问题的争议，其范围取决于当事人的约定，故选项 A 错误。

当事人对仲裁协议效力有异议的，应当在仲裁庭首次开庭前提出，故选项 B 正确。

仲裁协议独立存在，合同的变更、解除、终止或者无效，以及合同成立后未生效、被撤销等，均不影响仲裁协议的效力，故选项 C 错误。

仲裁协议应当采用书面形式，口头方式达成的仲裁意思表示无效，故选项D错误。

10. 【2014年真题】关于仲裁基本制度，正确的是（　　）。

A. 当事人对仲裁不服的，可以提起上诉

B. 当事人达成有效的仲裁协议，一方向法院起诉的，人民法院不予受理

C. 当事人没有仲裁协议而申请仲裁的，仲裁委员会应当受理

D. 仲裁协议不能排除法院对案件的司法管辖权

【解析】　仲裁实行一裁终局制，当事人对仲裁裁决不服也不能起诉，除非裁决被撤销或被裁定不予执行，故选项A错误。

仲裁协议一经有效成立，发生纠纷后，当事人只能向仲裁协议中所约定的仲裁机构申请仲裁，而不能就该纠纷向法院提起诉讼。有效的仲裁协议排除法院的司法管辖权，故选项B正确、选项D错误。

没有仲裁协议，一方申请仲裁的，仲裁委员会不予受理，故选项C错误。

11. 【2014年真题】下列仲裁协议约定的内容中，属于有效条款的是（　　）。

A. 仲裁协议约定的两个仲裁机构，且当事人不能就仲裁机构选择达成一致

B. 当事人约定争议可以向仲裁机构申请仲裁也可以向人民法院起诉

C. 劳动合同约定发生劳动争议向北京仲裁委员会申请仲裁

D. 双方因履行合同发生纠纷向北京仲裁委员会申请仲裁

【解析】　双方不能一致的，仲裁协议无效，故选项A错误。

仲裁协议合法有效，即对当事人产生法律约束力，发生纠纷后，一方当事人只能向仲裁协议约定的仲裁机构申请仲裁，而不能就该纠纷向人民法院提起诉讼，故选项B错误。

劳动争议仲裁和农业集体经济组织内部的农业承包合同纠纷不受《仲裁法》的调整，故选项C错误。

12. 【2024年真题】关于仲裁庭组成的说法，正确的是（　　）。

A. 当事人可以约定仲裁庭由5名仲裁员组成

B. 仲裁庭可以由3名仲裁员或者1名仲裁员组成

C. 仲裁庭由当事人组建，仲裁员采取随机抽取方式确定

D. 首席仲裁员应当由仲裁委员会主任指定

【解析】　根据《仲裁法》第三十条的规定，仲裁庭可以由3名仲裁员或者1名仲裁员组成，由3名仲裁员组成的，设首席仲裁员，故选项A错误、选项B正确。

仲裁机构受理仲裁申请后，应当按照程序组成仲裁庭对案件进行审理和裁决，故选项C错误。

根据《仲裁法》第三十一条，当事人约定由3名仲裁员组成仲裁庭的，应当各自选定或者各自委托仲裁委员会主任指定1名仲裁员，第1名仲裁员由当事人共同选定或者共同委托仲裁委员会主任指定，第3名仲裁员是首席仲裁员，故选项D错误。

13. 【2020年真题】甲施工企业就施工合同纠纷向仲裁委员会申请仲裁，该仲裁案件由三名仲裁员组成仲裁庭，该案件的仲裁员（　　）。

A. 由甲施工企业选定一名　　　　B. 只能由仲裁委员会主任指定

C. 由甲施工企业选定两名　　　　D. 由甲施工企业选定三名

【解析】　根据《仲裁法》第三十一条的规定，当事人约定由三名仲裁员组成仲裁庭的，

应当各自选定或者各自委托仲裁委员会主任指定一名仲裁员，第三名仲裁员由当事人共同选定或者共同委托仲裁委员会主任指定。第三名仲裁员是首席仲裁员。

故选项 A 正确，选项 C、D 错误。

根据《仲裁法》第三十二条的规定，当事人没有在仲裁规则规定的期限内约定仲裁庭的组成方式或者选定仲裁员的，由仲裁委员会主任指定，故选项 B 错误。

14. 【2019 年真题】关于仲裁庭组成的说法中，正确的有（　　）。

A. 当事人未在规定期限内选定仲裁员的，由仲裁员会主任指定

B. 首席仲裁员应当由仲裁委员会指定

C. 双方当事人必须各自选定合议仲裁庭的一名仲裁员

D. 仲裁庭可以由三名仲裁员组成

E. 仲裁庭可以由一名仲裁员组成

【解析】　根据《仲裁法》第三十条的规定，仲裁庭可以由三名仲裁员或者一名仲裁员组成。由三名仲裁员组成的，设首席仲裁员，故选项 D、E 正确。

根据《仲裁法》第三十一条的规定，当事人约定由三名仲裁员组成仲裁庭的，应当各自选定或者各自委托仲裁委员会主任指定一名仲裁员，第三名仲裁员由当事人共同选定或者共同委托仲裁委员会主任指定。第三名仲裁员是首席仲裁员。当事人约定由一名仲裁员成立仲裁庭的，应当由当事人共同选定或者共同委托仲裁委员会主任指定仲裁员，故选项 B、C 错误。

根据《仲裁法》第三十二条的规定，当事人没有在仲裁规则规定的期限内约定仲裁庭的组成方式或者选定仲裁员的，由仲裁委员会主任指定，故选项 A 正确。

15. 【2022 年真题】关于仲裁程序中，财产保全的说法正确的是（　　）。

A. 当事人可以直接向有管辖权的人民法院提出保全申请

B. 当事人提起财产保全申请，应当在仲裁程序开始前

C. 当事人要求采取保全的，应当向仲裁委会提出书面申请，由仲裁委会所在地人民法院做出裁定

D. 申请人在人民法院采取保全措施后 15 天内，不依法申请仲裁的，人民法院应当解除保全

【解析】　当事人提起财产保全申请，可以在仲裁程序开始前，也可以在仲裁程序进行中，故选项 B 错误。

当事人要求采取财产保全的，应向仲裁委员会提出书面申请，由仲裁委员会将当事人的申请转交被申请人住所地或其财产所在地有管辖权的人民法院做出裁定，故选项 C 错误。

申请人在人民法院采取保全措施后 30 日内不依法申请仲裁的，人民法院应当解除保全，故选项 D 错误。

16. 【2018 年真题】关于仲裁审理的说法中，正确的是（　　）。

A. 仲裁审理，必须开庭审理做出裁决

B. 涉及当事人商业秘密的案件，当事人不得协议公开审理

C. 申请人在开庭审理时未经仲裁庭许可中途退庭的，仲裁庭可以缺席裁决

D. 被申请人提出了反请求，却无正当理由开庭时不到庭的视为撤回反请求

【解析】　根据《仲裁法》的有关规定，仲裁应当开庭进行。当事人协议不开庭的，仲裁庭可以根据仲裁申请书、答辩书以及其他材料做出裁决，故选项 A 错误。

仲裁不公开进行，当事人协议公开的，可以公开进行，但涉及国家秘密的除外，故选项B错误。

申请人无正当理由开庭时不到庭的，或在开庭审理时未经仲裁庭许可中途退庭的，可以视为撤回仲裁申请。被申请人经书面通知，无正当理由不到庭或者未经仲裁庭许可中途退庭的，可以缺席裁决，故选项C错误。

17.【2018年真题】关于仲裁开庭与裁决的说法中，正确的有（　　　）。

A. 当事人协议不开庭的，仲裁庭可以根据仲裁申请书、答辩书以及其他材料做出裁决

B. 被申请人在开庭审理时未经仲裁庭许可中途退庭的，仲裁庭不可缺席审理并做出裁决

C. 仲裁裁决是由仲裁庭做出的具有强制执行效力的法律文书

D. 仲裁裁决在所有《承认和执行外国仲裁裁决公约》缔约国或地区均可得到承认和执行

E. 申请仲裁裁决强制执行时效的中断适用法律有关诉讼时效中断的规定

【解析】　根据《仲裁法》的有关规定，仲裁应当开庭进行。当事人协议不开庭的，仲裁庭可以根据仲裁申请书、答辩书以及其他材料做出裁决，故选项A正确。

申请人经书面通知，无正当理由不到庭或者未经仲裁庭许可中途退庭的，可以视为撤回仲裁申请。被申请人经书面通知，无正当理由不到庭或者未经仲裁庭许可中途退庭的，可以缺席裁决，故选项B错误。

选项C、D、E均正确。

18.【2017年真题】关于仲裁裁决的说法中，正确的有（　　　）。

A. 仲裁裁判应当根据仲裁员的意见做出，形不成多数意见的，由仲裁委员会讨论决定

B. 仲裁裁决没有强制执行力

C. 当事人可以请求仲裁庭根据双方的和解协议做出裁决

D. 仲裁实行一裁终局，当事人不可以就已经裁决的事项再次申请仲裁

E. 仲裁裁决一经做出立即发生法律效力

【解析】　根据《仲裁法》第五十三条的规定，裁决应当按照多数仲裁员的意见做出，少数仲裁员的不同意见可以记入笔录。仲裁庭不能形成多数意见时，裁决应当按照首席仲裁员的意见做出，故选项A错误。

仲裁裁决有强制执行力，故选项B错误。

19.【2014年真题】关于仲裁开庭和审理的说法中，正确的是（　　　）。

A. 仲裁开庭审理必须经当事人达成一致　B. 仲裁审理案件应当公开进行

C. 当事人可以协议仲裁不开庭审理　　　D. 仲裁庭不能做出缺席裁决

【解析】　根据《仲裁法》的有关规定，仲裁应当开庭进行。当事人协议不开庭的，仲裁庭可以根据仲裁申请书、答辩书以及其他材料做出裁决，故选项A错误、选项C正确。

仲裁不公开进行，当事人协议公开的，可以公开进行，但涉及国家秘密的除外，故选项B错误。

申请人经书面通知，无正当理由不到庭或者未经仲裁庭许可中途退庭的，可以视为撤回仲裁申请。被申请人经书面通知，无正当理由不到庭或者未经仲裁庭许可中途退庭的，可以缺席裁决，故选项D错误。

20. 【2024年真题】当事人申请执行仲裁裁决，有管辖权的单位包括（　　）。

A. 被执行人住所地的中级人民法院

B. 被执行人住所地的基层人民法院

C. 被执行的财产所在地的基层人民法院

D. 被执行的财产所在地的中级人民法院

E. 做出仲裁裁决的仲裁机构

【解析】　当事人申请执行仲裁裁决案件，由被执行人住所地或者被执行的财产所在地的中级人民法院管辖。

21. 【2023年真题】关于仲裁裁决执行的说法，正确的是（　　）。

A. 申请仲裁裁决强制执行的期限为3年

B. 仲裁庭的组成或者仲裁的程序违反法定程序的，应当裁决仲裁裁决不予执行

C. 当事人申请执行仲裁裁决案件，应当由中级人民法院管辖

D. 被人民法院裁定不予执行的，当事人应当就该纠纷重新达成仲裁协议申请仲裁

【解析】　申请仲裁裁决强制执行的期限为2年，故选项A错误。

被申请人提出证据证明仲裁庭的组成或者仲裁的程序违反法定程序的，经人民法院组成合议庭审查核实，裁定不予执行，故选项B错误（错在"裁决"，应为"人民法院裁定"）。

当事人申请执行仲裁裁决案件，由被执行人所在地或者被执行财产所在地的中级人民法院管辖，执行案件符合基层人民法院一审民商事案件级别管辖受理范围的，经上级人民法院批准后，可以由被执行人住所地或被执行财产所在地的基层人民法院管辖，故选项C正确。

裁决被人民法院依法裁定撤销或者不予执行的，当事人就该纠纷可以根据双方重新达成的仲裁协议申请仲裁，也可以向人民法院起诉，故选项D错误。

22. 【2022年真题】关于仲裁裁决不予执行和撤销的说法，正确的有（　　）。

A. 当事人向人民法院申请不予执行被驳回后，又以相同事由申请撤销仲裁裁决的，人民法院不予支持

B. 当事人向仲裁机构隐瞒了足以影响公正裁决的证据的，经人民法院由审判员独任或者组成合议庭审查核实，裁定不予执行

C. 仲裁裁决被人民法院依法裁定不予执行的，当事人就该纠纷应当向法院提起诉讼

D. 当事人申请撤销裁决的，应当在收到裁决书之日起1年内提出

E. 案外人有证据证明仲裁案件当事人虚假仲裁，损害其合法权益的，可以根据法律相关程序的要求，申请不予执行仲裁裁决

【解析】　被申请人提出证据证明对方当事人向仲裁机构隐瞒了足以影响公正裁决的证据的，人民法院应组成合议庭审查核实，裁定不予执行，故选项B错误。

仲裁裁决被法院依法裁定不予执行的，当事人就该纠纷可以重新达成仲裁协议，并依据该仲裁协议申请仲裁，也可以向法院提起诉讼，故选项C错误。

当事人申请撤销裁决的，应当在收到裁决书之日起6个月内提出，故选项D错误。

23. 【2021年真题】根据《仲裁法》，关于仲裁裁决强制执行的说法，正确的是（　　）。

A. 当事人申请执行仲裁裁决案件，应当由被执行人财产所在地基层人民法院管辖

B. 仲裁裁决书未规定履行期间的，申请仲裁裁决强制执行的期限，从仲裁裁决书生效之日起计算

C. 仲裁委员会根据需要可以设立仲裁裁决执行机构

D. 申请仲裁裁决强制执行的期间为 1 年

【解析】　当事人申请执行仲裁裁决案件，由被执行人所在地或者被执行财产所在地的中级人民法院管辖，故选项 A 错误。

仲裁裁决书未规定履行期间的，从仲裁裁决书生效之日起计算，故选项 B 正确。

仲裁裁决做出后，当事人应当履行裁决。一方当事人不履行的，另一方当事人可以依照《民事诉讼法》的规定，向人民法院申请执行，故选项 C 错误。

申请执行的期间为二年，故选项 D 错误。

24.【2019 年真题】根据《仲裁法》，关于仲裁裁决撤销的说法，正确的是（　　）。

A. 违约金的计算不符合合同约定，当事人可以申请撤销仲裁裁决

B. 当事人需要申请撤销仲裁裁决时，可以向财产所在地的中级人民法院申请

C. 仲裁裁决被撤销后，当事人可以根据双方重新达成的仲裁协议申请仲裁，不可以向人民法院起诉

D. 仲裁的程序违反法定程序，当事人可以申请撤销仲裁裁决

【解析】　根据《仲裁法》第五十八条的规定，被申请人提出证据证明裁决有下列情形之一的，经人民法院组成合议庭审查核实，裁定不予执行：①当事人在合同中没有仲裁条款或者事后没有达成书面仲裁协议的；②裁决的事项不属于仲裁协议的范围或者仲裁机构无权仲裁的；③仲裁庭的组成或者仲裁的程序违反法定程序的；④裁决所根据的证据是伪造的；⑤对方当事人向仲裁机构隐瞒了足以影响公正裁决的证据的；⑥仲裁员在仲裁该案时有索贿受贿、徇私舞弊、枉法裁决行为的。当事人提出证据证明裁决有上述情形之一的，可以向仲裁委员会所在地的中级人民法院申请撤销裁决，故选项 A、B 错误，选项 D 正确。

根据《仲裁法》第九条的规定，裁决被人民法院依法裁定撤销或者不予执行的，当事人就该纠纷可以根据双方重新达成的仲裁协议申请仲裁，也可以向人民法院起诉，故选项 C 错误。

二、参考答案

题号	1	2	3	4	5	6	7	8	9	10
答案	B	BCD	BE	BD	A	D	DE	D	B	B
题号	11	12	13	14	15	16	17	18	19	20
答案	D	B	A	ADE	A	A	ACDE	CDE	C	AD
题号	21	22	23	24						
答案	C	AE	B	D						

三、2025 年考点预测

考点一：仲裁协议

（1）仲裁协议的特征、内容

（2）仲裁协议的效力

考点二：仲裁的申请和受理

仲裁的受理程序

考点三：仲裁庭的组成、开庭和裁决

（1）仲裁庭的组成及回避制度

（2）仲裁庭开庭及出席规定

（3）仲裁和解及调解制度

考点四：申请撤销仲裁裁决、执行和不予执行

（1）仲裁裁决的做出及生效

（2）仲裁裁决的撤销及期限、程序

第三节　民事诉讼制度

考点一：民事诉讼的法院管辖

考点二：民事审判组织、诉讼参加人

考点三：民事诉讼证据的种类、保全和应用

考点四：民事诉讼时效

考点五：民事诉讼的审判程序

考点六：民事诉讼的执行

一、历年真题及解析

1.【2019 年真题】地域管辖是以法院与（　　）之间的隶属关系和关联关系来确定。

A. 当事人　　　　　　　　　　　　B. 诉讼争议金额

C. 标的物　　　　　　　　　　　　D. 法律事实

E. 案件影响力

【解析】　地域管辖的实际上是以法院与当事人、诉讼标的以及法律事实之间的隶属关系和关联关系来确定的。

2.【2023 年真题】根据《民事诉讼法》，按照各人民法院的辖区和民事案件的隶属关系，划分同级人民法院受理第一审民事案件的分工和权限的属于（　　）。

A. 级别管辖　　　　　　　　　　　B. 移送管辖

C. 地域管辖　　　　　　　　　　　D. 指定管辖

【解析】　地域管辖是指按照各法院的辖区和民事案件的隶属关系，划分同级法院受理第一审民事案件的分工和权限。

3.【2023 年真题】关于民事诉讼管辖权异议的说法，正确的有（　　）。

A. 当事人对管辖权有异议的，应当在提交答辩状期间提出

B. 对人民法院做出的管辖权异议裁定，当事人不得上诉

C. 当事人对级别管辖权不得提出异议

D. 当事人对地域管辖权可以提出异议

E. 当事人未提出管辖权异议并应诉答辩的，视为受诉人民法院有管辖权

【解析】　根据《民事诉讼法》规定，人民法院受理案件后，当事人对管辖权有异议的，应当在提交答辩状期间提出，故选项 A 正确。

对人民法院做出的管辖异议裁定，当事人不服的可以向上一级法院提起上诉，故选项 B 错误。

管辖异议一般包括：就地域管辖权提出异议，就级别管辖权提出异议，仲裁协议或仲裁条款有效的，为排除法院管辖而提出异议等，都可以提出管辖权异议，故选项 C 错误、选项 D 正确。

当事人未提出管辖权异议并应诉答辩的，视为受诉人民法院有管辖权，但违反级别管辖和专属管辖规定的除外，选项 E 正确（谨慎的可以不选）。

4.【2018 年真题】关于民事诉讼管辖权异议的说法中，正确的是（　　）。

A. 当事人未提出管辖异议，并应诉答辩的，视为受诉人民法院有管辖权，但违反级别管辖和专属管辖规定的除外

B. 人民法院受理案件后，当事人对管辖权有异议的，可以在诉讼进行的任何阶段提出

C. 人民法院审查后，认为异议成立的，判决将案件移送有管辖权的人民法院

D. 对人民法院就级别管辖异议做出的裁定，当事人不得上诉

【解析】　根据《民事诉讼法》第一百三十条的规定，人民法院受理案件后，当事人对管辖权有异议的，应当在提交答辩状期间提出，故选项 B 错误。

人民法院对当事人提出的异议，应当审查异议成立的，裁定将案件移交有管辖权的人民法院，故选项 C 错误。

当事人未提出管辖异议，并应诉答辩的，视为受诉人民法院有管辖权，但违反级别管辖和专属管辖规定的除外，故选项 A 正确。

对人民法院就级别管辖异议做出的裁定，当事人不服的可以向上一级法院提起上诉，故选项 D 错误。

5.【2017 年真题】关于民事诉讼管辖制度的说法中，正确的有（　　）。

A. 甲区基层法院受理某技术转让合同纠纷案后，发现自己没有级别管辖权，将案件移送至甲市中级人民法院审理，属于管辖权转移

B. 因房屋买卖合同纠纷提起的诉讼由房屋所在地人民法院管辖

C. 房屋买卖合同纠纷案件不可约定管辖法院

D. 移送管辖有可能是因为受理法院违反了级别管辖的规定所导致

E. 当事人可以通过协议变更案件的级别管辖

【解析】　根据《民事诉讼法》的有关规定，人民法院发现受理的案件不属于本院管辖的，应当移送有管辖权的人民法院，这属于移送管辖，故选项 A 错误。

移送管辖是因为受理法院没有管辖权，有可能是因为违反了级别管辖的规定，故选项 D 正确。

房屋买卖合同纠纷属于不动产纠纷，因不动产纠纷提起的诉讼，由不动产所在地人民法院管辖，故选项 B、C 正确。

级别管辖有相关的法律法规的明确规定，当事人不可以通过协议变更，故选项 E 错误。

6.【2024 年真题】下列民事诉讼案件中，实行两审终审制度的是（　　）。

A. 实现担保物权案件　　　　　　　　　B. 建设工程施工合同案件

C. 确认调解协议案件　　　　　　　　　D. 小额诉讼案件

【解析】　实行一审终审制的案件包括：

① 最高人民法院的判决、裁定，是发生法律效力的判决、裁定；

② 选民资格案件、宣告失踪或者宣告死亡案件、认定公民无民事行为能力或者限制民事行为能力案件、认定财产无主案件、确认调解协议案件和实现担保物权案件等适用特别程序的案件，实行一审终审；

③ 小额诉讼案件，实行一审终审。

故选项 A、C、D 错误。

7.【2020 年真题】民事诉讼活动中，诉讼代理人代为承认、放弃、变更诉讼请求的，必须有委托人的授权。该授权属于（　　）。

A. 一般授权　　　　　　　　　　　　　B. 无条件授权

C. 全面授权　　　　　　　　　　　　　D. 特别授权

【解析】　根据《民事诉讼法》第六十二条的规定，诉讼代理人代为承认、放弃、变更诉讼请求，进行和解，提起反诉或者上诉，必须有委托人的特别授权，故选项 D 正确。

8.【2019 年真题】下列人员中，可以被委托为民事诉讼代理人的是（　　）。

A. 知名法学家　　　　　　　　　　　　B. 基层法律服务工作人员

C. 当事人的亲属　　　　　　　　　　　D. 建设行政主管部门推荐的公民

【解析】　根据《民事诉讼法》第六十一条的规定，下列人员可以被委托为诉讼代理人：

① 律师、基层法律服务工作者，故选项 B 正确。

② 当事人的近亲属或者工作人员，故选项 C 错误。

③ 当事人所在社区、单位以及有关社会团体推荐的公民，故选项 D 错误。

"知名法学家"不在上述范围内，故选项 A 错误。

9.【2015 年真题】根据《民事诉讼法》，下列人员中，属于民事诉讼当事人的有（　　）。

A. 原告　　　　　　　　　　　　　　　B. 被告

C. 鉴定人　　　　　　　　　　　　　　D. 第三人

E. 审判员

【解析】　民事诉讼当事人包括原告、被告、共同诉讼人和第三人。注意委托代理人不是民事诉讼的当事人。

10.【2023 年真题】关于民事诉讼中质证的说法，正确的是（　　）。

A. 证据应当在法庭上出示，由法官质证

B. 当事人及其诉讼代理人经审判人员许可后可以询问证人

C. 对涉及国家秘密的证据应当保密，不得在开庭时出示

D. 对书证、视听资料质证时，当事人只能出示证据的原件或者原物

【解析】　根据《民事诉讼法》的规定，证据应当在法庭上出示，由当事人质证。对涉及国家秘密、商业秘密和个人隐私的证据应当保密，需要在法庭出示的，不得在公开开庭时出示。未经质证的证据，不能作为认定案件事实的依据，故选项 A、C 错误。

根据《最高人民法院关于民事诉讼证据的若干规定》，审判人员可以对证人进行询问。

当事人及其诉讼代理人经审判人员许可后可以询问证人，故选项 B 正确。

对书证、物证、视听资料进行质证时，当事人应当出示证据的原件或者原物，但有下列情形之一的除外：①出示原件或者原物确有困难并经法院准许出示复制件或者复制品的；②原件或者原物已不存在，但有证据证明复制件、复制品与原件或原物一致的。故选项 D 错误。

11.【2021 年真题】关于民事诉讼证据的调查收集和保全的说法，正确的是（　　）。

A. 当事人因客观原因不能自行收集的证据，可以申请人民法院调查收集，并应当在庭审辩论结束前提交书面申请

B. 当事人或者利害关系人申请采取查封的证据保全措施，人民法院应当责令申请人提供相应的担保

C. 对控制书证的当事人在诉讼中曾经引用过的书证，当事人可以申请人民法院责令对方当事人提交，控制书证的当事人可以拒绝提交

D. 当事人或者利害关系人可以申请证据保全并应当在第一审庭审结束前向人民法院提出

【解析】 当事人应当在合理期限内完成举证，因客观原因不能自行收集的证据，可申请人民法院调查收集，并应当在举证期限届满前提交书面申请，故选项 A 错误。

当事人或者利害关系人可以依法申请证据保全并应当在举证期限届满前向人民法院提出。当事人或者利害关系人申请采取查封、扣押等限制保全标的物使用、流通等保全措施，或者保全可能对证据持有人造成损失的，人民法院应当责令申请人提供相应的担保，故选项 B 正确、选项 D 错误。

当事人可以申请人民法院责令对方当事人提交书证。有下列情形控制书证的当事人应当提交书证：①控制书证的当事人在诉讼中曾经引用过的书证；②为对方当事人的利益制作的书证；③对方当事人依照法律规定有权查阅、获取的书证；④账簿、记账原始凭证；⑤人民法院认为应当提交书证的其他情形。故选项 C 错误。

12.【2016 年真题】关于民事诉讼举证期限的说法中，正确的是（　　）。

A. 人民法院可以在案件审理过程中确定当事人的举证期限

B. 人民法院确定举证期限，第一审普通程序案件不得少于 10 日

C. 举证期限可以由当事人协商，并经人民法院准许

D. 当事人逾期提供证据，人民法院不予采纳

【解析】 根据《最高人民法院关于〈民事诉讼法〉的解释》第九十九条的规定，人民法院应当在审理前的准备阶段确定当事人的举证期限。举证期限可以由当事人协商，并经人民法院准许。人民法院确定举证期限，第一审普通程序案件不得少于 15 日，当事人提供新的证据的第二审案件不得少于 10 日，故选项 A、B 错误，选项 C 正确。

根据该解释第一百零一条和第一百零二条的规定，当事人逾期提供证据的，人民法院应当责令其说明理由，必要时可以要求其提供相应的证据。当事人因故意或者重大过失逾期提供的证据，人民法院不予采纳。但该证据与案件基本事实有关的，人民法院应当采纳，并依照《民事诉讼法》第六十八条、第一百一十三条第一款的规定予以训诫、罚款。

当事人非因故意或者重大过失逾期提供的证据，人民法院应当采纳，并对当事人予以训诫，故选项 D 错误。

13.【2018 年真题】普通诉讼时效期间通常为（　　）。

A. 1 年　　　　　　B. 2 年　　　　　　C. 3 年　　　　　　D. 4 年

【解析】　根据《民法典》第一百八十八条的规定，普通诉讼时效期间通常为 3 年。

14.【2018 年真题】关于诉讼时效中断的说法中，正确的有（　　）。

A. 自诉讼时效中断的原因消除之日起 6 个月诉讼时效期间届满

B. 人民法院应当认定申报破产债权与提起诉讼具有同等诉讼时效中断的效力

C. 权利人对同一债权中的部分债权主张权利，诉讼时效中断的效力不及于剩余债权

D. 债权转让的，应当认定诉讼时效从债权转让通知到达债务人之日起中断

E. 因权利人被义务人控制，不能行使请求权的，诉讼时效中断

【解析】　根据《民法典》第一百九十四条的规定，在诉讼时效期间的最后 6 个月内，因下列情况，不能行使请求权的，诉讼时效中止：①不可抗力；②无民事行为能力人或者限制民事行为能力人没有法定代理人，或者法定代理人死亡、丧失民事行为能力、丧失代理权；③继承开始后未确定继承人或者遗产管理人；④权利人被义务人或者其他人控制；⑤其他导致权利人不能行使请求权的障碍。自中止时效的原因消除之日起满 6 个月，诉讼时效期间届满，故选项 A、E 错误。

权利人对同一债权中的部分债权主张权利，诉讼时效中断的效力及于剩余债权，但权利人明确表示放弃剩余债权的情形除外，故选项 C 错误。

15.【2021 年真题】民事诉讼的三大诉讼阶段是（　　）。

A. 一审程序、二审程序和再审程序

B. 一审程序、再审程序和审判监督程序

C. 一审程序、审判监督程序和抗诉程序

D. 一审程序、二审程序和执行程序

【解析】　民事诉讼主要分为一审程序、二审程序和执行程序三大诉讼阶段，但并非每个案件都要经过这三个阶段。

16.【2021 年真题】关于民事诉讼案件受理的说法，正确的有（　　）。

A. 人民法院对于符合起诉条件的，应当在 14 日内立案，并通知当事人

B. 被告应当在收到起诉状副本之日起 15 日内提出答辩状

C. 诉讼文书必须采取直接送达的方式进行送达

D. 专属管辖案件，当事人未提出管辖异议并应诉答辩的，视为受诉人民法院有管辖权

E. 普通程序的审判组织应当采用合议制

【解析】　根据《民事诉讼法》的规定，人民法院应当保障当事人依照法律规定享有的起诉权利。对符合本法第一百二十二条的起诉，必须受理，符合起诉条件的，应当在 7 日内立案，并通知当事人；不符合起诉条件的，应当在 7 日内做出裁定书，不予受理；原告对裁定不服的，可以提起上诉，故选项 A 错误。

人民法院应当在立案之日起 5 日内将起诉状副本发送被告，被告应当在收到之日起 15 日内提出答辩状，故选项 B 正确。

诉讼文书送达方式包括直接送达、留置送达；经受送达人同意，法院可以对除判决书、裁定书、调解书以外的诉讼文书采用传真、电子邮件等能够确认其收悉的方式送达；委托送达、邮寄送达以及公告送达，故选项 C 错误。

当事人未提出管辖异议，并应诉答辩的，视为受诉人民法院有管辖权，但违反级别管辖和专属管辖规定的除外，故选项 D 错误。

普通程序的审判组织应当采用合议制，故选项 E 正确。

17.【**2024 年真题**】承包人起诉发包人支付工程价款，经传票传唤，诉讼参加人无正当理由拒不到庭的，人民法院的下列做法中，正确的是（　　）。

A. 承包人拒不到庭的，缺席判决

B. 第三人拒不到庭的，裁定中止案件审理

C. 证人拒不到庭的，按撤诉处理

D. 发包人拒不到庭的，缺席判决

【解析】　根据《民事诉讼法》第一百四十六条和第一百四十七条的规定，经人民法院传票传唤，原告无正当理由拒不到庭，或者未经法庭许可中途退庭的，可以按照撤诉处理；被告无正当理由拒不到庭，或者未经法庭许可中途退庭的，可以缺席判决。

承包人为原告，拒不到庭的，可以按撤诉处理，故选项 A 错误。

有独立请求权的第三人经人民法院传票传唤，无正当理由拒不到庭的，或者未经法庭许可中途退庭的，比照《民事诉讼法》第一百四十三条的规定，按撤诉处理。

无独立请求权的第三人经人民法院传票传唤，无正当理由拒不到庭，或者未经法庭许可中途退庭的，不影响案件的审理，故选项 B 错误。

证人拒不到庭的，不影响案件的审理，故选项 C 错误。

18.【**2023 年真题**】根据《民事诉讼法》，关于简易程序的说法，正确的是（　　）。

A. 简易程序是人民法院审理案件的首选诉讼程序

B. 简易程序实行一审终审

C. 人民法院在审理过程中，发现案件不适用简易程序的，裁定转为普通程序

D. 适用简易程序审理的案件，应当在立案之日起 2 个月内审结

【解析】　根据《民事诉讼法》的规定，普通程序是民事诉讼当事人进行第一审民事诉讼和人民法院审理第一审民事案件所通常适用的诉讼程序，故选项 A 错误。

小额诉讼程序是简易程序的一种，实行一审终审，简易程序不实行一审终审，故选项 B 错误。

适用简易程序审理的案件，应当在立案之日起 3 个月内审结。有特殊情况需要延长的，经本院院长批准，可以延长 1 个月，延长后的审理期限累计不得超过 4 个月，故选项 D 错误。

19.【**2013 年真题**】关于人民法院对民事上诉案件的二审裁判的说法中，正确的是（　　）。

A. 原判决认定事实清楚，适用法律正确的，裁定驳回上诉，维持原判决

B. 原判决适用法律错误的，裁定撤销原判决，发回原审人民法院重审

C. 原判决认定事实不清的，裁定撤销原判决，发回原审人民法院重审，或者查清事实后改判

D. 原判决违反法定程序的，依法改判

【解析】　根据《民事诉讼法》第一百七十七条的规定，第二审人民法院对上诉案件，经过审理，按照下列情形，分别处理：

① 原判决认定事实清楚，适用法律正确的，判决驳回上诉，维持原判决；

② 原判决适用法律错误的，依法改判；

③ 原判决认定事实错误，或者原判决认定事实不清，证据不足，裁定撤销原判决，发回原审人民法院重审，或者查清事实后改判；

④ 原判决违反法定程序，可能影响案件正确判决的，裁定撤销原判决，发回原审人民法院重审。

20.【2013 年真题】根据《民事诉讼法》，起诉必须符合的条件有（　　）。

A. 原告是与本案有直接利害关系的公民，法人和其他组织

B. 有明确的被告

C. 有具体的诉讼请求和理由

D. 事实清楚，证据确实充分

E. 属于人民法院受理民事诉讼的范围和受诉人民法院管辖

【解析】　根据《民事诉讼法》第一百二十二条的规定，起诉必须符合下列条件：

① 原告是与本案有直接利害关系的公民、法人和其他组织；②有明确的被告；③有具体的诉讼请求、事实和理由；④属于人民法院受理民事诉讼的范围和受诉人民法院管辖。

21.【2020 年真题】发生法律效力的民事判决、裁定，当事人可以向人民法院申请执行，该人民法院应当是（　　）。

A. 与第一审人民法院同级的被执行的财产所在地人民法院

B. 终审人民法院

C. 申请执行人住所地人民法院

D. 被执行的财产所在地基层人民法院

【解析】　根据《民事诉讼法》第二百三十一条的规定，发生法律效力的民事判决、裁定，以及刑事判决、裁定中的财产部分，由第一审人民法院或者与第一审人民法院同级的被执行的财产所在地人民法院执行。法律规定由人民法院执行的其他法律文书，由被执行人住所地或者被执行的财产所在地人民法院执行。

22.【2019 年真题】下列情形中，人民法院应当将被执行人纳入失信被执行人名单的是（　　）。

A. 拒不执行生效法律文书确定义务的

B. 拒绝申请执行人查询财产情况报告的

C. 拒不履行执行和解协议的

D. 以威胁方法妨碍、抗拒执行的

【解析】　根据《最高人民法院关于公布失信被执行人名单信息的若干规定》第一条，被执行人未履行生效法律文书确定的义务，并具有下列情形之一的，人民法院应当将其纳入失信被执行人名单，依法对其进行信用惩戒：①有履行能力而拒不履行生效法律文书确定义务的；②以伪造证据、暴力、威胁等方法妨碍、抗拒执行的；③以虚假诉讼、虚假仲裁或者以隐匿、转移财产等方法规避执行的；④违反财产报告制度的；⑤违反限制消费令的；⑥无正当理由拒不履行执行和解协议的。

注意选项 A 缺少"有履行能力"的前提条件；选项 C 缺少"无正当理由"的前提条件；选项 B 应为"违反财产报告制度"。故选项 A、B、C 错误。

23.【2024 年真题】民事判决执行完毕后，据以执行的判决确有错误被人民法院撤销，关于补救措施的说法，正确的有（　　　）。

A. 已被执行的财产无法返还的，不再执行回转

B. 人民法院应当做出裁定，责令取得财产的人返还

C. 应当提起执行异议之诉

D. 取得财产的人拒不返还的，强制执行

E. 应当在判决被撤销后 6 个月内提出

【解析】 执行完毕后，据以执行的判决、裁定和其他法律文书确有错误，被人民法院撤销的，对已被执行的财产，人民法院应当做出裁定，责令取得财产的人返还；拒不返还的，强制执行，故选项 B、D 正确。

执行回转应重新立案，适用执行程序的有关规定，故选项 C 错误（执行异议之诉是当事人或利益第三人针对执行行为违法而提起的诉讼）。

执行回转时，已执行的标的物系特定物的，应当退还原物。不能退还原物的，经双方当事人同意，可以折价赔偿。双方当事人对折价赔偿不能协商一致的，人民法院应当终结执行回转程序；申请执行人可以另行起诉，故选项 A 错误。

选项 E 无此规定（超纲）。

二、参考答案

题号	1	2	3	4	5	6	7	8	9	10
答案	ACD	C	ADE	A	BCD	B	D	B	ABD	B
题号	11	12	13	14	15	16	17	18	19	20
答案	B	C	C	BD	D	BE	D	C	C	ABCE
题号	21	22	23							
答案	A	D	BD							

三、2025 年考点预测

考点一：民事诉讼的法院管辖

（1）地域管辖制度

（2）移送管辖、指定管辖制度

（3）管辖权异议制度

考点二：民事审判组织、诉讼参加人

（1）合议制度及回避制度

（2）公开审判及两审终审制度

考点三：民事诉讼证据的种类、保全和应用

（1）证据的收集途径

（2）证据的认定

考点四：民事诉讼时效

（1）诉讼时效的概念、期限

（2）诉讼时效的中止、中断

考点五：民事诉讼的审判程序

（1）简易程序和小额诉讼程序的规定

（2）二审的处理

（3）启动再审的途径及情形

考点六：民事诉讼的执行

第四节　行政复议制度

考点一：行政复议范围
考点二：行政复议的申请、受理和决定

一、历年真题及解析

1.【2023年真题】下列事项中，不能提出行政复议申请的是（　　）。

A. 对行政机关就民事纠纷做出的调解处理不服的

B. 对行政机关做出的警告决定不服的

C. 对行政机关做出的资质证书变更决定不服的

D. 对行政机关做出的冻结财产措施决定不服的

【解析】　下列事项应按规定的纠纷处理方式解决，不能提起行政复议：

① 不服行政机关做出的行政处分或者其他人事处理决定的，应当依照有关法律、行政法规的规定提起申诉；

② 不服行政机关对民事纠纷做出的调解或者其他处理，应当依法申请仲裁或者向法院提起诉讼。

2.【2014年真题】根据《行政复议法》，下列事项中，属于不可申请行政复议的情形是（　　）。

A. 对建设主管部门责令施工企业停止施工的决定不服的

B. 对建设主管部门撤销施工企业资质证书的决定不服的

C. 对规划行政主管部门撤销建设工程规划许可证的决定不服的

D. 对建设行政主管部门就建设工程合同争议进行的调解结果不服的

【解析】　根据《行政复议法》第八条的规定，下列事项应按规定的纠纷处理方式解决，不能提起行政复议：

① 不服行政机关做出的行政处分或者其他人事处理决定的，应当依照有关法律、行政法规的规定提起申诉；

② 不服行政机关对民事纠纷做出的调解或者其他处理的，应当依法申请仲裁或者向法院提起诉讼，故选项D正确。

3.【2013年真题】公民、法人或者其他组织认为行政机关的行政行为侵犯其合法权益，可以单独申请行政复议的情形是（　　）。

A. 不服行政机关做出的行政处分　　　　B. 不服行政机关做出的行政处罚决定

C. 不服行政机关对民事纠纷做出的调解　D. 部分地方人民政府颁布的规章

【解析】　根据《行政复议法》第八条的规定，下列事项应按规定的纠纷处理方式解决，不能提起行政复议：

① 不服行政机关做出的行政处分或者其他人事处理决定的，应当依照有关法律、行政法规的规定提起申诉，故选项 A 错误。

② 不服行政机关对民事纠纷做出的调解或者其他处理的，应当依法申请仲裁或者向法院提起诉讼，故选项 C 错误。

根据《行政复议法》第七条的规定，公民、法人或者其他组织认为行政机关的具体行政行为所依据的下列规定不合法，在对具体行政行为申请行政复议时，可以一并向行政复议机关提出对该规定的审查申请：①国务院部门的规定；②县级以上地方各级人民政府及其工作部门的规定；③乡、镇人民政府的规定。前面所列规定不含国务院部、委员会规章和地方人民政府规章。规章的审查依照法律、行政法规办理，故选项 D 错误。

4.【2021 年真题】关于行政复议申请的说法，正确的是（　　）。

A. 公民法人或者其他组织认为具体行政行为侵犯其合法权益的，可以自知道该具体行政行为之日起 90 日内提出行政复议申请

B. 对县级以上地方各级人民政府工作部门的具体行政行为不服的，应当向上一级主管部门申请行政复议

C. 公民、法人或者其他组织向人民法院提起行政诉讼，人民法院已经受理的，仍可以申请行政复议

D. 申请人可以口头提出行政复议申请

【解析】　根据《行政复议法》第九条的规定，公民、法人或者其他组织认为具体行政行为侵犯其合法权益的，可以自知道该具体行政行为之日起 60 日内提出行政复议申请，但法律规定的申请期限超过 60 日的除外，故选项 A 错误。

根据《行政复议法》第十二条的规定，对县级以上地方各级人民政府工作部门的具体行政行为不服的，由申请人选择，可以向该部门的本级人民政府申请行政复议，也可以向上一级主管部门申请行政复议，故选项 B 错误。

公民、法人或者其他组织向人民法院提起行政诉讼，人民法院已经依法受理的，不得申请行政复议，故选项 C 错误。

根据《行政复议法》第十一条的规定，申请人可以委托代理人代为参加行政复议。申请人申请行政复议，可以书面申请，也可以口头申请，故选项 D 正确。

5.【2019 年真题】关于行政复议的说法正确的是（　　）。

A. 行政复审机关决定撤销具体行政行为的，可以责令被申请人重新做出具体行政行为

B. 行政复议一律采用书面审查方法

C. 行政复议决定做出前，申请人不得撤回行政复议申请

D. 申请人在申请行政复议时没有提出行政赔偿请求的，在依法决定撤销具体行政行为时不得同时责令被申请人赔偿

【解析】　根据《行政复议法》第二十八条的规定，具体行政行为有下列情形之一的，决定撤销、变更或者确认该具体行政行为违法；决定撤销或者确认该具体行政行为违法的，可以责令被申请人在一定期限内重新做出具体行政行为：

① 主要事实不清、证据不足的；②适用依据错误的；③违反法定程序的；④超越或者滥用职权的；⑤具体行政行为明显不当的，故选项 A 正确。

根据《行政复议法》第二十二条的规定，行政复议原则上采取书面审查的办法，但是申请人提出要求或者行政复议机关负责法制工作的机构认为有必要时，可以向有关组织和人员调查情况，听取申请人、被申请人和第三人的意见，故选项 B 错误。

根据《行政复议法》第二十五条的规定，行政复议决定做出前，申请人要求撤回行政复议申请的，经说明理由，可以撤回；撤回行政复议申请的，行政复议终止，故选项 C 错误。

根据《行政复议法》第二十九条的规定，申请人在申请行政复议时可以一并提出行政赔偿请求，行政复议机关对符合国家赔偿法的有关规定应当给予赔偿的，在决定撤销、变更具体行政行为或者确认具体行政行为违法时，应当同时决定被申请人依法给予赔偿。申请人在申请行政复议时没有提出行政赔偿请求的，行政复议机关在依法决定撤销或者变更罚款、撤销违法集资、没收财物、征收财物、摊派费用以及对财产的查封、扣押、冻结等具体行政行为时，应当同时责令被申请人返还财产，解除对财产的查封、扣押、冻结措施，或者赔偿相应的价款，故选项 D 错误。

6.【2024 年真题】对下列行政行为不服，申请人应当先向行政复议机关申请行政复议，对行政复议决定不服，方可以向人民法院提起行政诉讼的是（　　）。

A. 行政机关做出的确认自然资源所有权的决定

B. 行政机关做出的行政强制执行决定

C. 行政机关做出的吊销资质证书处罚决定

D. 申请政府信息公开，行政机关不予公开

【解析】 根据《行政复议法》第二十三条的规定，有下列情形之一的，申请人应当先向行政复议机关申请行政复议，对行政复议决定不服的，可以再依法向人民法院提起行政诉讼：

① 对当场做出的行政处罚决定不服；

② 对行政机关做出的侵犯其已经依法取得的自然资源的所有权或者使用权的决定不服；

③ 认为行政机关存在《行政复议法》第十一条规定的未履行法定职责情形；

④ 申请政府信息公开，行政机关不予公开；

⑤ 法律、行政法规规定应当先向行政复议机关申请行政复议的其他情形。

故选项 D 正确；选项 A 错在"确认自然资源所有权"，应为"做出的侵犯其已经依法取得的自然资源的所有权或者使用权的决定"。

7.【2016 年真题】申请人对县级以上地方各级人民政府工作部门的具体行政行为不服的，可以申请行政复议，关于该行政复议的说法，正确的有（　　）。

A. 申请人可以向该部门的本级人民政府申请行政复议

B. 申请人可以向上一级主管部门申请行政复议

C. 申请人申请行政复议不可以口头申请

D. 申请人应当自知道该具体行政行为之日起 60 日内提出行政复议申请

E. 行政复议机关应当在收到行政复议申请后 15 日内进行审查，决定是否受理

【解析】 根据《行政复议法》第十二条的规定，对县级以上地方各级人民政府工作部

门的具体行政行为不服的，由申请人选择，可以向该部门的本级人民政府申请行政复议，也可以向上一级主管部门申请行政复议，故选项A、B正确。

根据《行政复议法》第十一条的规定，申请人申请行政复议，可以书面申请，也可以口头申请；口头申请的，行政复议机关应当当场记录申请人的基本情况、行政复议请求、申请行政复议的主要事实、理由和时间，故选项C错误。

根据《行政复议法》第九条的规定，公民、法人或者其他组织认为具体行政行为侵犯其合法权益的，可以自知道该具体行政行为之日起60日内提出行政复议申请；但是法律规定的申请期限超过60日的除外，故选项D错误（不是"应当"，而是"可以"）。

根据《行政复议法》第十七条的规定，行政复议机关收到行政复议申请后，应当在5日内进行审查，对不符合本法规定的行政复议申请，决定不予受理，并书面告知申请人；对符合本法规定，但是不属于本机关受理的行政复议申请，应当告知申请人向有关行政复议机关提出，故选项E错误。

二、参考答案

题号	1	2	3	4	5	6	7			
答案	A	D	B	D	A	D	AB			

三、2025年考点预测

考点一：行政复议范围
行政复议范围
考点二：行政复议的申请、受理和决定
（1）复议申请的对象、期限
（2）行政复议的管辖
（3）行政复议的中止与终止
（4）行政复议的决定

第五节　行政诉讼制度

考点一：行政诉讼的受案范围
考点二：行政诉讼的法院管辖
考点三：行政诉讼参加人
考点四：行政诉讼证据的种类、举证责任和保全
考点五：行政诉讼的起诉和受理
考点六：行政诉讼的审理、判决和执行

一、历年真题及解析

1.【2021年真题】公民、法人或者其他组织提起的下列诉讼中，属于行政诉讼受案范

围的有（　　　）。

A. 认为行政机关滥用行政权力排除或者限制竞争的

B. 认为行政机关不依法履行政府特许经营协议的

C. 对行政机关的行政指导行为不服的

D. 申请行政机关履行保护人身权的法定职责行政机关拒绝履行的

E. 对行政机关针对信访事项做出的复核意见不服

【解析】　根据《最高人民法院关于适用〈中华人民共和国行政诉讼法〉的解释》的规定，下列行为不属于人民法院行政诉讼的受案范围：①公安、国家安全等机关依照刑事诉讼法的明确授权实施的行为；②调解行为以及法律规定的仲裁行为；③行政指导行为；④驳回当事人对行政行为提起申诉的重复处理行为；⑤行政机关做出的不产生外部法律效力的行为；⑥行政机关为做出行政行为而实施的准备、论证、研究、层报、咨询等过程性行为；⑦行政机关根据人民法院的生效裁判、协助执行通知书做出的执行行为，但行政机关扩大执行范围或采取违法方式实施的除外；⑧上级行政机关基于内部层级监督关系对下级行政机关做出的听取报告、执法检查、督促履责等行为；⑨行政机关针对信访事项做出的登记、受理、交办、转送、复查、复核意见等行为；⑩对公民、法人或者其他组织权利义务不产生实际影响的行为。故选项 C、E 不属于行政诉讼的受案范围。

2. 【2018 年真题】根据《行政诉讼法》，人民法院不受理行政诉讼的情形是（　　　）。

A. 对行政拘留、暂扣或者吊销许可证和执照的行政处罚不满

B. 申请行政许可，行政机关拒绝或者在法定期限内不予答复

C. 行政机关对行政机关工作人员的奖惩、任免等决定的

D. 认为行政机关滥用行政权力，排除或者限制竞争的

【解析】　根据《行政诉讼法》第十三条的规定，法院不受理公民、法人或者其他组织对下列事项提起的诉讼：

① 国防、外交等国家行为；

② 行政法规、规章或者行政机关制定、发布的具有普遍约束力的决定、命令；

③ 行政机关对行政机关工作人员的奖惩、任免等决定；

④ 法律规定由行政机关最终裁决的行政行为。

3. 【2024 年真题】下列行政诉讼案中，由中级人民法院受理的一审案件是（　　　）。

A. 知识产权案件　　　　　　　　　B. 省公安厅作为被告的案件

C. 乡镇人民政府作为被告的案件　　　D. 县级人民政府作为被告的案件

【解析】　根据《行政诉讼法》第十五条的规定，中级人民法院管辖下列第一审行政案件：

① 对国务院部门或者县级以上地方人民政府所作的行政行为提起诉讼的案件；

② 海关处理的案件；

③ 本辖区内重大、复杂的案件；

④ 其他法律规定由中级人民法院管辖的案件。

故选项 D 正确。

4. 【2023 年真题】关于行政诉讼管辖的说法，正确的是（　　　）。

A. 对限制人身自由的行政强制措施不服提出的诉讼，应当由被告所在地人民法院管辖

B. 复议机关改变原行政行为的案件，可以由复议机关所在地人民法院管辖

C. 中级人民法院管辖第一审行政案件

D. 因不动产提起的行政诉讼，由被告所在地人民法院管辖

【解析】　根据《行政诉讼法》第十九条的规定，对限制人身自由的行政强制措施不服提出的诉讼，由被告或原告所在地人民法院管辖，故选项 A 错误。

根据《行政诉讼法》第十八条的规定，行政案件由最初做出行政行为的行政机关所在地人民法院管辖，经复议的案件，也可以由复议机关所在地人民法院管辖，故选项 B 正确。

根据《行政诉讼法》第十四条的规定，基层人民法院管辖第一审行政案件，故选项 C 错误。

根据《行政诉讼法》第二十条的规定，因不动产提起的行政诉讼，由不动产所在地人民法院管辖，故选项 D 错误。

5.【2024 年真题】关于行政诉讼举证责任的说法，正确的是（　　）。

A. 原告应当提供其向被告提出异议的证据

B. 被告对做出的行政行为负有举证责任

C. 在诉讼过程中，被告可以自行向原告、第三人和证人收集证据

D. 原告应当提供证明行政行为违法的证据

【解析】　根据《行政诉讼法》第三十四条的规定，被告对做出的行政行为负有举证责任，应当提供做出该行政行为的证据和所依据的规范性文件，故选项 B 正确。

原告向被告提出异议（消极主张），不负有举证责任，故选项 A 错误。

根据《行政诉讼法》第三十五条的规定，在诉讼过程中，被告及其诉讼代理人不得自行向原告、第三人和证人收集证据，故选项 C 错误。

根据《行政诉讼法》第三十七条的规定，原告可以提供证明行政行为违法的证据。原告提供的证据不成立的，不免除被告的举证责任，故选项 D 错误（错在"应当"，应为"可以"）。

6.【2016 年真题】关于行政诉讼案件审理的说法中，正确的是（　　）。

A. 行政诉讼期间，被诉行政行为停止执行

B. 涉及商业秘密的行政诉讼案件一律不得公开审理

C. 人民法院对行政案件宣告判决前原告申请撤诉的，是否准许，由人民法院裁定

D. 人民法院审理行政赔偿案件不适用调解

【解析】　根据《行政诉讼法》第五十四条的规定，人民法院公开审理行政案件，但涉及国家秘密、个人隐私和法律另有规定的除外。涉及商业秘密的案件，当事人申请不公开审理的，可以不公开审理，故选项 B 错误。

根据《行政诉讼法》第五十六条的规定，诉讼期间，不停止行政行为的执行。但有下列情形之一的，裁定停止执行：①被告认为需要停止执行的；②原告或者利害关系人申请停止执行，人民法院认为该行政行为的执行会造成难以弥补的损失，并且停止执行不损害国家利益、社会公共利益的；③人民法院认为该行政行为的执行会给国家利益、社会公共利益造成重大损害的；④法律、法规规定停止执行的，故选项 A 错误。

根据《行政诉讼法》第六十二条的规定，人民法院对行政案件宣告判决或者裁定前，

原告申请撤诉的，或者被告改变其所做的行政行为，原告同意并申请撤诉的，是否准许，由人民法院裁定，故选项 C 正确。

根据《行政诉讼法》第六十条的规定，人民法院审理行政案件，不适用调解。但是，行政赔偿、补偿以及行政机关行使法律、法规规定的自由裁量权的案件可以调解。调解应当遵循自愿、合法原则，不得损害国家利益、社会公共利益和他人合法权益，故选项 D 错误。

7.【2024 年真题】行政诉讼期间发生的下列情形中，人民法院应当裁定停止执行行政行为的有（　　）。

A. 被告认为需要停止执行的

B. 原告认为需要停止执行的

C. 该行政行为的执行会给当事人造成重大损害的

D. 该行政行为具有人身强制属性的

E. 人民法院认为该行政行为的执行会给国家利益造成重大损害的

【解析】 诉讼期间，不停止行政行为的执行。但有下列情形之一的，裁定停止执行：①被告认为需要停止执行的；②原告或者利害关系人申请停止执行，人民法院认为该行政行为的执行会造成难以弥补的损失，并且停止执行不损害国家利益、社会公共利益的；③人民法院认为该行政行为的执行会给国家利益、社会公共利益造成重大损害的；④法律、法规规定停止执行的。故选项 A、E 正确。

8.【2024 年真题】人民法院认为事实清楚、权利义务关系明确、争议不大的第一审行政案件，可以适用简易程序的是（　　）。

A. 发回重审的案件　　　　　　　B. 按照审判监督程序再审的案件

C. 被诉行政行为经过听证程序的案件　　D. 属于政府信息公开的案件

【解析】 人民法院审理下列第一审行政案件，认为事实清楚、权利义务关系明确、争议不大的，可以适用简易程序：①被诉行政行为是依法当场做出的；②案件涉及款额 2000 元以下的；③属于政府信息公开案件的。除上述规定以外的第一审行政案件，当事人各方同意适用简易程序的，可以适用简易程序。故选项 D 正确。

发回重审、按照审判监督程序再审、被诉行政行为经过听证的案件不适用简易程序，故选项 A、B、C 错误。

二、参考答案

题号	1	2	3	4	5	6	7	8
答案	ABD	C	D	B	B	C	AE	D

三、2025 年考点预测

考点一：行政诉讼的受案范围

行政诉讼的受案范围

考点二：行政诉讼的法院管辖

（1）地域管辖制度

（2）移送管辖、指定管辖制度

（3）管辖权异议制度

考点三：行政诉讼参加人

行政诉讼被告的确定

考点四：行政诉讼证据的种类、举证责任和保全

举证责任及证据的补充、认证

考点五：行政诉讼的起诉和受理

考点六：行政诉讼的审理、判决和执行

（1）行政诉讼的一般规定

（2）简易程序和二审程序

（3）行政诉讼的执行

附录 2025年全国一级建造师执业资格考试《建设工程法规及相关知识》预测模拟试卷

附录A 预测模拟试卷（一）

一、单项选择题（共70题，每题1分，每题的备选项中只有一个最符合题意）

1. 根据《中华人民共和国立法法》，下列哪个不是法的形式（　　）。
   A. 法律
   B. 习惯法
   C. 行政法规
   D. 单行条例

2. 预告登记后，未经预告登记的权利人同意，处分该不动产的，产生的法律效果为（　　）。
   A. 不发生物权效力
   B. 预告登记失效
   C. 权利人善意取得不动产物权
   D. 通知预告登记人后，可以使不动产物权变动

3. 根据《民法典》，下列关于抵押权的说法，正确的是（　　）。
   A. 抵押权的设立需要将抵押物转移至抵押权人占有
   B. 宅基地使用权可以设立抵押权
   C. 乡镇企业的建设用地使用权不得单独抵押
   D. 抵押权可以与债权分离而单独转让或者作为其他债权的担保

4. 根据《专利法》，下列属于专利权保护对象的是（　　）。
   A. 商业秘密
   B. 植物新品种
   C. 集成电路分布图
   D. 外观设计

5. 损害发生后，当事人双方对损害结果都无过错，受害人的损失得不到补偿又显失公平的情况下，由人民法院根据具体情况要求当事人分担损害后果，这属于侵权行为归责原则的（　　）原则。
   A. 过错责任原则
   B. 无过错责任原则
   C. 过错推定责任原则
   D. 公平责任原则

6. 下列关于侵权损害赔偿的说法，正确的是（　　）。
   A. 侵害他人造成他人死亡的，仅需赔偿死亡赔偿金
   B. 2人以上共同实施侵权行为，造成他人损害的，应当由主要责任人承担责任

C. 2 人以上分别实施侵权行为造成同一损害，应当平均承担责任

D. 2 人以上依法承担连带责任的，权利人有权请求部分或者全部连带责任人承担责任

7. 下列关于环境保护税的说法，错误的是（　　　）。

A. 以直接或间接向环境排放应税污染物的生产经营者为纳税人

B. 实现了税负平移，将排污费的缴纳人作为环境保护税的纳税人

C. 由税务机关征收，环保部门配合

D. 税款收入纳入一般公共预算管理，主要用于污染防治和环保生态建设

8. 根据《企业所得税法》，下列企业所得税纳税主体适用 25% 税率的是（　　　）。

A. 所有非居民企业

B. 在中国境内设有机构场所，且所得与其机构、场所有关联的非居民企业

C. 在中国境内设有机构场所，但所得与其机构、场所没有实际联系的非居民企业

D. 在中国境内未设立机构场所的非居民企业

9. 下列关于行政许可的说法，正确的是（　　　）。

A. 行政机关有权主动做出行政许可

B. 行政许可是一种事先控制的行政行为

C. 行政许可是一种禁权性行政行为

D. 直接关系人身健康、生命财产安全等的特定活动，不得设定行政许可

10. 根据《行政处罚法》，下列不能由行政法规设定的行政处罚为（　　　）。

A. 行政拘留　　　　　　　　　　B. 吊销营业执照

C. 没收非法财产　　　　　　　　D. 法律未设立的补充行政处罚

11. 下列关于行政强制的说法，正确的是（　　　）。

A. 行政法规不得设定行政强制措施

B. 地方性法规可以设定冻结存款的行政强制措施

C. 查封场所属于行政强制措施

D. 加处罚款属于行政强制措施

12. 根据《刑法》，下列刑罚中，属于主刑的是（　　　）。

A. 没收财产　　　　　　　　　　B. 剥夺政治权利

C. 管制　　　　　　　　　　　　D. 驱逐出境

13. 公务员闫某因醉驾及交通肇事被刑事拘留，拘留期间幡然醒悟，向公安机关如实交代自己贪污受贿等犯罪事实，并提供其同事王某敲诈勒索的犯罪线索，公安机关据此破获以王某为首的团伙敲诈勒索案件，闫某构成（　　　）。

A. 自首和立功　　　　　　　　　B. 坦白和立功

C. 自首　　　　　　　　　　　　D. 立功

14. 下列关于法人成立的说法，正确的是（　　　）。

A. 特别法人的产生可以不经过法定的程序

B. 法人可以没有自己的住所、财产或经费

C. 法人能够独立承担民事责任

D. 法人可以不设法定代表人

15. 下列关于代理的说法，正确的是（　　　）。

A. 代理人实施代理行为时有独立进行意思表示的权利

B. 代理人知道代理事项违法仍然实施代理行为，其代理行为后果由被代理人承担

C. 代理人完全履行职责造成被代理人损害的，代理人对该代理行为承担民事责任

D. 代理人可以对被代理人的任何民事法律行为进行代理

16. 下列关于建筑业企业资质的说法，正确的是（ ）。

A. 企业只能申请一项建筑业企业资质

B. 企业申请建筑业企业资质的，应当提交纸质申请材料

C. 企业资质证书有效期为 5 年

D. 建筑业企业施工劳务资质采用审批制

17. 根据《建筑业企业资质管理规定》，下列关于建筑业企业资质证书的说法，正确的是（ ）。

A. 被撤回资质证书的建筑业企业可以在资质被撤回后 3 个月内，向资质许可机关提出核定低于原等级同类别资质的申请

B. 资质许可机关收到延续申请后，未在企业资质证书有效期届满前做出是否准予延续资质证书决定的，视为不准予延续

C. 取得企业资质证书承揽业务受地区行业限制

D. 资质证书有效期届满，未依法申请延续的，资质许可机关应当撤回其资质证书

18. 下列行为中，既属于注册建造师的权利，也是其义务的是（ ）。

A. 使用注册建造师名称　　　　　　B. 保管和使用本人注册证书、执业印章

C. 获得相应的劳动报酬　　　　　　D. 接受继续教育

19. 根据《建筑市场信用管理暂行办法》，下列关于建筑市场信用信息分类的说法，正确的是（ ）。

A. 建筑市场信用信息由基本信息、资质信息构成

B. 优良信用信息是指建筑市场各方主体在工程建设活动中获得的省级以上机关或群团组织表彰奖励等信息

C. 不良信用信息是指建筑市场各方主体在工程建设活动中违反有关法律法规、规章或者工程强制性标准等，受到市级以上住房城乡建设主管部门行政处罚的信息，以及经有关部门规定的其他不良信用信息

D. 基本信息是指注册登记信息、资质信息、工程项目信息、注册执业人员信息

20. 根据《全国建筑市场各方主体不良行为记录认定标准》，下列属于施工企业资质不良行为的是（ ）。

A. 不按照与招标人订立的合同履行义务，情节严重的

B. 以他人名义投标，骗取中标的

C. 允许其他单位或个人以本单位名义承揽工程的

D. 涂改、伪造、出借、转让安全生产许可证的

21. 根据《保障中小企业款项支付条例》，下列说法正确的是（ ）。

A. 机关、事业单位从中小企业采购货物、工程、服务，合同约定的付款期限不得低于 60 日

B. 机关、事业单位从中小企业采购货物、工程、服务，应当自货物、工程、服务交付

之日起 30 日内支付款项

C. 机关、事业单位与中小企业不得约定以货物、工程、服务交付后经检验或者验收合格作为支付中小企业款项条件

D. 机关、事业单位和大型企业拖延检验或者验收的，付款期限自实际交付之日起计算

22. 下列关于工程规划许可证的说法，正确的是（　　）。

A. 在乡村规划区内进行公益事业建设无须办理规划许可证

B. 乡村规划许可证应当向省人民政府城乡规划主管部门申请

C. 在乡村规划区内建设需要占用农用地的，应当依法办理农用地专用审批手续，由乡、镇人民政府核发规划许可证

D. 建设工程规划许可证可以向省级人民政府确定的镇人民政府申请办理

23. 下列情形中，不需要办理施工许可证的是（　　）。

A. 古建筑的修缮　　　　　　　　　　B. 中小型工程

C. 军用房屋建筑工程建筑活动　　　　D. 农村自建住宅的建筑活动

24. 下列情形中，不属于转包的是（　　）。

A. 施工总承包单位或专业承包单位现场管理人员中 1 人及以上与本企业没有订立劳动合同且没有建立劳动工资和社会养老保险关系

B. 专业作业承包人除计取劳务作业费用外，还计取主要建筑材料款、周转材料款和大中型施工机械设备费用的

C. 专业作业承包人承包的范围是承包单位承包的全部工程，专业作业承包人计取的是除上缴给承包单位"管理费"之外的全部工程价款的

D. 母公司将承接的工程交给子公司施工，或将承接的工程肢解后全部分包给他人

25. 下列建设工程项目中，属于依法必须进行招标的项目是（　　）。

A. 使用预算资金 100 万元，并且该资金占投资额 10%以上的项目

B. 使用国有企业资金 100 万元，并且该资金占投资额 10%以上的项目

C. 使用预算资金 300 万元，并且该资金占投资额 10%以上的项目

D. 使用国有事业单位资金 300 万元，并且该资金占投资额 10%以下的项目

26. 关于招标文件的说法，正确的是（　　）。

A. 招标文件不得要求或者标明特定的生产供应者以及含有倾向或者排斥潜在投标人的内容

B. 招标人对已发出的招标文件进行必要的澄清的，该澄清的内容不得再次澄清

C. 招标人对已发出的招标文件进行必要的修改的，应当在招标文件要求提交投标文件截止时间至少 10 日前

D. 招标人对已发出的招标文件进行必要的修改的，应当以电话等即时通信方式及时通知所有收取招标文件的潜在招标人

27. 下列关于建设工程招标投标交易场所的说法，正确的是（　　）。

A. 县级以上地方人民政府可以建立招标投标交易场所

B. 招标投标交易场所不得以营利为目的

C. 招标投标交易场所应当隶属于行政监督部门

D. 招标投标交易场所应当按照不同行业分别设立

28. 下列关于投标的说法，正确的是（　　）。

A. 投标文件未经投标单位盖章和单位负责人签字的，招标人应当拒收

B. 投标文件未按照招标文件要求密封的，招标人应当拒收

C. 投标人逾期送达投标文件的，应当向招标人做出合理说明

D. 联合体投标的，可以在评标委员会提出书面评标报告前更换成员

29. 采用竞争性磋商采购方式，经磋商确定最终采购需求和提交最后报价的供应商后，应当选择（　　）作为成交候选供应商。

A. 满足磋商文件所有实质性要求的

B. 报价最低的

C. 经评审的报价最低的

D. 响应文件满足磋商文件全部实质性要求且按评审因素的量化指标评审得分最高的

30. 政府框架协议采购包括（　　）。

A. 开放式和单一式
B. 公开式和邀请式

C. 开放式和封闭式
D. 多源式和单一式

31. 2017 年 3 月 1 日，甲施工企业向乙钢材商发出采购单购买一批钢材，要求乙在 3 月 5 日前承诺。3 月 1 日，乙收到甲的采购单，3 月 2 日，甲再次发函至乙取消本次采购。乙于 3 月 4 日回复了甲 3 月 1 日的采购单，无视了甲 3 月 2 日的发函。下列说法正确的是（　　）。

A. 甲 3 月 2 日的行为属于要约邀请
B. 乙 3 月 4 日的行为属于新要约

C. 甲的要约已经撤销
D. 甲乙之间买卖合同成立

32. 下列关于无效合同法律后果的说法，正确的是（　　）。

A. 无效合同自被确认为无效时起没有法律约束力

B. 无效合同的当事人因该合同取得的财产，应当折价补偿

C. 无效合同中双方都有过错的，仅需承担各自的损失

D. 合同无效的，不影响合同中有关解决争议方法的条款的效力

33. 建设工程施工合同约定"工程验收合格后 30 日内进行竣工结算并支付竣工结算价款"，施工单位完工后建设单位逾期不支付款项，施工单位将其起诉至人民法院，建设单位以验收质量不合格为由抗辩，这属于（　　）。

A. 同时履行抗辩
B. 先诉抗辩

C. 先履行抗辩
D. 不安抗辩

34. 根据《最高人民法院关于审理建设工程施工合同纠纷案件适用法律问题的解释（一）》，下列关于工程价款结算的说法，正确的是（　　）。

A. 当事人就同一建设工程订立的数份建设工程施工合同均无效，建设工程质量合格，可以直接参照最后订立的合同结算建设工程价款

B. 当事人就同一建设工程订立的数份建设工程施工合同均无效，建设工程质量不合格，可以参照实际履行的合同结算建设工程价款

C. 当事人就同一建设工程订立的数份建设工程施工合同均无效，建设工程质量合格，可以请求参照实际履行的合同结算建设工程价款

D. 当事人签订的建设工程施工合同与招标文件、投标文件、中标通知书载明的工程范

围、建设工期、工程质量、工程价款不一致的，应当将建设工程施工合同作为结算建设工程价款的依据

35. 下列关于出卖人交付标的物的说法，正确的是（　　）。

A. 买受人代为保管其拒绝接收的多交部分标的物，出卖人可拒绝负担保管费用

B. 出卖人应当按照通常的包装方式交付标的物

C. 合同未约定检验期间的，买受人可以在任何时间检验标的物

D. 约定交付期间的，出卖人可以在该期间内的任何时间内交付标的物

36. 下列行为中，不符合承揽合同特征的是（　　）。

A. 承揽人应当以自己的设备、技术和劳力完成所承揽的工作

B. 承揽合同以完成一定的工作并交付工作成果为标的

C. 承揽人独立完成合同义务，不受定作人的指挥管理

D. 承揽人不得将承揽的主要工作交由第三人完成

37. 下列关于建设单位安全责任的说法，正确的是（　　）。

A. 编制工程概算时，确定工程安全生产费用

B. 工程开工前，审查施工企业的安全技术措施

C. 工程开工前，负责项目的安全技术交底

D. 对特殊结构的建设工程，提出保障安全施工的措施建议

38. 下列关于施工起重机械安装、拆卸单位安全责任的说法，正确的是（　　）。

A. 编制拆装方案，制定安全施工措施，并由监理人员现场审核签字

B. 组织安全施工技术交底并由施工总承包单位技术负责人签字确认

C. 由具有相应资质的单位在资质许可的范围内从事起重机械的安装、拆卸活动

D. 将安装、拆卸方案等材料报施工总承包单位和监理单位审核后，告知工程所在地县级以上地方人民政府应急管理部门

39. 下列关于建筑施工企业安全生产许可证的说法，正确的是（　　）。

A. 建设单位应当在项目开工前申请领取安全生产许可证

B. 安全生产许可证有效期届满后应当向原安全生产许可证颁发管理机关申请延期

C. 建筑施工企业撤销的，其安全生产许可证应当注销

D. 安全生产许可证遗失，向原安全生产许可证颁发管理机关报告后即可申请补办

40. 下列关于专职安全生产管理人员配备要求的说法，正确的是（　　）。

A. 按建筑施工总承包企业资质管理要求，资质等级越高则专职安全生产管理人员配备越多

B. 建筑施工企业经营规模较小的，可以不配备专职安全生产管理人员

C. 建筑施工企业的分支机构不必配备专职安全生产管理人员

D. 作业难度大的施工作业班组必须配备专职安全生产管理人员

41. 根据《建设工程安全生产管理条例》，施工总承包单位应当承担的安全生产责任是（　　）。

A. 总承包合同应当明确总分包单位双方的安全生产责任

B. 负责调查施工生产安全事故

C. 与分包单位对分包工程的安全生产责任承担按份责任

D. 统一组织编制建设工程生产安全应急救援预案

42. 根据《行政复议法》，下列情形属于行政复议机关决定变更该行政行为的情形是（　　）。

A. 事实清楚，证据确凿，适用依据正确，程序合法，但是内容不适当

B. 主要事实不清、证据不足

C. 适用的依据不合法

D. 超越职权或者滥用职权

43. 根据《房屋市政工程生产安全重大事故隐患判定标准》（2022 版），下列重大事故隐患中应当判定为施工安全管理重大事故隐患的是（　　）。

A. 对因基坑工程施工可能造成损害的毗邻重要建筑物、构筑物和地下管线等，未采取专项防护措施

B. 模板支架拆除及滑模、爬模爬升时，混凝土强度未达到设计或规范要求

C. 建筑施工特种作业人员未取得特种作业人员操作资格证书上岗作业

D. 有限空间作业时现场未有专人负责监护工作

44. 根据《危险性较大的分部分项工程安全管理规定》，下列关于危大工程专项施工方案的说法，正确的是（　　）。

A. 危大工程实行分包的，专项施工方案应当由相关专业分包单位组织编制

B. 分包单位组织编制的专项施工方案应当由分包单位负责人签字并加盖单位公章

C. 超过一定规模的危大工程，建设单位应当组织专家会议论证专项施工方案

D. 危大工程实行施工总承包的，专项施工方案应当由施工总承包单位编制

45. 某起生产安全事故造成 9 人死亡、51 重伤，直接经济损失为 2000 万元，根据《生产安全事故报告和调查处理条例》，该事故为（　　）。

A. 特别重大事故   B. 重大事故

C. 较大事故   D. 一般事故

46. 根据《关于进一步规范房屋建筑和市政工程生产安全事故报告和调查处理工作的若干意见》，针对房屋市政工程较大及以上安全生产事故或者领导有批示，（　　）应派员赶赴现场了解事故有关情况。

A. 国务院建设主管部门   B. 省级建设厅

C. 市级建设主管部门   D. 县级建设主管部门

47. 根据《房屋建筑和市政基础设施工程施工安全监督规定》，下列关于建设工程施工安全监督管理的说法，正确的是（　　）。

A. 施工安全监督人员应当具有工程类中级及以上专业技术职称

B. 施工安全监督机构监督人员应当占监督机构总人数的 60% 以上

C. 工程项目因故中止施工的，监督机构不得对工程项目中止施工安全监督

D. 施工安全监督包括处理与工程项目施工安全相关的投诉、举报

48. 下列关于工程建设强制性国家标准的说法，正确的是（　　）。

A. 标准可以由行业主管部门发布

B. 对标准解释的效力低于标准本身

C. 对标准进行复审的周期一般不得超过 3 年

D. 标准文本应当免费向社会公开

49. 根据《团体标准管理规定》，下列关于制定团体标准，说法正确的是（　　）。

A. 团体标准不得与国家产业政策抵触

B. 可以利用团体标准排除、限制非团体成员的市场竞争行为

C. 可以利用团体标准限制商品、服务在本地区流通

D. 团体标准必须高于强制性标准

50. 根据《建设工程抗震管理条例》规定，下列关于各参建单位抗震责任的说法，正确的是（　　）。

A. 建设单位应当对建设工程全过程的抗震负责

B. 施工单位应当将建筑的设计使用年限、结构体系、抗震设防烈度等情况记入使用说明书

C. 国家强制要求工程总承包单位采用信息化手段收集、留存隐蔽工程施工质量信息

D. 隔震减震装置可以分包给专业的专业承包单位完成

51. 根据《无障碍环境建设法》，下列关于公共场所和基础设施的无障碍设施建设和改造的说法，正确的是（　　）。

A. 既有的公共建筑、公共场所、居住区的公共服务设施不符合无障碍设施建设标准的，不能投入使用

B. 市区内所有的道路都应按照标准建设或改造无障碍设施

C. 市区内所有的道路及人行道，都应设置盲道

D. 城市中心区、集中就读学校周边人行横道的交通信号设施应安装过街音响提示装置

52. 下列文件和资料中，不属于建设单位办理工程质量监督手续应提交的是（　　）。

A. 建设用地规划许可证　　　　　　B. 与勘察、设计单位签订的合同

C. 施工图审查合格书　　　　　　　D. 施工企业资质等级证书

53. 根据《建设工程勘察设计管理条例》，编制建设工程勘察、设计文件的依据不包括（　　）。

A. 项目批准文件　　　　　　　　　B. 设计概算

C. 工程强制性标准　　　　　　　　D. 城乡规划

54. 下列关于建设工程返修的说法，正确的是（　　）。

A. 返修仅适用于建设工程质量保修阶段

B. 返修的前提是工程质量不符合国家规定和合同约定的质量标准

C. 返修是无偿的

D. 返修仅限于因施工企业原因造成的质量问题

55. 下列关于建设工程见证取样的说法，正确的是（　　）。

A. 试样的真实性只能由取样人员负责

B. 应当将见证人员书面通知施工单位、检测单位和质量监督机构

C. 见证人员应由施工企业中具备施工试验知识的专业技术人员担任

D. 取样人员应在试样或其包装上做出标识、封志，并由其签字后即可

56. 下列关于工程质量检测机构的说法，正确的是（　　）。

A. 检测机构必须是具有独立法人资格的企业

B. 检测机构可以与检测建设工程的建设单位有隶属或利害关系

C. 检测机构应具备相应的人员、仪器设备、检测场所、质量保证体系等条件

D. 县级住房和城乡建设主管部门负责本行政区域内检测机构的资质许可

57. 根据《房屋建筑和市政基础设施工程竣工验收备案管理办法》，下列关于竣工验收备案的说法，正确的是（　　）。

A. 建设单位应当自建设工程竣工验收合格之日起 30 日内办理建设工程竣工验收备案

B. 备案机关发现建设单位在竣工验收过程中有违反国家有关建设工程质量管理规定行为的，应当责令停止使用，重新组织竣工验收

C. 工程质量监督机构应当在工程竣工验收之日起 3 个月内，向备案机关提交工程质量监督报告

D. 备案机关验证竣工验收备案文件齐全后，应当在工程竣工验收备案表上签署同意意见

58. 下列关于建设工程质量保修期限的说法，正确的是（　　）。

A. 地基基础工程的主体结构的保修期不低于 50 年

B. 建设单位与施工企业在保修合同中约定的保修期限应当高于法定的最低保修期限

C. 建设工程超过主体结构保修期的，不得继续使用

D. 建设工程的法定保修期限为其最低保修期限

59. 下列关于建设单位质量责任和义务的说法，正确的是（　　）。

A. 不得直接发包预拌混凝土专业分包工程

B. 不得购入用于工程的装配式建筑构配件建筑材料和设备

C. 在开工前办理的工程质量监督手续应当与施工许可证或者开工报告合并办理

D. 在办理工程质量监督手续前签署工程质量终身责任承诺书的项目负责人不得更换

60. 根据《城镇排水与污水处理条例》，从事工业、建筑、餐饮、医疗等活动的企业事业单位、个体工商户（以下称排水户）向城镇排水设施排放污水的，下列说法正确的是（　　）。

A. 应当向当地环保部门申请领取污水排入排水管网许可证

B. 主管部门重点对影响城镇排水及污水处理设施安全运行的事项进行审查

C. 领取许可证后，排水户可自行排放污水

D. 排水户应当按照有关规定缴纳污水处理费和排污费

61. 根据《历史文化名城名镇名村保护条例》，在历史文化名城、名镇、名村保护范围内可以进行的活动是（　　）。

A. 开山采石、开矿等破坏传统格局和历史风貌的活动

B. 占用保护规划确定保留的道路

C. 在核心保护范围内举办大型群众性活动

D. 为响应国家扶贫政策修建生产爆炸性物品的工厂

62. 某施工企业的下列劳动者中，有权要求与企业订立无固定期限劳动合同的是（　　）。

A. 在该施工企业连续工作刚满 8 年的张某

B. 在该施工企业工作满 2 年，并被任命为总经理的王某

C. 在该施工企业已经连续订立 2 次固定期限劳动合同，因工负伤调整到其他工作岗位的李某

D. 在该施工企业累计工作刚满 10 年，期间曾离开过企业 1 年的刘某

63. 某单位职工小李因工负伤并被确认部分丧失劳动能力，关于其劳动合同解除的说法，正确的是（　　）。

A. 小李不能胜任工作的，单位有权与其解除劳动合同

B. 小李严重违反单位规章制度，单位有权与其解除劳动合同

C. 单位经济性裁员的，有权与小李解除劳动合同

D. 无论任何情形，单位均不得与小李解除劳动合同

64. 某女职工与用人单位订立劳动合同从事后勤工作，约定劳动合同期限为 2 年。关于该女职工权益保护的说法，正确的是（　　）。

A. 公司应当定期安排该女职工进行健康检查

B. 若该女职工哺乳的孩子已满 18 个月，公司可以安排夜班劳动

C. 公司可以安排该女职工在经期从事国家规定的第三级体力劳动强度的劳动

D. 若该女职工已怀孕 5 个月，公司不得安排夜班劳动

65. 根据《工伤保险条例》，下列关于工伤认定的说法，正确的是（　　）。

A. 用人单位应当在职工发生事故伤害 1 年内申请工伤认定

B. 用人单位申请工伤认定的期限不得延长

C. 用人单位未在规定期限内提出工伤认定申请的，此期间工伤待遇有关费用由劳动者自行承担

D. 工伤认定申请人提供的申请材料不完整的，社会保险部门应当一次性告知需补正的全部材料

66. 下列关于人民调解的说法，正确的是（　　）。

A. 人民调解委员会是依法设立的司法辅助机关

B. 人民调解委员会调解民间纠纷，可以收取适当费用

C. 调解达成协议的，当事人认为无须制作调解协议书的，可以采取口头协议的方式

D. 调解协议书向人民法院备案后，可以作为强制执行的依据

67. 下列关于仲裁员回避的说法，正确的是（　　）。

A. 当事人提出回避申请，无须说明理由

B. 当事人提出回避申请，在首次开庭前提出

C. 首次开庭后不得提出回避申请

D. 仲裁员是否回避，由首席仲裁员决定

68. 下列案件适用独任制的是（　　）。

A. 简易程序审理的民事案件　　　　B. 涉及社会公共利益案件

C. 新类型案件　　　　　　　　　　D. 涉及群体性纠纷案件

69. 下列关于人民法院对民事上诉案件的二审裁判的说法，正确的是（　　）。

A. 原判决认定事实清楚，适用法律正确的，裁定驳回上诉，维持原判决

B. 原判决适用法律错误的，裁定撤销原判决，发回原审人民法院重审

C. 原判决认定事实不清的，裁定撤销原判决，发回原审人民法院重审，或者查清事实

后改判

D. 原判决违反法定程序的，依法改判

70. 根据《行政诉讼法》，下列不属于行政诉讼受案范围的是（　　）。

A. 对行政拘留、暂扣等行政处罚不服的

B. 对征收、征用决定及其补偿决定不服的

C. 对行政机关做出的有关行政许可的其他决定不服的

D. 驳回当事人对行政行为提起申诉的重复处理行为

二、**多项选择题**（每小题2分，共30题，每题的备选项中有两个或两个以上选项符合题意，至少有一个错项。错选，本题不得分；少选，所选的每个选项得0.5分)

71. 下列关于法的效力层级的说法，正确的有（　　）。

A. 自治条例依法对法律、行政法规、地方性法规作变通规定的，在本自治地方适用自治条例的规定

B. 宪法是国家根本大法，具有最高的法律效力

C. 法律之间对同一事项的新的一般规定与旧的特别规定不一致，不能确定如何适用时，由全国人民代表大会常务委员会裁决

D. 行政法规的法律效力仅次于宪法

E. 省、自治区、直辖市的人民代表大会及其常务委员会制定的地方性法规，报全国人民代表大会常务委员会和国务院备案

72. 根据《民法典》，下列关于建设用地使用权的说法，正确的有（　　）。

A. 建设用地使用权只可以在地上设立

B. 建设用地使用权因出让合同生效而立

C. 住宅建设用地使用权期满自动续期

D. 建设用地使用权只能存在于国家所有的土地

E. 设立建设用地使用权可以采取出让或划拨的方式

73. 下列关于知识产权保护期限的说法，正确的有（　　）。

A. 发明专利权的期限为20年

B. 注册商标的有效期为10年

C. 实用新型专利权的期限为15年

D. 著作权、专利权和商标权的保护期限都可以申请续展

E. 自然人作品发表权的保护期，为作者终生及其死后50年

74. 下列关于从建筑物倒塌造成他人损害的说法，正确的有（　　）。

A. 由造成建筑物倒塌的责任人承担侵权责任

B. 造成建筑物倒塌的责任人难以确定时，由建设单位承担责任

C. 造成建筑物倒塌的责任人难以确定时，由建设单位和施工单位承担约定责任

D. 造成建筑物倒塌的原因不是质量缺陷时，由建设单位和施工单位承担连带责任

E. 建设单位、施工单位赔偿后，有其他责任人的，有权向其他责任人追偿

75. 根据《房产税暂行条例》，下列关于房产税的说法，正确的有（　　）。

A. 房产税在城市、县城、建制镇和工矿区征收

B. 房产税由产权所有人缴纳

C. 房产税依照房产原值一次减除 10%～30% 后的余值计算缴纳

D. 个人所有非营业用的房产免纳房产税

E. 房产税依照房产租金收入计算缴纳的，税率为 1.2%

76. 下列车船中，属于免征车船税范围的有（　　）。

A. 悬挂应急救援专用号牌的国家综合性消防救援专用船舶

B. 警用车船

C. 渣土运输车辆

D. 排气量为 2000 毫升以下的乘用车

E. 政府机关所有的乘用车

77. 根据《行政强制法》，下列有关行政机关强制执行的说法，正确的有（　　）。

A. 当事人在行政机关决定的期限内不履行义务的，可立即强制执行

B. 在催告期间发现行政相对人转移财产的，可以立即做出强制执行决定

C. 行政机关在不损害公共和他人权益的前提下，应当与当事人达成分阶段执行协议

D. 行政机关不得对企业生产采取停止供水、供电等方式迫使当事人履行

E. 行政机关在强制执行前，应当制作书面的催告书、决定书并送达当事人

78. 下列关于强令、组织他人违章冒险作业罪的说法，正确的有（　　）。

A. 犯罪的主体包括直接从事生产、作业的人员

B. 属于故意犯罪

C. 客观方面表现包括利用职权或者威胁恐吓手段强迫他人违章作业

D. 发生重大伤亡事故的，处 3 年以下有期徒刑或拘役

E. 本罪侵犯的法益（客体）是安全生产秩序

79. 下列关于不当或违法代理行为应承担法律责任的说法中，正确的有（　　）。

A. 第三人明知代理人超越代理权与其实施民事行为的，第三人承担主要责任

B. 代理人不履行职责，应当承担民事责任

C. 被代理人知道代理人行为违法而不反对的，代理人承担主要责任

D. 表见代理的民事责任由被代理人承担

E. 委托书授权不明的，责任由被代理人承担

80. 下列关于一级建造师注册的说法，正确的有（　　）。

A. 取得一级建造师资格证书的人员，可以自行提出注册申请

B. 取得一级建造师资格证书的人员可以受聘于招标代理机构，提出注册申请

C. 自一级建造师资格证书签发之日起超过 3 年的，不得申请注册

D. 注册建造师的聘用单位可以根据工程施工需要扣押建造师的注册证书

E. 未取得注册证书的，不得以注册建造师的名义从事相关活动

81. 根据《建筑工程施工许可管理办法》，保证工程质量和安全的具体措施有（　　）。

A. 施工企业编制的施工组织设计中有根据建筑工程特点制定的相应质量、安全技术措施

B. 专业性较强的工程项目编制了专项质量、安全施工组织设计

C. 有审查合格的施工图设计文件

D. 施工场地拆迁进度符合施工要求

E. 按照规定办理了工程质量、安全监督手续

82. 下列关于工程总承包项目的说法，正确的有（　　）。

A. 工程总承包项目的项目经理应当取得注册建造师和中级以上专业技术职称

B. 工程总承包项目的项目经理必须担任过与拟建项目相类似的工程的项目经理

C. 工程总承包项目经理不得同时在两个或者两个以上工程项目担任工程总承包项目经理、施工项目负责人

D. 政府投资项目建设单位不得设置不合理的工期，不得要求工程总承包单位垫资

E. 工程总承包单位及项目经理对质量承担终身责任

83. 下列情形中，评标委员会应当否决的投标有（　　）。

A. 投标报价低于成本

B. 投标文件未按招标文件要求进行密封

C. 投标联合体没有提交共同投标协议

D. 总价金额和单价金额不一致的

E. 投标担保有瑕疵的

84. 施工合同中对应付款时间约定不明时，关于付款起算时间的说法，正确的有（　　）。

A. 工程已实际交付的，为交付之日

B. 工程未交付的，为提交竣工结算文件之日

C. 工程已交付，施工企业主张工程款的，为提出主张之日

D. 工程未交付的，为提交竣工验收报告之日

E. 工程未交付，工程价款也未结算的，为当事人起诉之日

85. 下列民间借贷合同无效的有（　　）。

A. 借款人未按照约定的借款用途使用借款的

B. 没有约定利息的

C. 以向公众非法吸收存款等方式取得的资金转贷的

D. 套取金融机构贷款转贷的

E. 约定利率超过合同成立时一年期贷款市场报价利率的4倍的

86. 甲乙双方签订买卖合同，丙为乙的债务提供保证，但担保合同未约定担保方式及保证期间。关于该保证合同的说法，正确的有（　　）。

A. 保证期间与买卖合同的诉讼时效相同

B. 丙的保证方式为一般保证

C. 保证期间为主债务履行期届满之日起12个月内

D. 甲在保证期内未经丙书面同意将主债权转让给丁，丙不再承担保证责任

E. 甲在保证期间未要求丙承担保证责任，则丙免除保证责任

87. 根据《建筑起重机械安全监督管理规定》，对于建筑起重机械安装使用，施工总承包单位应履行的安全职责有（　　）。

A. 提供安装位置的基础资料及施工条件

B. 审核安装单位资质证书

C. 编制专项施工方案

D. 检查现场施工环境

E. 现场多台塔吊作业，组织制订并实施防碰撞的安全措施

88. 建筑施工企业取得安全生产许可证应当具备的安全生产条件有（　　）。

A. 特种作业人员经有关业务主管部门考核良好，取得特种作业操作资格证书

B. 施工现场的办公、生活区及作业场所和安全防护用具、机械设备、施工机具及配件符合有关安全生产法律、法规、标准和规程的要求

C. 有对危险性较大的分部分项工程及施工现场易发生重大事故的部位、环节的预防、监控措施和应急预案

D. 管理人员和作业人员每半年至少进行一次安全生产教育培训并考核合格

E. 有职业危害防治措施，并为管理人员配备符合国家标准或者行业标准的安全防护用具和安全防护服装

89. 下列关于仲裁庭组成的说法，正确的有（　　）。

A. 当事人未在规定期限内选定仲裁员的，由仲裁委员会主任指定

B. 首席仲裁员应当由仲裁委员会指定

C. 双方当事人必须各自选定合议仲裁庭的一名仲裁员

D. 仲裁庭可以由 3 名仲裁员组成

E. 仲裁庭可以由 1 名仲裁员组成

90. 下列关于施工企业安全费用管理的说法，正确的有（　　）。

A. 施工企业编制投标报价应当包含并单列企业安全生产费用，竞标时不得删减

B. 建设单位应当在开工前 15 日内向承包单位支付至少 30% 的企业安全生产费用

C. 安全防护、文明施工措施费用由各分包单位自行管理

D. 工程竣工决算后结余的企业安全生产费用，应当退回建设单位

E. 因疫情常态化防控发生的防疫费用，可计入工程造价

91. 根据《房屋建筑和市政基础设施工程施工安全监督规定》，施工安全监督机构应当具备的条件有（　　）。

A. 具有相应的安全监督资质

B. 有固定的工作场地，满足工作需要的仪器设备

C. 安全监督人员占机构总人数 50% 以上

D. 具有完整的组织体系，岗位职责明确

E. 注册资金满足规章要求

92. 关于工程质量检测的说法，正确的有（　　）。

A. 试样应送至经过建设单位认可资质的检测单位进行检测

B. 建设单位在编制工程概算时应合理核算检测费用，单独列支并及时支付

C. 非建设单位委托的检测机构出具的检测报告可以作为工程质量验收资料

D. 检测机构应当建立档案管理制度，并应当单独建立检测结果不合格项目台账

E. 检测过程发现涉及结构安全、主要使用功能的检测结果不合格的，应及时报告有关住建主管部门

93. 根据《关于推进建筑垃圾减量化的指导意见》，下列关于建筑垃圾处理的说法，正确的有（　　）。

A. 建设单位应当建立建筑垃圾分类收集与存放管理制度

B. 建筑垃圾实行分类收集、分类存放、统一处置制度

C. 鼓励以前端收集为导向对建筑垃圾进行细化分类

D. 施工单位应实时统计并监控建筑垃圾产生量，及时采取针对性措施

E. 鼓励采用现场泥沙分离、泥浆脱水预处理等工艺

94. 根据《劳动合同法》，劳动合同无效或部分无效的情形有（   ）。

A. 劳动者死亡，或者被人民法院宣告死亡或者失踪的

B. 用人单位被吊销营业执照、责令关闭、撤销的

C. 以欺诈、胁迫的手段，使对方在违背真实意思的情况下订立劳动合同的

D. 劳动者被依法追究刑事责任的

E. 用人单位免除自己的法定责任、排除劳动者权利的

95. 下列关于劳务派遣的说法，正确的有（   ）。

A. 实施劳务派遣的，由用工单位与劳动者订立劳动合同

B. 劳务派遣的显著特征是劳动者的聘用与使用分离

C. 经营劳务派遣业务，应当向劳动行政部门依法申请行政许可

D. 被派遣劳动者在无工作期间，劳务派遣单位无须向其支付报酬

E. 劳务派遣可以在替代性的工作岗位上实施

96. 根据《劳动争议调解仲裁法》，下列关于劳动争议仲裁的说法，正确的有（   ）。

A. 劳动争议仲裁委员会下设办事机构，负责日常工作

B. 劳动争议申请仲裁的时效期间为 1 年

C. 申请劳动争议仲裁应当采用书面申请，确有困难的，可以口头申请

D. 劳动争议仲裁委员会由劳动行政部门代表和用人单位方面的代表共同组成

E. 申请仲裁的时效适用诉讼时效的中止和中断

97. 下列案件，属于不得进行调解的有（   ）。

A. 特别程序的案件   B. 施工合同纠纷

C. 督促程序的案件   D. 公示催告程序的案件

E. 债权债务纠纷案件

98. 根据《民事诉讼法》，下列属于不予执行仲裁裁决的情形有（   ）。

A. 当事人在合同中没有订有仲裁条款   B. 被申请人缺席裁决的

C. 事后达成书面仲裁协议的   D. 仲裁庭的组成违反法定程序的

E. 法院认定裁决违背社会公共利益的

99. 根据《民事诉讼法》，下列民事纠纷中，应当适用专属管辖的有（   ）。

A. 遗产继承纠纷   B. 房屋租赁合同纠纷

C. 建设工程设计合同纠纷   D. 建设工程施工合同纠纷

E. 港口作业纠纷

100. 根据《行政复议法》，下列情形会导致行政复议中止的有（   ）。

A. 申请人撤回行政复议申请，行政复议机构准予撤回

B. 作为申请人的法人或者其他组织终止，没有权利义务承受人或者其他权利义务承受人放弃行政复议权利

C. 作为申请人的公民死亡，其近亲属尚未确定是否参加行政复议

D. 作为申请人的公民下落不明

E. 作为申请人的法人或者其他组织终止，尚未确定权利义务承受人

参 考 答 案

一、单项选择题

题号	1	2	3	4	5	6	7	8	9	10
答案	B	A	C	D	D	D	A	B	B	A
题号	11	12	13	14	15	16	17	18	19	20
答案	C	C	A	C	A	C	A	D	D	C
题号	21	22	23	24	25	26	27	28	29	30
答案	B	D	C	B	C	A	B	B	D	C
题号	31	32	33	34	35	36	37	38	39	40
答案	D	D	C	C	D	D	A	C	C	A
题号	41	42	43	44	45	46	47	48	49	50
答案	D	A	C	D	B	B	D	D	A	A
题号	51	52	53	54	55	56	57	58	59	60
答案	D	A	B	B	C	B	D	A	B
题号	61	62	63	64	65	66	67	68	69	70
答案	C	C	B	B	D	C	B	A	C	D

二、多项选择题

题号	71	72	73	74	75	76	77	78	79	80
答案	ABCE	CDE	ABE	AE	ABCD	AB	BE	CE	BD	BE
题号	81	82	83	84	85	86	87	88	89	90
答案	ABE	CDE	ACE	ABE	CD	BE	ABE	BC	ADE	ADE
题号	91	92	93	94	95	96	97	98	99	100
答案	BD	BDE	DE	CE	BCE	ABCE	ACD	ADE	ABDE	CDE

附录B 预测模拟试卷（二）

一、单项选择题（共70题，每题1分，每题的备选项中只有一个最符合题意）

1. 下列属于经济法的是（ ）。
A.《招标投标法》
B.《城乡规划法》
C.《建筑法》
D.《无障碍环境建设法》

2. 下列关于物权变动效力的表述中，正确的是（ ）。
A. 不动产登记费按不动产的面积、体积或者价款的比例收取
B. 预告登记后，经预告登记的权利人同意，处分该不动产的，不发生物权效力
C. 合法建造、拆除房屋，自法律文书生效时生效
D. 动产物权的设立和转让，自交付时发生效力，但是法律另有规定的除外

3. 下列关于居住权的说法，正确的是（ ）。
A. 居住权期限届满或者居住权人死亡的，居住权可以转让
B. 居住权有偿设立，但是当事人另有约定的除外
C. 居住权不得继承，但经约定，可以出租
D. 设立居住权，当事人可以采用口头形式订立居住权合同

4. 下列关于地役权的说法，正确的是（ ）。
A. 地役权人有权按照合同约定，利用他人的不动产，以提高自己的不动产的效益
B. 地役权期限可以超过土地承包经营权、建设用地使用权等用益物权的剩余期限
C. 地役权可以单独转让，但不得单独抵押
D. 建设用地使用权部分转让时，转让部分涉及地役权的，地役权对受让人不具有法律约束力

5. 下列关于质权的说法，正确的是（ ）。
A. 动产、不动产均可出质
B. 动产质权自办理出质登记时设立
C. 以将有的应收账款出质的，质权自权利凭证交付质权人时设立
D. 以银行承兑汇票出质的，质权自权利凭证交付质权人时设立

6. 下列关于著作权保护期的说法，正确的是（ ）。
A. 作者的署名权的保护期为作者终生及其死后50年
B. 多人合作作品的使用权的保护期不受限制
C. 法人或者其他组织的作品的获得报酬权的保护期为50年
D. 法人作品，自创作完成后30年内未发表的，不再受《著作权法》保护

7. 下列关于企业增值税的说法，正确的是（ ）。
A. 海关进口增值税专用缴款书上注明的增值税额不得从销项税额中抵扣
B. 用于集体福利的计税项目准予从销项税额中抵扣
C. 小规模纳税人，实行按照销售额和征收率计算应纳税额的简易办法，可以抵扣进项税额

D. 兼营不同税率项目应当分别核算不同税率项目的销售额，未分别核算的，从高适用税率

8. 下列法律责任中，属于刑事责任中的主刑的是（　　）。

A. 罚款　　　　　　　　　　　　B. 没收财产

C. 没收违法所得　　　　　　　　D. 拘役

9. 根据《刑法》及其有关规定，下列关于缓刑、减刑与假释的说法，正确的是（　　）。

A. 被判处拘役的未满18周岁的人，同时符合缓刑条件的，应当宣告缓刑

B. 减刑不适用于累犯

C. 减刑只适用于被判处有期徒刑和无期徒刑的犯罪分子

D. 假释只适用于被判处管制、拘役和有期徒刑的犯罪分子

10. 根据《刑法》及其有关规定，下列关于建设工程常见罪名的说法，正确的是（　　）。

A. 在生产、作业中违反有关安全管理规定，因而发生重大伤亡事故或者造成其他严重后果的，构成重大劳动安全事故罪

B. 建设单位、设计单位、施工单位、工程监理单位、勘察单位违反国家规定，降低工程质量标准，造成重大安全事故的，构成工程重大安全事故罪

C. 明知存在重大事故隐患而不排除，仍冒险组织作业，因而发生重大伤亡事故或者造成其他严重后果的，构成强令、组织他人违章冒险作业罪

D. 安全生产设施或者安全生产条件不符合国家规定，因而发生重大伤亡事故或者造成其他严重后果的，构成重大责任事故罪

11. 根据《民法典》的规定，下列关于代理的说法，正确的是（　　）。

A. 行为人没有代理权、超越代理权或者代理权终止后，仍然实施代理行为，未经被代理人追认的，对被代理人发生效力

B. 行为人没有代理权、超越代理权或者代理权终止后，仍然实施代理行为，相对人有理由相信行为人有代理权的，代理行为不发生效力

C. 无权代理中，被代理人收到追认通知30日未表示，视为同意

D. 转委托代理未经被代理人同意或者追认的，代理人应当对转委托的第三人的行为承担责任

12. 下列关于注册建造师注册的说法，正确的是（　　）。

A. 初始注册者，可自资格证书签发之日起5年内提出申请

B. 注册证书与执业印章有效期为5年，有效期届满3个月前，申请延续注册

C. 变更注册后，应重新计算注册有效期

D. 在注册有效期内，注册建造师变更执业单位，应当与原聘用单位解除劳动关系

13. 下列关于修改注册建造师签章的工程施工管理文件的说法，正确的是（　　）。

A. 分包管理文件应当由总包企业注册建造师签章

B. 分包企业签署的质量合格文件上，必须由担任总包项目负责人的注册建造师签章

C. 应当由所在企业指定同等资格条件的注册建造师修改

D. 应当由注册建造师本人自行修改

14. 根据《建筑市场信用管理暂行办法》，下列关于建筑市场信用信息的说法，正确的是（　　）。

　A. 建筑市场信用信息由基本信息、优良信用信息、不良信用信息构成，基本信息永久公开

　B. 优良信用信息公开期限一般为 6 个月至 3 年

　C. 不良信用信息公开期限一般为 3 年，并不得低于相关行政处罚期限

　D. 对整改确有实效的，经批准，可缩短不良行为记录信息公布期限，但最短不得少于 3 个月

15. 下列行为属于质量不良行为的是（　　）。

　A. 未按照国家有关规定在施工现场设置消防通道、消防水源，配备消防设施和灭火器材的

　B. 在尚未竣工的建筑物内设置员工集体宿舍的

　C. 未对涉及结构安全的试块、试件以及有关材料见证取样的

　D. 未按照规定在施工起重机械和整体提升脚手架、模板等自升式架设设施验收合格后登记的

16. 根据《保障中小企业款项支付条例》的规定，下列说法正确的是（　　）。

　A. 机关、事业单位从中小企业采购货物的，自货物交付之日起 6 个月内支付款项

　B. 合同约定采取履行进度结算方式的，付款期限应当自验收合格之日起算

　C. 机关、事业单位与中小企业约定以货物交付后验收合格作为支付中小企业款项条件的，付款期限应当自检验或验收合格之日起算

　D. 机关、事业单位和大型企业拖延检验或验收的，付款期限自工程通过竣工验收之日起算

17. 下列关于工程发包的说法，正确的是（　　）。

　A. 建设内容明确、技术方案成熟的项目，适宜采用工程总承包方式

　B. 应当通过招标选择工程总承包企业

　C. 工程总承包应当由设计和施工资质的单位组成联合体

　D. 建设单位将工程发包给个人属于违法分包

18. 下列关于共同承包的说法，正确的是（　　）。

　A. 两个承包单位组成联合体，在组织上具有合意性和永久性

　B. 大型或结构复杂的工程，应当由两个以上的承包单位联合共同承包

　C. 两个单位不同资质等级的，按资质等级低的单位的业务范围承揽工程

　D. 招标文件中可以要求所有投标人以联合体的身份参与投标，并签订共同投标协议

19. 关于招标方式及招标交易场所，下列说法正确的是（　　）。

　A. 公开招标又称为有限竞争性招标

　B. 邀请招标邀请不特定的法人或者组织投标

　C. 公开招标以投标邀请书的方式邀请特定的法人投标

　D. 招标交易场所不得与行政监督部门有隶属关系

20. 下列关于投标保证金的说法，正确的是（　　）。

　A. 投标人撤回投标文件的，招标人可以不退还投标保证金

B. 施工、货物招标的，投标保证金最高不得超过 20 万元人民币

C. 勘察、设计等服务招标的，投标保证金最高不得超过 10 万元人民币

D. 投标保证金不得超过中标合同价的 10%

21. 关于评标的准备，下列说法正确的是（　　）。

A. 招标人提供评标所需的重要信息和数据时，可以含有倾向于特定投标人的内容

B. 设有标底的，在中标结果确定前应当保密，并在评标时作为参考

C. 投标文件中总价与单价金额不一致，以总价为准

D. 投标文件中大写和小写金额不一致，以大写为准

22. 下列关于最低投标价法的说法，正确的是（　　）。

A. 适用于具有特殊技术、性能标准或者招标人对其技术、性能有特殊要求的招标项目

B. 能够满足招标文件实质性要求，且经评审的最低投标价的投标人应当推荐为中标候选人

C. 采用最低投标价法的，评标委员会不得作价格调整

D. 完成详细评审后，评标委员会应当拟定一份"标价比较表"，连同书面评标报告提交投标人

23. 下列关于中标的说法，正确的是（　　）。

A. 招标人不得授权评标委员会直接确定中标人

B. 评标报告由评标委员会签字，有异议的可以书面阐述不同意见和理由，拒绝签字且不说明理由的，视为不同意

C. 招标人和中标人可以再行订立背离合同实质性内容的其他协议

D. 国有资金控股或主导项目，应确定排名第一的中标候选人

24. 下列属于竞争性谈判适用范围的是（　　）。

A. 招标后没有供应商投标或重新招标未成立的

B. 不能事后计算出价格总额的

C. 只能从唯一供应商处采购的

D. 采购的货物规格、标准统一

25. 关于框架协议采购，下列说法正确的是（　　）。

A. 框架协议采购分为封闭式和开放式框架协议采购，其中开放式框架协议采购是主要形式

B. 框架协议采购需求在框架协议有效期内不得变动

C. 框架协议期限有效期一般不超过 3 年

D. 封闭式框架协议入围供应商可以随时申请退出框架协议

26. 下列关于民事行为能力的说法，正确的是（　　）。

A. 12 周岁的李某单独购买价格为 2 元的圆珠笔的法律行为效力待定

B. 6 周岁的赵某将母亲的钻石戒指赠与同学的法律行为无效

C. 10 周岁的孙某接受其父亲同事赠与的 200 元红包，必须征得孙某法定代理人的同意

D. 25 周岁的钱某不能辨认自己的行为，用价值 5000 元的手机换取 1 颗棒棒糖的法律行为效力待定

27. 根据《民法典》，下列合同中，属于效力待定合同的是（　　）。

A. 行为人与相对人恶意串通，损害他人合法权益订立的合同

B. 承包人对工程价款有重大误解的合同

C. 一方利用对方处于危困状态、缺乏判断能力等情形，致使合同成立时显失公平的

D. 行为人没有代理权、超越代理权或者代理权终止后，订立的合同

28. 根据《民法典》，撤销权消灭的是（　　）。

A. 当事人受欺诈的，自知道或者应当知道撤销事由之日起 90 日内没有行使撤销权的

B. 因重大误解而为的民事法律行为，当事人自知道或者应当知道撤销事由之日起 60 日内没有行使撤销权的

C. 当事人受胁迫，自胁迫行为终止之日起 1 年内没有行使撤销权的

D. 当事人自民事法律行为发生之日起 3 年内没有行使撤销权的

29. 下列关于违约责任中承担赔偿损失限制的说法，正确的是（　　）。

A. 违约方应当赔偿不可预见的损失

B. 当事人都违约的，应当各自承担自己的损失

C. 当事人一方违约后，对方没有采取适当措施致使损失扩大的，非违约方可以就扩大的损失请求赔偿

D. 当事人为防止因违约造成的损失扩大而支出的合理费用，由违约方承担

30. 当事人对建设工程实际竣工日期有争议，关于竣工日期的认定，下列说法正确的是（　　）。

A. 建设工程经竣工验收合格的，以承包人提交竣工验收报告之日为竣工日期

B. 建设工程未经竣工验收，发包人擅自使用的，以竣工验收合格之日为竣工日期

C. 承包人已经提交竣工验收报告，发包人拖延验收的，以承包人提交验收报告之日为竣工日期

D. 建设工程未竣工验收，发包人擅自使用的，以承包人实际完工之日为竣工日期

31. 下列关于建设工程合同承包人工程价款优先受偿权的说法，正确的是（　　）。

A. 自建设工程竣工验收合格之日起算，最长 6 个月

B. 装饰装修工程的承包人享有建设工程价款优先受偿权

C. 优先受偿的范围包括工程款的利息、违约金、损害赔偿金等

D. 未竣工的工程质量合格，承包人不享有建设工程价款优先受偿权

32. 下列关于买卖合同的说法，正确的是（　　）。

A. 出卖人交付标的物只能以现实交付的方式

B. 应保证标的物符合法定的品质，属于买方的权利瑕疵担保义务

C. 未约定检验期的，自收到标的物 1 年内未通知，视为符合约定，但有质保期例外

D. 保证第三人不享有标的物的所有权，属于卖方的权利瑕疵担保义务

33. 下列关于保证合同的说法，正确的是（　　）。

A. 机关法人、居民委员会一律不能成为保证人

B. 保证人承担保证责任的范围限于主债权和利息

C. 法院受理债权人破产案件的，一般保证的保证人丧失先诉抗辩权

D. 保证合同中对保证方式没有约定或约定不明的，按照一般保证

34. 下列关于承揽合同的说法，正确的是（　　）。

A. 标的是完成特定的工作、不具有人身性

B. 交付的定作物是"量身定做"的非通用、非标准化、非批量生产的特定物

C. 承揽人可以随时解除合同

D. 承揽人将主要工作交由第三人完成的，定作人可解除

35. 下列关于单式联运和多式联运的说法，正确的是（　　　）。

A. 单式联运合同指两个以上承运人以不同运输方式完成运输的合同

B. 多式联运合同的双方当事人为托运人与多式联运经营人

C. 单式联运合同中，损失发生在某一运输区段的，承运人承担全部责任

D. 多式联运经营中，各区段承运人约定各自责任，可免除多式联运经营人对全程运输承担的义务

36. 下列属于监理单位的安全责任的说法，正确的是（　　　）。

A. 当施工出现了安全隐患，监理工程师认为有必要停工以消除隐患的，可签发工程暂停令

B. 监理单位对专项施工方案审查时，重点在于是否符合工程强制性标准

C. 工程监理单位在实施监理过程中，发现存在安全事故隐患的，应当要求施工单位停工

D. 施工出现了安全隐患，情况严重的，应当及时报告有关主管部门

37. 下列建筑施工条件中，属于建筑施工企业取得安全生产许可证应该具备的条件是（　　　）。

A. 施工人员经建设主管部门或者其他有关部门考核合格

B. 已参加工伤保险，为从业人员缴纳保险费

C. 保证本单位生产经营所需资金的投入

D. 管理人员和作业人员每年至少进行 2 次安全生产教育培训并考核合格

38. 根据《建设工程安全生产管理条例》，施工总承包单位应当承担的安全生产责任是（　　　）。

A. 总承包合同应当明确总分包单位双方的安全生产责任

B. 负责调查施工生产安全事故

C. 与分包单位对分包工程的安全生产责任承担按份责任

D. 统一组织编制建设工程生产安全应急救援预案

39. 下列关于施工企业项目负责人安全生产责任的说法，正确的是（　　　）。

A. 应当监控分部分项工程的安全生产情况

B. 每月带班生产时间不得少于本月施工时间的 60%

C. 应当对工程项目落实带班制度负责

D. 对作业人员违规违章行为予以纠正或查处

40. 下列关于专项施工方案的实施的说法，正确的是（　　　）。

A. 建设单位应当在现场显著位置公告危大工程名称、施工时间和具体责任人，并在危险区域设置安全警示标志

B. 需要第三方监测的，应委托具有相应勘察资质的单位

C. 监测单位结合专项施工方案编制监理实施细则，并对施工实施专项巡视检查

D. 监测单位应及时向建设行政主管部门报送监测成果，并对监测成果负责

41. 根据《生产安全事故报告和调查处理条例》，造成 1 人死亡、20 人重伤和 8000 万元直接经济损失的事故是（　　）。

A. 一般事故
B. 较大事故
C. 重大事故
D. 特别重大事故

42. 下列标准中，属于强制性标准的是（　　）。

A. 工程建设通用的质量标准
B. 工程建设通用的安全标准
C. 工程建设通用的试验、检验和评定方法等标准
D. 工程建设重要的通用的信息管理标准

43. 关于抗震相关主体的责任和义务，下列说法正确的是（　　）。

A. 国家实行工程抗震性能鉴定制度，应当进行鉴定的工程，由工程所有权人委托鉴定
B. 国家要求工程总承包单位、施工单位采用信息化手段采集、留存隐蔽工程施工质量信息
C. 施工单位应当在建设单位或工程质量监督机构的监督下对隔震减震装置进行取样检测
D. 实行施工总承包的，隔震减震装置可以由专业承包单位自行完成

44. 关于工程建设强制性标准的监督管理机构及分工，下列说法正确的是（　　）。

A. 工程建设全过程的执行情况，由工程质量监督机构实施监督
B. 建设项目规划审查机构应当对勘察阶段执行强制性标准的情况实施监督
C. 施工图设计文件审查单位应当对规划阶段执行强制性标准的情况实施监督
D. 建筑安全监督管理机构应当对施工阶段执行施工安全强制性标准的情况实施监督

45. 根据《建设工程质量检测管理办法》，下列关于建设工程质量检测机构资质的说法，正确的是（　　）。

A. 检测机构资质分为综合类资质、专项类资质
B. 资质证书有效期为 3 年，需要延续有效期的，应当在有效期届满 3 个月前提出资质延续申请
C. 检测机构名称、地址、法定代表人等发生变更的，无须办理资质证书变更手续
D. 检测机构可以监制建筑材料构配件和设备

46. 下列关于规划、消防、节能和环保验收的说法，正确的是（　　）。

A. 建设单位应当在竣工验收后 3 个月内向城乡规划主管部门报送有关竣工验收资料
B. 建设工程竣工，建设单位均应当向住房和城乡建设主管部门申请消防验收
C. 国家实行固定资产投资项目节能评估和审查制度
D. 分期建设、分期投入生产或者使用的建设项目，其相应的环境保护设施应当在工程完工后统一验收

47. 下列关于建设工程质量保修书的说法，正确的是（　　）。

A. 承包单位应当在向建设单位提交工程竣工验收报告时出具质量保修书
B. 质量保修书中应当明确保修范围、保修期限和超过合理使用年限继续使用的条件
C. 屋面防水工程的法定最低保修期限为 2 年，保修期自竣工验收合格之日起算

D. 用户使用不当造成质量问题的，施工单位仍应当承担保修责任

48. 下列关于建设工程固体废物污染环境防治的说法，正确的是（　　）。

A. 建设单位应当建立建筑垃圾分类收集与存放管理制度

B. 鼓励以前端收集为导向对建筑垃圾进行细化分类

C. 引导施工现场建筑垃圾再利用，建筑垃圾应当转运到专门的建筑垃圾处置场所进行资源化处置和再利用

D. 危险废物的容器和包装物应当按照规定设置危险废物识别标志

49. 下列关于建设工程噪声污染防治的说法，正确的是（　　）。

A. 在噪声敏感建筑物集中区域，禁止夜间进行噪声施工作业，但抢修、抢险施工作业，因生产工艺要求或者其他特殊需要必须连续施工作业的除外

B. 因生产工艺要求必须连续施工作业的，应当取得有关部门的证明

C. 建设单位应当按照规定制定噪声污染防治实施方案

D. 施工单位应当按照规定将噪声污染防治费用列入工程造价，在施工合同中明确施工单位的噪声污染防治责任

50. 下列情形中，用人单位应当与劳动者订立无固定期限劳动合同的是（　　）。

A. 甲在某施工企业累计工作超过10年，但中间曾离开过企业的

B. 乙连续2次与某施工企业订立期限为3年的劳动合同，续订劳动合同的

C. 用人单位初次实行劳动合同制度时，丙在该用人单位连续工作满5年且距法定退休年龄不足10年的

D. 丁应聘时要求订立无固定期限劳动合同的

51. 根据《劳动合同法》，下列情形中，劳动者可以立即解除劳动合同而无须事先告知用人单位的情形是（　　）。

A. 用人单位未按照劳动合同约定提供劳动保护或者劳动条件

B. 用人单位以暴力、威胁或者非法限制人身自由的手段强迫劳动者劳动

C. 用人单位未及时足额支付劳动报酬

D. 用人单位制定的规章制度违反法律法规，损害劳动者的权益

52. 关于农民工工资保证金的说法，正确的是（　　）。

A. 建设单位在银行开立工资保证金专门账户，按施工合同额的一定比例存储农民工工资保证金

B. 工资保证金按工程施工合同额的一定比例存储，原则上不低于1%，不超过2%

C. 在同一工资保证金管理地区有多个在建工程，存储比例可适当下浮但不得低于0.5%

D. 施工合同额低于300万元的工程，免除该工程存储工资保证金

53. 下列关于未成年工劳动保护的说法，正确的是（　　）。

A. 未成年工是指年满14周岁未满18周岁的劳动者

B. 用人单位不得安排未成年工从事夜班工作和加班加点工作

C. 用人单位不得安排未成年工从事矿山井下、第三级劳动强度的劳动

D. 未成年工应当持《健康证》上岗

54. 下列关于和解的说法，正确的是（　　）。

A. 当事人可以在民事诉讼的任何阶段达成和解

B. 和解达成的协议具有强制执行力

C. 仲裁当事人达成和解协议的，应当撤回仲裁申请

D. 仲裁当事人达成和解协议，撤回仲裁申请后反悔的，需要另行达成仲裁协议申请仲裁

55. 关于仲裁庭的组成和开庭，下列说法正确的是（　　）。

A. 当事人约定 3 名仲裁员组成仲裁庭的，必须各自选定 1 名仲裁员

B. 首席仲裁员可以由仲裁委员会主任指定

C. 曾经仲裁过本案代理人的其他案件的仲裁员应当回避

D. 仲裁应当公开进行开庭

56. 下列关于仲裁裁决的做出和执行的说法，正确的是（　　）。

A. 仲裁庭在做出裁决前，可以先行调解，调解达成协议的，应当制作调解书

B. 调解书经双方当事人签收生效，签收前当事人反悔的，仲裁庭应当及时做出裁决

C. 裁决应当按照首席仲裁员的意见做出

D. 当事人申请执行仲裁裁决案件，应当向原仲裁委员会申请

57. 下列关于民事诉讼管辖权异议和移送管辖的说法，正确的是（　　）。

A. 当事人对管辖权有异议的，应在法庭辩论终结前提出，未提出并应诉答辩的，视为受诉法院有管辖权

B. 对管辖权有异议，法院审查后认为异议成立的，裁定移送管辖，受移送的法院认为案件也不属于本院管辖的，可以再移送

C. 移送管辖是没有管辖权的法院把案件移送给有管辖权的法院审理

D. 对人民法院就级别管辖权异议做出的裁定，当事人不得上诉

58. 下列关于民事诉讼的审判程序的说法，正确的是（　　）。

A. 民事诉讼起诉时要求有书面的起诉状和完整的证据材料

B. 原告无正当理由拒不到庭的，人民法院应当缺席判决

C. 人民法院适用普通程序审理的案件，应当在立案之日起 3 个月内审结

D. 人民法院对公开审理或者不公开审理的案件，一律公开宣告判决

59. 关于行政复议的管辖，下列说法正确的是（　　）。

A. 省、自治区、直辖市人民政府无权管辖对本机关做出的行政行为不服的行政复议案件

B. 对国务院部门做出的行政行为不服的，由国务院管辖

C. 对海关处罚不服，向上一级主管部门申请行政复议

D. 向人民法院提起行政诉讼，人民法院已经依法受理的，可以再申请行政复议

60. 下列属于人民法院行政诉讼受理范围的是（　　）。

A. 行政机关为作出行政行为而实施的准备、论证研究、层报、咨询等过程性行为

B. 对行政机关针对信访事项做出的受理行为不服的

C. 对行政拘留、暂扣或吊销许可证和执照、责令停产停业、罚款、警告等行政处罚不服的

D. 行政指导、调解行为以及法律规定的仲裁行为

61. 根据《民法典》，动产质权的设立时间是（　　）。

A. 质权合同签订时　　　　　　　　　　B. 质权合同登记时

C. 交付质押财产时　　　　　　　　　　D. 质权合同生效时

62. 下列关于从建筑物中抛掷物品致人损害责任承担的说法，正确的是（　　　）。

A. 由物业服务企业承担侵权责任

B. 由侵权人和物业服务企业共同承担侵权责任

C. 由建筑物的所有使用人共同给予补偿

D. 难以确定具体侵权人的，由可能加害的建筑物使用人给予补偿

63. 根据《注册建造师执业管理办法（试行）》，建造师可同时担任两个项目的负责人的情形是（　　　）。

A. 同一工程分段包发的

B. 合同约定的工程验收合格的

C. 工程项目停工超出 120 天，施工单位同意的

D. 建设工程规模较小的

64. 根据《保障中小企业款项支付条例》，机关、事业单位从中小企业采购货物，工程、服务，除合同另有约定外，应当自货物、工程、服务交付之日起（　　　）日内支付款项。

A. 15　　　　　　　　　　　　　　　　B. 30

C. 60　　　　　　　　　　　　　　　　D. 90

65. 根据《城乡规划法》，在乡、村庄规划区内进行乡村公共设施建设的，建设单位或者个人应当申请核发（　　　）。

A. 建设工程规划许可证　　　　　　　　B. 选址意见书

C. 乡村建设规划许可证　　　　　　　　D. 建设用地规划许可证

66. 下列关于建设施工企业安全生产管理机构安全生产管理人员配备要求的说法，正确的是（　　　）。

A. 建筑施工总承包特级资质企业不少于 6 人

B. 建筑施工专业承包一级资质企业不少于 4 人

C. 建筑施工劳务分包企业不少于 3 人

D. 建筑施工总承包二级以下资质企业不少于 1 人

67. 根据《房屋建筑和市政基础设施工程施工安全监督规定》，下列关于建设工程施工安全监督管理的说法，正确的是（　　　）。

A. 施工安全监督人员应当具有工程类中级及以上专业技术职称

B. 施工安全监督机构监督人员应当占监督机构总人数的 60% 以上

C. 工程项目因故中止施工的，监督机构不得对工程项目中止施工安全监督

D. 施工安全监督包括处理与工程项目施工安全相关的投诉、举报

68. 下列关于工程建设强制性标准监督检查的说法，正确的是（　　　）。

A. 监督检查不得采取抽查方式

B. 强制性标准监督检查结果应当保密

C. 国务院住房城乡建设主管部门负责全国施工工程建设性标准的监督管理工作

D. 建设项目规划审查机构应当对工程建设勘察、设计阶段执行强制性标准的情况实施监督

69. 下列关于建筑工程节能验收的说法，正确的是（　　）。

A. 国家实行固定资产投资项目节能评估和备案制度

B. 对不符合推荐性节能标准的项目，建设单位不得开工建设

C. 建筑节能分部工程验收合格后方可进行单位工程竣工验收

D. 建筑节能检验批、分项工程全部合格即可进行节能分部工程验收

70. 下列行政诉讼案件中，可以适用调解的是（　　）。

A. 对行政机关做出的关于确认山岭使用权的决定不服的

B. 认为行政机关侵犯其经营自主权的

C. 认为行政机关限制竞争的

D. 请求行政赔偿的

二、多项选择题（每小题 2 分，共 30 题，每题的备选项中有两个或两个以上选项符合题意，至少有一个错项。错选，本题不得分；少选，所选的每个选项得 0.5 分）

71. 下列关于不动产物权设立的说法，正确的有（　　）。

A. 不动产物权的设立，经依法登记，发生效力

B. 依法属于国家所有的自然资源，所有权可以不登记

C. 不动产物权的设立，依照法律规定应当登记的，自记载于不动产登记簿时发生效力

D. 不动产权属证书记载的事项与不动产登记簿不一致的，除有证据证明不动产登记簿确有错误外，以不动产登记簿为准

E. 不动产物权变动未经登记，当事人之间订立的消灭不动产物权合同不发生效力

72. 下列关于商标专用权的说法，正确的有（　　）。

A. 商标专用权的内容是指商标所有人对注册商标所享有的具体权利

B. 商标专用权的内容只包括财产权，商标设计者的人身权受《著作权法》保护

C. 商标专用权包括使用权和禁止权两个方面

D. 注册商标的有效期为 10 年，自申请之日起计算

E. 转让注册商标的，转让人和受让人应当共同向商标局提出申请

73. 根据《民法典》，下列关于抵押权的说法，正确的有（　　）。

A. 海域使用权的抵押权，自登记时设立

B. 在建的船舶的抵押权，自交付时设立

C. 依法被查封的财产不得抵押

D. 建设用地使用权抵押后，实现抵押权时，新增建筑物价款无权优先受偿

E. 抵押期间可以转让抵押物，应当经抵押权人同意

74. 下列关于建筑业企业资质证书管理的说法，正确的有（　　）。

A. 资质许可机关违反法定程序准予资质许可的，应当撤销建筑业企业资质

B. 企业在建筑业企业资质证书有效期内注册资本发生变更的，不必办理资质证书变更手续

C. 建筑业企业资质证书遗失补办的，由申请人告知资质许可机关，由资质许可机关在官网发布信息

D. 企业发生合并、分立、重组以及改制等事项时，可以直接承继原建筑业企业资质

E. 企业申请资质升级、资质增项前1年，发生过较大以上质量安全事故或者发生过两起以上一般质量安全事故的，不予批准其资质升级和增项

75. 根据《注册建造师管理规定》，下列属于不予注册的情形的有（　　　）。

A. 因执业活动以外的原因受到刑事处罚，自处罚决定之日起至申请注册之日止不满5年的

B. 被吊销注册证书，自处罚决定之日起至申请注册之日止不满3年的

C. 在申请注册之日前5年内担任项目经理期间，所负责项目发生过重大质量和安全事故的

D. 年龄超过65周岁的

E. 不具有完全民事行为能力的

76. 下列关于建筑工程项目申请领取施工许可证条件的说法，正确的有（　　　）。

A. 有满足施工需要的资金安排，资金已经全部到账

B. 需要征收房屋，已经征收完毕

C. 依法应当办理用地批准手续的，已经办理该建筑工程用地批准手续

D. 施工图设计文件已通过审查

E. 有保证工程质量的具体措施

77. 根据《招标投标法》的规定，可以不招标的有（　　　）。

A. 自然环境有特殊要求

B. 涉及国家安全

C. 需要采用不可替代的专利或者专有技术

D. 采用公开招标方式的费用占项目合同金额的比例过大

E. 承包商、供应商或者服务提供者少于三家，不能形成有效竞争的

78. 下列关于投标文件的说法，正确的有（　　　）。

A. 投标人拟在中标后将部分主体、关键性工作分包的，应在投标文件中载明

B. 投标截止后，可补充、修改、撤回投标文件，并口头通知招标人

C. 投标文件应当对招标文件的实质性要求和条件做出响应

D. 提交投标文件应在招标文件规定的截止时间前

E. 投标人少于3个的，招标人应当重新招标

79. 下列关于招标投标投诉的说法，正确的有（　　　）。

A. 国家重大建设项目投诉，由国家发改委受理并依法做出处理决定

B. 投标人或者其他利害关系人认为招标投标活动不符合法律、行政法规规定的，可以自知道或者应当知道之日起5日内向有关行政监督部门投诉

C. 对开标有异议的，可以直接向行政监督部门投诉

D. 投诉人就同一事项向两个以上有权受理的监督部门投诉的，由最先收到投诉的行政监督部门处理

E. 监督部门处理投诉时，有权查阅、复制资料，必要时，可以责令暂停招投标

80. 下列关于竞争性谈判的说法，正确的有（　　　）。

A. 竞争性谈判小组由采购人的代表和有关专家共5人以上的单数组成，其中专家的人数不得少于成员总数的2/3

B. 谈判小组从符合相应资格条件的供应商名单中确定不少于3家的供应商参加谈判，经批准后可以与仅有的两家供应商进行谈判

C. 谈判小组所有成员集中与单一供应商分别进行谈判

D. 谈判文件有实质性变动的，谈判小组以电话或书面形式通知所有参加谈判的供应商

E. 谈判结束后，谈判小组应当要求所有参加谈判的供应商在规定时间内进行最后报价

81. 当事人对建设工程开工日期有争议，下列关于开工日期认定的说法，正确的有（　　）。

A. 开工通知发出后，尚不具备开工条件的，以开工条件具备的时间为开工日期

B. 开工日期为建设工程施工合同载明的计划开工日期

C. 开工通知发出后，因承包人原因导致开工时间推迟的，以开工条件具备时间为开工日期

D. 发包人或监理人未发出开工通知，亦无相关证据证明实际开工日期的，以施工许可证载明的时间为开工日期

E. 承包人经发包人同意实际进场施工的，以实际进场施工时间为开工日期

82. 根据《民法典》，下列关于定金的说法，正确的有（　　）。

A. 定金合同自订立之日起生效

B. 债务人履行债务的，定金应当抵作价款或者收回

C. 实际支付的定金数额多于或少于约定数额的，视为未约定定金

D. 约定的定金数额超过主合同标的额20%的，超过部分不产生定金的效力

E. 给付定金的一方不履行债务或者履行债务不符合约定，致使不能实现合同目的的，无权请求返还定金

83. 根据《建筑起重机械安全监督管理规定》，出租单位或者自购建筑起重机械的使用单位应当报废的建筑起重机械有（　　）。

A. 属于国家明令淘汰或者禁止使用的

B. 没有完整安全技术档案的

C. 经检验达不到安全技术标准规定的

D. 超过安全技术标准或者制造厂家规定使用年限的

E. 没有齐全有效的安全保护装置的

84. 下列关于专项施工方案的说法，正确的有（　　）。

A. 实行施工总承包的，由施工总承包单位组织召开专家论证会

B. 装修工程应当编制专项施工方案

C. 专家应当从地方政府住建部门建立的专家库中选取，符合专业要求且人数不得少于5名

D. 危大工程专项施工方案实施前，编制人员或项目技术负责人应当向施工现场管理人员进行方案交底

E. 施工现场管理人员应当向作业人员进行安全技术交底，并由双方和项目专职安全员共同签字确认

85. 下列关于施工单位安全生产费的说法，正确的有（　　）。

A. 安全防护、文明施工措施费包括环境保护费、文明施工费、安全施工费、临时设

施费

B. 施工企业以建筑安装工程造价为依据，于月末按工程进度计算提取企业安全生产费用

C. 施工企业编制投标报价应当包含并单列企业安全生产费用，竞标时不得删减

D. 总包单位应当于分包工程开工日1个月内将至少20%企业安全生产费用直接支付分包单位并监督使用，分包单位不再重复提取

E. 施工企业不得提高安全费用提取标准

86. 下列工程中，属于必须监理的工程的有（　　　）。

A. 使用世界银行、亚洲开发银行等国际组织贷款资金的项目

B. 对国民经济和社会发展有重大影响的骨干项目

C. 项目总投资额在2000万元的供水、供电、供气、供热等市政工程项目

D. 建筑面积在3万平方米以上的住宅建设工程

E. 学校、影剧院、体育场馆项目

87. 建设工程竣工验收应当具备的法定条件有（　　　）。

A. 完成建设工程设计和合同约定的各项内容

B. 有完整的财务档案和施工管理资料

C. 有勘察、设计、施工、工程监理等单位分别签署的质量合格文件

D. 有施工企业签署的工程保修书

E. 有工程使用的主要建筑材料、建筑构配件和设备的进场记录

88. 关于劳动合同的订立，下列说法正确的有（　　　）。

A. 劳动合同分为固定期限劳动合同、无固定期限劳动合同和以完成一定工作任务为期限的劳动合同

B. 用人单位自签订劳动合同之日起即与劳动者建立劳动关系

C. 用人单位不得扣押劳动者有效证件或要求劳动者提供担保

D. 欺诈、胁迫订立或变更的劳动合同可请求法院撤销

E. 单位免除自己法定责任、排除劳动者权利的劳动合同条款无效

89. 根据《工伤保险条例》，应当认定为或者视同工伤的情形包括（　　　）。

A. 在上班途中遭遇本人负主要责任的交通事故致本人伤害的

B. 患职业病的

C. 因工外出期间，由于工作原因发生事故下落不明的

D. 工作时间和工作岗位，突发疾病死亡的

E. 由于工作原因喝酒应酬导致醉酒后胃出血的

90. 关于证据的应用，下列说法正确的有（　　　）。

A. 根据已知的事实和日常生活经验法则推定出的另一事实，当事人无须举证证明

B. 已为有效的公证文书所证明的事实，当事人无须举证证明

C. 凡是知道案件情况的单位和个人，都有义务出庭作证

D. 与一方当事人有利害关系的证人出具的证言，不得单独作为认定案件事实的根据

E. 可与原件、原物核对的复印件、复制品，不得单独作为认定案件事实的根据

91. 根据《中华人民共和国立法法》，下列事项中，只能制定法律的有（　　　）。

A. 民族区域自治制度　　　　　　　　　 B. 税收基本制度

C. 犯罪和刑罚　　　　　　　　　　　　 D. 属于国务院行政管理职权的事项

E. 限制人身自由的强制措施和处罚

92. 根据《城乡规划法》，下列关于规划变更的说法，正确的有（　　　）。

A. 申请变更的主体为施工企业

B. 原则上应当按照规划条件进行建设

C. 确需变更的，必须向城市、县人民政府建设主管部门提出申请

D. 变更内容不符合控制性详细规划的，主管部门不得批准

E. 主管部门应当及时将变更后的规划条件通报同级土地主管部门

93. 根据《建设工程安全生产管理条例》，下列职责中，属于施工企业在施工现场的消防安全责任的有（　　　）。

A. 在施工现场建立消防安全责任制度

B. 确定消防安全责任人

C. 建立专职消防队

D. 制定用火、用电等消防安全管理制度和操作规程

E. 设置消防通道、消防水源，配备消防设施和灭火器材

94. 下列关于项目负责人施工现场制度的说法，正确的有（　　　）。

A. 项目负责人应当对工程项目落实带班制度负责

B. 项目负责人带班生产是项目负责人在施工现场组织协调工程项目的质量安全生产状况

C. 项目负责人在同一时期只能承担不超过 2 个工程项目的管理工作

D. 项目负责人要认真做好带班生产记录并签字存档备查

E. 项目负责人每月带班生产时间不得少于本月施工时间的 60%

95. 下列关于危险性较大的分部分项工程专项施工方案的说法，正确的有（　　　）。

A. 施工企业应当在危险性较大的分部分项工程施工前组织工程技术人员编制专项施工方案

B. 专项施工方案应当由施工企业负责人审核签字加盖单位公章

C. 专项施工方案经论证不通过的，施工企业修改后应当重新组织专家论证

D. 危险性较大的分部分项工程实行施工总承包的，由施工总承包单位编制专项施工方案

E. 专项施工方案经论证需修改后通过的，施工企业应当根据论证报告修改完善专项施工方案

96. 根据《房屋市政工程生产安全事故报告和查处工作规程》，事故报告的内容应当包括（　　　）。

A. 事故工程项目的造价咨询单位及其法定代表人

B. 事故发生的时间、地点和工程项目名称

C. 事故已经造成或者可能造成的伤亡人数

D. 事故的简要经过和初步原因

E. 事故工程项目的施工单位及其法定代表人和项目经理

97. 根据《无障碍环境建设法》，下列关于无障碍环境建设监督管理的说法，正确的有（　　）。

A. 县级以上人民政府建立无障碍环境建设信息公示制度，定期发布无障碍环境建设情况

B. 无障碍环境建设评估结果应当向社会公布

C. 残疾人联合会应当聘请残疾人代表对无障碍环境建设情况进行监督

D. 对违反《无障碍环境建设法》规定损害社会公共利益的行为，老年人代表可以提起公益诉讼

E. 乡镇人民政府应当在职责范围内，开展无障碍环境建设工作

98. 根据《住房和城乡建设部办公厅关于开展施工现场技能工人配备标准制定工作的通知》，下列关于施工现场技能工人的说法，正确的有（　　）。

A. 扩建市政基础设施工程建设项目，可以不制定相应的施工现场技能工人配备标准

B. 技能工人包括一般技术工人和建筑施工特种作业人员

C. 经省级以上人民政府住房和城乡建设主管部门认定的特种作业人员也属于建筑施工特种作业人员

D. 鼓励企业和行业协会积极举办各类技能竞赛，以赛促练、以赛促训

E. 建筑起重机械司机不属于建筑施工特种作业人员

99. 某公司进入破产重整程序，需要裁员 30 人。根据《劳动合同法》，属于应当优先留用的人员有（　　）。

A. 与该公司订立无固定期限劳动合同的

B. 家庭有未成年人的

C. 与该公司订立较长期限的固定期限劳动合同的

D. 家庭无其他就业人员，有需要扶养的老人的

E. 新入职但负有工伤的

100. 下列情形中，应当中止民事诉讼程序的有（　　）。

A. 原告死亡，继承人放弃诉讼权利的

B. 作为一方当事人的法人终止，尚未确定权利义务承受人的

C. 一方当事人死亡，需要等待继承人表明是否参加诉讼的

D. 离婚案件一方当事人死亡的

E. 被告死亡，没有遗产，也没有应当承担义务的人的

参 考 答 案

一、单项选择题

题号	1	2	3	4	5	6	7	8	9	10
答案	C	D	C	A	D	C	D	D	A	C
题号	11	12	13	14	15	16	17	18	19	20
答案	D	D	B	D	C	C	A	C	D	C

（续）

题号	21	22	23	24	25	26	27	28	29	30
答案	D	B	D	A	B	B	D	C	D	C
题号	31	32	33	34	35	36	37	38	39	40
答案	B	D	D	B	B	B	B	D	C	B
题号	41	42	43	44	45	46	47	48	49	50
答案	C	B	A	D	A	C	A	D	A	B
题号	51	52	53	54	55	56	57	58	59	60
答案	B	C	B	A	B	B	C	D	C	C
题号	61	62	63	64	65	66	67	68	69	70
答案	C	D	B	B	C	A	D	C	C	D

二、多项选择题

题号	71	72	73	74	75	76	77	78	79	80
答案	ABCD	ABCE	ACD	ACE	DE	CDE	BCE	CDE	ADE	BCE
题号	81	82	83	84	85	86	87	88	89	90
答案	AE	BDE	ACD	ACDE	ABC	ABE	ACDE	ACE	BCD	ABCD
题号	91	92	93	94	95	96	97	98	99	100
答案	ABCE	BDE	ABDE	ABD	ACDE	BCDE	AB	BCD	ACD	BC